209 RUE SAINT-MAUR
PARIS X^{e}

Autobiographie d'un immeuble

De la même auteure

La Direction de l'absent
Christian Bourgois, 2015

Ruth Zylberman

209 RUE SAINT-MAUR PARIS X^{e}

Autobiographie d'un immeuble

ÉDITIONS DU SEUIL / ARTE ÉDITIONS

Ouvrage publié avec le concours du Centre national du livre
et avec le soutien de Brouillon d'un rêve de la Scam
et du dispositif La Culture avec la Copie Privée.

Le livre est inspiré du documentaire réalisé par l'auteure :
*Les Enfants du 209 rue Saint-Maur, Paris X*ᵉ
(Zadig Productions/Arte France), disponible en DVD (Arte éditions).

ISBN 978-2-02-142624-3

www.seuil.com

Pour Olga et Manouk

« J'aimerais qu'il existe des lieux stables, immobiles, intangibles, intouchés et presque intouchables, immuables, enracinés ; des lieux qui seraient des références, des points de départ, des sources :
Mon pays natal, le berceau de ma famille, la maison où je serais né, l'arbre que j'aurais vu grandir (que mon père aurait planté le jour de ma naissance), le grenier de mon enfance empli de souvenirs intacts…
De tels lieux n'existent pas, et c'est parce qu'ils n'existent pas que l'espace devient question, cesse d'être évidence, cesse d'être incorporé, cesse d'être approprié. L'espace est un doute : il me faut sans cesse le marquer, le désigner ; il n'est jamais à moi, il ne m'est jamais donné, il faut que j'en fasse la conquête. »

Georges Perec, *Espèces d'espaces*

« Pip, mon cher petit vieux, la vie, elle est ainsi faite de tellement de séparations soudées ensemble. »

Charles Dickens, *Les Grandes Espérances*

1

Les immeubles de Paris sont un peuple vivant. Ils grouillent, ils foisonnent et depuis le temps que je marche à leur pied, toujours tête levée, j'ai appris à lire, comme on décrypte une langue, les signes qui distinguent chaque façade d'une autre, comme un visage se distingue d'un autre visage. Les immeubles de Paris sont un peuple vivant et dans cette foule mélangée j'ai appris à reconnaître la hauteur dédaigneuse des immeubles en pierre de taille alignés comme à la parade sur le boulevard de Courcelles, l'avenue Henri-Martin ; la familiarité villageoise des bâtisses en plâtre des rues étroites de Montmartre ; la fausse modestie des façades habillées de persiennes, redoublées à l'identique tout au long de la rue Saint-Lazare.

Souvent, c'est un détail qui m'arrête : le porche en bois clair encadré de fausses colonnes antiques d'un certain immeuble du boulevard du Temple, l'alliage de briques vertes et bleues à l'arête d'un mur, rue des Couronnes, le masque en plâtre d'un satyre débonnaire et barbu, sosie de Georges Perec, accroché sous un balcon de la rue du Faubourg-Poissonnière. Ces détails qui me rendent précieuse telle ou telle adresse sont des bornes familières, presque amicales dans le cours aléatoire de mes déambulations.

Depuis la fenêtre du métro aérien, de l'autobus ou au rythme de la marche, j'arrache des bribes aux façades entrevues : cette silhouette qui se découpe dans l'embrasure d'une fenêtre, boulevard de la Chapelle, qui est-elle ? À quoi pense cette fillette brune accoudée à un balcon de la rue Claude-Bernard ? Ce mystère, ce lointain qui surgissent au cœur même de la ville, Balzac, Baudelaire, Breton, Benjamin s'en sont faits les narrateurs inlassables et c'est aussi leur voix que j'entends quand je regarde de tous mes yeux (« Regarde ! De tous tes yeux regarde ! » enjoignait Georges Perec citant Jules Verne).

Tard le soir, quand seules quelques taches de lumière viennent troubler la surface noire des façades, quand je n'aperçois plus que vaguement les formes des corniches, les profils aigus des toits, quand les immeubles se découpent sur le ciel comme des paquebots lancés à l'assaut de la nuit, je redeviens cette petite fille de Paris veillée par ses gardiens de pierre et je marche entre eux comme on se tient, confiante, entre des bras tendus qui protègent inconditionnellement.

Le peuple de ces immeubles aussi immuables que des *rochers enfantés par la terre* veille et, avec lui, la foule invisible de tous ceux qui s'y sont succédé, de tous ceux qui les ont regardés. Je marche, habitée par ce mouvement contradictoire de permanence et d'impermanence : la stabilité des pierres, les vies en passage.

Car depuis la Commune, il n'y a pas eu à Paris cette expérience radicale de la ruine dont se souvenait le Polonais Czesław Miłosz décrivant Varsovie après 1945 : « L'homme [...] s'arrête devant une maison coupée en deux par une bombe. L'intimité des logis humains est là, béante, les odeurs de famille s'évaporent avec la chaleur de ces cellules d'abeilles, tranchées et ouvertes à la vue publique. La maison elle-même n'est plus un rocher ; c'est du plâtre, du ciment, des briques et des poutres ; et, au troisième étage, solitaire, accessible aux anges seuls, une baignoire blanche est suspendue, d'où la pluie va laver tous les souvenirs de ceux qui s'y sont baignés. » Non, à Paris, pour l'essentiel, les pierres demeurent ; la façade, comme une peau régulièrement ravalée, protège la course heurtée, la chute parfois, des vies qui se dérobent.

Tous ces immeubles me sont une terre natale. Cette province intime dont on dit en France qu'elle est un « petit pays », un lieu indiscutable d'enracinement – un paysage originel dont les formes s'inscrivent en vous aussi sûrement qu'une langue maternelle. Un « petit pays » fait non de collines ou d'horizons maritimes mais d'alignements minéraux qui fut, pour mes grands-parents venus de Pologne au milieu des années 1930, une terre d'accueil.

Ce Paris, autrefois eldorado des proscrits, où l'inscription dans une histoire d'adoption se matérialise d'abord par l'appropriation de chaque recoin, chaque raccourci, et où cette connaissance topographique se transmet comme un schibboleth, un sésame, une injonction : tu appartiendras, toi aussi, à ce lieu.

Mon Paris est une armure. Et pourtant, je l'ai compris très vite, de façon instinctive, mon Paris-armure avait été, pendant la guerre, trente ans avant ma naissance, un piège pour ceux-là mêmes qui, plus tard, ont fait de ces rues mon héritage. En ce temps-là, il avait fallu fuir Paris ou s'y cacher. Il avait fallu, au milieu de l'été, le cœur battant d'angoisse, descendre cette même rue des Martyrs que je remonte aujourd'hui, la tête pleine des souvenirs d'enfance de Paul Léautaud comme s'ils étaient les miens. Mais de cette angoisse, la trace s'est absolument perdue. Sur les pierres en tout cas. Car contrairement à Varsovie, Paris ne s'est pas effondré, laissant ses immeubles comme des corps inertes, désarticulés, ouverts à tous les vents. Les arrachements atroces sont restés dissimulés derrière ses façades, invisibles aux promeneurs. C'est à ce double combustible d'un enracinement rêvé et d'un cruel abandon que se sont nourries depuis toujours mes marches folles, mes observations incessantes.

Que se passe-t-il derrière les pierres ?

Je me suis postée devant tant d'immeubles. Des riches, des pauvres : rue de la Bienfaisance, rue Rébeval, rue des Amandiers, boulevard Émile-Augier ; des haussmanniens, des Restauration, des Art déco, des HLM, des rien du tout. J'ai observé longtemps les toits d'ardoise et de zinc dont le gris plus ou moins sombre luisait sous la pluie avant de briller au soleil, les entrées, les sorties, les dates inscrites parfois en haut du porche, 1830, 1892... J'ai vu, ici, l'inscription à demi effacée d'un mur solitaire : « concierge à droite », « 1er étage » ; là, en haut, à gauche sous la fenêtre, une plaque « ici vécut, ici mourut ». J'ai vu à une fenêtre un bout de linge qui séchait et derrière la vitre une lumière, un rideau. La lumière s'éteint. Rideau. Sous les portes cochères, des silhouettes se faufilent. J'ai potassé les annuaires, j'ai rêvé sur les listes de noms. J'ai rêvé aux gens et aux choses, aux destins et aux objets en transit derrière les façades. J'ai rêvé aux gravures sur les murs, aux danses spectaculaires des enfants, aux gestes monotones, aux lassitudes, aux traversées des siècles.

Tant d'immeubles, partout dans la ville, qui donnaient forme à mes stratifications intérieures où se nouaient, indissociables, l'élan vital vers les miraculeuses richesses d'une vie française et la conscience intime du désastre advenu, des désastres possibles.

Un jour, je suis tombée sur une carte qui venait d'être éditée par l'historien Serge Klarsfeld et un géographe lyonnais[1] : la carte des enfants déportés de Paris entre 1942 et 1944. Une carte de Paris comme je n'en avais jamais vu : elle était constellée de ronds rouges plus ou moins larges qui figuraient la présence et le nombre d'enfants arrêtés dans certains immeubles. Il y avait quelques ronds rouges disséminés sur la rive gauche, dans l'ouest parisien, mais au nord, à l'est de Paris et de la carte, les ronds rouges devenaient de plus en plus nombreux, de plus en plus larges. Le tracé des rues disparaissait même sous leur abondance.

En zoomant sur la carte, le nom des rues apparaissait et chacune ou presque avait son point rouge. En zoomant encore, on voyait s'inscrire les noms des enfants et leur âge. J'ai entré quelques adresses dans le moteur de recherche. Dans la rue où mon père a grandi et où j'habite aujourd'hui, j'ai retrouvé le nom de cet enfant dont mon père m'avait parlé. Leurs fenêtres se faisaient presque face. Le garçon avait son âge, une dizaine d'années. Il lui avait prêté une ceinture en cuir que mon père trouvait très belle. Cette ceinture, il n'avait jamais pu la lui rendre. Mon père m'avait raconté cette histoire comme toujours d'une voix monocorde, presque sans affect, mais j'avais bien compris qu'il continuait de se demander pourquoi c'était ce garçon qui avait été pris plutôt que lui. La ceinture ? Il ne se souvenait pas de ce qu'il en avait fait.

Sur la carte, j'ai relevé des adresses situées dans le Xe, dans le XIe, dans le XXe arrondissement. Je les ai ajoutées aux parcours de mes marches tout en poursuivant mes arpentages de hasard. Je passais d'adresse en adresse, d'immeuble en immeuble. Je me souviens du ciel gris d'hiver, des solitudes de la rue Rébeval au-dessous des Buttes-Chaumont et aussi de la mélancolique façade en briques jaunes de la Villa Castel rue du Transvaal dont le nom évoque les plaines lunaires, ensoleillées d'Afrique du Sud mais qui domine pourtant, depuis le sommet du parc de Belleville, le plus parisien des paysages.

Il y eut un immeuble rue de Ménilmontant, un autre rue des Deux-Ponts, un autre encore rue des Couronnes devant lesquels je revins me poster à plusieurs jours de distance, hésitant à les élire. Je rêvais d'une maison à explorer comme une *terra incognita*, de fond en comble, des fondations au sommet, pour qu'enfin l'obsession s'épuise. Il s'agirait juste de choisir. Un immeuble. Un seul. Un immeuble avec lequel je n'aurais aucun lien et dont, pourtant, je saurais tout. Je le filmerais, je l'écrirais aussi peut-être.

J'ai poussé l'aventure dans des quartiers moins familiers, des rues que je connaissais à peine, jusqu'à me retrouver, un jour, à l'extrémité de la rue Saint-Maur. Une rue longue et étroite qui prend sa source vers la rue de la Roquette dans le XIe arrondissement avant de terminer sa course à deux pas de l'hôpital Saint-Louis, dans le Xe. Une rue de transition entre le bas Belleville et le haut du canal Saint-Martin… tout ce qu'il y a de plus banal, ni vraiment belle ni vraiment laide.

Je suis passée devant une école primaire en briques rouges. C'était l'heure de la sortie des classes. Les portes se sont ouvertes, laissant s'échapper comme d'une volière des dizaines et des dizaines d'enfants aux têtes asiatiques, blanches, arabes, noires. Les cartables s'agitaient au rythme de leur course. Certains se précipitaient dans les bras d'une mère, d'autres s'éloignaient par grappes de deux ou trois en se tenant la main. Je les ai regardés un moment et j'ai traversé le trottoir. J'imagine que j'aurais pu marcher devant cet immeuble sans y prêter attention. Rien ou presque ne me faisait signe, sauf peut-être la porte cochère bleue. Elle était entrouverte, je l'ai poussée. Elle ouvrait sur une voûte qui menait vers une cour pavée surmontée de quatre façades en carré. Un homme d'une cinquantaine d'années, le concierge probablement, balayait dans un coin. Il m'a dit bonjour puis a continué à balayer. J'ai levé la tête, le ciel se découpait en carré au-dessus de l'immeuble. Une femme m'observait en silence d'une fenêtre du 5e étage. Je suis ressortie dans la rue en reculant sur le trottoir pour regarder la façade. Le concierge est sorti à son tour. Il s'est appuyé au battant de la porte cochère et a allumé une cigarette. Il saluait les habitants qui passaient. Il m'a jeté un coup d'œil qui n'était ni inquiet ni inquisiteur, juste curieux. Je suis entrée à nouveau sous la voûte et tout à coup je me suis dit que ce serait cette cour, ces quatre bâtiments. C'était inexplicable mais après des années d'errance, j'étais prête, ce jour d'octobre, à choisir un lieu comme on désigne une Terre promise.

Nous nous sommes souri, avec le concierge. Je suis repartie vers l'avenue Claude-Vellefaux.

De retour chez moi, j'ai vérifié les noms associés à cette adresse sur la carte aux points rouges. Il y avait les noms de neuf enfants.

J'ai repensé à cette rue sans rien de remarquable, à cet immeuble sans rien de remarquable non plus.

209 rue Saint-Maur, Paris Xe.

J'avais trouvé mon Amérique.

2

Soit donc, parallèle à l'avenue Parmentier et à l'entrée principale de l'hôpital Saint-Louis, un bout de la rue Saint-Maur entre la rue Jacques-Louvel-Tessier et l'avenue Claude-Vellefaux. Un bout de rue long de 400 mètres environ où je dénombre trois pharmacies, un Franprix, un coiffeur turc, une épicerie africaine, une épicerie polonaise, un atelier de réparation de scooters, un marchand de fripes, un pressing, une boulangerie, deux boutiques de téléphonie mobile, une école primaire en briques rouges, un bar-tabac Le Balto et quelques cafés plus récents où l'on mange bio et/ou sans gluten.

Soit donc, presque au milieu de cet îlot, un immeuble ordinaire, sans plaques commémoratives ni hommes illustres, un immeuble comme tant d'autres, cellule discrète du tissu organique parisien. Une façade de moellons enduits de plâtre, six étages, dix fenêtres par étage régulièrement alignées, un balcon en fer forgé qui court le long du 5ᵉ étage. Un immeuble comme il en existe des milliers à Paris. À première vue, pas d'enjolivure, la paroi semble nue mais il faut regarder plus attentivement pour distinguer les bandeaux horizontaux qui séparent les étages, les moulures qui encadrent les fenêtres, les linteaux travaillés, la gouttière en zinc, les lucarnes à fronton triangulaire qui émergent du toit. C'est le *Paris mineur des façades modestes*[1] sans rien de spectaculaire mais où l'œil perçoit pourtant, presque malgré lui, l'agencement de détails quasiment invisibles et reconnaît la teinte si particulière du plâtre d'Île-de-France, un blanc cassé plus ou moins jaune ou bleu, selon la lumière et les heures de la journée.

Au troisième étage, un drapeau français est planté dans un bac à fleurs ; au deuxième, une vieille femme en robe de chambre se penche par-dessus le garde-corps en fonte pour déposer un sac sur le rebord de la corniche. Quand son regard croise le mien, elle recule brusquement, se cache derrière un voilage. Je baisse les yeux, un homme pousse la porte cochère bleue. À l'endroit où il a posé la main comme tant d'autres avant lui, la peinture écaillée révèle d'autres couches de couleurs : bleu, puis blanc, puis brun.

À l'évidence, cette porte cochère a été l'objet de toute l'attention de l'architecte : il y a des aspirations à la monumentalité dans sa hauteur, ses ornements et sa façon d'englober une fenêtre du premier étage, de lui offrir un cadre de pierre surmonté d'un fronton ouvragé en mimant les abondances des immeubles haussmanniens.

Contre chaque montant, deux chasse-roues en métal sont les reliques inutiles du temps où des voitures à cheval puis à moteur pénétraient dans la maison. De part et d'autre de la porte cochère, deux magasins donnent sur la rue : à gauche, une agence de voyages dont la vitrine est ornée de photos en couleurs de plages polynésiennes, à droite, une épicerie africaine. Le concierge est à son poste d'observation, appuyé contre un battant de la porte. Il est très mince, vêtu d'un simple polo blanc et d'un jean. Il fume et sourit en silence. Les habitants qui entrent et sortent, certains passants qui marchent devant lui : tout le monde le salue. Il répond par un simple geste ou en souriant. Parfois, il porte la main à son cœur. Quand je me faufile à la suite de quelqu'un pour entrer dans l'immeuble, il me reconnaît visiblement mais il me laisse faire sans rien dire.

La voûte d'entrée est sombre et fraîche. De chaque côté elle est longée par des bordures en granit qui forment comme de petits trottoirs. Par endroits, leur matière grise aux reflets ocres s'est un peu creusée sous le poids des pieds qui s'y sont appuyés. En m'avançant un peu, je vois la loge du concierge à droite ; à gauche, la porte du bâtiment A. Au fond, la cour pavée et les quatre façades intérieures des bâtiments nommés en suivant le sens des aiguilles d'une montre. Le bâtiment A sur la rue ; le bâtiment B, à gauche, dans la cour ; au fond, le bâtiment C ; et, tout à droite, le bâtiment D.

J'arrive dans la cour au milieu d'un assemblage de plantes, de pots de fleurs et d'une quinzaine de vélos bien rangés. Au pied du bâtiment C, deux appartements « lofts » sont chacun prolongés par deux jardinets entourés de grilles noires. Les lofts plus les vélos plus les plantes sont les indices immédiatement lisibles de l'identité sociologique du 209 et de ce qu'il est convenu d'appeler, de préférence avec une nuance de déploration dans la voix, la « gentrification » des quartiers populaires de Paris. En attestent aussi la couleur crème des façades, l'absence de linge pendu aux fenêtres, les guirlandes lumineuses colorées derrière certains carreaux, la petite table en bois et sa chaise assortie devant lesquelles fument, dans un coin de la cour, deux jeunes hommes barbus à la dernière mode... À y regarder de plus près, j'aperçois pourtant en levant les yeux vers les étages les plus élevés une chemise accrochée à une balustrade qui tourbillonne au vent, des vitres brisées rapiécées par des bouts de carton.

Une femme sort du bâtiment B, à gauche. Malgré la chaleur, elle est vêtue d'un épais anorak kaki. À ses pieds, des baskets déchirées ; elle porte deux sacs en plastique à chaque bras. Ses cheveux sont gris, raides et sales. Elle parle toute seule et se dirige tout droit sur moi en hurlant une série de phrases dont je ne distingue que quelques mots : « merde… connasse… casse-toi ». Il lui manque des dents. D'instinct, je me suis reculée mais elle me contourne tout en continuant à crier, passe sous la voûte et sort.

« Ne vous inquiétez pas, on s'est tous habitués. » L'homme m'a interpellée depuis le jardinet du loft de gauche. Je m'approche de la grille. Il est assis devant une table couverte de crayons, de pinceaux et de petits tubes de peinture. À côté de lui, une petite fille bouclée dessine. « De temps en temps, elle crie sur les enfants quand ils jouent dans la cour. C'est perturbant au début mais elle n'est pas méchante. C'est Monique… Elle habite ici depuis longtemps. » La petite fille, 5 ans peut-être, a relevé la tête : elle me fixe. « Tu fais quoi ici ? » Je réponds vaguement en jetant des regards indiscrets vers la partie de l'appartement visible derrière la verrière. C'est une très belle cuisine ouverte, de celles qui font la une des magazines de décoration. J'aperçois un papier peint qui représente un paysage ancien. La fillette n'écoute pas mes explications, elle a repris ses pinceaux qu'elle trempe en chantonnant dans un verre d'eau embrumé de couleurs. Au-dessus de la table, un grand bambou se balance au vent. Je suis surprise, presque gênée, d'être si directement en prise avec cette intimité, celle de l'intérieur de la maison, celle aussi du lien silencieux entre le père et sa fille, de leurs mains qui dessinent l'une à côté de l'autre.

Le père de la petite me donne le code de l'escalier C, l'immeuble du fond. Deux marches mènent à la porte qui ouvre sur un hall de dimension modeste. Le carrelage aux motifs ocre et rouges lui donne un petit air cossu immédiatement démenti par l'étroitesse de la cage d'escalier entravée par un minuscule ascenseur. Un escalier en pierre descend vers la cave. Je commence mon ascension. Au demi-étage une fenêtre ouvre sur l'arrière du bâtiment et sur un grand jardin appartenant à l'immeuble moderne d'une quinzaine d'étages dont on aperçoit le dos ; l'entrée doit se situer avenue Parmentier. Je remarque à droite, dans le jardin, la verrière d'un grand atelier.

Mes pas résonnent sur les marches en bois. Au premier étage un très long couloir désert s'étend de part et d'autre de l'escalier. À chacune de ses extrémités, il se termine par une fenêtre qui ouvre sur un mur en briques que l'on croirait, par un curieux effet d'optique, presque collé aux carreaux. Une dizaine de portes marron assez laides se succèdent. Une seule porte est blanche, entrouverte, je la pousse du pied. Ce sont des toilettes qui semblent encore utilisées. Sur le chambranle en plâtre de la porte, quelqu'un a gravé un cœur et des initiales. J'entends quelques bribes de voix derrière une porte, le son d'une radio, le bruit du mécanisme de l'ascenseur. Sinon, c'est le silence. Quelqu'un a posé un carton vide sous l'une des fenêtres : un rayon de soleil barre l'une de ses tranches dont la matière brille à la lumière. Tout semble immobile sauf quelques particules de poussière qui s'agitent devant les vitres où se détachent des empreintes de doigts. Sur les veinures du parquet, je vois aussi, bien distinctes, des traces de pas incrustées dans le bois.

Plus je monte, plus les couloirs rétrécissent. Les portes sont également moins nombreuses et il n'y a plus de fenêtre aux extrémités. Des parties entières du couloir ont été intégrées aux appartements : les lots ont été réunis, certaines portes murées. Ce qui était commun est devenu privé. Seul un autre W-C commun subsiste. Le tout est un étrange mélange de neuf et d'ancien, de propre et de rafistolé. Par endroits la peinture est neuve mais à d'autres, toutes les couches superposées sont écaillées et dessinent, à la surface du plâtre, une stratification de matières et de couleurs aussi complexe que celle d'une roche sédimentaire. Je vois même, sur un pan de mur, un trou si profond dans le plâtre qu'on peut distinguer un bout de la charpente en bois comme si le squelette de l'immeuble se dévoilait à l'œil nu.

Ce mélange, je le retrouve dans les quatre bâtiments que j'explore tour à tour ce jour-là. À l'évidence cet immeuble a été construit pour les pauvres. Je fais connaissance avec chacun des escaliers, je repère les traits distinctifs de leur physionomie. Tous ont les mêmes portes marron aux poignées dorées, tous possèdent un tout petit ascenseur, tous ont des escaliers en bois, un même papier peint blanc cassé, déchiré et sali par endroits.

Pourtant, on sent que le A, le bâtiment de façade, est sinon le plus « élégant », en tout cas le plus soigné des quatre : la partie supérieure des fenêtres palières qui donnent toutes sur la cour est faite de vitraux qui filtrent la lumière de jaune, rouge ou bleu et dont le reflet kaléidoscopique se pose, selon les heures de la journée, sur le mur ou sur les marches de l'escalier. Il a dû avoir des couloirs aussi longs que ceux du bâtiment C mais ils ont tous été rétrécis et il n'y a plus que deux ou trois appartements par étage, sauf au 6e étage, sous les combles.

Parmi les autres idiosyncrasies du bâtiment A, je remarque le prénom Max gravé profondément sur la rampe entre le premier et le deuxième étage, l'amoncellement de plantes vertes sous les fenêtres palières du 4e étage, le vieux meuble portemanteau surmonté d'un miroir au tain piqué devant la porte à droite au 5e étage. Comme dans le bâtiment C, un escalier en pierre descend vers la cave mais je remets à plus tard la visite des entrailles de l'immeuble dont je pressens qu'il faut la mériter : il est encore trop tôt, je n'en sais pas assez.

Si les deux grands escaliers, le A et le C, qui se font face de part et d'autre de la cour se ressemblent comme deux frères, les deux petits, le B et le D, également l'un en face de l'autre, sont, eux, comme deux jumeaux. Ils ont chacun deux appartements par étage et parfois, dans les étages supérieurs, trois ou quatre. Dans les deux bâtiments, une fenêtre donne sur la cour au demi-étage mais une fois l'étage atteint, la lumière du jour ne passe que par deux étroites ouvertures creusées très haut dans le mur. Bardées de barreaux, rectangulaires, elles ressemblent à des meurtrières et ouvrent sur un paysage de toits enchevêtrés où se distinguent, à l'arrière-plan, côté nord-est, dans le bâtiment D, le tracé de l'avenue Claude-Vellefaux et, très loin, la silhouette du Sacré-Cœur.

Sur un palier, une vieille porte en bois abîmée ouvre sur des toilettes en fonte datant vraisemblablement du début du xxe siècle et désormais hors d'usage. Sur le battant supérieur de la porte, je vois une affichette ancienne à moitié déchirée et presque illisible à l'exception du titre imprimé en grosses capitales noires : « AUX LOCATAIRES DU 209 ! » Le papier doit dater des années 1970 et je comprends vaguement qu'il est question du délabrement des bâtiments et du propriétaire de l'immeuble dont on blâme l'incurie. Tandis que j'essaie de le déchiffrer, une porte claque et un jeune couple surgit au petit trot dans l'escalier. Le garçon et la fille, main dans la main, me jettent à peine un coup d'œil mais je suis distraite par leur babil léger et j'écoute longtemps l'écho de leurs voix et de leurs pas qui résonne dans la cage d'escalier jusqu'à ce qu'il ne soit plus qu'un bruit ténu et que le bâtiment soit rendu au silence. Un silence habité pourtant.

Comme un explorateur qui effectuerait le premier arpentage sommaire d'une terre juste découverte afin d'en délimiter les contours, je me familiarise dans les grandes lignes avec mon nouveau royaume. Mais je me déplace encore craintivement, avec des airs de voleuse car, je le sais, je ne suis encore ici qu'une intruse. C'est pourquoi, une fois revenue dans la cour, je me retiens de regarder trop attentivement les pavés. Comme les caves, je me les réserve pour plus tard. Mais j'agrippe à la va-vite, sans en avoir l'air, tous les détails possibles. Je vois la grand-mère suivie de près par son petit-fils en train de sautiller qui pénètre à droite dans le bâtiment D ; la « sorcière » revient, silencieuse cette fois, délestée de ses sacs en plastique, et retourne chez elle dans l'escalier B ; un vieil homme, la tête recouverte d'une étrange chapka, traverse la cour vers l'escalier C.

Je m'aperçois aussi qu'une fenêtre de la loge donne sur la cour : c'est une cuisine dans laquelle s'active une femme, probablement la femme du concierge. Dans l'embrasure de la fenêtre, je la vois occupée à laver, à couper, à ranger. Elle fait un signe de la main à la grand-mère qui passe et il y a dans ce geste la même familiarité joyeuse que dans le film de François Truffaut, *Domicile conjugal*. Antoine Doinel, le gamin des *Quatre Cents Coups* devenu adulte, ouvre une petite échoppe de fleurs dans la cour de l'immeuble qu'il habite avec sa jeune femme jouée par Claude Jade et on dirait que tout le film est, pour Truffaut, prétexte à dresser la cartographie de ce petit monde de la cour où se succèdent entre autres une serveuse nymphomane, un mystérieux magicien, une enfant violoniste car il sait bien, Truffaut, gamin de la rue de Navarin, qu'il faut un cadre précis, un lieu distinct pour saisir les mouvements ténus du quotidien, les capturer et y fonder l'architecture sensible de la mémoire.

Sous la voûte, le concierge est devant sa loge. J'ai appris, grâce au père de la petite dessinatrice, qu'il vient du Maroc et s'appelle Mohammed. Sur le mur, face à lui, il y a un ensemble de boîtes aux lettres et je m'attarde devant la trentaine de noms français, grecs, serbes, arabes, anglais qui y sont inscrits, les noms de l'escalier A.

Les noms, c'est un début.

3

BAUM Adolphe (16 ans) – 209 rue Saint-Maur Paris X^e^
BAUM Marguerite (14 ans) – 209 rue Saint-Maur Paris X^e^
BLUMENTHAL Joseph (17 ans) – 209 rue Saint-Maur Paris X^e^
BURACZYK Simone (15 ans) – 209 rue Saint-Maur Paris X^e^
GOURA Bernard (15 ans) – 209 rue Saint-Maur Paris X^e^
HASSMAN Albert (10 ans) – 209 rue Saint-Maur Paris X^e^
HASSMAN Hélène (3 ans) – 209 rue Saint-Maur Paris X^e^
SZPAJZER Bernard (7 ans) – 209 rue Saint-Maur Paris X^e^
SZULC Daniel (3 ans) – 209 rue Saint-Maur Paris X^e^

Des anciens locataires du 209, je n'ai pour l'instant que ces neuf noms d'enfants relevés sur la carte aux points rouges. Adolphe, Joseph, Bernard, Albert… Ils devaient être élèves à l'école primaire qui fait face au 209. C'était autrefois une école de garçons. Daniel Szulc, lui, était trop jeune pour aller à l'école. Son prénom est le seul, avec celui de Joseph Blumenthal, dont la consonance soit un peu biblique : les autres ont un prénom « bien français ». Neuf enfants déportés depuis un même immeuble, c'est beaucoup, mais ce nombre ne me surprend pas vraiment : le 209 est grand, même si je ne sais pas encore combien de locataires y vivaient exactement. Surtout, la rue Saint-Maur était au cœur du *Yiddishland* – Belleville, le XIe arrondissement, le Marais et, plus au nord, le IXe et le XVIIIe arrondissement – où s'installèrent tant de juifs immigrés de l'Est dans les années 1920 et 1930. Il est probable que les parents d'Adolphe, Simone ou Daniel étaient arrivés à Paris dans ces années-là, qu'ils étaient artisans ou petits commerçants, tailleurs, coupeurs ou fourreurs. Ils parlaient certainement le yiddish et fort mal le français. Le 209 était-il leur première adresse en France, à Paris ? Qui étaient leurs voisins ? C'est la toute première étape : trouver des noms auxquels m'accrocher pour lancer mes filets.

Mais comment peupler un immeuble de noms ? Je ne sais pas trop par où commencer, où chercher…

Mon amie Claire Zalc, historienne dont le travail exceptionnel consacré à la micro-histoire de la destruction des juifs d'Europe a nourri à la fois ma réflexion et mon imaginaire, est habituée à se poser ce genre de questions. Elle me conseille de consulter les recensements effectués à Paris, immeuble par immeuble, à partir de 1926. Ils eurent ensuite lieu tous les cinq ans avant que la guerre n'interrompe ce rythme : le dernier recensement avant la guerre date de 1936. Le suivant n'a eu lieu qu'en 1946. Ces recensements sont conservés aux Archives de Paris, un grand bâtiment moderne coincé entre le boulevard Sérurier et le périphérique, à deux pas de la Porte des Lilas.

On ne me communique pas les registres trop abîmés et trop lourds. Ils ont été numérisés. C'est une petite déception d'être privée du contact avec la matière fragile de l'archive. Je fais défiler sur l'ordinateur les pages du recensement de la rue Saint-Maur tout entière. Celui de 1926 d'abord. L'écriture calligraphiée n'est pas toujours très lisible. Il me faut un peu de temps pour comprendre que chaque ligne du registre est le reflet direct de la marche des agents recenseurs qui restent sur le même trottoir pour passer d'un immeuble à l'autre

– cela explique que tous les numéros impairs soient classés à la suite. Je survole le 201, puis le 203, le 205, le 207 et enfin, le voilà, 209 rue Saint-Maur, qui surgit.

Comme moi, les agents recenseurs se sont retrouvés devant la porte cochère bleue surmontée d'un 209 en émail, blanc sur fond bleu, comme moi ils ont franchi la voûte. Comme moi encore, ils ont d'abord dû tomber sur la concierge. En 1926, elle était veuve, s'appelait Louise Divery, elle était née à Paris en 1880 et vivait dans la loge avec sa fille, Raymonde, 25 ans. Cinq ans plus tard, en 1931, c'est un couple, Henri et Lisa Poulain, parisien lui aussi. Henri est noté comme étant employé de monsieur Laueffer, probablement le propriétaire ou le gérant de l'immeuble. En 1936, enfin, c'est une certaine Yvonne Massacré dont le nom inquiétant claque comme une prémonition.

Les agents recenseurs ont gravi les marches de l'escalier A, ont frappé à la porte au 1er étage et ainsi de suite en faisant le tour des étages, le tour des bâtiments, le tour de l'immeuble. L'ordre de la liste qu'ils constituent est un indice topographique très précieux même s'il n'est pas totalement fiable, pour situer les logements et déterminer les voisinages. Porte après porte, ils ont demandé le nombre de personnes vivant dans l'appartement, ils ont inscrit les noms, les prénoms, le lieu de naissance, la nationalité, la situation familiale, le métier. Je leur emboîte le pas dans les escaliers et ce sont les portes de 180 logements qui s'ouvrent, où vivent 323 habitants en 1926, 351 en 1931, 337 en 1936.

Il y a des Parisiens, beaucoup de provinciaux venus de tous les coins de France y compris l'Algérie, et, à chaque recensement, de plus en plus d'étrangers : quelques Italiens, des Roumains, deux Belges, un Russe, une Turque, un Mexicain marié à une Espagnole et aussi, plus nombreux au fil des années, des Polonais, probablement tous juifs, même si la religion n'est indiquée nulle part. Au total, en 1936, il y a près d'un tiers d'étrangers dans l'immeuble.

Tout ce petit monde, naturellement locataire, vit dans une seule pièce. Plus rarement dans deux… C'est un immeuble de petites gens. Entre 1926 et 1936 on y recense des employés aux PTT, au Bon Marché, à la préfecture, aux chemins de fer ; un magasinier, deux dactylos, une sténo aux Magasins Réunis, une caissière, un comptable, une femme de chambre, un secrétaire au *Petit Parisien*, un ouvrier chaudronnier, un ouvrier maçon, un ouvrier cimentier, un ouvrier ébéniste, une ouvrière cartonnière, une batteuse d'or, un ouvrier boulanger, un ouvrier boucher, un forgeron, un mécanicien, un ouvrier pâtissier, un chauffeur, un miroitier, un orfèvre, deux gardiens de la paix… Un ferblantier, une parquetteuse, un chauffeur de taxi, un typographe, un ouvrier doreur, une émailleuse, une polisseuse, un cuisinier, une fleuriste, une mouleuse, une monteuse, une ouvrière mécanicienne, une modiste, une lingère, un coupeur, des tricoteurs, des accoutreuses, une perforeuse, des maroquiniers, un garnisseur, des brocheurs, une posticheuse, une plumassière, beaucoup de tailleurs, des ouvriers fourreurs, des presseurs, un ouvrier chapelier, une matelassière, un tapissier, un garçon de café chez Larache, un peintre, un crieur à la lanterne magique, un valet de chambre à l'hôtel Rochester. Il y a encore une artiste lyrique, Germaine Decausse, née dans l'Eure en 1893, un marchand de vin, Gabriel Maurane, une institutrice, Yvette Deschamps, née en 1904 en Dordogne.

Dans ces minuscules appartements, il y a plutôt peu d'enfants. Au maximum un ou deux par famille, à l'exception de quelques familles nombreuses. La plupart des couples sont mariés mais d'autres vivent en concubinage comme le Corse Sébastien Nicolai et Marie Albertini, née à Alger, ou encore

Clémence Berthelot, bonnetière, et le chef d'atelier, Henri Leleu, de huit années plus jeune. Je m'arrête plus longuement sur ceux qui vivent seuls : le crieur à la lanterne magique, Amédée Boulange, qui a déjà 70 ans en 1936, Germaine Decausse, l'artiste lyrique, Marie Baudier, une veuve suisse, sans profession, née en 1856, ou Pauline Bricot, de Paris, née en 1855, sans profession également.

Je me les représente, solitaires, dans leur petite pièce. Chaque nom, prénom, chaque métier, chaque date fait entrevoir une silhouette, un visage flou ; le moindre détail appelle un scénario à peine esquissé. Le crieur à la lanterne magique se promenait-il dans les rues du Xe arrondissement accompagné d'un joueur d'orgue de Barbarie en criant « Lanterne magique, pièce rare à voir ! » avant de monter pour donner une représentation à qui voulait bien l'appeler, comme c'était l'usage ? Où donc Germaine Decausse pouvait-elle bien exercer ses talents d'artiste lyrique ? Je cherche son nom dans les programmes de quelques salles de spectacle, en vain. Et Pauline Bricot, que je vois apparaître en 1926 mais dont le nom disparaît dans les recensements suivants, a-t-elle déménagé ou bien est-elle morte, seule, entre 1926 et 1931, au dernier étage d'une chambre sous les combles au 6e étage, comme dans les romans de Zola ?

J'observe les ascensions sociales, les changements de situation. Pierre Menacé, ouvrier boulanger en 1926, et sa femme Louise vivent avec leur petit garçon de 12 ans, André. En 1936, ils sont toujours là mais Pierre n'est plus ouvrier, il est boulanger à part entière et André, son fils, est devenu menuisier. Je note le nom des commerçants que je retrouve d'un recensement à l'autre : le bistrotier Maurane, un Auvergnat ; l'épicière Haïmovici, une Roumaine.

Il est difficile de se frayer un chemin parmi cette foule qui surgit derrière les listes au beau milieu d'une salle d'archives parisiennes du XXIe siècle. Tant de noms, de dates, et d'imaginations… Combien de croisements dans les escaliers ? De regards échangés d'une fenêtre à l'autre ? Comment accéder ne serait-ce qu'à une petite goutte de vie, de sensation, qui aurait été miraculeusement prélevée de la trame indistincte des vies quotidiennes, puis préservée jusqu'à aujourd'hui pour que je la trouve et que je m'en nourrisse ?

Je ne sais pas exactement ce que je cherche, d'ailleurs, et encore moins ce que je pourrais trouver, à compulser ces énumérations jusqu'à ce que mes yeux se brouillent, que mon dos me fasse mal, que les noms voltigent dans ma tête, échappant à toutes mes tentatives de classement rationnel par métiers ou par origine ou par voisinage d'escalier. Pour l'instant, c'est un bruissement confus, une sorte de chœur mêlé au sein duquel j'espère entendre une, puis deux, puis des dizaines de voix qui se distingueraient tout à coup aussi clairement que quand surgit, dans la partition d'un orchestre symphonique, ténue d'abord, puis plus ferme, la ligne mélodique d'une flûte ou d'un hautbois.

Pour commencer, je cherche à croiser cet amoncellement avec ma toute première liste, celle des enfants. Je commence par le recensement de 1926.

J'ai le cœur qui bat quand je vois apparaître le premier nom : GOURA.

Ils sont trois. Un couple, Isaak et Sega, nés en Pologne en 1886 et en 1889. Dans le même foyer vit également Beïla, le père d'Isaak, lui aussi né en Pologne, en 1859. Isaak est ouvrier ébéniste. Étrangement, dans le recensement de 1931, les dates de naissance ne sont plus les mêmes : Isaak est né en 1882 et son épouse, qui ne s'appelle plus Sega mais Léa, en 1888. D'emblée, je découvre la fragilité de ces états civils déclaratifs qui ne dépendent que du bon vouloir des « recensés » mais aussi de l'ouïe plus ou moins fine, plus ou moins inventive des agents recenseurs – les orthographes fluctuent, a fortiori pour ces drôles de noms et prénoms aux consonances étrangères. Il est probable que madame Goura avait dû comprendre au bout de quelques années vécues à Paris que Léa passait mieux auprès d'oreilles françaises. Quant au père d'Isaak, Beïla, il n'est plus enregistré en 1931. Est-il rentré au pays ? Est-il mort ? En revanche, l'enfant de la liste, le petit Bernard, lui, apparaît : il est écrit qu'il est né à Paris, en 1929. Au 209 rue Saint-Maur donc. La famille est encore présente en 1936. Ils devaient certainement habiter dans l'escalier A, celui aux vitraux multicolores et, vu la vingtaine de noms qui les précède, peut-être entre le 3e et le 6e étage.

Une cinquantaine de noms plus loin, certainement dans l'escalier du fond, le C, ou celui à droite, le D, je tombe sur les Baum, puis les Bourachie, version française de Buraczyk...

Les parents d'Adolphe et Marguerite Baum, Adolphe senior et Marie, habitent déjà dans l'immeuble en 1926 et je ne vois apparaître les enfants qu'en 1931 : le premier était pourtant né en 1925, la seconde en 1927. Le prénom de leur père, Adolphe, devient Abraham dans le recensement de 1931 ; quant à leur mère, Marie en 1926, elle redevient Mariem, c'est-à-dire Myriam. Adolphe/Abraham est ouvrier tailleur, Marie/Mariem est couturière.

Simone Buraczyk est la jumelle de Marguerite Baum : elle est également née en 1927. Les deux familles sont certainement voisines car je les retrouve quasiment notées l'une après l'autre. Simone a un frère, Jules/Jandel, né en Pologne tout comme son père, Lazare. Sa mère est née en Roumanie.

Ils ont dû émigrer après la naissance de Jules/Jandel qui, à l'âge de 16 ans en 1936, est déjà ouvrier brocheur.

Je trouve la première trace de Joseph Blumenthal et de ses parents en 1936. Ils viennent tous trois de Pologne. Joseph y est né en 1936. Son père, Mordka, est marchand ambulant. Je note qu'ils ont pour voisins la famille du boulanger dont le nom m'avait frappée, Pierre Menacé, ainsi qu'une autre famille émigrée de Pologne, les Ossmann, et enfin un ouvrier typographe et sa femme, Léon et Marie Gardeblé.

Quant au petit Daniel Szulc dont je calcule qu'il est né en 1939, il n'est encore en 1936, comme on dit, qu'une lueur dans les yeux de ses parents, Mordka et Szandla (les agents recenseurs ont dû avoir du mal), respectivement ouvrier bijoutier et ouvrière mécanicienne.

Nulle trace, en revanche, des parents des petits Hassman ou de ceux de Bernard Szpajzer. Ils ont dû s'installer au 209 après 1936.

Une famille nombreuse, la seule de tout l'immeuble, attire mon attention. En 1926, ils sont sept Diament. Deux parents, Abel, coupeur en chaussures, et Rachel. Les trois filles aînées sont nées en Pologne comme leurs parents mais les deux garçons sont, eux, nés à Paris. Les prénoms bougent : Sara, la fille aînée, devient Suzanne, Frajda devient Fernande. En revanche, les deux petits Parisiens s'appellent directement Isidore et Georges. Quant à la benjamine, elle s'appelle Odette et naît en 1930. Je devine les déménagements successifs de la famille dans l'immeuble aux modifications de leur place dans les listes. Ils sont d'abord les voisins de l'un des gardiens de la paix, Louis Migeon, dans l'escalier du fond de la cour, puis se rapatrient dans l'escalier A, probablement au 1er ou au 2e étage à côté des Troadec dont le père, Henri, originaire du Finistère, est comptable.

Comment une famille de huit personnes pouvait-elle tenir ainsi dans deux petites pièces ? Le seul fait de me poser cette question, de me demander comment, d'un point de vue pratique, six enfants et leurs parents pouvaient dormir les uns à côté des autres dans un appartement de 20 m^2 environ, c'est déjà échapper aux listes, c'est déjà commencer à entendre des voix. Et si je suis si avide de les entendre, ces voix, ce n'est pas pour accomplir un abstrait « devoir » de mémoire, l'expression seule me hérisse, ni afin d'élucider une énigme familiale, mais beaucoup plus simplement, égoïstement aussi, pour être invisiblement accompagnée sur le chemin de la vie. Ce chemin de la vie dont je crois avec ferveur qu'il est moins difficile, une fois enrichi des murmures et des silhouettes, même ordinaires et inconnues, qui peuplent ces lieux où, pour peu qu'on les regarde de tous ses yeux, s'abolissent parfois les frontières du temps. Et c'est ce lien avec ceux qui nous ont précédés, avec ceux qui nous suivront, ce lien mouvant, indestructible, qui ne relève ni de la révérence ni de la nostalgie mais de la vitalité même, que je tente, obstinément, de former.

4

Le soir même, je continue mes investigations sur Internet, auxiliaire indispensable à l'illusoire et contemporaine obsession dont ma quête est à sa manière une manifestation : croire que nul ni rien n'est inatteignable. Je glane un nouveau résultat : l'extrait d'un livre sur des enfants cachés pendant la guerre. Un certain Charles Zelwer y raconte sa fuite, le 16 juillet 1942, jour de la rafle du Vél'd'Hiv, du 209 rue Saint-Maur où il habitait avec ses parents. Mon œil accroche très vite l'un des noms cités : madame Massacré, la concierge dont le nom figurait dans le recensement de 1936. Elle était encore la concierge de l'immeuble pendant l'Occupation.

Madame Massacré n'est donc pas qu'un nom dans un registre, une ombre abstraite sous la voûte de l'immeuble… Je cherche immédiatement le numéro de téléphone de Charles Zelwer. Je fais plusieurs essais et je finis par le localiser à Orléans. Malgré l'heure, j'appelle. Il décroche et quand je lui explique les raisons de ce coup de fil tardif, il semble à peine surpris. Il a suffi que je prononce les mots « rue Saint-Maur » pour qu'ils opèrent comme un sésame. Charles est le premier petit caillou blanc sur le chemin. Il préfère ne pas parler au téléphone, il propose une rencontre. Quelques jours plus tard, à la gare d'Orléans, il est là, seul sur le quai, pour m'accueillir et paraît plus jeune que je ne le pensais, plus alerte aussi. Il me conduit en voiture à travers des rues étrangement désertes dont le silence contraste avec le mouvement perpétuel de la rue Saint-Maur. Nous nous installons dans un grand café moderne, désert lui aussi, qui ressemble à une cafétéria d'aéroport. Derrière les grandes baies vitrées, la Loire sinue lentement.

Indifférent à ce spectacle qu'il connaît bien, Charles se met tout de suite à parler : il est né en 1940 au 209 rue Saint-Maur et il y a vécu jusqu'en 1967 avec ses parents, des juifs venus de Pologne, dans l'escalier C du fond de la cour, au 3ᵉ étage gauche. Ils habitaient tous les trois dans une petite pièce de 12 m² dont la fenêtre donnait sur l'arrière de l'immeuble vers l'avenue Parmentier. Son père, militant syndical et communiste, était chauffeur de taxi. Sa mère travaillait comme finisseuse, dans des ateliers juifs de confection pour dames. Finisseuse, m'explique-t-il, ce sont les ouvriers spécialisés dans les doublages et les retournages.

« Entre l'époque de mon enfance et le moment où j'ai quitté l'immeuble en 1967, rien n'avait changé dans son aspect. Tout était gris, tellement gris, les façades étaient noires. Notre fenêtre donnait sur le toit d'une petite fabrique dont les vitres avaient été peintes en bleu pendant la guerre à cause de la défense passive. Elles le sont restées jusqu'à mon départ en 1967. Il y avait, dans l'aspect de l'immeuble, une continuité entre la guerre et l'après-guerre. Je me souviens encore du sentiment vif que j'avais, enfant, de vivre dans un endroit terriblement vieux.

« Les gens payaient un loyer dérisoire, alors les propriétaires ne faisaient pas de travaux. Les toilettes étaient dans le couloir et je revois le papier journal qui servait de papier-toilette accroché à un clou. J'étais terrifié à l'idée d'aller aux toilettes, surtout le soir : tout était noir car le concierge coupait l'électricité à 10 heures du soir. Après 10 heures, il fallait marcher à tâtons. Il y avait aussi un robinet à eau à côté des toilettes et un compteur à gaz dans lequel on mettait des pièces. Quant à notre pièce, elle était minuscule. Il y avait deux lits, celui de mes parents et le mien, et une table sur laquelle ma mère cousait, épluchait, cuisinait. Moi, j'y faisais mes devoirs... Tout était un peu précaire mais cette précarité je ne la ressentais que par comparaison avec la façon dont d'autres enfants pouvaient vivre. C'est quand j'ai eu des copains qui habitaient avenue Parmentier, qui étaient mieux logés, avec des toilettes dans l'appartement, dans des immeubles d'aspect plus bourgeois, que j'ai vraiment compris que nous habitions un immeuble de pauvres. »

Avec une précision étonnante, Charles évoque ses voisins de l'immédiat après-guerre : la voisine de palier, madame Cognard, prostituée qui vivait avec sa sœur muette ; Robert Dinanceau, au 5e étage, un « ancien collabo » qui tabassait sa femme, Gina ; madame Mathilde, une vieille ouvrière cartonnière qui fabriquait des sous-main en carton et peignait des petits soldats de plomb. « J'adorais aller la regarder travailler. Elle avait un petit hamster chez elle qui m'amusait beaucoup. Puis à un moment on ne l'a plus vue. Elle a été retrouvée morte dans son appartement. On a probablement cessé de lui donner du travail, elle n'avait plus de soldats à peindre chez elle et elle est morte de faim. Je me souviens aussi d'une madame Germaine qui disait qu'elle avait été chanteuse d'opéra. Elle a fini alcoolique. »

Je reconnais en madame Germaine, Germaine Decausse, l'artiste lyrique dont j'avais relevé le nom dans les recensements et, comme pour la concierge, madame Massacré, cette incarnation, même sommaire, est une apparition miraculeuse au milieu du café vide où seuls les serveurs sont déjà attablés pour leur déjeuner avant le service de midi.

De sa voix grave, bien timbrée, Charles évoque avec précipitation les détails de sa jeunesse au 209 : le bruit incessant des machines à coudre qui s'échappait par les fenêtres des nombreux tailleurs juifs de l'escalier C, la frustration des enfants auxquels la concierge d'après-guerre interdisait strictement de jouer dans la cour, le militantisme communiste de ses parents et d'autres locataires, les Jallet du 6e étage, madame Corrazini et Léon Gardeblé de l'escalier B : ils étaient tous adhérents de la même section du parti, celle du Xe arrondissement.

« Je vendais *L'Huma* tous les dimanches à l'angle de la rue Saint-Maur et de la rue Jacques-Louvel-Tessier. Dans les années 1950, l'ambiance était un peu tendue : mes parents me disaient qu'il ne fallait pas aller chez les gens, qu'il ne fallait jamais trop en dire. À l'époque, les communistes étaient persuadés que le parti allait être interdit. L'ambiance des communistes c'était la clandestinité, ils pensaient vraiment qu'ils allaient y passer. Comme j'allais tout le temps chez les voisins pour écouter la radio, mes parents ont fini par acheter une radio, un poste à lampe, pour que je l'écoute chez nous plutôt que chez les autres. »

Et la guerre ? On en parlait, de la guerre, dans les années 1950 ?

« Non, c'était bouche cousue sur la guerre, personne ne parlait de la guerre. Ou par de vagues allusions : *ah ! c'était pas drôle, y avait pas à manger*. Des banalités. Mais on ne disait pas des choses précises. Même les juifs qui habitaient dans l'immeuble ne parlaient pas de la guerre. Les gens ne disaient rien, même quand ils savaient les choses. Moi, tout ce que je savais, c'est que j'avais été caché. Alors caché de quoi ? Pourquoi ? C'était quelque chose de mystérieux, ça faisait partie du fatras. C'était une jeunesse où j'étais aveugle, où je ne comprenais rien. »

Je suis frappée par ce mot, « fatras », et je lui demande ce qu'il veut dire exactement. Il prend un peu de temps pour répondre et je remarque alors combien son sourire timide, mal assuré a conservé quelque chose de l'enfance. Mais dès qu'il reprend la parole ses yeux me fixent intensément et il ne me quitte plus du regard.

« Le 16 juillet 1942, j'avais presque 18 mois. Nous nous sommes enfuis avec mes parents du 209 rue Saint-Maur et puis j'ai été caché pendant deux ans environ, sans eux. Ils sont revenus me chercher en 1944 et nous sommes retournés habiter au 209, dans la même pièce que nous avions quittée. J'avais 4 ans. Mais jamais ils ne me parlaient de ce qui s'était passé pendant ces deux années, de la réalité de notre séparation. Quant à moi, j'avais tout effacé, c'était l'amnésie totale. J'étais dépositaire de quelque chose, qui était en moi et que j'étais incapable de comprendre : quelque chose qu'on ressent en soi et qu'on n'arrive pas à nommer ou à définir. C'est ça que j'appelle le fatras.

« Un jour, j'avais 10 ans, on était en 1950, je me trouvais dans notre appartement, dans notre pièce plutôt, quand quelque chose m'est revenu, de manière totalement fortuite. J'étais sur mon petit lit tout près de la fenêtre et j'ai fait un rêve éveillé. Des images, des gestes, des situations me sont revenus mais sans que je puisse leur donner sens. Je dis alors à ma mère : "Dis-moi, une fois, j'étais dans mon lit, on a frappé à la porte et vous n'avez pas ouvert." Ma mère était un peu interloquée parce que pour elle, ça voulait dire quelque chose de précis. Ensuite, j'ai dit à mon père : "J'étais dans votre lit." Toutes ces images, ces visions correspondaient en fait à ce qui s'était passé pendant la rafle et je l'ai compris en racontant ce rêve éveillé à mes parents. Car le 16 juillet 1942, quand les coups ont été frappés à la porte, ma mère est allée me chercher dans mon berceau et elle m'a pris avec elle dans son lit et, paraît-il, ça je ne m'en souviens pas, elle m'a mis un bonbon dans la bouche pour que je ne crie pas. Et moi j'étais très heureux d'être avec ma mère dans le lit où, normalement, je n'allais jamais, où je n'avais pas le droit d'aller, et j'avais conservé le souvenir de ce bonheur. Je me souvenais aussi qu'à un moment donné, ma mère a dit : "Ils sont partis" et mon père, je visualisais parfaitement le gilet rouge qu'il portait, a dit : "Eh bien maintenant on fout le camp." Poursuivant le récit de mon rêve éveillé, je dis à mon père : "Et puis vous avez coupé vos vêtements." Et en fait, ça rappelait quoi à mon père ? Qu'ils avaient effectivement découpé et décousu avec des ciseaux les étoiles jaunes qu'ils portaient pour pouvoir sortir et se sauver hors du 209. J'ai finalement été caché en banlieue : mes parents, qui étaient cachés eux aussi, sont peut-être venus me rendre visite une ou deux fois pendant ces deux ans. Ce n'est qu'en 1944 qu'on a pu à nouveau être réunis et revenir au 209. Mais quand mes parents m'ont laissé, en 1942, mon monde s'est effondré. Il ne s'est que difficilement reconstruit quand ils m'ont récupéré. Je ne sais pas s'il s'est jamais reconstruit, d'ailleurs. »

Charles s'arrête brusquement, le café se remplit peu à peu. Je reste silencieuse, frappée dans le récit de Charles par la façon dont le souvenir traumatique de la fuite qui précède l'abandon, la solitude et le désarroi extrême d'un si petit enfant a pu ressurgir aussi vif, aussi précis, des années plus tard, sur le lieu même où l'événement s'était produit. Comme si la petite pièce de 12 m^2, 3e étage gauche, escalier C, avait emmagasiné des images et des sensations que l'enfant avait récupérées : l'effroi évidemment, mais aussi l'excitation d'avoir pu partager, *grâce à* la tragédie, le lit de sa mère. Comme si, surtout, la mémoire devait être « logée » elle aussi pour se redéployer entre quatre murs et ressusciter les affects contradictoires (la peur et le bonheur extrêmes) autrefois ressentis puis engloutis sous le poids du silence et de l'habitude.

« Pour ce qui est de la concierge, madame Massacré, poursuit Charles, je ne m'en souviens pas directement. Elle est morte d'une crise cardiaque au moment de la libération de Paris mais mes parents disaient d'elle qu'ils lui avaient confié leur clé et leurs meubles et qu'ils ont tout récupéré intact à la fin de la guerre. D'après ce que j'ai compris, et c'est aussi quelque chose que Chapiseau, l'un de nos voisins, disait, madame Massacré c'est quelqu'un qui dissimulait beaucoup de gens dans des appartements vides, qui truquait les registres de l'immeuble pour leur permettre d'échapper à la police ou même qui allait faire des courses pour certains d'entre eux... Je n'ai pas tellement plus de détails. Les gens ne voulaient jamais dire de choses trop précises... Peut-être que celle qui pourrait vous en dire plus, c'est Odette. »

Odette ? Le prénom m'est familier mais je ne sais plus pourquoi. Je l'ai probablement croisé dans le recensement.

« Elle vit en Israël. Elle s'appelle Odette Kozuch. Mais son nom de jeune fille, c'est Diament. Elle a passé toute la guerre au 209. Elle habitait dans l'escalier A, au 1er étage, juste au-dessus de la loge de la concierge. Elle doit avoir 85 ans maintenant. »

Odette Diament ! C'est la benjamine de cette famille nombreuse que j'avais remarquée, celle aux six enfants. Elle vit toujours, je peux même l'appeler : Charles, qui a gardé contact avec elle, me donne son numéro.

Je fais souvent ce rêve pas si étrange et même, je crois, assez commun. Je suis dans un appartement que je connais. Puis, sous le coup de je ne sais quelle intuition, je m'aperçois que dans le coin de la pièce où je me trouve, il y a une porte que je n'avais jamais vue. J'ouvre cette porte et je comprends qu'il existe toute une partie, souvent immense, de l'appartement, qui m'est inconnue. Étonnée, heureuse, j'arpente alors ce nouvel espace découvert en me demandant comment j'ai pu l'ignorer si longtemps. Cette porte ouverte sur un lieu qui n'appartient pas à l'espace quotidien et qui en est pourtant la continuité dissimulée, c'est exactement l'expérience que je traverse en apprenant que la benjamine de la famille nombreuse est toujours vivante et que je peux, si je le veux, l'appeler. Cette sensation, je la revivrai souvent au cours de l'enquête. À chaque nom supplémentaire, chaque nouvelle étape, j'ouvre une porte dissimulée et je pénètre dans un lieu jusqu'alors invisible qui existe de façon parallèle à ce que je croyais être la réalité du présent mais qui s'y emboîte comme une pièce de puzzle à l'autre.

Charles m'a raccompagnée jusqu'à la gare. Quand, arrivée près de l'entrée, je me retourne vers le parking, je le vois debout à côté de sa voiture, il me fait un vague signe de la main et je suis à nouveau frappée par cette enfance qui persiste dans son allure, son regard, sa manière d'attendre tout droit, sans bouger, que je m'éloigne. Un grand enfant triste de presque 80 ans.

Il me fait penser à mon père qui, le jour de la rafle, s'est lui aussi enfui avec ses parents de ce même appartement où je vis aujourd'hui. Lui aussi après avoir été caché en banlieue parisienne a été finalement récupéré par ses parents à la Libération. Comparé à tant d'histoires plus tragiques, il est possible de se dire qu'il a eu de la chance. Je sais pourtant qu'en lui vit, toujours actif, le même « fatras » qu'en Charles. Dans le train pour Paris, alors que je regarde défiler par la fenêtre une succession de forêts mordorées et de plaines agricoles, me revient ce que mon père ne m'a raconté qu'à une seule occasion. Ce jour de juin 1942, un mois avant la rafle, où, pour la première fois, il a porté l'étoile jaune. Sa mère l'accompagnait à l'école. Il avait 9 ans. Ce chemin, je le connais par cœur, je l'ai emprunté si souvent, enfant, puis jeune fille, puis mère enfin, avec mes propres enfants. La montée de la rue des Martyrs et ensuite, à droite, l'à-plat de la rue d'Orsel, en contrebas du Sacré-Cœur. Mon père m'a dit que ce jour-là, il avait sangloté sans s'arrêter pendant tout le trajet. Il refusait d'aller à l'école. Ma grand-mère le tirait par la main comme une inflexible qu'elle n'était pourtant pas. Et je me dis que c'est peut-être ça, le fatras, quand les mêmes rues qui vous ont abrité accueillent, indifférentes, inchangées, la marque de votre condamnation. La métamorphose de votre horizon familier en paysage hostile. Et de cette métamorphose, certains ne se remettent jamais.

5

J'appelle Odette sitôt rentrée à Paris. Elle décroche très vite : Charles l'a prévenue. Elle m'attendait. Elle dit : « Je suis la petite Diament » et elle rit. Elle n'arrête pas de rire et même quand elle ne rit pas, sa voix conserve une onde de gaieté adolescente dont j'apprendrai, au fil du temps, à percevoir les modulations mélancoliques qu'elle dissimule. Mais pour l'instant, c'est le premier coup de fil et elle rit.

Immédiatement, elle dit : « Je me souviens des sons, des odeurs. J'y suis souvent la nuit, en rêve. Je me souviens de tout. Avant la guerre, le 209, avec sa cour intérieure, c'était vraiment l'immeuble le plus important de cette partie de la rue. Je me souviens surtout des jours d'été : il n'y avait pas d'air, c'était de tout petits appartements, alors en été, toutes les fenêtres étaient ouvertes. Et on entendait les radios des uns et des autres, on voyait les gens qui passaient dans la cour, les hommes avec le filet noir. Ils allaient chercher le vin du dimanche. Ils étaient en maillot de corps. C'était l'ambiance typiquement française, un peu comme dans les films de René Clair avant la guerre. »

En l'écoutant, je m'aperçois que mes hypothèses à la lecture du recensement étaient justes : le père, Abel, est d'abord arrivé de Pologne en 1923. Six mois plus tard il a fait venir sa femme et ses trois filles aînées. Ils se sont installés dans une pièce du bâtiment C, fond de cour. Puis ils ont déménagé au 1er étage de l'escalier A, dans un appartement de deux pièces, juste au-dessus de la loge de la concierge. C'est là que sont nés les deux garçons puis Odette, en 1930.

« Pour nous, maman a accouché à la maison. Je suis donc littéralement née au 209. J'en suis partie en 1948 pour me marier. Mon père s'appelait Abel, ma mère Rachel. Ma sœur aînée Sarah, on l'a appelée Suzanne. La seconde c'était Sima, donc c'était Simone. La troisième, Frida, est devenue Fernande. Isidore est resté Isidore mais on l'appelait Zizi. Georges, c'était Jojo. Et moi, je ne sais pas pourquoi, je m'appelle Odette Jacqueline. Mais mon père m'appelait toujours Goldele. *Goldele*, c'est de l'or en yiddish. L'or, pourtant, on ne roulait pas dessus. Mon père était ouvrier coupeur en chaussures dans un atelier de la cité Griset vers la rue Oberkampf. Les choses se sont un peu améliorées après 1936 mais la vie quotidienne était difficile. Mes sœurs allaient souvent à leur travail sur les Champs-Élysées à pied pour pouvoir économiser le prix du ticket de métro. Quand il y avait des cerises, c'était le luxe et mon père me donnait toujours un supplément qu'il prélevait sur sa propre part. Il disait en riant que c'était mes "10 %". Mais les enfants le sentent quand ça manque à la maison. Et puis on entendait toujours à l'époque cette expression : "Regardez-moi ces étrangers qui viennent manger notre pain en France." »

C'est quand son premier mari est mort, à la fin des années 1960, qu'Odette a émigré en Israël. Elle voulait réaliser un rêve d'adolescence, et à 40 ans il a fallu tout recommencer : apprendre l'hébreu, trouver des amis, un travail pour survivre. Il m'a suffi de l'entendre quelques minutes pour comprendre qu'elle ne manquait pas de courage, Odette. Au bout de quelques années, elle s'est remariée, puis s'est à nouveau retrouvée veuve. Aujourd'hui elle vit, me dit-elle, dans la banlieue de Tel-Aviv. Elle n'est revenue que de rares fois à Paris mais à chaque voyage, elle retourne rue Saint-Maur. L'une des dernières fois, c'était il y a vingt ans, à la fin des années 1990.

« Il y avait des travaux partout, la plupart des fenêtres étaient barrées par de grosses poutres en bois. J'étais avec ma sœur Suzanne, qui y a vécu jusque dans les années 1970. Nos fenêtres donnaient sur la cour. Dans "notre" appartement, un homme était en train de faire des travaux. Nous lui avons demandé l'autorisation d'aller dans ce qui était autrefois notre chambre. C'était devenu une salle de bains. On est restées là, Suzanne et moi, quelques minutes, puis nous sommes reparties. Je n'y suis pas retournée depuis. Suzanne est morte. Georges, l'un de mes frères, aussi. J'étais la petite dernière mais maintenant je suis vraiment la dernière. »

Peu à peu, au fil de la conversation, les noms, les ambiances lui reviennent et j'ai l'impression qu'elle n'est pas de l'autre côté de la Méditerranée mais transportée rue Saint-Maur où elle désigne une fenêtre, puis l'autre.

« Il y avait de longs couloirs de part et d'autre de l'escalier. Avec huit appartements par étage. Notre porte était la n° 8. Parmi nos voisins immédiats, il y avait les Montmory, le mari était vendeur au Bon Marché, ce qui dans cet immeuble était déjà presque de la bourgeoisie ! Il y avait surtout les Troadec, des Bretons très gentils – la suite l'a prouvé d'ailleurs. Je me souviens aussi des Knoplock au 3e étage, un tailleur. Il avait deux fils, Henri et Jojo le plus petit, un peu plus jeune que moi. Il adorait venir manger la soupe de maman, qu'il préférait à celle que lui préparait sa mère. Dans l'escalier A je me souviens aussi des Goura, lui était assez petit avec une moustache qui le faisait ressembler à Charlie Chaplin, ils devaient être au 5e. Il y avait aussi quelque part, je ne me souviens plus à quel étage exactement, la fille de madame Massacré, la concierge. Elle était institutrice, elle s'appelait Deschamps je crois. Madame Massacré, nous étions vraiment au-dessus de sa loge et nous étions huit ! Elle n'a jamais eu à se plaindre de nous. C'était une femme imposante, elle menait toute la baraque. Avec nous, elle a toujours été plutôt correcte mais elle faisait peur quand même. Les enfants n'avaient pas le droit de jouer dans la cour mais parfois avec mes frères, on descendait sous la voûte d'entrée, sur la marche en pierre. On jouait aux cartes, aux osselets. Sans faire trop de bruit. »

À écouter Odette, c'est tout un monde, où se mélangent le français et le yiddish, qui ressuscite. « Ma mère, comme souvent les femmes, ne parlait que très mal le français parce qu'elle restait à la maison. Mon père par contre se débrouillait pas mal, il était plus en contact avec les Français, au travail par exemple. Ma mère parlait une sorte de "frandish" qui nous faisait beaucoup rire. Par exemple, quand on descendait en courant les escaliers avec mes frères, ce que nous faisions très souvent, elle criait "*Tombe nicht in escaliers*"... En réalité, à l'exception de nos voisins directs, les Troadec, nous ne connaissions que très peu de "vrais" Français et, alors qu'à la maison les gens défilaient pour parler avec mon père, je ne crois pas y avoir jamais vu de "vrais" Français. Probablement que, pour eux, nous étions "les autres" comme pour nous ils étaient "les autres". Les juifs avaient une autre façon de vivre, une autre façon de manger. Chez nous, on mangeait du manger juif. Maman ne faisait pas de cuisine française. Nous, les enfants, nous parlions parfaitement le français. Mes sœurs travaillaient déjà comme sténodactylos et moi j'allais à l'école avenue Parmentier. Quand j'avais le tableau d'honneur à l'école, ma mère était très fière, elle me disait : "Porte-le très haut pour qu'on le voie bien." Les garçons allaient à l'école d'en face. Pendant que je vous parle, me revient le souvenir d'une petite de l'escalier C avec qui j'allais à l'école Parmentier. Berthe Rolider. Je me souviens de son père qui traversait la cour avec un imperméable marron. Berthe Rolider, ça vous dit quelque chose ? »

Je note tout comme une furie. Des éléments en désordre, des pièces de puzzle pas encore agencées. Je note que :

– les GOURA habitaient bel et bien dans l'escalier A. Bernard Goura, leur fils, avait à peu près l'âge des frères d'Odette, mais elle ne se souvient que du père qui ressemblait à Charlie Chaplin ;

– la concierge madame MASSACRÉ avait une fille institutrice du nom de Deschamps ;

– les voisins d'Odette, les TROADEC, étaient « très gentils » ;

– l'épicerie à droite de l'immeuble en sortant où se trouve désormais l'agence de voyages était tenue par madame Haïmovici, qu'on appelait familièrement madame Jacques ;

– c'est au café Maurane, dont j'avais vu la mention dans le recensement, que les locataires se fournissaient en charbon. Qu'une estrade était dressée devant le café tous les 14 Juillet et qu'on y dansait. Que c'est là qu'Odette a appris à danser avec ses sœurs. Que les toilettes du café Maurane étaient dans la cour du 209 ;

– il y avait un magasin de vin Nicolas tenu par un couple, les DINANCEAU, dont Charles m'avait déjà parlé. Qu'ils avaient un fils collaborateur pendant l'Occupation qui effrayait tout l'immeuble. Que le fils était toujours là après la guerre puisque Charles m'a dit qu'il « cognait » sa femme ;

– le propriétaire de l'immeuble s'appelait LAUEFFER ;

– le père d'Odette avait une devise : « Pas peur pas peur, nous vivra, nous verra. »

Mon immeuble imaginaire se peuple de tous ces noms et je ne réalise même pas que, quand j'aurai raccroché, quand je serai en train de les noter fébrilement, de former des hypothèses sur les liens qui les unissent, de « jouer » finalement avec eux, j'abandonnerai Odette, seule, à des milliers de kilomètres de la rue Saint-Maur, avec les fantômes bien réels qu'elle aura convoqués pour moi. Mais, à cela, je ne songe pas pour l'instant, je note et j'écoute, avide.

Une image vient de lui revenir « De la fenêtre de notre appartement, escalier A, on voyait sur la droite les fenêtres de l'escalier D. Je me souviens des fenêtres de la famille Baum, escalier D, 2e étage. Juste en face de nous, un étage au-dessus, il y avait deux enfants. Le garçon s'appelait Albert. Ils ont été déportés tous les quatre mais Albert est revenu, je me rappelle l'avoir vu dans l'immeuble en 1945-1946. » Albert Baum, c'est le premier nom de ma liste d'enfants. Il y est inscrit sous le prénom d'Adolphe mais cela ne peut être que lui, le frère de Marguerite. Donc il est revenu.

« Après la guerre, il a quitté l'immeuble très vite. Je ne sais pas ce qu'il est devenu. Je crois qu'il avait été arrêté au moment de la rafle du Vél'd'Hiv. Il est revenu. Contrairement à mes parents, à Fernande, à Isidore. »

La joie dans la voix d'Odette a disparu. Je sais que pour poursuivre cette conversation, nous devrons nous voir, que je sois à côté d'elle, proche.

Je note « Albert Baum, 16 ans, 209 rue Saint-Maur ». J'ai griffonné à main levée un plan sommaire de l'immeuble avec les éléments glanés.

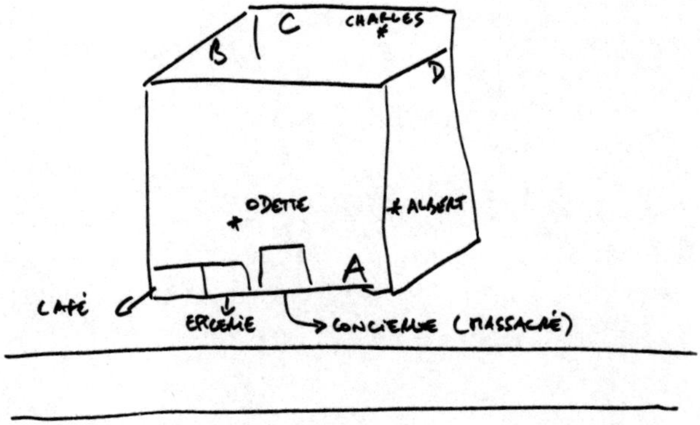

Et je raccroche.

6

Je l'aperçois de loin désormais. Dès que j'arrive au coin de la rue Saint-Maur et de la rue Louvel-Tessier, je distingue sa façade et je me dirige vers lui car, ne riez pas, le 209 m'appelle, il m'attend. Quand j'arrive de l'autre côté, par l'avenue Claude-Vellefaux et l'hôpital Saint-Louis, il ne se détache que lentement du reste des immeubles qui forment une muraille de pierre sur le trottoir de droite. Parvenue à la porte je m'efface devant un groupe de jeunes femmes casquées qui partent travailler en poussant leurs vélos. Sous la voûte, une adolescente, les cheveux bruns coupés au carré, des écouteurs sur les oreilles, me jette un regard distrait et franchit le seuil d'un pas vif comme si elle partait à la conquête du vaste monde.

Je mets à l'épreuve mes nouveaux savoirs. Sur les bordures en pierre qui longent la voûte, je situe Odette et ses frères assis en train de jouer aux osselets ; devant la loge du gardien, m'apparaît fugitivement la silhouette de cette madame Massacré qui « menait la baraque » ; au fond de la cour, je retrouve avec autant de satisfaction qu'un archéologue déterrant un trésor antique un petit cercle de béton qui tranche avec les pavés irréguliers : c'est là que s'élevait le lampadaire à gaz dont m'ont parlé Charles et Odette et qui illuminait la cour de sa lumière pâle. Mon œil court le long des façades si propres, si blanches qu'il est difficile de se les représenter noircies, abîmées telles que me les a décrites Charles.

Je compte les étages du bâtiment B à droite, j'identifie les fenêtres du coin au 2e étage, celles de la famille Baum, ces fenêtres que voyait Odette depuis son appartement du 1er étage, bâtiment A. D'après le recensement, Odette était un peu plus jeune qu'Albert et sa sœur Marguerite : lequel des deux observait-elle ? Qu'imaginait-elle, cette petite fille d'une dizaine d'années ? Voulait-elle jouer avec Marguerite ? Était-elle amoureuse d'Albert ? Il est probable qu'elle ne s'en souvient même plus : seul a survécu dans sa mémoire, et désormais dans la mienne, le mouvement de ce regard un peu machinal, un peu voyeur, ce regard où s'est déposée la forme enfuie d'Albert et de sa sœur. À la place d'Albert, derrière les vitres du 2e étage, je vois une jeune femme qui fume à travers la fenêtre entrouverte et qui se retourne de temps en temps pour discuter avec une personne invisible.

C'est l'heure du balayage dans la cour et je reconnais les mouvements balancés du concierge, son sourire, sa timidité quand je l'aborde en surmontant ma propre timidité. Il accepte que je reste avec lui dans sa loge, une petite pièce vitrée qui donne sur la voûte et qui s'ouvre, dans le fond, sur l'appartement qu'il partage avec sa femme. Je l'observe classer le courrier, recevoir les colis, renseigner les curieux, saluer les habitants dont beaucoup le tutoient et l'appellent par son prénom, Mohammed. Aux heures creuses, il se poste devant la porte de la loge en fumant, souvent en silence. Puis il écrase son mégot dans un cendrier en cristal posé sur la grande boîte aux lettres en métal à côté de sa loge. Son grand corps mince, ascétique, est toujours revêtu du même jean, du même anorak sombre. En été, je l'apprendrai bientôt, c'est un pull en coton rayé bleu et blanc. S'il paraît beaucoup plus jeune que son âge malgré ses cheveux qui grisonnent, c'est probablement dû à l'éclat de ses yeux, la douceur peu commune de son sourire. Il parle le français avec un fort accent marocain. Il avait déjà plus de 30 ans quand il est venu en France à la fin des années 1990, en laissant sa femme et ses enfants au Maroc le temps de se faire une place au soleil à Paris. Sa mère et ses sœurs étaient installées depuis longtemps en banlieue, près de l'usine automobile PSA de Poissy.

Quelques semaines après son arrivée, il a entendu parler d'un boulot « sur Paris ». « C'est resté dans ma mémoire. C'était le 4/2/1998 », il détache la date bien distinctement comme s'il s'agissait d'une date historique. « Le 4/2/1998, j'ai pris le RER. Ensuite je suis venu à pied parce que je ne savais pas quelle ligne de métro prendre et je n'avais pas envie de demander à quelqu'un. Je ne connaissais rien à Paris. C'était le soir. Tout est resté dans ma mémoire. Le 209, il n'était pas bien comme maintenant, il était triste. Franchement, c'était un des pires immeubles de la rue Saint-Maur. Il était presque abandonné. Il n'y avait que des locataires, aucun propriétaire. Pas mal de vieux locataires, des vieilles personnes, surtout dans les bâtiments A et B. Et surtout beaucoup de squats, partout. Des *junkies* aussi. Il y avait des étages entiers déserts. Dans certains appartements, les squatteurs avaient fait des percées dans les murs et ils avaient plusieurs pièces. J'essayais de convaincre les squatteurs de partir... Ils étaient là, perdus, je parlais avec eux. Même j'en ai aidé certains à trouver un travail. Au fil des mois ils sont partis.

« Au départ, mon travail, c'était gardien pour la nuit. Et puis peu à peu, je suis resté aussi le jour. Je m'occupais de quelques vieux, ils n'avaient plus de famille alors je les aidais, pour les courses et juste pour leur parler. Pour moi, quand j'ai commencé ici, j'ai pris ces gens-là comme ma famille parce que je savais que si je ne restais pas avec eux, personne ne s'occuperait d'eux. Ils n'avaient que moi.

« À l'époque l'immeuble appartenait encore aux "héritiers" mais après ils l'ont vendu. Des gens ont racheté des appartements et ils ont fait des travaux. À un moment il y avait des tas de gravats de plusieurs mètres dans la cour. Tout le monde faisait des travaux, au même moment, ça n'arrêtait pas. Alors il fallait que j'organise, que je les aide. Quelques anciens locataires sont restés, certains sont encore là et moi aussi. »

Je reconstitue l'histoire typique d'un immeuble de rapport des quartiers populaires parisiens dans les dernières décennies du XXe siècle : la paupérisation des immeubles dans les années 1970-1980, des locataires souvent immigrés, souvent vieux qui paient des loyers dérisoires à des propriétaires peu soucieux d'entreprendre de grandes rénovations ; les locataires qui le peuvent partent, le plus souvent en banlieue, les autres restent mais dans des conditions de vie de plus en plus précaires. À la fin des années 1990, le propriétaire revend à un marchand de biens qui se débarrasse des squatteurs et, autant que possible, des locataires précédents afin de revendre les appartements par lots. De jeunes couples, parfois provinciaux, souvent parisiens, pas nécessairement très fortunés mais dotés d'un petit capital de base, rachètent des appartements, font des travaux, bref, « gentrifient » l'immeuble où cohabitent encore quelques locataires des temps anciens et nouveaux propriétaires, souvent plus jeunes, plus blancs, plus diplômés.

Je demande à Mohammed qui étaient ces « héritiers » dont il parlait en désignant la famille propriétaire du 209 avant qu'il ne soit revendu. « C'était des frères et sœurs, les Laueffer. » Je reconnais le nom : c'est celui qu'avait mentionné Odette en évoquant les propriétaires des années 1940... L'immeuble est resté dans la même famille, au moins des années 1940 jusqu'aux années 2000. J'ajoute mentalement une autre piste à ma quête.

Pendant que nous parlions, des enfants sont rentrés de l'école accompagnés par leur grand-mère qui salue Mohammed. Il les suit du regard. « Cette dame, là, et son mari, ils sont là depuis très longtemps, les années 1970 peut-être. Ils viennent de Kabylie je crois. Ils ont élevé leurs enfants ici. Maintenant ils s'occupent beaucoup de leurs petits-enfants, qui vont à l'école en face. La mère des enfants, leur fille, travaille à la pharmacie à côté. Mais la plus ancienne locataire, elle habite dans le bâtiment A, 3e étage. Madame L. Elle est arrivée ici en 1954. Elle habite toute seule, une pièce. »

Il aspire une bouffée et repose la cigarette dans le cendrier en cristal.

« Depuis tout ce temps, je suis là. Je connais chaque coin, chaque escalier, chaque cave. J'ai vu des gens mourir ici et puis des enfants naître. Tous ces enfants qui ont grandi ici, ils m'appellent "tonton Mohammed", ils me demandent de jouer dans la cour. Je n'ai jamais refusé. Il faut bien qu'ils s'amusent. C'est pour ça : la retraite, pas question. Je veux continuer avec ces gens-là. Tant que je suis capable, je veux rester avec eux. Je ne peux pas les abandonner. Je sens que c'est ma famille ici. Voilà. »

Ces derniers mots, qu'il a prononcés lentement, d'une voix à peine distincte, disent ce que j'avais perçu instinctivement en observant ses allées et venues, sa manière de se tenir à la porte du 209 : il n'est pas concierge mais bel et bien, venu par hasard de son lointain Maroc, le gardien du lieu.

Deux hommes d'une trentaine d'années sont rentrés avec une poussette à deux places où deux enfants d'à peine un an trônent en majesté l'un face à l'autre. Je les observe de loin dans la cour, ranger la poussette, prendre chacun un enfant, ce n'est pas une mince affaire. Ils saluent Mohammed et vont, en face de la loge, pousser la porte de l'escalier A. « Justement, eux ils vivent à côté de madame L. Ils sont très gentils avec elle. Maintenant ils ont les jumeaux, un garçon, une fille. »

Je pense à tous ces enfants qui se sont succédé bien avant, bien après ces neuf enfants dont je connais maintenant la liste des noms par cœur.

Quand des enfants ont-ils commencé à grandir ici, à faire taper leurs talons sur les pavés de la cour, à jouer sous la voûte, à attendre, anxieux, cachés dans l'embrasure d'une fenêtre, le retour de leurs parents ? Quand toute cette succession vertigineuse a-t-elle commencé ? Et avant ? Et avant ? Et avant ? Il y avait quoi ? Il y avait qui ? *Et puis... et puis encore ?*

Ma machine à voyager dans le temps a pris la forme du 209.

Internet, livres, plans : je cours les bibliothèques et les archives dévolues à l'histoire de Paris, j'accumule les plans, obsédée par une seule adresse. Mon esprit, mon imagination embarqués dans un perpétuel mouvement de zoom avant où, du plus étendu de la ville, je ne cesse d'affûter mon regard de plus en plus précisément vers ce minuscule bout de terrain que je me suis choisi. Tout est bon pour trouver des indices, pour remonter strate par strate jusqu'au plus ancien des temps, celui de la préhistoire du 209, ce temps où la rue Saint-Maur n'était pas encore une rue bâtie mais un chemin médiéval situé bien au-delà des enceintes de Paris.

Au fil des jours et des plans, je me rends compte que je joue de nouveau à l'un de mes jeux préférés, celui du *paysage originel* auquel je jouais, enfant solitaire à l'arrière de la voiture de mes parents, quand nous parcourions chaque été les routes de France. La laideur des autoroutes, des zones industrielles, des centres commerciaux me heurtait alors si douloureusement que je passais mon temps à tenter de reconstituer en silence, la joue posée sur la vitre, un paysage totalement imaginaire (chemins, forêts, vallons) qui en serait débarrassé. Désormais, je les regarde plus calmement (et il y a dans ce calme comme une acceptation de la défaite), je me suis habituée à ce que ces paysages d'anticipation, les préfabriqués de tôle, les champs transpercés par les ronds-points et, au loin, les silhouettes inquiétantes des éoliennes, soient devenus le décor présent de ma vie, mais je réalise qu'avec le 209, les archives et les plans en pagaille, je ne fais que remonter, comme je le faisais autrefois, le temps du paysage.

Il faudrait pouvoir débarrasser son regard des immeubles d'abord, des tracés de rues bien connus, des pavés enfin, pour qu'émerge progressivement à la surface, comme s'il existait encore, souterrainement intact, ce panorama d'étendues champêtres, de terrains maraîchers, au creux duquel allait le chemin de Saint-Denis, pas encore devenu rue Saint-Maur, qui menait, au Moyen Âge, de l'abbaye de Saint-Denis à celle de Saint-Maur-des-Fossés.

Il faudrait ensuite se retourner et observer derrière soi les constructions en carré, la flèche de la chapelle de l'hôpital Saint-Louis. On serait au XVIIe siècle et l'hôpital viendrait d'être construit pour y accueillir les malades, les contagieux, les victimes d'épidémie relégués en quarantaine dans ce qui était alors hors des limites de la ville, au milieu des champs et jardins, loin des rues populeuses du vieux Paris encore enserré dans ses murailles.

L'emplacement du 209 ne serait encore, au nord-est de ses jardins, qu'un point imaginaire, connu seulement de moi.

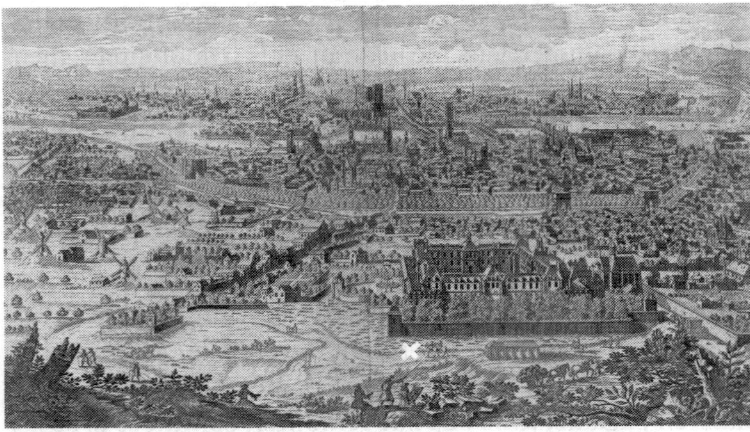

L'hôpital Saint-Louis depuis les collines de Belleville

De plan en plan, de siècle en siècle, je suivrais le devenir de ce chemin de Saint-Denis renommé rue Saint-Maur au XVIIIe siècle. Une rue désormais parisienne depuis que les limites de la ville ont été repoussées jusqu'au mur des Fermiers généraux, la nouvelle enceinte délimitant Paris construite en 1786.

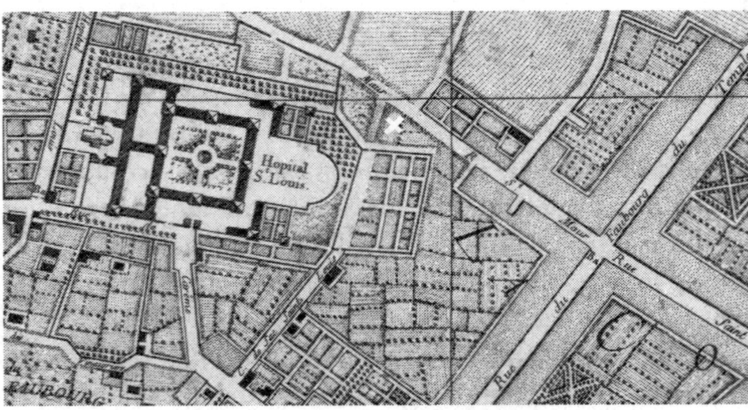

Le chemin de Saint-Denis est devenu la rue Saint-Maur

La frontière circulaire nord passe à quelques mètres de la rue Saint-Maur, un peu plus haut sur le boulevard de la Chopinette, l'ancêtre du boulevard de la Villette. Très peu de constructions encore pour ce bout de la rue Saint-Maur, contrairement à la toute proche rue du Faubourg-du-Temple qui est, elle, déjà bordée de maisons. C'est que la rue du Faubourg-du-Temple est le chemin des Parisiens pour se rendre aux guinguettes, aux cabarets, nombreux dans le quartier. Parmi ces cabarets, il y a le fameux Tambour-Royal, à l'angle de la rue Saint-Maur et de la rue des Orillons, mais surtout, de l'autre côté de la barrière d'octroi, tous les cabarets de la Haute-Courtille au sommet de l'actuelle rue de Belleville où, dans un cadre encore pastoral, le petit peuple parisien fait la fête, s'abreuve de nourriture et de vins vendus moins cher que dans la ville intra-muros.

Pendant la Révolution, par un décret très officiel du 2 thermidor de l'an VI (soit le 20 juillet 1798), le commissaire du directoire exécutif de l'administration centrale du département de la Seine arrête que « la rue Maur ou des Morts conservera le nom de rue Maur dans toute l'étendue du Ve arrondissement ». (Il n'y avait que 12 arrondissements à Paris et le Xe actuel était le Ve arrondissement d'alors. Je dois dire que ce n'est qu'en lisant cette nouvelle dénomination révolutionnaire que je me suis rendu compte – un peu tardivement – de l'homophonie entre *Maur* et *Morts*. Le choix du 209 n'en porte-t-il pas la trace inconsciente ? Je n'ai été qu'à peine soulagée du poids de cette découverte quand une habitante de l'immeuble m'a expliqué qu'on pouvait aussi entendre *de sang neuf rue saints morts*.)

Quoi qu'il en soit, la rue ne récupère son *Saint* qu'en 1806... Elle sera désormais la rue Saint-Maur ou la rue Saint-Maur-Popincourt sur toute sa longueur alors même qu'autrefois, elle changeait de nom en passant de l'actuel Xe à l'actuel XIe arrondissement.

C'est pendant ces mêmes années, au début du XIXe siècle, que le quartier commence à se modifier radicalement. De nouvelles rues sont ouvertes, la construction du canal Saint-Martin est achevée en 1825, l'urbanisation s'accélère autour de la rue du Faubourg-du-Temple, une urbanisation assez hétéroclite, sans véritable plan d'ensemble, laissée à l'initiative privée de particuliers qui achètent les terrains et y construisent des immeubles d'allure disparate. Le tronçon de rue Saint-Maur entre la rue du Faubourg-du-Temple et l'hôpital Saint-Louis ne fait pas exception : on y bâtit à tout-va. D'abord le côté pair de la rue, qui est le premier à voir s'élever des immeubles construits en profondeur où s'enchaînent, les unes après les autres, plusieurs cours accueillant toutes sortes d'artisans et d'ateliers. Puis, plus tardivement et beaucoup plus lentement, le côté impair (celui du 209 donc) qui reste encore longtemps, jusque dans les années 1840, constitué de jardins appartenant à l'hôpital Saint-Louis.

Je suis en avance au Café Beaubourg car je veux pouvoir observer les arrivants et deviner qui parmi eux se révélera être l'un des « héritiers » de la famille propriétaire de l'immeuble, cette famille Laueffer, dont m'ont parlé Mohammed et Odette, à qui a appartenu le 209, au moins entre les années 1940 et les années 2000.

Les derniers héritiers étaient plusieurs frères et sœurs. Ils ont vendu l'immeuble à un marchand de biens qui a lui-même revendu les appartements par lots. De toute la famille, le plus attaché au 209 était un certain Bruno. C'est à lui, en tout cas, que m'a adressée son frère quand je l'ai appelé après avoir trouvé son numéro dans l'annuaire. Je n'ai pas été déçue en le voyant arriver au café. Frêle, une moustache impressionnante, un chapeau, un pardessus noir, silhouette nerveuse, il semble échappé d'une nouvelle de Balzac. Il habite à Annecy mais séjourne régulièrement à Paris pour s'y occuper des deux immeubles qu'il possède toujours. Il arrive tout juste de celui du boulevard de Sébastopol où il a changé lui-même un radiateur qui ne fonctionnait plus. Car se contenter uniquement d'encaisser les loyers, ce n'est pas sa manière d'être propriétaire... Je sens qu'il entretient un rapport affectif avec « ses » immeubles, leur intérieur, leur organisme. J'en aurai la confirmation plus tard en visitant le 209 avec lui. Il parcourt à toute allure les couloirs, grimpe les escaliers, tape sur les murs, vérifie l'état d'une peinture, inspecte les installations électriques et je comprends que, d'une façon très différente, un immeuble est pour Bruno Laueffer aussi vivant que pour moi. Il est peut-être plus pragmatique mais à lui aussi, d'une certaine façon, le 209 parle.

D'ailleurs, me dit-il, parmi les quelques immeubles parisiens que sa famille possédait, le 209 était l'un de ses préférés. Il aurait aimé le garder. Il avait prévu un ambitieux projet de réhabilitation. Sa ferveur était telle que pendant plusieurs mois il est régulièrement venu y dormir, dans une pièce vide sans eau ni électricité. Il allait chaque matin se débarbouiller à la fontaine Wallace de la place du Colonel-Fabien. Pour finir, ses frères et sœurs ont décidé, contre son gré, de revendre l'immeuble et l'histoire entre la famille Laueffer et le 209, entamée au milieu du XIXe siècle, s'est achevée à l'aube des années 2000.

Car ce que m'explique Bruno Laueffer, c'est que l'immeuble avait été acheté par son arrière-arrière-grand-père, un certain Augustin Agnellet, en 1851.

« Il était savoyard d'Annecy. Il avait perdu son père très jeune et il est monté à Paris pour faire fortune. À l'époque, ce n'était plus comme sous l'Ancien Régime où faire fortune c'était avoir des terres. Non ! À partir de l'époque industrielle, faire fortune c'était avoir des revenus immobiliers. Petit à petit, il a commencé à acheter puis à revendre des terrains dans le Xe arrondissement. Rue Saint-Maur, mais aussi rue de la Fontaine-au-Roi entre autres. Quand il est mort, c'est son fils aîné Édouard Agnellet qui a hérité de l'immeuble. Mais Édouard n'avait pas d'enfants et après lui, l'immeuble est en partie revenu à sa sœur, mon arrière-grand-mère, qui était mariée avec mon arrière-grand-père, Émile Laueffer. Et voilà : l'immeuble est passé de descendants en descendants, jusqu'à nous. »

Je tâche d'en savoir un peu plus sur cet Augustin Agnellet et sur l'histoire des Laueffer avec le 209 mais, me dit Bruno, les archives concernant l'immeuble se sont malheureusement égarées lors d'un déménagement. Lui-même a gardé quelques registres locatifs des années 1970 mais ce sont les seuls papiers qui subsistent.

J'aimerais savoir si Augustin Agnellet a été le premier propriétaire du 209.

J'aimerais trouver une année zéro du 209 : celle de la toute première pierre, du tout premier habitant.

Je fouille aux Archives de Paris, aux Archives nationales, sur Internet toujours. Et je me rends très vite compte que le 209 n'a pas toujours été le 209… Avant le 209, il était le 185 de la rue Saint-Maur et avant le 185, le 77 de la rue Saint-Maur-Popincourt.

77, 185, 209, faites vos jeux ! C'est comme ouvrir une grande poupée russe et tomber sur une autre plus petite et ainsi de suite jusqu'à la plus minuscule d'entre elles, celle qui est au cœur de tout, dissimulée et pourtant présente.

Il faut donc revenir aux années 1840, quand l'emplacement du 209 (continuons à l'appeler 209 car sinon, c'est à s'y perdre) n'était encore qu'un jardin. Un certain Jean-Baptiste Collemant, marchand de fruits, habitant du 52 rue de la Fontaine-au-Roi, à quelques centaines de mètres de la rue Saint-Maur, achète le terrain à l'administration de l'hôpital Saint-Louis. En 1845, la famille Collemant vend, pour la somme de 14 000 francs, ce terrain de 26 ares et 54 centiares (soit 2 600 m^2, ce n'est pas minuscule) à Jean-François Drain, marchand charcutier demeurant avec sa femme, Anne-Joséphine, 80 rue du Faubourg-du-Temple.

Un marchand de fruits, un charcutier, on est loin des propriétaires « vautours », capitalistes de l'immobilier. D'ailleurs Jean-François Drain n'a visiblement pas assez de fortune pour acheter au comptant : il doit payer des échéances tous les trois mois pendant six années à la famille Collemant. C'est lui qui pour la première fois fait construire un immeuble à l'emplacement du 209 rue Saint-Maur, dont voici la description selon le calepin du cadastre conservé aux Archives de Paris :

> Cette propriété consiste en :
> entrée de porte Cochère
> Une cour plantée à droite et à gauche de laquelle sont 2 corps de logis élevés de rez-de chaussée et 1 étage.
> Au fond, autre corps de logis entre cour et jardin, élevé, rez-de-chaussée, 1er étage carré et 2e lambrissé. Avec Belvédère au milieu.
> À la suite jardins d'agrément.
> Ces diverses constructions sont en bon état.

Il s'agit donc d'un bâtiment en U, sans façade sur la rue, organisé autour d'une cour avec, à l'arrière, un grand jardin qui jouxte les jardins de l'hôpital Saint-Louis.

Jean-François Drain espérait-il faire fortune en construisant cette maison ? Devenir propriétaire et abandonner la charcuterie ? Cela tourne apparemment mal pour lui car en 1851, au terme des six années prévues pour le paiement du terrain à Jean-Baptiste Collemant, il est apparemment dans l'impossibilité de faire face aux échéances et à ses dettes. L'immeuble est saisi et vendu dans le cadre d'une procédure d'adjudication afin que ses créanciers, les Collemant entre autres, puissent rentrer dans leurs frais grâce au fruit de la vente.

C'est ici qu'Augustin Agnellet, alors âgé de 48 ans, entre en scène. Augustin et ses frères d'ailleurs, car depuis qu'il est monté à Paris, Augustin est devenu un homme d'affaires prospère, fondateur avec Jean-Louis et François Benjamin Agnellet d'une maison de mode sise rue de Richelieu, Agnellet Frères, qui fournit le Tout-Paris en articles de mode et en chapeaux fabriqués dans leur usine de Neuilly-sur-Seine.

Il est probable qu'Augustin, en homme avisé, a compris qu'investir dans des maisons ou des immeubles était le plus sûr moyen de consolider sa fortune. Il est en quête de bonnes affaires et achète donc, lors de l'adjudication, la maison de Jean-François Drain pour la somme de 36 000 francs (soit, approximativement, 110 000 euros).

Fin de partie pour le charcutier, qui disparaît de notre histoire, et début d'un long chapitre pour Augustin et ses héritiers. En effet, quelques années après l'acquisition faite en commun avec ses deux frères, Augustin rachète leurs parts et devient seul et unique propriétaire du 77/185/209 rue Saint-Maur. Je n'ai pas le détail de ce rachat mais je me doute que les choses ont dû être un peu complexes car j'ai retrouvé ces vers de mirliton composés par le propre neveu d'Augustin à la mort de celui-ci en 1866. Ils en disent long sur leurs relations familiales et sur ce que signifiait être propriétaire au milieu du XIXe siècle à Paris :

J'hérite enfin d'une maison :
Mon oncle est mort – le vieux rapace.
Du coup, j'ai craint pour ma raison ;
J'hérite enfin d'une maison.
Lui qui m'eût versé le poison,
Il a dû faire une grimace…
J'hérite enfin d'une maison :
Mon oncle est mort – le vieux rapace.
Mon immeuble ! ah ! le mot joyeux –
Abrite son propriétaire.
J'économise et je suis mieux ;
Mon immeuble ! ah ! le mot joyeux !
Mon oncle a mérité les cieux :
Je ne serai plus locataire ;
Mon immeuble ! ah ! le mot joyeux –
Abrite son propriétaire.
Si l'envie un jour m'en prenait,
Le plaisir vaut plus qu'il ne coûte,
J'aurai aussi mon jardinet,
Si un jour l'envie m'en prenait.
Et si me plaît un bourriquet,
Je ne ferai pas banqueroute ;
Si l'envie un jour m'en prenait,
Le plaisir vaut plus qu'il ne coûte.

L'immeuble dont hérite le neveu prodigue n'est pas le 209 mais probablement un autre immeuble du quartier puisque

Augustin avait d'autres propriétés rue de la Fontaine-au-Roi et rue des Trois-Bornes, entre autres. Il a constitué un capital immobilier qu'il va d'autant plus faire fructifier que ces années 1850 sont celles des grands travaux du baron Haussmann qui bouleversent le paysage parisien, y compris celui du Paris populaire autour du canal Saint-Martin et du faubourg du Temple. De cette révolution urbaine, je trouve la trace dans les lettres qu'Augustin Agnellet écrit régulièrement à sa femme restée en Savoie et où il lui décrit par le menu ses activités parisiennes mais aussi l'état de leurs propriétés immobilières.

En 1857, il note ainsi :

> On fait beaucoup de travaux dans le quartier qui change à vue d'œil et tout se loue cher et avec facilité [...]. On fait en ce moment des rues dans les terrains de l'hospice Saint-Louis et autour de notre jardin rue Saint-Maur, cela donne encore de la valeur à notre propriété.

Quelques mois plus tard, en mai 1858, il poursuit :

> Notre maison de la rue Saint-Maur est toujours assez jolie malgré que le jardin ne soit plus ce qu'il était. Plusieurs arbres ont séché, d'autres sont entièrement disparus et la grille du bassin ainsi que le bassin lui-même laissent beaucoup à désirer sous le rapport de l'entretien. Je crois t'avoir déjà dit qu'on a enfin fait les rues projetées dans le terrain de Saint-Louis. L'une passe à moins d'un mètre de l'encoignure du jardin. L'autre part de derrière ce pavillon et va droit rue Corbeau au bas de l'église et doit se prolonger en traversant tout le faubourg du Temple jusqu'au Marché Popincourt. [Il s'agit du percement de l'avenue Parmentier entamé en 1855.] Il se fait considérablement de constructions en ce moment dans

> Paris mais je crois que c'est au faubourg du Temple qu'il s'en fait davantage. Les terrains qui nous environnaient rue des 3 Bornes ont presque entièrement disparu ou sont prêts de disparaître. Si cela continue, dans quelques années ce quartier ne sera plus reconnaissable.

De ce jardin d'alors, il ne reste rien sauf, derrière l'actuel 209, la pelouse toute en longueur qui appartient à l'immeuble moderne haut d'une dizaine d'étages dont l'entrée se trouve avenue Parmentier. Il est tout à fait possible d'imaginer que c'était à la place de cette pelouse, de l'immeuble moderne, de l'avenue Parmentier, que se déployait autrefois le grand jardin planté d'arbres, avec un bassin, d'Augustin Agnellet.

Le premier locataire que je retrouve pour l'année 1854 est un marchand de vin nommé Barisien qui occupe, pour 400 francs par an, une boutique sur rue dépendant du 209 dont il y a fort à parier qu'elle est l'ancêtre du café Maurane, le café-charbon auvergnat que j'avais identifié dans le recensement. Au cours de la décennie suivante s'y installent d'autres locataires, parmi lesquels beaucoup sont artisans : Prud'hon le marchand de boutons qui loue trois ateliers dans le bâtiment à droite de la cour, au rez-de-chaussée et en sous-sol ; Delafon, batteur d'or et d'agent, qui loue, lui, une grande partie du bâtiment au fond de la cour. Il y a encore Lecour, fabricant de moulures à façon et Vicky, fabricant de jouets d'enfants. L'immeuble est donc essentiellement constitué d'ateliers même si on y trouve aussi de petites pièces d'habitation, certaines « sans feu », c'est-à-dire sans cheminée.

Le 209, alias 185, rue Saint-Maur ne dépare pas dans ce quartier du Faubourg-du-Temple dont le caractère ouvrier et industrieux déjà évident dans les années 1840 s'accélère encore avec les travaux haussmanniens qui accentuent l'existence de deux villes l'une à côté de l'autre : « autour de la cité reine se dresse une formidable cité ouvrière[1] ». Les démolitions du centre de Paris conjuguées à une considérable croissance de la population parisienne causée par l'exode rural conduisent à un vaste mouvement de déplacement des classes populaires vers l'est de Paris. Le quartier de la rue Saint-Maur et de la rue du Faubourg-du-Temple est « l'une des directions privilégiées de cette immigration populaire qui va du centre vers les Faubourgs[2] ». Alors qu'autrefois plusieurs classes pouvaient cohabiter dans un même immeuble, les quartiers s'uniformisent socialement, et dans l'est de Paris affluent notamment tous ces artisans rejetés des ruelles médiévales du vieux Paris promises à la destruction. En 1860, l'annexion par Paris des anciennes banlieues et notamment des villages de Belleville et de Ménilmontant qui surplombent la rue Saint-Maur accentueront encore cette tendance et il y a fort à parier que parmi les ouvriers qui travaillent dans les ateliers de Prud'hon ou Delafon, beaucoup habitent sur les hauteurs de Belleville et de Ménilmontant et descendent le matin vers la rue Saint-Maur – *Et le sombre Paris, en se frottant les yeux / Empoignait ses outils, vieillard laborieux.*

Comme le XIe arrondissement, le Xe, qui avait déjà été l'un des foyers d'agitation lors des journées de juin 1848, est un fief d'opposition au Second Empire. La topographie même de l'arrondissement, avec ses retranchements, ses passages, ses ateliers, ses cours qui « deviennent, les jours de lutte, autant de réduits pour des "coups de main[3]" », favorise la rébellion contre le pouvoir central et sa police. Haussmann ne s'y trompe pas, qui fait construire sur la place du Château-d'Eau (future place de la République), à l'entrée du faubourg du Temple, la caserne du Prince Eugène dont les troupes peuvent, si besoin, encercler rapidement les quartiers populaires du faubourg du Temple et du faubourg Saint-Antoine.

Le 209, contrairement à d'autres immeubles du côté pair de la rue comme le 210, le 212 ou le 216 qui grouillent de monde, n'est pas très peuplé mais il est certain que, dans les ateliers, ça discute sec. Dans celui de Delafon par exemple, dont l'atelier de battage d'or est l'un des plus importants de cette industrie à Paris. Ouvrières et ouvriers forgent, équarrissent, dégrossissent, battent, vident sur des laminoirs, des presses, des moulins à brun pour produire à partir de lingots d'or ou d'argent des feuilles destinées aux dorures sur tranche des relieurs, à la dorure sur bois, sur cuir, sur soie, sur papier, aux sculpteurs, aux fabricants d'enseigne, aux peintres en bâtiment, aux céramistes, aux confiseurs, aux droguistes, aux pharmaciens. Or certains, parmi ces ouvrières et ouvriers, se sont cotisés pour participer à une souscription lancée en 1869 par le socialiste Raspail, en faveur de deux soldats condamnés par l'Empire à l'emprisonnement en Algérie. Il n'est que de lire les signatures publiées dans le journal *Le Rappel*, fondé notamment par Victor Hugo et ses fils, pour mesurer la vivacité du sentiment politique de ces ouvriers.

> Souscription pour la libération des deux soldats envoyés en Algérie.
> Lettre du citoyen F-V Raspail, député de Lyon : « Mon cher Concitoyen, j'ai l'honneur de contribuer pour 20 francs à la souscription que vous avez ouverte en faveur des deux soldats dignes d'avoir été condamnés à une noble peine. Salut et Fraternité. F-V Raspail. »
> Pour la somme de 15 francs 75 centimes : les ouvriers et ouvrières batteurs d'or de la Maison Delafon : MORIGNAT, ex-militaire, LASCELLAZ, ex-militaire, BOYDE, ex-militaire,

Bernard HENRY, ex-militaire, CHARTRAIN, Émile YVOS, irréconciliable, RACARIE, républicain, G. DELANOY, républicain, MATHIAS, républicain, Paul ROBERT, fils d'un déporté, TANNEUR, militaire, MERMET, ex-militaire, CHASTAGNOL, ex-musicien au 13ᵉ bataillon de chasseurs, BESOMB, ex-militaire, BERTHAUX, irréconciliable, AB, EV, BAUBIET fils, futur soldat de la liberté, RIALLOND, ex-chasseur au 13ᵉ bataillon, GALLOIS fils, révolutionnaire, ÉVRARD, révolutionnaire ; Mmes MARIE, sœur d'un marin, AMELIN, Nathalie AVRILIER, LAHAYE, CARON, Thérèse NOUVELLE, républicaines, Mme JEAN, irréconciliable, Eugénie PETIT, ex-cantinière des zouaves, C. DESROCHES, C. PELTER, E. GIROUX, J. DUCHENOIS, A. HAULARD, O. GRAND, A. LEDUC, R. MATHET, V. VARIN, C. COMPÈRE, E. BRETTE, O. DELARUE, V. DEVRET, républicaines, ennemies des armées permanentes.

Les « irréconciliables » étaient les républicains farouchement opposés à l'Empire, quant aux « révolutionnaires », pas besoin d'explication de texte. Paul Robert, qui se revendique « fils d'un déporté », était-il le parent ou le fils d'Alexandre Robert qui habitait 11 rue du Canal-Saint-Martin et qui était imprimeur ? Cet Alexandre Robert fut l'un de ceux, nombreux, qui participèrent dans le quartier aux barricades des journées insurrectionnelles de juin 1848 avant d'être arrêté et emprisonné. S'est-il battu non loin de la barricade de la rue Saint-Maur dont le fameux daguerréotype fut la toute première illustration photographique publiée dans un journal (*L'Illustration*) ? Il a été pris précisément au croisement de la rue Saint-Maur et de la rue du Faubourg-du-Temple. Si, en juin 1848, le 209 (ou plutôt le 77) n'était probablement encore qu'en construction, le quartier fut l'un des épicentres de l'insurrection et il en gardait naturellement la mémoire quelque vingt ans plus tard.

Barricade de la rue Saint-Maur avant l'attaque,
le 25 juin 1848 à 7 heures du matin

En réalité, la rue dans laquelle a été prise la photographie est la rue du Faubourg-du-Temple qui croise, au niveau de la barricade au premier plan, la rue Saint-Maur. Aucune chance ne serait-ce que d'y apercevoir l'emplacement du 209 mais, de ces deux photos prises à une journée d'intervalle, avant et après la prise de la barricade, émane une étrange poésie qui dissimule en partie la violence extrême de l'attaque au cours de laquelle la résistance des insurgés fut balayée par les troupes du général Lamoricière.

Barricade de la rue Saint-Maur, après l'attaque, le 26 juin 1848

Un capitaine du 1er bataillon de la garde républicaine, dont les propos sont rapportés par Karl Marx, décrit ainsi les combats :

> Nous remontons le faubourg du Temple ; avant d'arriver à la caserne, nous faisons halte. À deux cents pas plus loin, s'élève une formidable barricade, appuyée par plusieurs autres et défendue par 2 000 hommes environ. Nous parlementons avec eux pendant deux heures. Vainement ! Vers six heures arrive enfin l'artillerie ; alors les insurgés ouvrent

> les premiers le feu. Les canons répondent et, jusqu'à neuf heures, le grondement des pièces fait voler en éclats les fenêtres et les tuiles ; c'est un feu épouvantable. Le sang coule à torrents en même temps qu'éclate un orage terrible. À perte de vue le pavé est rougi de sang [...]. Le nombre des morts est immense, le nombre des blessés encore beaucoup plus grand. À neuf heures, nous prenons la barricade à la baïonnette[4].

Il y a l'avant, la rue vidée de ses habitants que l'on imagine cloîtrés chez eux, observant derrière les persiennes, retenant leur souffle, puis l'après, les volets soudain ouverts sur la façade de la maison au premier plan et surtout ces silhouettes noires dont on ne sait pas à qui elles appartiennent – habitants, troupes victorieuses de la garde nationale. Elles inspectent, ces silhouettes, quelque chose qui nous échappe et qui est totalement absorbé par le noir et blanc de la photographie : le pavé rougi de sang, la barricade prise à la baïonnette, les morts. Seules subsistent, comme indices de la précipitation et du désordre, ces taches noires et grises à peine identifiables. Quant aux façades, elles demeurent aussi imperturbablement muettes et intactes qu'un décor.

Enfin, il y a ceux que l'on ne voit pas, les grands absents : les insurgés. Ceux qui viennent de mourir ou qui, comme Alexandre Robert, l'imprimeur du canal Saint-Martin, viennent d'être arrêtés en combattant peut-être sur cette même barricade. Est-ce d'eux que se souvenaient les ouvriers souscripteurs de chez Delafon, vingt années plus tard ? Les invisibles, les vaincus des journées de juin 1848 dont la mémoire s'est transmise, malgré l'indifférence des façades, dans les cours, les ateliers, les passages de la rue Saint-Maur, de la rue du Faubourg-du-Temple, y déposant le souvenir de l'insurrection.

Ellipse.

J'imagine une autre photo où, à la place de l'immeuble de la rue du Faubourg-du-Temple, figurerait au premier plan le 209 rue Saint-Maur (encore 185). On serait en 1870. Le propriétaire, Augustin Agnellet, serait mort depuis quatre ans. L'immeuble appartiendrait désormais à son fils, Édouard Agnellet – polytechnicien, élève ingénieur dans le corps des Ponts et Chaussées. Édouard ne serait pas à Paris, il serait en Égypte, sous les ordres de Ferdinand de Lesseps, chargé d'une mission liée au percement du canal de Suez.

Au 209 iraient et viendraient notamment les ouvriers du batteur d'or et d'argent, Delafon, auquel s'est désormais associé un autre gérant, Étienne Viéville. Il y aurait aussi le fabricant de boutons Louis Prud'hon, le bijoutier « en faux », Dominique Trux, tout juste arrivé de sa ville natale de Lyon et qui a ouvert un atelier dans le corps de logis de droite où il loge quelques apprentis ainsi qu'un petit cousin de 23 ans, lyonnais comme lui, Claude Payet. Lui-même habite dans le bâtiment du fond un appartement avec, selon la description du cadastre, une salle à manger, un couloir, une cuisine, un grand salon, un cabinet d'aisances. Au-dessus de chez lui, au 2e étage lambrissé, c'est-à-dire mansardé, vivent sous les combles dans de petites pièces, dont certaines sont sans feu, un cuisinier, un domestique, une veuve. Sous les combles, on paie des loyers dérisoires à l'année – 160, 130 francs – alors que le directeur de fabrique Delafon doit, lui, débourser 5 000 francs pour son atelier qui occupe tout le rez-de-chaussée et le sous-sol du bâtiment du fond. Le loyer de Louis Prud'hon pour ses trois ateliers mitoyens dans le bâtiment de droite est de 3 500 francs, celui de Louis Vial pour un petit atelier et logement dans le bâtiment de gauche est de 900 francs. Louis Vial exerce un métier qui m'était inconnu : « ouvrier-liseur de dessin » ; il est chargé de la reproduction d'un dessin ou d'un motif en le « transcrivant » sous la forme de trous disposés sur un carton qui est ensuite introduit dans les machines à tisser.

Il faut se représenter le bruit de tous ces ateliers, ainsi que la saleté. Il y aurait peut-être aussi, jouant dans la cour, les six enfants du fabricant de boutons Proud'hon. Le concierge, dont je ne connais pas le nom, garderait peut-être un œil sur eux, depuis sa loge à gauche en entrant.

Puis un jour, hors des murs du 209, c'est la guerre. Celle de 1870.

7

Il me précède dans les escaliers du petit immeuble HLM de province où il habite avec sa femme Hélène. À peine sommes-nous arrivés sur le palier qu'elle nous ouvre la porte. Les pièces sont tirées au cordeau, impeccablement rangées. Dans le coin, une haute horloge en bois dont le balancier marque les secondes.

Ses gestes sont précis, rapides, presque mécaniques : il ôte son manteau, l'accroche, prend le mien, l'accroche.

Je l'ai immédiatement reconnu sur le quai de la gare : sa casquette était enfoncée en arrière sur la tête d'une façon qui m'a rappelé les calots rayés des déportés politiques. Il y a aussi eu tout de suite ses yeux : immenses, bleus, enfantins, traversés pourtant par des éclats brefs, presque inconscients, de méfiance et de dureté.

J'avais retrouvé sans difficulté son nom sur l'annuaire : Adolphe, Albert Baum. Le premier de ma liste d'enfants. Le voisin d'Odette Diament : le garçon de 16 ans de l'escalier B, 2e étage, arrêté avec ses parents et sa sœur, Marguerite, le 16 juillet 1942.

Il m'avait dit au téléphone : « Vous pouvez venir. »

Dans le salon, sur la table recouverte d'une toile cirée fleurie, à côté des deux fauteuils en cuir posés l'un en face de l'autre, devant la fenêtre qui donne sur quelques immeubles HLM tous identiques, j'ai déballé mon équipement : de grandes feuilles blanches, des petits meubles de maison de poupée que j'ai longuement choisis dans un magasin du passage Jouffroy à Paris. Des lits, une table, une commode, de la vaisselle blanche, des livres miniatures, une machine à coudre, un mannequin de couturier, quelques bobines de fil de couleur.

Une caméra, enfin.

Il me regarde faire, surpris, mal à l'aise.

Après son arrestation, Albert a été déporté à Auschwitz puis à Buchenwald. Il est revenu à Paris et s'est installé dans la Nièvre à la fin des années 1940. Il n'a jamais quitté la région depuis. Il a été paysan, représentant de commerce. Il a tenu un hôtel-bar-tabac à Chitry-les-Mines, la ville natale de Jules Renard, puis a pris sa retraite à Nevers.

Depuis 1946, tout, toujours, avec sa femme Hélène.

Tant qu'il l'a pu, à partir des années 1980, il a fait le tour des collèges de la région, pour raconter, témoigner et c'est ce qu'il s'apprête à faire aujourd'hui, avec moi. Témoigner, raconter Auschwitz et son camp satellite de Blechhammer, puis Buchenwald : les camps où il a réussi à survivre pendant plus de deux ans, de septembre 1942 au printemps 1944. Mais moi, je veux parler du 209 rue Saint-Maur, de ses parents, de sa sœur. Je veux comprendre où il habitait, qui étaient ses voisins, la concierge, comment était meublé son appartement. Je voudrais approcher ne serait-ce qu'à peine ce qu'il y a eu d'intimité, de foi et d'amour avant que tout ne soit détruit, sauf les pierres.

Albert ne comprend pas à quoi peuvent servir ces détails si personnels. Pour lui, parler c'est dénoncer un système qui l'a condamné à mort. Au camp de Buchenwald, Albert a été sauvé par les communistes. Il l'est longtemps resté après la guerre. Sa tragédie personnelle, il veut la transmettre dans sa dimension collective, politique, universelle : « Plus jamais ça » n'est pas pour lui un mantra devenu vide de signification, c'est une raison de vivre et c'est bien pour ça qu'il a accepté de me recevoir malgré la fatigue et la maladie. La fameuse phrase de Camus, elle aussi galvaudée, retrouve sa force quand Albert me la rappelle en se tenant si droit : *Qui répondrait en ce monde à la terrible obstination du crime, si ce n'est l'obstination du témoignage ?*

Albert et ses yeux d'enfant implacable : c'est le tout premier visage que j'ai décidé de filmer. Le premier visage qui se superpose aux fenêtres, aux couloirs, aux escaliers du 209, la terre natale dont il est issu.

« Je n'ai pas besoin de fermer les yeux pour voir la rue Saint-Maur, elle est toujours présente. Ça peut même être présent pendant le sommeil. Il m'arrive fréquemment de ne pas avoir de nuit paisible. Et c'est Hélène qui s'en rend compte. Elle me dit que je geins, je me plains, je suis comme tourmenté. »

Ses premiers mots me frappent, ils me rappellent ce que m'avait dit Odette : « Le 209, j'y suis souvent la nuit. » Comme si pour retrouver le chemin de la rue Saint-Maur il fallait en passer par la géographie mouvante des rêves où le 209 s'élève toujours, inchangé, lieu inamovible de l'origine.

À contrecœur, il accepte de dessiner le plan de l'immeuble.

Il note d'une croix l'appartement où il vivait avec son père, Abraham, sa mère, Marie, sa sœur, Marguerite. Il note aussi, escalier B, 5e étage gauche, l'appartement de son cousin chéri, « c'était comme un frère pour moi », Bernard Goura, et de ses parents, Isaak et Léa. Léa et Marie étaient sœurs. Toute la famille était arrivée de Pologne en 1925 pour s'installer au 209.

Albert, puis Bernard, puis Marguerite y sont nés.

« On aurait dit une caserne. Quatre bâtiments, six étages. Petits, on avait une trouille de monter les étages parce qu'il n'y avait pas d'électricité. Il faisait noir là-dedans, il n'y avait pas de minuterie, les rats cavalaient dans les escaliers. Nous avions l'électricité mais pas mal de gens s'éclairaient encore au gaz. Une des grandes distractions quand j'étais gamin c'était de voir le concierge piéger les rats. Il les mettait dans une grande nasse, il les aspergeait d'essence et il les cramait. C'était pas la cour des Miracles mais ça y ressemblait… en plein XXe siècle. »

Petit à petit, les détails affluent : l'école en face où il arrivait toujours le dernier, juste quand la cloche sonnait, « le concierge disait : "Baum est arrivé, c'est bon, on peut fermer la porte" », le nom de l'épicière qui tenait l'épicerie à gauche, Sura Haïmovici, surnommée madame Jacques.

En dessinant les étages sur le plan, il se souvient du nom de ses voisins, les Henry, et puis aussi, au même étage, de cette fille un peu plus jeune que lui, une amie de sa sœur, arrêtée le même jour qu'eux, Simone Buraczyk.

Le père d'Albert était tricoteur, sa mère, couturière. « C'était un travail saisonnier. Quand il y avait du boulot, il aurait fallu pouvoir travailler jour et nuit pour faire le pécule, puis ensuite c'était le chômage. Chaque année la même chose. Mes parents c'était des ouvriers, ils n'étaient pas bien riches… » Il s'arrête, sa voix se détimbre, il plonge ses yeux dans les miens… « Mais ils étaient riches de l'amour qu'ils nous donnaient. » La voix se brise. Il s'arrête.

Je suis consciente que j'ai entraîné Albert sur un terrain dangereux où chaque parole a un coût, où chaque nouvelle évocation surgie hors des sentiers battus de la mémoire se paie au prix fort. Car il y a la grande route du souvenir, celle que l'on passe toute une vie à baliser, à tasser, à aplanir, à aménager et où le passé peut se relire, se dire, se répéter, figé, presque inoffensif, débarrassé des pics de douleur qui pourraient venir vous détruire ici encore. Et puis il y a le hors-piste : un espace sauvage, dangereux, où vous propulsent malgré vous un goût, une odeur, une image, un nom, un lieu – l'espace du bouleversement, celui qui menace l'équilibre précaire du nid de mémoire que l'on s'est bricolé jour après jour pour tout simplement survivre. Cet équilibre-là, je sais que je suis en train de le rompre en demandant à Albert de dessiner le petit deux pièces où il habitait. Deux fenêtres donnaient sur la cour, l'autre sur le bâtiment A, avec la famille Diament en contrebas. Il y avait un petit réduit pour faire la cuisine, si étroit que la mère d'Albert pouvait à peine s'y tenir.

Je tends à Albert les objets que j'ai apportés. Je filme sa main habile d'ouvrier qui se saisit des lits, du petit évier en briques et céramique, de l'horloge minuscule, des chaises, et qui les place, se prenant au jeu, sur le plan dessiné du petit appartement. Les objets étayent le souvenir, canalisent par leur matérialité la souffrance de l'évocation.

« Là, il y avait un buffet et dans le coin, ici, là, c'était la cheminée. Il y avait un poêle Godin pour tout chauffer. Une table, quatre chaises et dans le coin un lit-cage qu'on déployait la nuit après avoir repoussé la table, c'était mon lit. C'était des logements d'ouvriers, hein, des petites gens. L'ameublement, c'était l'essentiel. Pas de superflu. Il y a aussi toujours eu une machine à coudre à la maison. »

Je lui donne une petite machine à coudre avec un bout de tissu bleu ciel qu'il manipule longuement sans parler. « C'est ma mère qui faisait nos vêtements. J'ai d'ailleurs eu l'occasion d'acquérir une machine qui est toujours là, un peu comme ça, après la guerre. Elle évoquait ma mère, pour moi. Il m'arrive de m'en servir alors que personne ne m'a appris à coudre. »

Il se lève et m'entraîne de son pas militaire au fond de l'appartement, dans un cagibi aussi soigneusement rangé que le reste des pièces. Il soulève un tissu : la machine Singer à pédale, brillante et noire, est là, pudique présence maternelle.

Nous sommes retournés dans le salon. Hélène, la femme d'Albert, s'est réfugiée dans la cuisine d'où elle écoute chaque réminiscence de son mari qui a rarement tant parlé. Je lis un peu d'inquiétude sur son visage : c'est elle qui a veillé sur Albert depuis leur rencontre sur les Grands Boulevards en 1946. Cette fille d'ouvriers polonais catholiques immigrés en France après la Première Guerre mondiale l'a suivi sans mot dire dans la Nièvre où, dans une ferme délabrée sans eau ni électricité, ils ont vécu longtemps en autosubsistance avec leurs deux enfants. C'est elle qui, pendant des années, lui a administré, toutes les trois heures, les piqûres dont il avait besoin pour soigner ses poumons abîmés par la déportation. C'est elle qui l'entend parler, se débattre et crier dans la nuit.

« Au-dessus de mon lit-cage, il y avait une horloge à mouvement. Elle sonnait toutes les heures et son balancier faisait *top, top, top, top* : j'aurais dû avoir l'habitude mais je n'ai jamais pu m'y faire. Quand j'ai été plus grand, je pouvais l'atteindre, alors une nuit, pendant que mes parents dormaient, je l'ai ouverte sans faire de bruit et puis les petits marteaux qui sonnaient, je les ai pliés... ça ne sonnait plus, le temps s'était arrêté. Mon père s'en est rendu compte mais il n'a jamais compris pourquoi. Quand on a été arrêtés, cette horloge a été confiée à la voisine qui habitait à côté de chez nous. C'était d'ailleurs à elle aussi qu'on avait confié le poste de TSF quand il a été interdit aux juifs d'en posséder. Ce poste, mes parents l'avaient acheté à crédit, en 37 ou 38 peut-être : les discours d'Hitler y étaient retransmis, ils résonnent encore dans mes oreilles.

« Après la guerre, le poste de TSF avait disparu mais j'ai pu récupérer l'horloge. Je l'ai toujours gardée avec moi. Elle était emballée dans la cave. Un jour, une de mes petites-filles a exprimé le souhait de l'avoir. Alors je l'ai déballée, je l'ai accrochée, je l'ai remontée, j'ai remis les marteaux bien d'aplomb. Elle s'est remise à faire top, top, top, top et, hop, le temps est reparti. C'est le seul objet qui est resté... En dehors des souvenirs...

« Parce que quand je suis revenu de déportation, il n'y avait plus rien bien sûr. Ni rien ni personne. Pas même une photo. Celles que je possède sont celles que j'ai pu récupérer au hasard, chez des survivants. »

En réalité, les premières photos qu'il a « retrouvées » sont des photos qu'il a volées, immédiatement après son retour en 1945. « Je suis allé à la préfecture. Je me disais qu'ils auraient des photos, des papiers... J'ignorais tout : y compris l'âge de mon père et de ma mère. J'ai tout expliqué au fonctionnaire – il est revenu avec des papiers d'identité sur lesquels étaient agrafées des photos : c'était celles de mon père et de ma sœur.

Je les ai pris et j'ai immédiatement arraché les photos. Il a voulu me les reprendre : "Vous n'avez pas le droit !", c'est ce qu'il m'a dit. J'étais hors de moi : c'était des gens comme lui, portant le même uniforme, qui étaient venus nous arrêter. "Je les prends", je lui ai répondu. Quand je suis revenu des camps, il ne fallait pas se mettre sur mon chemin : j'étais devenu sauvage, je ne voulais plus d'autorité, rien. »

Son père a des allures d'intellectuel sur la photo. Il aurait voulu faire médecine mais n'a pu poursuivre ses études ni en Pologne, à cause du *numerus clausus*, ni en France, faute d'argent. « Il était devenu tricoteur… Mais il travaillait aussi comme infirmier dans un dispensaire rue du Faubourg-du-Temple. Ce dispensaire tenu par une organisation juive de gauche était dans la même cour que le restaurant d'ouvriers de mon oncle, Isaak. Il était ébéniste au départ mais il avait dû faire de mauvaises affaires et donc il a ouvert cette sorte de cantine militante. Je me souviens y avoir vu des anciens brigadistes à leur retour d'Espagne. C'était une cantine d'ouvriers, d'artisans. Bernard et moi, on aidait mon oncle. Lui, c'était un vrai communiste alors que mon père, c'était plutôt un compagnon de route. »

Sur les quelques photos qu'a pu retrouver Albert, je scrute ses parents, son oncle et sa tante. Son oncle Isaak a en effet, comme s'en souvenait Odette, des airs de Charlie Chaplin avec ses cheveux bouclés et sa petite moustache bien taillée. Comme tant de juifs exilés de sa génération, il avait laissé derrière lui la tradition et la religion de ses parents pour adopter la nouvelle foi en un monde meilleur.

« Il n'y avait pas de religion à la maison. On était et je suis toujours agnostique. Ce qui nous rattachait aux origines c'était la langue, le yiddish. On parlait yiddish avec ma mère, ma sœur et moi. Il faut dire qu'elle parlait très mal le français parce qu'elle sortait moins de la maison que mon père. Le yiddish, c'était ma langue maternelle quand même. Et ça fait presque soixante-dix ans que je ne l'ai plus parlé. Pour moi, c'est mort avec eux. »

Dans cette pile dérisoire de photos qu'il sort précautionneusement une par une d'une enveloppe, l'une attire mon attention. Elle a été prise à la campagne. Plusieurs adultes, parmi lesquels je reconnais les parents d'Albert et son oncle Goura, sont debout, souriants. Devant eux, trois enfants d'environ 6-7 ans : Albert, Marguerite et Bernard.

Deux des hommes, Isaak Goura et un inconnu, lèvent le poing mais on a essayé de dissimuler ces poings levés en les gribouillant maladroitement au stylo à bille bleu.

« C'est une photo à la fête de l'Humanité à Garches. Dans les années 1930. Mon oncle et puis cet homme ont caché leur poing levé avec de l'encre pour ne pas être compromis si cette photo tombait aux mains de la police... »

Il me regarde et un éclair de douce ironie passe dans ses yeux.

« C'était naïf, hein ? Mais tous ceux-là avaient quitté la Pologne parce que c'était un État fasciste. Et puis la France, c'était le pays des droits de l'homme, de la Révolution... dans leur esprit... comme ça devrait être dans l'esprit de tous les Français. »

Il se tait, très longtemps, une minute peut-être, les yeux dans le vague.

« Qui aurait pu croire ? Qui aurait pu imaginer ?... Parce que je m'en souviens, quand les Allemands sont rentrés dans Paris. Par le nord. Ils venaient des Buttes-Chaumont puis par la place du Combat, c'était le nom de la place du Colonel-Fabien, et ensuite par l'avenue Claude-Vellefaux, à 50 mètres de la maison. Je ne les ai pas vus entrer, il y a d'autres copains qui sont allés les voir défiler. Je ne les ai pas vus mais je les entendais et je comprenais très bien ce que ça signifiait. »

Odette m'avait dit, elle, je me le rappelle, que sa mère était allée faire des courses rue du Faubourg-du-Temple et qu'elle était rentrée au 209 en courant. « Je les ai vus, ils descendent la rue du Faubourg-du-Temple ! » Et, avait poursuivi Odette, « je m'en souviens comme si c'était hier, elle s'est mise à pleurer ».

Petite, vers l'âge de 8-9 ans, j'avais un autre jeu. J'imaginais que ma chambre, où je dormais solitaire depuis que ma grande sœur avait quitté la maison, était, à elle seule, un appartement. C'est peut-être un jeu assez fréquent chez les enfants... fantasme d'isolement, d'autosuffisance, de cabane-maison comme dans ce qui était alors l'un de mes livres préférés : *Les Grandes Vacances* de la comtesse de Ségur où une bande de cousins transforme fiévreusement une cabane perchée dans un arbre en un modèle réduit du salon aristocratique de leurs parents. Pour ma chambre, il y avait d'abord les réflexions autour de l'ameublement... Comment l'aménager pour en faire un véritable appartement ? Où mettre un grand lit, une cuisine, un canapé ? Souvent aussi, j'imaginais qu'on essayait de m'assiéger et que cette chambre devenue appartement était mon dernier refuge contre ceux qui, derrière la porte, étaient là pour m'arrêter. Biographiquement, cette « rêverie » trouvait évidemment ses racines dans l'histoire de ma mère, arrêtée au printemps 1944, toute petite fille, avec ses parents, dans la pièce unique où ils vivaient à Toulouse. Mais je pense que ce « jeu » reposait surtout sur une incrédulité centrale : est-il vraiment possible que l'extérieur, l'histoire viennent faire effraction dans le familier, le « chez-soi », le lieu de nos lectures, celui de nos souvenirs ?

Et s'il existe, où donc est-il ce lieu où nous serions absolument protégés de cette effraction, inatteignables ?

Plus tard, j'ai été frappée en lisant les récits autobiographiques d'Ossip Mandelstam, *Le Bruit du temps* ; de Stefan Zweig, *Le Monde d'hier. Souvenirs d'un Européen* ; de Walter Benjamin, *Sens unique*, tous à peu près contemporains, par la description, à la fois amusée et sans pitié, qu'ils faisaient des maisons de leurs parents à Saint-Pétersbourg, Vienne et Berlin... Cette bourgeoisie, juive en l'occurrence, qui avait érigé les meubles les plus solides et les plus ennuyeux comme autant de forteresses destinées à durer et à lutter contre le passage du temps, fut balayée, et, avec elle, tous ses meubles, par les révolutions et les guerres, comme si elle avait habité dans des chaumières de paille plutôt que dans des maisons en pierres. Ces trois enfants, élevés au milieu de cette aspiration matérielle à la stabilité, la solidité, la continuité, se retrouvèrent pourchassés, démunis, exilés, sans même avoir, pour deux d'entre eux, Mandelstam et Benjamin, un toit pour abriter leur mort.

Et pour les petites gens du 209, eux qui n'avaient pas de meubles ni d'intérieurs fastueux mais qui étaient tout de même parvenus à construire un « chez-soi », comment s'est-elle produite, l'effraction ? Pendant combien de temps, après que les Allemands eurent pénétré dans Paris par l'avenue Claude-Vellefaux et la rue du Faubourg-du-Temple, les humbles appartements du 209 rue Saint-Maur furent-ils encore pour les parents d'Odette, pour ceux d'Albert, un refuge où la vie pouvait continuer, même avec ses difficultés, son ennui, ses répétitions ? Combien de temps cette vie normale, celle où l'on élève des enfants pour les voir grandir et croître, est-elle restée un donné, un dû ? Et à quel moment cela a-t-il cessé ?

Quand il leur fut interdit de posséder une TSF ? Quand il leur fut interdit d'aller se promener dans ce jardin où ils avaient leurs habitudes, le jardin de la Grisette, à l'angle du Faubourg-du-Temple et du boulevard Richard-Lenoir ? Quand il leur fut interdit de pénétrer dans la piscine des Tourelles, avenue Gambetta ?

J'ai frappé à la porte droite du 5e étage de l'escalier A, à la porte de l'appartement des Goura. Un garçon brun d'une douzaine d'années m'ouvre. Il me laisse entrer avec un sourire confiant. Il s'appelle Max et je me souviens avoir déchiffré ce prénom gravé sur la rampe en bois entre le 1er et le 2e étage. Est-ce lui qui l'a gravé ou un autre Max qui l'aurait précédé ici ?

Plusieurs lots ont été réunis pour constituer ce bel appartement coloré. On distingue les marques de ce raccordement dans les traces au sol de l'ancien couloir commun qui distribuait tout l'étage. La partie droite, qui donne sur la cour, a été transformée en grande cuisine et en chambres. À gauche, sur la rue, se trouve un salon dont l'emplacement correspond à ce que fut le petit deux pièces des Goura.

Il est 17 heures. Max est seul à la maison, sa grande sœur est encore au lycée, ses parents au travail. Il règne dans l'appartement ensoleillé une atmosphère silencieuse et apaisée, celle du retour d'école, du goûter solitaire. Max me montre sa chambre avec fierté : des posters d'animaux sont accrochés aux murs, des dessins aussi. Sur son petit bureau près de la fenêtre, un magnifique album illustré sur des animaux imaginaires qu'il feuillette avec moi. Max est à la limite de l'adolescence et quand je regarde sa chambre, je me dis qu'imperceptiblement, à l'image de Max, le décor est en train de changer ; ce qui constitue aujourd'hui l'environnement naturel de son enfance ne sera bientôt plus qu'une relique. Toutes ces choses, peluches, affiches de dauphin, livres de contes seront peu à peu remisées et recouvertes par d'autres objets, d'autres affiches, d'autres livres jusqu'à ce qu'un jour cette chambre-là, si vivante, si habitée des préoccupations quotidiennes de Max, de ses joies, de ses espérances, ne soit plus pour lui qu'un souvenir.

Nous retournons dans le salon. Je sais qu'il y eut ici des perquisitions menées avant même le 16 juillet 1942. Aux Archives de la préfecture de police subsiste la trace d'une filature menée en juin 1941 par les Renseignements généraux sur Isaak Goura suspecté, à raison d'ailleurs, d'activités clandestines au sein de la résistance juive communiste. Les inspecteurs des Renseignements généraux planquent d'abord devant le restaurant tenu par Isaak Goura.

> Au cours des surveillances exercées dans la matinée d'hier matin, 13 juin 1941, il a été constaté qu'un certain nombre de juifs sympathisants communistes et susceptibles de se livrer à la propagande clandestine se réunissaient à nouveau dans le restaurant situé 59 rue du Faubourg-du-Temple et tenu par l'ancien militant communiste notoire, GOURA Isaak, né le 6 Novembre 1886 à Sokolov (Pologne), de nationalité polonaise, demeurant 209 rue Saint-Maur. De plus, il a été permis d'apprendre que les clients de ce restaurant se donnaient mutuellement des mots d'ordre verbaux qu'ils avaient pour mission de propager ensuite parmi leurs coreligionnaires. [...]
> Une visite minutieuse a été effectuée dans le restaurant et au domicile du Sieur GOURA mais elle n'a amené à la découverte que d'un certain nombre de documents communistes ne présentant pas de caractère d'actualité. Goura et toutes les autres personnes interpellées dans son établissement font actuellement l'objet de renseignements qui seront transmis ultérieurement [...].

Isaak Goura échappe à l'arrestation mais vingt-six des personnes suivies ce jour-là, à la sortie de son restaurant, sont arrêtées et emprisonnées. Parmi elles, six seront fusillées ou déportées dans les mois qui suivent.

Difficile de savoir quelle était exactement l'activité clandestine de Goura. Probablement la participation à l'impression d'un journal de résistance écrit en yiddish. Une chose est certaine : le salon où je me tiens fut, pendant la guerre, un lieu de réunions secrètes. David Diamant (aucun rapport avec Odette Diament), l'un des animateurs de cette résistance juive et qui habitait au 190 rue Saint-Maur, écrit ainsi :

> En mai 1942, j'ai organisé dans le secteur un groupe de jeunes. La réunion eut lieu dans le logement de la famille Goura, 209 rue Saint-Maur. Y ont assisté Bernard Goura, son cousin Albert Baum, Maurice Zilber, tous élèves d'une école professionnelle, et plusieurs autres : en tout huit jeunes garçons et trois filles. Dans ce climat d'alors fait de persécutions, d'arrestations et d'exécutions, je leur ai parlé des responsabilités de chacun de nous à l'heure où le conflit avait pris une dimension mondiale. Ils sont restés silencieux, personne n'a posé de questions. Chacun était visiblement impressionné par le rôle qu'il était appelé à jouer dans cette immense bataille pour notre survie. Que sont devenus ces garçons et ces filles ? Je ne connais que le sort de trois d'entre eux[1].

Au printemps 1942, cela faisait quelques mois déjà que Bernard et Albert distribuaient du matériel ou des tracts que leur avait confiés Isaak Goura. Ces lâchers de centaines de tracts qui retombaient en pluie sur les trottoirs, ils les effectuaient souvent, ignorants du vertige, depuis le toit des maisons du quartier. Pas celui du 209, cela aurait été trop dangereux. Ces tracts rédigés en yiddish ou en français appelaient les passants à la révolte.

Max s'est assis sur le canapé et regarde un dessin animé à la télévision.

Je sors sur le grand balcon qui prolonge le salon et qui surplombe la rue, l'école, le passage Hébrard. Ce passage, aujourd'hui complètement rénové et bordé d'immeubles neufs, était, avant la guerre, une impasse très décatie, terrain de jeu d'Albert et de Bernard et des bandes de garçons du bout de la rue Saint-Maur. Tous allaient à la même école communale en briques rouges qui le jouxte et qui a été celle de Max jusqu'à l'année dernière.

Cette école, je l'ai reconnue, à quelques modifications près, sur une carte postale du début du XXe siècle : sur la chaussée à droite, une petite troupe d'enfants est rassemblée. Tous sont habillés en noir sauf un tout petit en blanc qui sourit. Devant le groupe, un gamin plus grand tourne le dos au photographe : c'est peut-être le chef de la bande, celui qui blague, commente ou donne des ordres – en tout cas, c'est lui que certains enfants regardent au lieu de fixer l'objectif. Je distingue parmi les gosses ceux que j'imagine habillés sous le regard attentif d'une mère : celui qui porte un col blanc par-dessus sa blouse noire, l'autre au visage angélique avec un chapeau aux larges bords qui lui dessine comme une auréole noire autour du visage, et puis les gavroches, les rebelles comme celui, à gauche du groupe, galoches aux pieds, casquette vissée de côté, dont le regard goguenard semble défier le photographe.

Sur le trottoir, deux femmes en chignon. Celle au premier plan, sévère, tient fermement d'une main son parapluie et de l'autre, la main de son petit en blouse dont le visage est illuminé d'un sourire. À l'arrière-plan, l'autre femme dévisage le photographe d'un air inquiet, le panier bien calé à la saignée du coude ; elle tient dans ses bras son tout petit garçon coiffé d'un béret.

Une charrette est garée devant l'auvent d'une boutique dont il est difficile de lire l'enseigne mais où l'on peut juste distinguer le « AFE » du mot « café ». Elle est chargée de tonneaux et bouche la perspective de la rue Saint-Maur vers l'avenue Claude-Vellefaux.

À la place du Franprix, l'hôtel de l'Europe fait le coin du passage Hébrard. Le cliché a probablement été pris à la sortie de l'école car on voit encore une grappe compacte et indistincte d'enfants s'éloigner sur le trottoir de droite, dans le fond de l'image.

Enfin, il y a le plus précieux pour moi : au premier plan devant la charrette, le mouvement de deux gamins en train de traverser la rue pour rejoindre leurs copains. Le photographe a saisi leur course comme la photographie capturait alors le mouvement : une trace lumineuse et fantomatique qui porte en elle la prophétie des courses à venir d'Albert, de Bernard, de Max, de tant d'autres encore.

Et en arrière-plan, le 209 qui veille.

8

Donc en 1870, c'est la guerre que Napoléon III a déclarée à la Prusse.

Mal lui en prend : la défaite de Sedan en septembre entraîne la chute du Second Empire, la proclamation de la République et du gouvernement de la Défense nationale. À Paris se forme au même moment le comité central des 20 arrondissements, un rassemblement révolutionnaire populaire qui est l'embryon de la future Commune de Paris. Pendant plusieurs mois, Paris est encerclée par les troupes prussiennes. Ville assiégée où l'on meurt de faim et de froid ; ville obscure sans gaz ni charbon, plongée dans le noir dès le jour tombé. Les ateliers tournent au ralenti ou ont fermé, laissant toute une foule d'artisans, d'ouvriers sans travail et sans salaire pour survivre.

Au 209 rue Saint-Maur (qui porte encore le numéro 185), le fabricant de bijoux, Dominique Trux, a plié bagage en septembre pour se réfugier dans sa ville natale de Lyon. Il est probable aussi que les ateliers du batteur d'or Delafon ainsi que ceux du fabricant de boutons Louis Prud'hon ont fermé. Prud'hon, lui-même, a été mobilisé au sein de la garde nationale parisienne dès la fin du mois d'août. Il y est élu – car les officiers sont élus par les gardes nationaux de leur compagnie – sergent, lieutenant puis finalement capitaine de la 10ᵉ compagnie (environ 150 hommes) du 128ᵉ bataillon.

Chaque arrondissement possède une légion de la garde nationale divisée en plusieurs bataillons qui correspondent à un îlot d'habitations bien précis. Le Xᵉ arrondissement ne compte pas moins de 21 bataillons ; celui qui regroupe les habitants du bout de la rue Saint-Maur est donc le 128ᵉ bataillon[1]. Son commandant habite au 204 rue Saint-Maur, juste en face du 209/185.

La défense de Paris est en grande partie assurée par cette garde nationale qui avait surtout été depuis sa création, à l'époque de la Révolution française, une milice bourgeoise, mais dont le recrutement va s'élargir aux milieux populaires au cours de ces mois de 1870-1871 : la solde quotidienne d'un montant de 1,50 franc permet de pallier un peu les effets du chômage massif auquel sont exposés la plupart des ouvriers et artisans. Dans les quartiers populaires du Xᵉ, du XIᵉ arrondissement, de Belleville, l'espoir d'une révolution sociale se répand comme une traînée de poudre au sein des bataillons de la garde nationale mais aussi dans les clubs de discussions qui se multiplient un peu partout, par exemple, à quelques rues du 209, au Club des prolétaires à l'église Saint-Ambroise dans le XIᵉ arrondissement.

Je ne peux qu'imaginer l'atmosphère rue Saint-Maur, les discussions d'une cour à l'autre, les gardes nationaux qui déambulent en uniforme, les mots d'ordre qui apparaissent : instruction gratuite, horaires de travail allégés, salaire minimum, droit des travailleurs, organisation de la souveraineté populaire. Je me représente aussi la famine qui s'abat sur ces mêmes habitants tout au long du terrible hiver 1870-1871 et leur colère quand, le 28 janvier 1871, un armistice est finalement signé entre le gouvernement de défense nationale et l'Empire allemand, entérinant une défaite humiliante.

Comment a-t-on réagi rue Saint-Maur, quelques mois plus tard, en apprenant que dans la nuit du 17 au 18 mars, le chef de gouvernement, Adolphe Thiers, a envoyé des troupes à Montmartre pour en faire retirer les canons de la garde nationale, ces mêmes canons que les Parisiens avaient eux-mêmes payés par souscription ? Il a dû en être rue Saint-Maur comme dans tout l'est de Paris : le tocsin sonne, la garde nationale fédérée accourt au secours des Montmartrois, la troupe fraternise avec le peuple. C'est le début de l'insurrection. Paris se couvre de barricades : à Belleville, selon un membre du comité central de la Garde, « il n'est pas une rue qui n'ait sa petite forteresse ». Le gouvernement ainsi que des milliers d'habitants de l'ouest parisien se réfugient à Versailles. La Commune est maîtresse de Paris.

Le 26 mars, un Conseil de la Commune est élu, qui pendant soixante-douze jours va légiférer à tour de bras : l'une des premières mesures est d'annuler purement et simplement les loyers dus pour la période d'octobre 1870 à avril 1871 – j'imagine la tête d'Édouard Agnellet... Le 28 mars, le drapeau rouge devient officiellement l'étendard de la Commune. Il doit flotter, ce drapeau, sur les barricades autour du 209 : en bas de la rue du Faubourg-du-Temple, place du Combat, quai de Valmy, rue Alibert, avenue Parmentier.

C'est pendant ces semaines qu'un nouveau venu rejoint le 128ᵉ bataillon : il s'agit du petit cousin de Dominique Trux, l'artisan bijoutier réfugié à Lyon. Il a 23 ans et s'appelle Claude Payet. Il était, jusqu'au déclenchement de la guerre, ouvrier bijoutier dans l'atelier de son cousin et habite au 209 rue Saint-Maur. Le 6 avril, il est élu sous-lieutenant dans la 3ᵉ compagnie de marche du 128ᵉ bataillon.

Claude fait 1,65 mètre, il a les cheveux et les sourcils noirs, les yeux bleus, un nez moyen, une bouche tout aussi moyenne, un front haut, un visage ovale, le teint blanc. C'est tout ce qui est à ma disposition pour me le représenter : ces quelques pauvres éléments glanés dans le dossier d'instruction qui sera bientôt constitué contre lui. Je scrute des photos de gardes nationaux. Et si jamais ?

Barricade de la rue Saint-Sébastien

Même à la loupe il serait impossible de reconnaître Claude Payet et je ne trouve de toute façon aucune photo de barricade autour de la rue Saint-Maur. Je pourrais passer des heures à la regarder, cette photographie. Elle me bouleverse par la présence discrète du paysage des façades si familières, par la mise en scène un peu bravache des gardes nationaux : leur pose à la fois intrépide et naïve sous l'œil curieux des passants. Cet enfant en blanc que tient par les bras l'un des gardes nationaux sur la barricade de la rue Saint-Sébastien est-il l'enfant d'un fédéré ? Je pense aux six enfants de Louis Prud'hon, le capitaine de la 10e compagnie du 128e bataillon. Allaient-ils voir leur père sur la barricade établie rue Saint-Maur, pour revenir ensuite au 209 ?

Cette photo précède de très peu la Semaine sanglante, l'offensive des troupes versaillaises contre la Commune de Paris du 21 au 28 mai 1871. C'est « Paris la veille de la mort », comme l'écrit le chroniqueur de la Commune, Prosper-Olivier Lissagaray :

> Celui qui a respiré ta vie qui est la fièvre des autres, qui a palpité sur tes boulevards et pleuré dans tes faubourgs, qui a chanté aux aurores de tes révolutions et, quelques semaines après, lavé ses mains de poudre derrière les barricades ; celui qui peut entendre sous chacun de tes pavés la voix d'un martyr de l'idée et saluer chaque rue d'une date humaine ; celui pour qui chacune de tes artères est un rameau nerveux ; celui-là ne te rend pas justice encore, ô grand Paris, s'il ne t'a pas vu dehors[2].

Le 21 mai, cela fait plusieurs semaines que la lutte est engagée entre fédérés et Versaillais autour de Paris. Le 10 avril déjà, la 3e compagnie du 128e bataillon à laquelle appartient Claude Payet se battait à Issy contre, note le rapport d'accusation établi quelques semaines plus tard, « les troupes régulières envoyées de Versailles pour dompter au nom de la France la plus criminelle des insurrections ». Les combats continuent à Levallois où Claude Payet et sa compagnie sont envoyés à la fin du mois d'avril.

Dans la nuit du 21 mai, écrit encore Prosper-Olivier Lissagaray,

> les Versaillais inondent Paris par les cinq plaies béantes des portes de Saint-Cloud, d'Auteuil, de Passy, de Sèvres et de Versailles [...]. Au bruit du canon, Paris se lève [...]. Aussitôt les magasins se referment, les boulevards restent vides, la vieille insurgée prend sa physionomie de combat. De nouvelles barricades s'échafaudent à la va-vite. Tout passant est requis : « Allons, citoyen ! un coup de main pour la République. » À la Bastille et sur les boulevards intérieurs on trouve par places des fourmilières de travailleurs courbés ; les uns creusent la terre, d'autres portent les pavés. Des enfants manient des pelles et des pioches aussi grandes qu'eux. Les femmes exhortent, supplient les hommes. La délicate main des jeunes filles lève le dur hoyau. Il tombe avec un bruit sec et fait jaillir l'étincelle. [...] La barricade de Mai se fait de quelques pavés, à peine à hauteur d'homme. Derrière, quelquefois un canon ou une mitrailleuse. Au milieu, calé par deux pavés, le drapeau rouge, couleur de vengeance.

Est-ce ainsi qu'ont été construites, par les hommes, les femmes et les enfants, les barricades de la rue Saint-Maur, celles de la rue du Combat et de la rue Bichat ?

Le 22 mai, Claude Payet et sa compagnie quittent leur cantonnement de Levallois-Perret pour regagner Paris et les rues du Xe arrondissement.

Mais rien ne parvient à arrêter l'avancée des troupes de Thiers : l'ouest parisien est reconquis, puis ce sont les Batignolles et Montmartre. On fusille sur place ceux qui n'ont pas trouvé la mort sur la barricade. Au massacre s'ajoutent les incendies d'abord provoqués par les bombardements versaillais sur le Champ-de-Mars, puis allumés ensuite par les communards eux-mêmes pour tenter d'entraver la progression de leurs ennemis. Les Tuileries, l'Hôtel de Ville mais aussi les quartiers de Saint-Martin et Saint-Eustache sont en flammes.

Au fil des jours, les quartiers tenus par les communards se réduisent comme peau de chagrin. Le 26 mai, ils ne tiennent plus que le quadrilatère compris entre le canal de l'Ourcq, le canal Saint-Martin, le boulevard Richard-Lenoir, la rue du Faubourg-Saint-Antoine.

La rue Saint-Maur est jusqu'à la fin au cœur des combats, mais les Versaillais prennent d'assaut l'hôpital Saint-Louis puis les barricades de la rue Saint-Maur et de la rue Bichat. Ils accèdent le 28 mai aux derniers foyers de résistance : les barricades situées entre la rue du Faubourg-du-Temple, la rue des Trois-Bornes, la rue de la Folie-Méricourt et le boulevard de Belleville.

Maxime Du Camp, anticommunard farouche, raconte :

> Le 28 était un dimanche ; la lutte n'était pas encore terminée, mais l'insurrection était réduite et tout allait finir. Sauf un point très restreint du XIe arrondissement, tout Paris appartenait, après sept jours de combat, à l'armée de la France. [...] On entendait des coups de fusil du côté de la rue Saint-Maur ; des soldats racontaient la prise de Belleville et des Buttes-Chaumont. [...] Vers une heure, si ma mémoire me sert bien, on annonça que la dernière barricade élevée rue Fontaine-au-Roi, défendue par une soixantaine de fédérés, venait de tomber aux mains de la troupe de ligne. Je continuai ma route[3].

Louise Michel était sur cette dernière barricade, la plus fameuse, celle de la rue de la Fontaine-au-Roi :

> Les seuls encore debout, en ce moment où se tait le canon du Père-Lachaise, sont ceux de la Fontaine-au-Roi. Au moment où vont partir les derniers coups, une jeune fille venant de la barricade de la rue Saint-Maur arrive, leur offrant ses services. Ils voulaient l'éloigner de cet endroit de mort, elle resta

> malgré eux. À l'ambulancière de la dernière barricade et de la dernière heure, Jean-Baptiste Clément dédia, longtemps après, la chanson des Cerises. – Personne ne la revit. [...] La Commune était morte, ensevelissant avec elle des milliers de héros inconnus[4].

À 11 heures du matin, le 28 mai, tout était fini.

Sur un plan où sont indiquées exactement toutes les barricades construites en mai 1871, je la distingue bien, celle de la rue Saint-Maur, presque à l'angle de ce qui n'est encore que la rue Claude-Vellefaux. Presque sous les fenêtres de la maison du 209 rue Saint-Maur. Les images me viennent d'une rue désolée et déserte, de corps inertes près de la barricade, d'habitants calfeutrés chez eux alors que la répression se met en place.

Immeuble par immeuble, les vainqueurs versaillais traquent les insurgés d'hier, les hommes mais aussi les « pétroleuses », ces femmes accusées d'avoir allumé délibérément des incendies et devenues aux yeux de la bourgeoisie des figures mythiques de la barbarie et de la destructivité communarde. Au 209 comme ailleurs, on fouille les appartements, on interroge les voisins, les concierges, pour mettre la main sur ceux des insurgés qui n'ont pas été tués ou fusillés sur-le-champ.

Je ne sais pas ce qu'il est advenu de Louis Prud'hon, le fabricant de boutons capitaine de la 10e compagnie du 128e bataillon. Est-il mort au combat ? S'est-il enfui avec sa femme et ses six enfants loin de la rue Saint-Maur ? Il ne figure plus à l'adresse du 209 (185) rue Saint-Maur un mois plus tard, en juin 1871, quand est organisé un recensement en vue des élections municipales de juillet destinées à reléguer le plus rapidement et le plus loin possible le souvenir de la Commune.

Quant à Claude Payet, au teint blanc, aux yeux bleus, aux cheveux noirs, il n'est plus là non plus. Il se cache. Pas loin du 209, chez sa maîtresse, madame Tournier, au 111 rue Oberkampf. Là, dans cet immeuble, aujourd'hui encadré de constructions modernes, là, derrière ces fenêtres, Claude Payet s'est cloîtré pendant une vingtaine de jours. Était-il attentif au moindre bruit, aux allées et venues des voisins ?

Le 17 juin, il est arrêté.

Je lis dans le procès-verbal de son arrestation qu'il est « accusé d'avoir fait partie de la garde nationale sous la Commune, de s'être fait nommer sous-lieutenant dans le mois d'avril et d'avoir entraîné par ses propos un jeune garçon employé qu'il a conduit au feu et qui a été fait prisonnier. Ces renseignements ont été donnés par monsieur Trux, son beau-frère, bijoutier au doré, demeurant rue Saint-Maur, 185. Payet reconnaît tout mais nie avoir entraîné le garçon de son atelier, le nommé Ernest Badin, actuellement prisonnier à Brest ».

Est-ce Dominique Trux qui a « donné » son petit cousin, ici désigné comme son beau-frère ? Je ne le crois pas. Quand Trux est interrogé, il explique qu'il ne peut témoigner de rien, « étant parti de Paris avec ma famille le 10 septembre 1870, je ne suis revenu à Paris que le 14 juin 1871. Je puis ajouter que Ernest Badin m'a déclaré qu'il n'a point été entraîné dans la guerre civile par Payet mais que sollicité par plusieurs individus du quartier, il avait préféré être près de Payet qui travaillait dans le même atelier que lui ».

Non, en réalité, c'est un autre voisin du 209/185 rue Saint-Maur qui a dénoncé Claude Payet, mais ni son identité ni sa lettre ne figurent au dossier d'instruction bien que celle-ci y soit mentionnée quand est retracé le parcours du désormais prisonnier en attente de son jugement par un conseil de guerre[5] :

> Entièrement dévoué à la Commune, l'accusé embrasse la cause de l'insurrection [...] il se bat en désespéré aux barricades de la rue Saint-Maur, à celle de la rue du Combat et il ne cesse de combattre que lorsqu'il est blessé au bras droit. Là est la preuve la plus évidente de sa féroce ténacité : le misérable, ainsi désigné dans une lettre qui est au dossier [*elle n'y est pas*] non content de mettre son existence au service d'une cause infâme a entraîné avec lui des enfants de 15 ans et par son funeste ascendant et ses conseils perfides, il les a poussés sur les barricades où l'un a trouvé la mort et l'autre mis en état d'arrestation [...]. Mis hors de combat par sa blessure, Payet se retire alors le 26 mai au soir chez sa concubine et là, il ose encore parler de prendre sa revanche. Tel est l'homme pervers et cruel que l'instruction signale à toute la rigueur de la justice militaire [...].

Derrière ce rapport « synthétique », j'entends les pas des enquêteurs sur les pavés de la rue Saint-Maur, dans les escaliers du 209 : les interrogatoires, les délations, les rumeurs, les on-dit, les lettres anonymes... tout ce qui constitue, une fois passées les exécutions à même les barricades, le quotidien de la traque, de la répression et de la reprise en main.

Les mots de Claude Payet, lors de son interrogatoire, me saisissent eux aussi :

> J'ai été blessé le 25 mai, rue Alibert pendant que j'étais adossé au mur de l'hospice Saint-Louis. J'avais déjà été sur plusieurs barricades pour m'assurer du progrès que les troupes de Versailles faisaient mais il y avait beaucoup de désordre parmi

> nous. Moi, j'étais là parce que je préférais être tué dans la rue que d'être tué chez moi. Je n'ai engagé ni forcé le nommé Ernest Badin à prendre du service dans la Commune. C'est lui-même qui étant sans ressource m'a prié de le faire admettre dans mon bataillon. En ma qualité d'officier, je l'ai fait inscrire par le Sergent Major afin qu'il puisse toucher lui, 1 franc 50 par jour et sa mère, 75 centimes. C'est donc sur sa demande qu'il a été admis dans le bataillon.

J'attrape les éclats surgis de ces quelques lignes : le portrait esquissé du tout jeune Ernest Badin, apprenti de l'atelier du 209 désormais fermé, sans argent, aux abois, attiré par la solde, si minime soit-elle, par l'uniforme et aussi par l'aventure que devaient représenter ces barricades à portée de main, épaulé par son compagnon de travail, Payet, plus âgé de quelques années ; la blessure de Payet, sa course d'une barricade à l'autre, autour de la rue Saint-Maur, et cette phrase où résonne la certitude de la défaite : *je préférais être tué dans la rue que d'être tué chez moi.*

Le 1er novembre 1871, soit six mois après l'écrasement de la Commune, Claude Payet est condamné à la déportation simple et à la dégradation civique.

Sa demande de grâce est rejetée en juillet 1872 au motif qu'il est « un homme dangereux, prêt à reprendre les armes à la première occasion ».

En attendant sa déportation pour la Nouvelle-Calédonie, Payet est emprisonné dans des conditions épouvantables, avec des milliers d'autres communards, dans la citadelle de Rochefort où il ne tarde pas à tomber malade, d'une « infirmité incurable » comme en atteste un certificat médical de mars 1873.

Une deuxième demande de grâce est finalement acceptée et la déportation de Payet est commuée en cinq années d'emprisonnement.

Il est libéré le 18 novembre 1875, quatre ans après son jugement de 1871.

Que devient-il alors ? À partir de cette date, je perds totalement sa trace mais une chose est certaine : il n'est jamais retourné au 209 rue Saint-Maur où, officiellement, ne demeure plus l'ombre d'un communard sauf, peut-être, dans la mémoire des ouvriers qui y travaillent.

Je retrouve certains des ouvriers de l'atelier de battage d'or tenu par Delafon parmi les signataires d'une pétition réclamant, en 1879, l'amnistie des déportés et condamnés de la Commune de Paris et je me demande si, dans la mémoire de l'un d'entre eux, subsiste encore alors le souvenir de la chevelure noire, du teint blanc et des yeux bleus de Claude Payet.

9

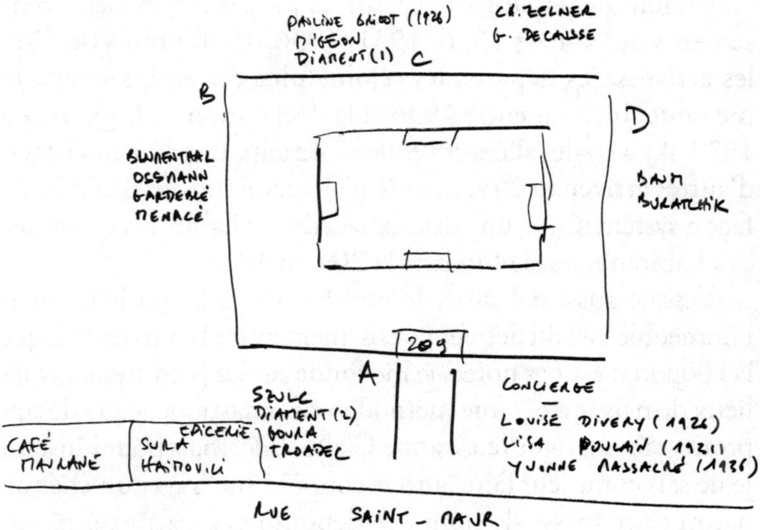

Face à moi, sur le mur du bureau, j'ai déroulé et accroché une grande feuille. Avec la maîtrise d'une enfant de 5 ans, j'ai tracé un schéma du 209 sur lequel, pour tenter de m'y retrouver dans la multitude, je note un nom après l'autre comme un empilement de briques d'où surgit, nom-nom, brique-brique, mon immeuble de papier.

Je donne la priorité à ceux dont je vois qu'ils sont restés dans l'immeuble sans discontinuer entre 1926 et 1946, ceux des familles des enfants, ceux des concierges et certains autres qui m'ont frappée, comme celui du crieur à la lanterne magique, Amédée Boulange, ou de l'artiste lyrique, Germaine Decausse. Je ne peux m'empêcher d'inscrire aussi le nom de la solitaire Pauline Bricot, disparue du 209 après 1926 et dont j'ignore tout. Je répartis tous ces noms selon les escaliers en fonction de ce que j'ai pu déduire de leur place grâce au recensement mais j'ai bien conscience que ce placement est encore approximatif.

J'établis des tableaux Excel sur lesquels je reporte les recensements des années 1926, 1931, 1936, 1946 pour visualiser les arrivées, les départs, les séjours plus ou moins longs. Je me doute bien qu'entre 1936 et la déclaration de la guerre en 1939, il y a eu des allées et venues – certains ont dû déménager, d'autres arriver au 209, mais je n'ai aucun moyen d'établir de façon systématique une liste exhaustive et fiable de l'ensemble des habitants qui habitaient le 209 en 1939.

J'essaie aussi d'évaluer le nombre de juifs qui habitaient l'immeuble lors du dernier recensement avant la guerre. Puisque la religion n'est pas notée, je me fonde sur les patronymes et les lieux de naissance – une méthode « onomastique » que désapprouverait ma rigoureuse amie Claire Zalc, mais pour l'instant je ne sais comment faire autrement pour me frayer un chemin parmi cette masse de noms. Je dénombre, à partir du recensement de 1936, une centaine de locataires dont je peux penser qu'ils sont juifs : l'écrasante majorité est née en Pologne, en Russie, en Roumanie… Les enfants sont souvent nés en France.

Grâce à Alexandre Doulut, un autre historien qui va m'épauler tout au long des recherches, je parviens à récupérer aux Archives nationales des cartes d'identité d'étrangers de locataires du 209 qui sont issues du fichier central de la Sûreté nationale. Ce fichier, où sont classés les dossiers relevant de la police administrative des étrangers, a été actif jusqu'en juillet 1940. Il fut confisqué par les troupes d'occupation allemandes, transféré en Allemagne et finalement récupéré par l'Armée rouge à la fin de la guerre, d'où son nom de « Fonds de Moscou ». Ce n'est qu'à partir de 1994 que ce fonds fut finalement restitué progressivement aux Archives nationales.

Je suis fascinée par le trajet qu'ont effectué ces papiers où figurent quelques photos d'identité : Paris, Berlin, Moscou, puis Paris à nouveau avec, pour finir, ces regards qui me fixent aujourd'hui.

Seules quelques cartes subsistent et je ne sais quel hasard a présidé à leur conservation : je tiens entre mes mains celles d'une vieille femme, Sura Lect, et d'une jeune fille brune qui porte un foulard d'un blanc éclatant, Rebecca Kolodna. Je retrouve aussi celles des parents de Simone Buraczyk, les voisins de la famille Baum dans l'escalier D, celles encore d'un autre couple originaire de Tchécoslovaquie, arrivé d'Allemagne en 1936 : les Fuchs. Je note enfin la présence d'une jeune femme venue de Roumanie, Sonia Ghitis. Ils rappellent, ces papiers, que les vies des habitants étrangers, bien avant le début de la guerre, sont déjà classées, triées, répertoriées et que derrière la neutralité apparente de ces cartes se dissimule je ne sais combien d'angoisse, de peur et peut-être de soulagement à l'idée d'avoir trouvé un refuge : la France, le 209 rue Saint-Maur.

Après avoir établi une liste approximative des habitants juifs de l'immeuble à la veille de la guerre, je consulte l'œuvre monumentale de Serge Klarsfeld, le Mémorial de la Déportation où sont recensés tous les juifs déportés de France pendant l'Occupation.

Au total, 52 hommes, femmes et enfants du 209 rue Saint-Maur ont été déportés entre 1942 et 1944, soit la moitié des locataires juifs. La plupart d'entre eux habitaient déjà le 209 en 1936, d'autres sont visiblement arrivés entre 1936 et 1939.

Numéro de la carte :
Valable pour les années 19... 19...
ou jusqu'au
Délivrée par M. le Préfet de Police
le
en remplacement de la Carte N°
délivrée le
Pièces d'identité fournies :
Je certifie exactes les déclarations ci-contre.
(Signature de l'étranger.)
16 MARS 1938

Sonia Ghitis

N° de la carte :
Valable pour les années 19... 19...
ou jusqu'au (1)
POLICE
le
en remplacement de la Carte N°
délivrée le
Pièces d'identité fournies :
Je certifie exactes les déclarations ci-contre.
(Signature de l'étranger.)
R. Kolodna
Date de la demande
13 JUIL 1937

Rebecca Kolodna

Je reconnais certains noms : les Goura, les Buraczyk, les Baum, les Diament, et je vois apparaître quelques parents aux côtés des enfants de ma liste initiale : les parents de Daniel Szulc, ceux de Bernard Spazjer et d'Hélène Hassman. Il y a aussi l'épicière Sura Haïmovici, alias madame Jacques, ainsi que les parents de Jojo Knoplock, le petit voisin d'Odette qui venait manger la soupe de sa mère. Je retrouve aussi quelques noms associés aux cartes d'identité, Sura Lect, Rebecca Kolodna, ainsi que des célibataires : Abraham Gogolinski, Etla P. Un jeune homme encore, Louis Wiener, qui contrairement aux autres est né en France et habitait depuis très longtemps avec sa famille au 209. Il était vendeur au Bon Marché.

Je veux en savoir plus sur leurs voisins, les autres locataires de l'immeuble qui y habitaient au déclenchement de la guerre. Mais ceux qui n'étaient pas juifs n'ont pour la plupart pas été fichés, pourchassés, transportés ni déportés et ils ont évidemment laissé moins de traces dans les archives... Les familles heureuses n'ont pas d'histoire, écrivait Tolstoï. Leurs noms sont aussi souvent plus communs : Gervais, Deschamps, Troadec... Il y en a des milliers en France. Le plus difficile concerne les femmes, qui ont souvent « perdu » leur nom au moment de leur mariage.

Au travail d'archive, je sais que va s'ajouter celui de détective : essayer avec une date de naissance, un nom, une adresse de retrouver des habitants ou leurs descendants à partir des actes de naissance, des actes de décès... Je commence par la concierge, Yvonne Massacré, dont j'imagine qu'elle va être une pièce maîtresse de l'histoire. D'après ce que m'a dit Odette, sa fille habitait dans l'immeuble, elle s'appelait Deschamps. Je la trouve notée dans le recensement de 1946, elle a elle-même une fille qui doit être encore vivante.

Je me mets en quête de la petite-fille de la concierge...

Dans le même recensement de 1946 que je relis pour la énième fois je tombe tout à coup sur un nom qui m'est familier : Herszbojn Marcel. Il me faut quelques heures pour me rendre compte qu'il s'agit peut-être du père, aujourd'hui décédé, de l'un de mes amis, Boris. Je l'appelle aussitôt. Oui, oui, son père habitait bien au 209. Il y vivait avec sa mère après la guerre qu'il a passée en partie caché à l'extérieur de Paris. Mais oui, après la guerre, il est revenu au 209 où habitaient également sa tante, sa grand-mère. Pendant que je parle avec Boris, j'ai le recensement sous les yeux et je coche tous les membres de la famille qu'il cite. Son arrière-grand-mère donc, sa grand-mère, son père, sa grand-tante.

« Mais surtout, tu as entendu parler de l'histoire pendant la guerre ? me demande Boris.

– Quelle histoire ?

– Une partie de la famille a été cachée dans une petite pièce de l'immeuble par un couple dont je ne me rappelle pas le nom. C'est grâce à eux qu'ils s'en sont sortis. Je ne connais pas les détails mais je peux demander au père de mon cousin. Il s'appelle Robert Birenbaum ; sa femme était la cousine de mon père. »

Je commence à m'embrouiller un peu avec tous ces cousins, ces alliances, mais oui, j'accepte de rencontrer le cousin Robert, au plus vite…

Une fois de plus, je suis naïvement fascinée par cet instant où, sous l'effet de la recherche ou du hasard, un nom commence à prendre vie, à se métamorphoser en une impressionnante ramification d'autres noms, de trajectoires, de détails qui sont autant de bornes me guidant vers l'envers du présent.

Parmi les déportés du 209, je relève encore le nom de Hersz Rolider. Odette m'a parlé de sa fille, Berthe, avec qui elle était à l'école primaire. Elle se souvient aussi du père traversant la cour dans un pardessus marron. Je ne sais pas d'où Odette tient sa mémoire des couleurs mais chez elle, chaque souvenir qui refait surface est associé à une couleur très précise : les chaussures vertes que son père avait confectionnées pour les assortir à la jupe vert bouteille de sa sœur Suzanne ; le petit ensemble « coq de roche », orange, qu'elle portait à l'âge de 7 ans, sur la photo des premières vacances passées en 1936 avec toute la famille dans une petite ville de banlieue parisienne. Sa précision est telle – j'ai dû vérifier la signification de « coq de roche » dans le dictionnaire – que je me demande si je peux ressaisir mes propres souvenirs avec la même exactitude colorimétrique… Mais toutes mes évocations d'enfance (à l'exception d'un imperméable vieux rose et d'un pantalon de velours côtelé orange que j'avais choisis vers l'âge de 10 ans par peur de la vendeuse) me parviennent dans des teintes un peu uniformes et pas très franches, comme recouvertes par un filtre vert ou marron, assez caractéristique des photos de la fin des années 1970-1980 qui constituent probablement la base visuelle sur laquelle se sont modelés ces souvenirs. En revanche, pour Odette, qui ne possède plus que les sept ou huit photos d'enfance en noir et blanc qu'elle est parvenue, avec sa sœur et son frère, à arracher aux descentes des Allemands dans leur appartement, la couleur semble surgir, intacte de sa mémoire, aussi miraculeusement conservée que les ocres et les rouges des bisons et des taureaux dessinés sur les parois de la grotte de Lascaux.

Le pardessus de Hersz Rolider était donc marron et, du premier étage, Odette pouvait l'observer en train de traverser la cour vers le bâtiment du fond. Si Berthe ne figure pas sur la liste des habitants déportés, c'est qu'elle a survécu ; peut-être est-elle toujours vivante ? Mais où ? Sur Internet, toujours, je trouve dans les archives du JOINT, une organisation humanitaire juive américaine, qu'une certaine Berthe Rolider âgée de 22 ans, donc en 1951, a pris le bateau pour Melbourne et que son garant pour ce voyage en Australie était un dénommé A. Pat. Sans y croire vraiment, comme des bouteilles à la mer lancées vers ce continent si lointain que je ne connais pas, je fais publier des annonces dans quelques journaux de Melbourne. On ne sait jamais...

Aucune piste en revanche concernant les Szulc qui habitaient au-dessus de chez Odette dans l'escalier A. Le petit garçon, Daniel, était né le 24 mars 1939, quelques mois seulement avant le début de la guerre. Il ne figure sur aucun recensement. Juste sur le registre du convoi numéro 40 en direction d'Auschwitz. Je cherche, je fouille, j'interroge mais rien, pas le moindre détail sur lui ni sur ses parents.

Je ne suis pas dupe de mon obsession pour le sort du petit garçon... Ma mère est née le 9 mai 1939, un peu plus d'un mois après lui. Elle a été déportée au camp de Ravensbrück à l'âge de 5 ans en juillet 1944 et libérée du camp de Bergen-Belsen, avec sa mère et sa sœur, en avril 1945. S'il avait vécu, Daniel aurait peut-être eu un fils ou une fille de mon âge, occupé, comme je le suis, à d'absconses recherches ou alors à tout autre chose, mais vivant en tout cas, déambulant comme je le fais dans Paris. Et quand je marche, ces fantômes d'enfants jamais nés, mes contemporains invisibles, me suivent pas à pas – Daniel est comme le reflet négatif du hasard qui a valu à ma mère de survivre, si petite encore, à sa déportation, ce hasard miraculeux qui a irradié ma propre vie et lui a donné son poids, son incertitude et son prix.

Mais je ne trouve rien de rien sur l'enfant, sinon la conviction que j'aurai beau lancer avec obstination, excitation même, mes filets dans toutes les directions possibles, j'aurai beau fouiller Internet, dépouiller les archives, remonter les pistes, bifurquer, croiser, analyser, accumuler les informations, j'aurai beau croire aux coïncidences, aux indices secrets, je ne parviendrai qu'à un tableau fragmentaire déjouant ce sentiment de toute-puissance qui m'habite parfois, cette toute-puissance du présent sur l'Autrefois. Mon 209 sera toujours un immeuble de papier tributaire des fausses pistes, des impasses, de mes aveuglements, de mes faiblesses. La porte au fond du couloir qui abrita les premiers instants de vie de Daniel Szulc résistera à mes assauts ; elle me restera, je le sais, et peut-être est-ce aussi bien ainsi, à jamais close.

Monique m'a ouvert la porte. Pour l'instant, elle l'entrebâille, mais je sais que si je parlemente suffisamment je pourrai entrer. Quand je l'ai vue dans la cour, un peu plus tôt, je m'attendais à ce qu'elle me hurle dessus comme elle l'a fait à chaque fois que nous nous sommes croisées, comme elle le fait régulièrement sur les enfants qui jouent. Eux, ils l'appellent la folle, la dingue, la sorcière. Ils ont peur d'elle mais ils se sont habitués à ses cris, à ses cheveux gris et plats qui lui retombent de chaque côté du visage, à son anorak qu'elle porte été comme hiver par-dessus des tee-shirts imprimés, aux sacs en plastique qu'elle transporte toujours avec elle.

Des générations d'enfants, car elle est là depuis 1980, Monique, au 6e étage, escalier B à gauche. Sa fenêtre est reconnaissable, il y flotte souvent une chemise qui a dû être blanche un jour et qui a depuis longtemps cessé de l'être. Parfois elle ne dit rien mais le plus souvent elle marche sans regarder autour d'elle, elle s'arrête au milieu de la cour, elle hurle puis elle repart. Souvent aussi, au milieu de l'après-midi, alors que ne flotte plus dans l'immeuble que le bourdonnement indistinct de quelques portes qui se claquent, ses hurlements déchirent la torpeur sonore. Au début c'est terrifiant, puis on s'y fait : les cris de Monique appartiennent à la bande-son du 209, comme les bonjours de Mohammed, comme le bruit des pas qui résonnent sur les pavés.

Tout à l'heure, j'étais au milieu de la cour, le nez en l'air, elle s'est arrêtée, n'a pas crié et m'a demandé ce que je faisais. Elle n'a pas vraiment écouté ma réponse. Ce qu'elle m'a dit tout de suite, c'est qu'elle avait mal, elle souffrait... ses pieds, le diabète. Je ne la regardais pas vraiment en face, j'avais peur de son visage, de son odeur, de sa bouche édentée. Mais elle me disait « j'ai mal » comme un petit enfant, sa peau était d'une pâleur de spectre. Puis elle a enchaîné directement : « Les gens c'est des salauds, c'est des dégueulasses. Moi ce que j'aime, c'est les bêtes. » Elle a une voix de fillette pour énumérer les bêtes qu'elle préfère : les jaguars, les serpents et en particulier les mambas noirs dont la piqûre provoque une asphyxie mortelle, les fourmis de Guyane, celles qui ont de l'acide dans les mandibules... Elle décrit en détail et avec enthousiasme, l'asphyxie mortelle provoquée par les serpents. D'ailleurs, poursuit-elle, la Guyane c'est son rêve, ou bien le Kenya. Son film préféré, celui qu'elle a vu des dizaines et des dizaines de fois, s'appelle *Vivre libre* : c'est l'histoire d'une petite lionne orpheline recueillie au Kenya par un couple qui dirige une réserve d'animaux. Ils adoptent Elsa, une bébé lionne, et la réhabituent peu à peu à la vie sauvage afin qu'elle puisse repartir vivre librement dans la brousse tout en conservant, cela va de soi, un lien puissant avec ses parents adoptifs.

Sans transition, elle me demande si j'ai entendu parler du meurtre. Elle désigne les lofts du rez-de-chaussée : « C'était pas comme ça avant. C'était il y a longtemps. Un monsieur, il s'appelait Le Gast. Il avait un chapeau et deux béquilles. C'est deux gars de l'épicerie qui ont fait le coup. Ils ont cassé la porte pour l'assassiner. Je m'en souviens, je regardais *Shogun* à la télé. Il y a eu des cris. Et le lendemain matin, dans la cour, c'était plein de sang. Ils l'ont pas raté, les types. Il paraît qu'ils lui ont arraché les dents à vif et qu'ils lui ont défoncé le crâne avec des barreaux de chaise. Ah ça, ils l'ont pas raté quand ils l'ont zigouillé. »

Nous sommes toutes les deux dans la cour, entre les quatre façades, quelques habitants passent en nous jetant discrètement des regards curieux et c'est à ce moment-là que Monique me propose de monter chez elle : elle veut me montrer ses bêtes.

Je ne suis pas rassurée.

Monique monte d'abord pour ranger. Elle m'a prévenue : « C'est tout petit, chez moi, et puis c'est sale, l'hiver je me gèle, y a aucun confort. » Je gravis les marches de l'escalier B, étroites et encore rétrécies par l'ascenseur. À chaque demi-palier il y a un décrochement avec, en surplomb, une fenêtre très haute qui donne sur la cour. C'est là que se trouvent les toilettes communes qui sont pour la plupart désaffectées. Au troisième étage, la porte du cabinet est entrouverte ; en la poussant d'un vigoureux coup de pied, je retrouve les vieilles toilettes en fonte verte que j'avais déjà aperçues lors de ma première visite. Entre le 5e et le 6e étage, la porte est plus récente, munie d'une clé – ce sont les seules toilettes à être encore en usage – pour Monique probablement.

6e droite, je frappe mais elle a changé d'avis, elle ne veut plus m'ouvrir. Finalement, elle entrouvre un peu la porte, on discute. Une dizaine de minutes et un billet de 20 euros plus tard, elle me laisse entrer. Je me sens coupable – je n'aurais jamais autant insisté avec quelqu'un d'autre, je n'aurais pas sorti le billet de 20 euros.

Mais j'entre.

Immédiatement, l'odeur me prend à la gorge. J'aspire l'air par la bouche le temps de m'y habituer. Les voilages sont tirés et dans la demi-obscurité je mets du temps à distinguer quoi que ce soit. Une petite télévision allumée diffuse un dessin animé et ses voix grotesques envahissent la pièce. J'entends d'autres sons étranges que je n'identifie pas immédiatement.

Progressivement, je vois le matelas taché à même le sol avec une mince couverture qui le recouvre à peine, les oreillers sales, les sacs en plastique accumulés, les murs écaillés où se superposent plusieurs couches de peintures décolorées marron et vert d'eau. Les murs sont recouverts de dizaines d'affiches et d'articles de journaux jaunis. Des photos d'animaux pour l'essentiel : serpents, tigres, lions, rats, ratons-laveurs, chats, iguanes, et au milieu, un énorme poster qui trône, intitulé « Tarentule », avec peut-être vingt photos d'araignées prises sous tous les angles. Je repense aux affiches d'animaux dans la chambre d'enfant impeccable de Max dans le bâtiment d'en face… Intercalés entre les chats et les araignées, des portraits de Brigitte Bardot, Elvis Presley, Mistinguett et, dans un coin, la photo culte en noir et blanc de Jim Morrison.

Au pied du lit quelques livres sont empilés à côté de cartons d'œufs vides encastrés les uns dans les autres.

Je m'approche de l'unique fenêtre, il y a à droite un minuscule réduit qui sert de cuisine. Les sons que je reconnais maintenant comme des stridulations se font plus forts. Je soulève le rideau et je vois, de l'autre côté de la vitre, la chemise qui vole au vent. Derrière moi, entre le lit et la fenêtre, il y a deux tables basses sur lesquelles sont posées au moins cinq cages en plastique surmontées d'un couvercle de couleur. Sur les cages, près d'une vingtaine de petites boîtes superposées. C'est d'elles que proviennent les sons : j'aperçois des dizaines de grillons en train de se balader contre les vitres transparentes.

Dans chacune des cages, il y a une branche épaisse et rugueuse comme un bout de tronc d'arbre et je mets un peu de temps à reconnaître les formes sombres immobiles qui s'y accrochent : mais pas de doute possible… ce sont de grosses araignées velues.

Des mygales.

Les grillons ? C'est pour les nourrir.

« Vous voulez les voir mieux, que je les sorte ? » demande Monique. « Ne vous inquiétez pas, elles sont adorables mes bêtes, mes petites chéries. » Elle en désigne une : « Elle, c'est une Albopilosa », puis l'autre : « Là, c'est une Bracypelma ». Elle les couve d'un regard maternel.

Je déploie toute ma force de conviction pour lui dire que non, je préfère les regarder dans les cages. Je lui dis que j'ai peur.

« Faut pas avoir peur. Ce sont mes petites chéries. Mais c'est du travail. Il faut les nourrir. C'est pour ça que je veux pas aller à l'hôpital. Personne ne s'occuperait d'elles. Je veux pas les laisser. Je les aime. »

Monique s'est effondrée sur une chaise contre le mur. Elle a enlevé son anorak. Son tee-shirt est barré d'une grande inscription : *kama-sutra expert.*

Elle a mal aux pieds, aux jambes, elle gémit. « C'est le diabète qui tombe dans les jambes, dans les yeux. J'ai mal, ça me rend méchante, hargneuse. Et personne pour s'occuper de moi. Je crèverais, personne s'en rendrait compte. »

Subitement, elle oublie ses larmes, se relève pour me montrer les livres – des encyclopédies pour enfants, des albums illustrés d'animaux. Elle les feuillette et, sur l'une des pages, désigne la photo de la lionne orpheline : « Elle est belle, hein ? Elsa... »

La télévision beugle dans un coin, les grillons stridulent. Quant aux mygales, elles ne font aucun bruit mais je sens leur présence menaçante dans mon dos. « Lui (elle montre du doigt Jim Morrison sur le mur), c'est Momo. Je suis allée à son enterrement au Père-Lachaise. Sur la tombe, il y en avait qui picolaient, d'autres qui se camaient, moi je fumais du hash. J'étais jeune. J'aimais cette musique, Momo, Elvis, Eddy Cochrane, Janis Joplin, et y avait aussi Gégène, Gene Vincent. »

On se croirait dans la chanson de Gainsbourg : *Ex-fan des Sixties, petite baby doll, comme tu dansais bien le rock'n'roll. Ex-fan des Sixties, où sont tes années folles ?* Petite baby doll Monique qui pleure le temps où ses cheveux n'étaient pas gris, où elle avait toutes ses dents, où elle pouvait croire que pour elle aussi la vie aurait le rythme syncopé d'une chanson des Doors. Elle avait, quoi ? 23-24 ans, en 1971, quand Morrison est mort ?

Elle est arrivée au 209 en 1980. « Avec mon copain on était rue du Faubourg-Saint-Martin. Mais notre piaule était insalubre, alors ils nous ont mis là et c'était à ce type de l'arranger. Mais il a rien fait ce salaud et il m'a laissée. Je lui en veux à mort. » Suit une bordée d'injures contre le salaud qui l'a abandonnée dans la misère. Cela fait presque quarante ans qu'elle habite dans cette pièce avec vue sur la cour et sur le ciel, ce taudis abri dont l'odeur me soulève le cœur mais dont la taille, la disposition, la peinture donnent probablement la meilleure idée de que pouvaient être les « appartements » d'une pièce, du XIXe siècle jusqu'aux années 1990. Une quinzaine de mètres carrés, une seule fenêtre face à la porte avec, à droite, un tout petit décrochement pour la « cuisine », si étroit qu'on accède à peine à l'évier.

Monique s'approche de moi : « Vous sentez tellement bon, tellement, et moi je pue. » Elle se met à pleurer : « Où c'est qu'elle est ma jeunesse ? »

Elle avait 20 ans, son père était concierge rue Beaurepaire. Elle n'arrêtait pas de cavaler partout, son père lui disait en riant : « Où c'est que tu vas à cavaler comme ça partout sans cesse. » Elle pleure, elle rit. « Il me faisait rire, mon père. C'est de lui que je le tiens le diabète. C'est lui, là. » Dans un coin obscur de la pièce, à côté d'autres boîtes en plastique où chantent les grillons, il y a deux petits photomatons aux couleurs des années 1970, son père et sa mère. Deux ombres protectrices qui veillent aux côtés des mygales.

« Papa, maman, venez à mon secours. »

Elle pleure encore.

« Je voudrais bien que ça soit passé, tout ça. J'en peux plus de souffrir. »

J'ai la sensation d'un abandon impardonnable quand je quitte Monique pour redescendre bien au frais dans la cour du 209 où je retrouve mes fantômes qui ne puent pas, eux, et dont la détresse, si lointaine, le dénuement, ne m'arrivent que filtrés par les années.

Au bout de quelques semaines, à ma grande surprise, j'obtiens une réponse à mon annonce australienne. Un membre d'une « Association d'historiens professionnels » de Melbourne est tombé dessus par hasard et a enquêté pour moi. Il m'envoie une masse de documents dont il ressort que Berthe Rolider a en effet émigré à Melbourne dans les années 1950 pour y retrouver celui qui est devenu son mari, un certain Abraham Pat. Ils sont ensuite revenus ensemble à Paris pour quelques années puis repartis en Australie avec deux petites filles. L'une d'elles, Arlette, enseigne à Melbourne dans un lycée catholique. Il ne me reste plus qu'à lui écrire, en espérant que Berthe soit toujours vivante... Le soir même, Arlette me répond. Oui, Berthe est toujours vivante.

Oui, elle habitait bien au 209 rue Saint-Maur.

Oui, nous pouvons nous parler par Skype.

Je n'en reviens pas que tout soit si facile, si proche. J'avais publié cette annonce sans grand espoir, littéralement comme une bouteille jetée par-delà les continents, et voilà que la bouteille me revient comme pour me dire « si tu cherches, tu trouves ».

Je m'installe un matin très tôt à cause du décalage horaire devant mon ordinateur et elles apparaissent : Berthe et sa fille Arlette, assises l'une à côté de l'autre. Étrangement, alors que nous ne nous connaissons pas, ce sont comme des retrouvailles. De Berthe, je ne sais que trois choses. Elle était fille unique et habitait avec ses parents dans l'escalier C, fond de cour, au 209 ; son père avait un pardessus marron ; il a été arrêté en mai 1941, interné à Beaune-la-Rolande avant d'être déporté un an plus tard à Auschwitz.

Berthe parle le français avec un drôle d'accent un peu anglais, un peu yiddish. Elle passe sans cesse d'une langue à l'autre... Sa voix me parvient déformée par l'ordinateur.

J'aperçois à l'arrière-plan le petit salon moderne et impersonnel qui ressemble comme un frère à celui d'Albert Baum à Nevers. Baum est le premier nom qu'elle me cite : elle se souvient d'Albert, de sa sœur Marguerite et aussi d'une famille nombreuse dans l'escalier A, « oui, Diament, *that's it !* ». En revanche, d'Odette, elle ne se souvient pas : « Oui, des garçons, *boys*, il y avait dans cette famille, mais non, une fille *I don't remember.* »

Berthe est née en 1929 au 209, elle en est partie définitivement le 16 juillet 1942.

Paris ne devait être qu'une étape pour ses parents qui venaient de Varsovie et se sont installés au 209 presque directement, en 1926. La destination finale, c'était l'Amérique. Puis Berthe est née. Ils se sont habitués à leur petite pièce au 4e étage gauche du bâtiment C – ni eau ni électricité, les toilettes sur le palier. Le père était maroquinier, la mère finisseuse. Est-ce qu'elle se souvient du pardessus marron de son père ? Non. En revanche, oui, le nom de madame Massacré lui revient, elle avait peur de cette concierge qui était « dure avec les enfants... elle ne nous laissait pas jouer dans la cour ». Et puis il y avait Marcelle, Marcelle Lorillon, la voisine du dessous, « c'était ma deuxième mère ». Elle était couturière et chaque jour, en rentrant de l'école, Berthe allait chez Marcelle qui travaillait à domicile. « Elle m'aidait à faire les devoirs parce que mes parents ne parlaient pas bien le français. Ma mère avait un *very* gros *heavy* accent. Tous les dimanches, avant le déjeuner, j'allais chez Marcelle et elle me donnait un petit verre de vin. Elle ne pouvait pas avoir d'enfant, alors j'étais comme son enfant. »

Au fil de notre conversation quelques images ressurgissent : les 14 Juillet aux Buttes-Chaumont pour regarder les feux d'artifice illuminant tout Paris, le cinéma du boulevard de

Belleville, le théâtre yiddish, rue Ramponeau. Petites joies de petites gens, « on était très unis tous les trois ». Elle brandit une photo de ses parents en noir et blanc devant la caméra de l'ordinateur, sa main tremble un peu et la photo flotte devant moi, légèrement pixélisée, comme venue d'un songe. En retour, je lui montre l'unique témoignage écrit de son enfance parisienne que j'ai pu retrouver : son nom sur le registre de l'école élémentaire de l'avenue Parmentier. Elle le déchiffre, syllabe par syllabe : *Ro-li-der*, ainsi que le métier de son père : *ma-ro-qui-nier*. Cela fait longtemps qu'elle n'a pas parlé le français mais je sens bien qu'il y a aussi dans ses hésitations la trace d'une incrédulité : est-ce que toute cette enfance, vue depuis Melbourne, soixante-dix ans plus tard, ne serait pas un rêve ? Comment se fait-il qu'il reste vraiment une trace écrite de ce temps où elle montait goûter chez Marcelle Lorillon au 3e étage, de ce temps où parfois ses parents sortaient et la laissaient seule dans son petit lit ? Et notre improbable liaison par Skype entre mon bureau où pèse la nuit noire d'une aube d'hiver et son appartement, de l'autre côté du monde, envahi par le soleil du printemps accentue encore ce sentiment d'irréalité.

Plus tard, j'ai eu beau inscrire son nom sur mon plan de l'immeuble, classer les informations qu'elle m'avait données, souligner les noms dont elle se souvenait, inscrire sur mon cahier de recherche qu'il fallait absolument réussir à trouver la petite-fille de la concierge, madame Massacré, essayer aussi de retrouver un descendant de Marcelle Lorillon, je savais bien que je ne parviendrais pas – malgré ce volontarisme obstiné et un peu ridicule dont je suis coutumière – à dissiper totalement cette brume où se mouvaient, à peine visibles, les silhouettes enfantines de Berthe, Odette ou

Albert et celles, plus imposantes, de leurs parents ou de la concierge.

J'ai décidé qu'il était temps de s'occuper des entrailles, d'aller toucher avec les mains les fondations. Cette fois, j'ai juste salué Mohammed en passant, j'ai traversé la cour en levant machinalement la tête pour apercevoir la chemise de Monique qui pendait toujours, la petite du loft de gauche revenait de l'école avec son père, elle s'est arrêtée pour me faire sentir une fleur en papier qu'elle tenait à la main, puis elle est repartie en dansant vers son père. Je suis allée dans le bâtiment du fond, le C, celui de Berthe. À côté de l'ascenseur nouvellement construit, j'ai emprunté l'escalier en pierre qui mène à la cave.

Au pied de l'escalier, je suis arrivée face à un grand mur de plâtre blanc dans une petite alcôve faisant une sorte d'antichambre aux caves qui se succédaient avec leurs vieilles portes en bois et leurs ferrures rouillées, le long d'un chemin labyrinthique où je distinguais sur le sol brun en terre battue, comme un trappeur qui piste la trace d'animaux en fuite, des dizaines d'empreintes superposées. Sur les portes dont les lattes en bois disjointes attaquées par une mousse verte laissaient passer le jour, il y avait aussi des numéros, certains inscrits à la peinture noire, d'autres à la craie avec, de temps en temps, un nom à moitié effacé. Le son de l'immeuble – les voix, le bruit des pas, la mécanique de l'ascenseur – m'arrivait tamisé, comme une rumeur ouatée parfois juste troublée par la stridence d'un rire ou d'un éclat de voix.

Je suis revenue vers le mur en plâtre. Il était recouvert d'inscriptions gravées ou tracées avec un morceau de charbon. Un dessin représentait la caricature d'un homme de profil, képi sur la tête, pipe à la bouche, doté d'un gigantesque pénis – un autre, de profil lui aussi, ressemblait à Zorro avec un large chapeau noir sur la tête. Un peu à droite, un énorme visage de monstre aux dents très pointues était gravé avec juste en dessous, très profondément sculptées, les lettres A. R. suivies d'une date, 1906. S'agissait-il d'initiales ou bien des prénoms de deux amoureux de 1906 ? Juste sous la date, un prénom inscrit à la craie noire mais dont le trait était déjà presque effacé. J'ai déchiffré les lettres une à une. Marguerite. Tant de Marguerite avaient dû défiler au 209. Laquelle s'était retrouvée ici, devant ce mur, pour écrire son nom ? Ou bien quel garçon, quel homme l'avait gravé ? À quelle Marguerite rêvait-il en le faisant ? J'ai décidé qu'il s'agissait de Marguerite Baum et je n'aurais pas été plus saisie en découvrant d'éclatantes fresques sur les murs d'une villa romaine inconnue qu'en retrouvant, sur le mur de la cave, cet humble signe ignoré de tous.

En remontant, j'ai vu d'autres gravures sur le pilier de l'escalier en pierre : un carré de bataille navale, deux triangles l'un sur l'autre dessinant une sorte d'étoile de David décalée, les initiales V L. Il y avait aussi un numéro de téléphone, le 06 60 33 14 XX (j'ai hésité à composer le numéro et je ne l'ai finalement pas fait) puis, juste en dessous, en lettres capitales, le mot MENACE. Naturellement, j'ai pris cette interpellation dans son acception la plus vaste et je n'ai pas non plus exclu la possibilité qu'il puisse s'agir d'André, le fils de monsieur Menacé, le boulanger dont j'avais vu le nom revenir dans plusieurs recensements. André était né en 1913 (à Paris, Seine). À supposer qu'il ait gravé son nom à l'âge de 10 ans, l'inscription remonterait à 1923. Je me suis dit alors que c'était finalement sur les murs des caves, dans cet outre-tombe de nos immeubles, que les vivants voisinaient le mieux avec les morts, leurs lettres et leurs dessins entrelacés diffusant leurs particules d'air mêlées.

Puis j'ai gravi l'escalier et je suis remontée à l'air libre.

10

> Un ouvrier maçon, M. Jean Chasseuil, travaillait hier matin à une maison en construction, rue Saint-Maur, 209.
>
> Il était occupé à monter des pierres aux étages supérieurs à l'aide d'une poulie, lorsque l'une d'elles, en heurtant la façade, se brisa. Un des morceaux, en tombant, atteignit Chasseuil à la tête et lui fit une profonde blessure.
>
> Ses camarades accoururent à son secours et le transportèrent dans une pharmacie.
>
> Le blessé fut ensuite conduit à l'hôpital Saint-Louis, par les soins de M. Cochery, commissaire de police du quartier ; mais, malgré tous les soins qui lui furent prodigués, il ne tarda pas à expirer sans avoir repris connaissance.

La nouvelle est parue dans *Le Figaro* du 20 octobre 1889. Depuis combien de temps Jean Chasseuil était-il maçon à Paris ? Comme son nom en atteste, il venait probablement du Limousin. Il était peut-être l'un des milliers de « maçons de la Creuse » montés à Paris au cours du XIXe siècle et qui en ont métamorphosé la physionomie par leur labeur et la force de leurs mains calleuses. Jean Chasseuil chantait-il l'hymne des maçons de la Creuse composé par son collègue et « pays », Jean Petit ? *Quand revient le printemps, / Ils quittent leurs chaumières, / Laissant les vieux parents, / Les enfants et la mère. / On voit le désespoir / De la femme vertueuse / Lorsqu'elle dit au revoir / Au maçon de la Creuse. / Voyez le Panthéon, / Voyez les Tuileries, / Le Louvre et l'Odéon, / Le palais de l'Industrie. / De tous ces monuments / La France est orgueilleuse ; / Elle doit ces ornements / Aux maçons de la Creuse.* Ni Panthéon ni palais de l'Industrie pour Jean Chasseuil, mais l'humble 209 rue Saint-Maur... Venait-il de Guéret, venait-il d'Aubusson ? Y avait-il laissé une femme et des enfants ? A-t-il dissimulé un signe de sa vie minuscule en signant « un maçon de la Creuse » sur l'un des moellons invisibles au regard ?

Ce matin-là, a-t-il embauché tôt, le jour était-il levé ?

Il faisait froid, sombre et pluvieux paraît-il ce 20 octobre 1889, le dernier de la vie de Jean Chasseuil.

Cela faisait quelque temps déjà que le 209 était en travaux. Quelques mois depuis qu'Édouard Agnellet, le fils aîné d'Augustin, devenu propriétaire de l'immeuble à la mort de ce dernier, avait décidé de mettre à bas la maison telle qu'elle existait depuis les années 1850.

Édouard, on s'en souvient, était un polytechnicien, ingénieur des Ponts et Chaussées. Après quelque temps passé en Égypte, à la construction du canal de Suez, il était revenu en France où il avait mené une brillante carrière. Responsable des travaux du chemin de fer d'Amiens à Dijon puis de ceux de la grande ceinture de Paris, il était ensuite devenu ingénieur principal de la Compagnie des chemins de fer du Nord.

Ingénieur et propriétaire... En ces temps de pénurie de logement populaire, les futurs locataires du futur immeuble sont tout trouvés : les ouvriers des chemins de fer, c'est du moins ce que suppute son arrière-arrière-petit-neveu Bruno Laueffer et c'est ce qui peut expliquer qu'Édouard décide d'en finir avec le 209 ancienne version. Un plus grand immeuble pour plus d'appartements plus petits égale plus de loyers, même si ces loyers sont dérisoires.

Exit donc la crèche laïque fondée après la Commune, en 1874, la seule crèche de tout le Xe arrondissement, et qui accueillait chaque jour, au premier étage, dans trois pièces de l'aile droite de la maison, une cinquantaine d'enfants d'ouvrières au prix de 25 centimes par enfant, une rétribution dont la plupart de ces femmes ne pouvaient même pas s'acquitter. *Exit* les 50 petits lits en fer recouverts d'une paillasse d'avoine (comment 50 lits, même petits, pouvaient-ils tenir dans trois pièces ?).

Exit l'atelier de Lecourt, fabricant de moulures à façon, l'atelier de sculpture de Moreau, l'atelier de l'artiste peintre Duménil. *Exit* les locataires Combard, Prévost, Lecot, le domestique Renault.

En revanche, l'atelier de battage d'or n'a cessé de prospérer... Il ne s'appelle plus atelier désormais mais « Grande Fabrique d'or en Feuilles » et l'ancien associé de Delafon, Viéville, lui a succédé à la tête de la maison. Les affaires vont si bien que monsieur Viéville, dont la fabrique est toujours installée au 209, rachète le terrain mitoyen du 211 rue Saint-Maur à la Ville de Paris pour 220 francs le mètre carré et y construit en 1886 un immeuble de rapport où il a aussi le projet d'installer sa fabrique.

Est-ce le déménagement imminent de son meilleur locataire qui incite Édouard Agnellet à faire bâtir un nouveau 209 à la place de l'ancien ? Toujours est-il qu'il choisit comme architecte le même que celui de Viéville : Charles Dumond, architecte au 11 rue d'Orsel dans le XVIIIe à Paris, à deux pas de chez moi.

Il obtient un permis de construire en février 1889 pour surélever de quatre étages les bâtiments de fond de cour, droite et gauche et pour construire une façade sur rue.

Les plans sont conservés aux Archives de la Ville de Paris et ils sont si fragiles que je crains en les dépliant de déchirer les feuilles calques. Manifestement, l'immeuble prévu était plus élaboré que celui qui fut finalement construit, l'argent a dû manquer.

C'est évident à la vue du dessin ouvragé de la porte cochère dont la finesse des détails a disparu entre sa conception et sa réalisation.

À regarder les autres constructions qu'il a conçues rue des Roses et rue Letort dans le XVIIIe arrondissement, rue de Flandre dans le XIXe, Charles Dumond s'était probablement fait une spécialité de ce genre d'immeubles. Leur ressemblance me touche, comme s'ils étaient de faux frères jumeaux disséminés dans le Paris populaire : même allure haussmannienne du pauvre où quelques modestes ornements, portes cochères presque monumentales, linteaux légèrement travaillés, refends, bossages viennent à peine rehausser le rythme monotone des alignements et la monochromie des pierres.

Je déplie prudemment les croquis et les calques. L'immeuble de papier de Charles Dumond et Édouard Agnellet se déploie devant moi.

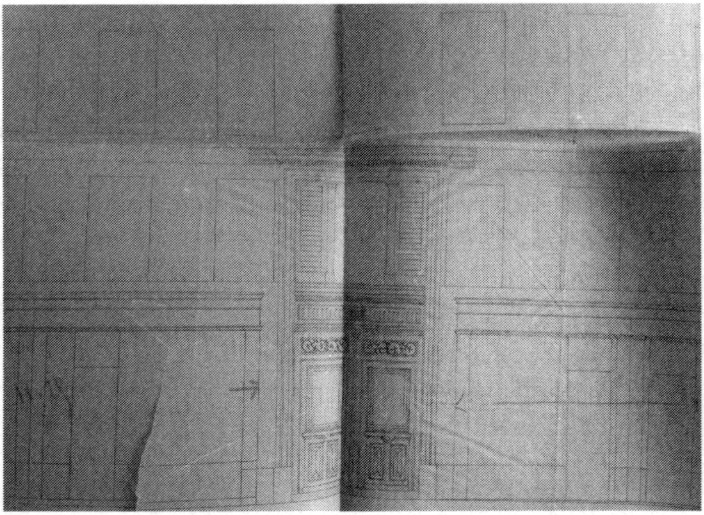

À quoi pensaient-ils en le regardant ?

Aux corniches, aux parements, aux tuyaux, aux persiennes, aux contraintes d'alignement, de hauteur, de largeur, aux loyers, aux revenus mobiliers et à leur plus-value ?

Pouvaient-ils penser au mois d'octobre pluvieux de 1889, aux ouvriers montés sur le toit, à une poulie subitement cassée, à la chute de Jean Chasseuil ?

Chaque fenêtre – un regard,
Et dans toutes – une personne !
Le fronton dans la glaise
Chaque fenêtre – une icône
Chaque regard – une fenêtre.
Les visages, des ruines,
Les arènes de l'histoire,
Marronniers du passé,
Moi j'y chante et j'y vis[1].

Pouvaient-ils, comme Marina Tsvetaeva, penser aux regards-fenêtres, aux fenêtres-icônes ?

Contrairement aux immeubles de l'imagination et de la mémoire, l'immeuble d'Édouard Agnellet et Charles Dumond s'est construit brique à brique. Il est devenu réel. Si réel qu'autour de la cour de 276 m^2 exactement se sont élevés quatre bâtiments regroupant 204 appartements de une ou deux pièces, sans gaz ni électricité. L'eau était dans le couloir. Les toilettes (25 au total) également.

Si réel que derrière les fenêtres de calque débute la grande succession des regards.

Parmi les locataires, beaucoup appartiennent à la Compagnie des chemins de fer du Nord, comme Henri Besson né à Lons-le-Saulnier en 1869, employé de la Compagnie et qui s'installe dans je ne sais quel escalier avec ses parents pour quelques années. De lui, je sais qu'il mesurait 1,67 mètre, qu'il avait les sourcils bruns, les cheveux bruns, les yeux gris-bleu, la bouche moyenne, le menton rond, le visage ovale. Il savait lire et écrire mais n'avait pas de diplôme de l'instruction primaire. Tout est inscrit sur sa fiche matricule de service militaire. Ces fiches matricules sont conservées dans toutes les archives départementales de France et accessibles pour la plupart sur Internet. Je les compulse en guettant l'irruption de l'adresse fatidique : je vois défiler un employé de commerce répondant au doux nom de Georges Batton, un cocher, un mécanicien, un bijoutier, un employé dentiste, silhouettes fugitives dont je capte au passage l'œil brun, la petite bouche, le front arrondi, le nez petit ou relevé. Ils habitent seuls ou en famille au 209, pour quelques mois ou quelques années – le *turn-over* est important, je le vois aux adresses qui se succèdent : elles sont toutes inscrites sur le carnet militaire. Souvent, ce petit peuple d'ouvriers, d'artisans, d'employés déménage au bout d'un ou deux ans, fréquemment dans le même quartier – toute une vie passée dans ce petit quadrilatère entre la rue Saint-Maur, la rue Corbeau et la rue du Faubourg-du-Temple.

C'est par les hommes que je retrouve la trace des femmes : pas de service militaire, pas d'inscription sur les listes électorales pour elles – elles sont les ombres de mes silhouettes masculines et je ne les vois apparaître qu'incidemment : Thérèse Bernard, par exemple, qui habite avec son fils, Joseph Bailly, employé de bureau de la classe 1890. Mais de Thérèse, je ne saurai jamais rien sinon que son fils a fait son service militaire : ni sa date de naissance, ni son métier, ni sa taille, ni la couleur de ses yeux, ni son degré d'instruction, ni rien – je saurai juste qu'elle était la mère de son fils, qu'ils ont habité de 1899 à 1909 rue Saint-Maur et qu'elle l'a pleuré, si elle était elle-même toujours vivante, à sa mort en 1910.

Les femmes du 209 sont ces ombres que je croise au détour d'entrefilets dans les journaux : ces ombres dont on divorce comme Flore Hennequin, séparée de Charles Blanck en 1892 ; que l'on aide parfois, comme madame Dondon, veuve d'un conducteur-mécanicien attaché à l'Hôtel de Ville et à qui la Ville de Paris accorde un secours de 200 francs en 1896 ou bien comme mademoiselle Louise Julie Faye qui reçoit, en 1897, une somme de 363 francs car elle a été distinguée par la mairie du Xe arrondissement comme une « ouvrière pauvre, laborieuse et de bonne conduite », ouf… Elle est plumassière : les plumes qu'elle travaille (est-ce chez elle, au 209, ou dans un atelier ?) d'autruche, d'oie, de faisan ou de coq, enjolivent les chapeaux et les robes des femmes qui peuvent se payer de telles ornementations et dont personne n'exige qu'elles soient, elles, *laborieuses et de bonne conduite* pour, simplement, survivre.

Rien sur l'ordinaire, le bruit discret des jours, celui du travail, de la saleté, de la fatigue, de la maladie (tout de même 37 cas de tuberculose entre 1894 et 1917 si l'on en croit le dossier sanitaire de l'immeuble conservé aux Archives de Paris), à moins de le deviner derrière la grandiloquence hyperbolique des faits divers qui travestissent, pour en faire un spectacle, ce que Georges Perec appelait « l'infra-ordinaire, [...] ce qui se passe chaque jour et qui revient chaque jour, le banal, le quotidien, l'évident, le commun [...][2] ».

Où est-elle, leur vie ? Où est leur corps ? Où est leur espace ?

La marche machinale vers son logement que l'on pourrait faire les yeux fermés, à peine distrait parfois par une lumière inhabituelle ou par un filet de soleil qui joue sur une façade, appuyer sur la porte en mobilisant toujours, dans ses mains, dans ses épaules, une force identique, traverser automatiquement la cour sans prêter attention aux bruits de nos pas qui résonnent, le poids du corps, lourd, léger, sur les marches en bois, la clé à la main comme un réflexe, ouvrir la porte, se retrouver chez soi, même si ce chez-soi est une seule et minuscule pièce. La maison non pas comme un lieu parmi d'autres, au milieu de la ville, mais comme une prolongation de son propre corps, parfois abri, parfois si hostile que ses murs décuplent la détresse, la lassitude, l'étouffement. Se lever, traverser la pièce, c'est vite fait, jeter un coup d'œil par la fenêtre, faire tinter une assiette, des couverts, un verre, recompter le peu d'argent, s'allonger, avoir faim, se relever. Entendre le bruit d'autres fenêtres qui claquent, d'autres voix étouffées de l'autre côté de la porte. Pas d'issue. En finir avec les murs, avec le bruit des voisins, avec la vue sur la cour ou sur les toits gris de Paris, avec le monde autour de la maison.

À 17 h 30 hier soir, Madame Marie Coquinot, cantonnière, âgée de 41 ans, demeurant 209 rue Saint-Maur, s'est jetée par la fenêtre de son logement, situé au 3e étage et s'est tuée sur le coup. Les motifs de cet acte de désespoir sont inconnus.

Le Journal, 17 décembre 1911

Un mystérieux suicidé a été retrouvé dans le bois de Chaville. Il n'a pas été encore identifié.

Le Petit Parisien, 28 août 1909

Une jeune femme très élégamment vêtue, les yeux mouillés de larmes se présentait hier après-midi à la gendarmerie de Chaville et faisait la déclaration suivante : « Mon mari qui se nomme Jules Lecaboulet, âgé de 26 ans, m'a quittée subitement, il y a quelques semaines et depuis je le cherche en vain. Dimanche, j'ai lu dans le journal que l'on avait trouvé le cadavre d'un homme dont le signalement correspondait à mon cher Jules… Pourvu que ce ne soit pas lui. » Le brigadier pria alors la jeune femme de vouloir bien l'accompagner jusqu'à la morgue de l'hôpital de Versailles. Lorsque la malheureuse femme se trouva en présence du cadavre, elle s'écria : « Mon mari, mon mari » et tomba évanouie sur le plancher. Elle fut transportée à son domicile, 209 rue Saint-Maur.

Le Journal, 29 août 1909

Les époux Dumont, mariés depuis 6 mois à peine – la jeune femme n'a que dix-neuf ans –, sont atteints de la monomanie du suicide ; la lune de miel s'est passée, pour eux, à chercher les moyens de se donner la mort. Deux fois déjà, ils ont allumé des réchauds de charbon dans leur chambre : la mort n'a pas voulu d'eux. Avant-hier, ils ont recommencé et cette fois il est peu probable qu'ils en réchappent. Dimanche soir, les époux Dumont adressaient à leurs parents une lettre d'adieu dans laquelle ils leur demandaient pardon de la peine qu'ils allaient leur causer, car, disaient-ils, la résolution qu'ils avaient prise d'en finir avec la vie était inébranlable. La jeune femme alla mettre la lettre à la poste et revint trouver son mari dans le logement qu'ils occupaient au troisième étage de la maison, 209 rue Saint-Maur. Ils commencèrent par boucher la cheminée et calfeutrèrent la porte et les fenêtres ; puis ayant allumé un réchaud de charbon au milieu de la chambre, ils s'étendirent sur le lit.

Au bout d'une heure d'attente, le charbon s'était entièrement consumé et l'asphyxie n'était pas venue. Alors les époux Dumont se relevèrent, et le mari adressa de nouveau à ses parents ces quelques mots : « Ne vous dérangez pas, des raisons sont intervenues. Ce qui est différé n'est pas perdu. » Comme Mme Dumont est enceinte de quatre mois, il signa « Vos trois enfants ».

La femme alla porter cette seconde lettre à la poste et, en revenant, elle eut soin de se munir d'un nouveau boisseau de charbon.

Hier, vers dix heures du matin, des locataires de la maison n'ayant pas vu sortir les époux Dumont, et craignant qu'ils n'eussent réussi dans leur projet de se donner la mort, firent ouvrir la porte de leur logement par un serrurier. Les jeunes mariés furent trouvés sur leur lit, respirant encore faiblement. M. Cochery, commissaire de police, les a fait transporter à l'hôpital Saint-Louis. Leur état est désespéré.

L'Indépendant rémois, 4 juin 1890

Que me disent-ils, ces faits divers désormais accessibles en abondance par la grâce d'Internet ? Ne sont-ils pas comme ces « panoramas » du XIXe siècle, un défilé de décors peints entretenant avec ces « paysages » du passé un illusoire sentiment d'immersion et de proximité ?

Pourquoi Jules Lecaboulet s'est-il donné la mort dans le bois de Chaville ? Pourquoi les époux Dumont ont-ils choisi de s'asphyxier ensemble après quelques mois de mariage ? Où Marie Coquinot a-t-elle trouvé la force de détresse pour se jeter par la fenêtre de chez elle ? Que glaner ici ? (Je me souviens, en écrivant ce verbe, que je porte le prénom d'un personnage biblique, Ruth, qui, pour subsister, glanait les épis de blé qu'avaient laissés les moissonneurs derrière eux et je me sens à son image, bien incapable de constituer une meule compacte et cohérente mais glanant, épi par épi, ce qui reste, un nom, un étage, la présence furtive du voisinage qui appelle le serrurier. Est-ce qu'on peut écrire ainsi, en glanant ?)

Quoi de commun entre eux sinon leur présence à des années d'intervalle à la rubrique faits divers et le fait que, de leur inaccessible désespoir étrangement conservé dans ces quelques lignes qui sont chacune comme le préambule d'un épais roman, une seule chose soit certaine : il s'est déployé entre les mêmes quatre murs, le long des mêmes escaliers, alors qu'ils foulaient les mêmes pavés ou poussaient cette même porte cochère qu'avait imaginée l'architecte Charles Dumond. Et je ne peux m'empêcher de penser que tous, Jules Lecaboulet, Marie Coquinot, les époux Dumont dont j'écris les noms sans même savoir à quoi ils ressemblaient ni d'où ils venaient, ont regardé à un moment ou à un autre (et ce regard était-il un appel, une révolte ou une espérance ?) ce carré de ciel impassible qui surplombe la cour.

Tous les soirs de printemps c'est la même chose : quand il rentre chez lui, dans le bâtiment C du fond de cour, il aime se mettre à la fenêtre avec une cigarette et une bière. Cette fenêtre donne sur l'arrière de l'immeuble qui était autrefois le jardin tant aimé de monsieur Agnellet. Il s'assoit dans l'embrasure de la fenêtre, boit quelques gorgées, aspire doucement la fumée. Derrière lui, l'appartement est spacieux, agréablement décoré, un peu grand même depuis que ses filles ont pris leur envol et qu'il y vit seul avec sa femme. La cuisine ouvre sur le salon, un grand tableau aux couleurs apaisantes est accroché sur l'un des murs. Dans une des pièces qui a dû être autrefois une chambre de petite fille, je reconnais le caractère un peu hétéroclite de ces pièces qui n'ont plus vraiment d'objet : dans un coin une machine à coudre, dans l'autre, quelques jouets – ceux des petits-enfants qui viennent régulièrement. Des oursons miniatures affublés de chapeaux et de vêtements débordent d'un panier en osier, un tableau noir avec des mots inscrits à la craie de couleur… L'appartement est composé de plusieurs lots qui ont été réunis au début des années 2000 quand l'immeuble a été revendu à la découpe. Jean-Luc et Concetta, sa femme, ont été parmi les jeunes couples qui ont acheté au 209 à cette époque : ils avaient tous à peu près le même âge, une trentaine d'années, issus plutôt de la classe moyenne parisienne ou provinciale. Ils se sont rencontrés en devenant propriétaires, ont tous fait les travaux de leur appartement au même moment, se sont entraidés, ont fait des fêtes pour célébrer le début des travaux, des fêtes pour célébrer la fin des travaux, des fêtes pour célébrer le premier enfant de la « bande » né au 209.

Il y avait les jumelles dont les appartements se faisaient face dans les anciens ateliers devenus lofts sur la cour ; il y avait aussi les parents du petit Max, du 5e étage droite, bâtiment A, la tante de Max, 5e étage gauche, Grégoire et Lucie du 1er étage bâtiment A… En tout, ils devaient être une trentaine : les nouveaux propriétaires du 209, jeunes, ouverts, entreprenants.

À l'époque, il y avait un arbre dans la cour, les mères s'y installaient les fins d'après-midi de printemps avec leurs enfants pour discuter. Il y a même eu pendant quelques années une statue en pierre sculptée par un ami de l'une des jumelles que les enfants aimaient escalader. Tout ce nouveau petit monde au 209 cohabitait avec l'ancien : celui des locataires, pour la plupart immigrés, nord-africains comme on disait encore, portugais dont certains étaient là depuis les années 1970. Naturellement, pleins de bonne volonté, les nouveaux ont invité les anciens aux fêtes de la cour. Certains sont venus, pas les autres. Une étrange cohabitation s'est mise en place : pas de conflits ouverts mais pas non plus de véritables échanges, comme deux planètes parallèles qui vivraient l'une à côté de l'autre sans pour autant se mélanger.

À l'époque, Jean-Luc a passé trois mois sur le chantier à travailler tous les week-ends pour créer son appartement à partir de quatre lots anciens. « On cassait un peu tout. Il y avait de minuscules réduits qui servaient de cuisine. On faisait sauter les cloisons. On enlevait des couches et des couches de papier peint : c'était très étrange de se retrouver face à toutes ces strates de papiers peints qui avaient dû être posées les unes sur les autres. Une fois, on a fait sauter les parquets, et en dessous j'ai retrouvé des vieux journaux. Certains dataient de la guerre. Je les ai jetés. Ils étaient sérieusement abîmés de toute façon. » Il tire à nouveau sur sa cigarette, regarde le ciel qui a pris, le temps de notre conversation, des teintes bleues presque phosphorescentes.

« Quand j'ai annoncé à mes parents qu'on avait trouvé un appartement au 209 rue Saint-Maur, ils passaient quelques jours en Bretagne avec un couple plus âgé qui avait été très proche de ma grand-mère, la mère de mon père. Et ce couple ne parvenait pas à croire que nous étions arrivés à cette adresse par hasard, ce qui était pourtant le cas. Ils ont alors raconté à mes parents une histoire que toute la famille ignorait, à commencer par mon père. Mon arrière-grand-mère, la grand-mère de mon père donc, était mariée, avait une famille, deux filles. Elle était bonne ou dame de compagnie. Toujours est-il qu'elle est entrée au service d'un homme veuf. C'était un artisan, boucher ou charcutier, il avait une boutique un peu plus bas, vers la rue Marie-et-Louise, derrière l'hôpital Saint-Louis. Il habitait avec sa fille, ici, au 209 rue Saint-Maur, et mon arrière-grand-mère est entrée à son service pour s'occuper de la petite fille. Une liaison s'est nouée entre eux. Et c'est de cette liaison qu'est née ma grand-mère. Elle a été conçue ici, au 209. Mon véritable arrière-grand-père était donc ce charcutier qui habitait ici. On est tous tombés des nues : personne dans la famille ne connaissait cette histoire, le secret avait été bien gardé… et nous avions acheté par hasard un appartement à cette adresse… »

Jean-Luc n'est pas plus ému que ça. Il termine sa cigarette, sa bière et à nouveau son regard se perd vers l'immeuble moderne et le ciel bleuté mais moi, je ne peux m'empêcher de penser non seulement à ce hasard étonnant que d'autres appelleraient providence mais aussi à cette improbable résurrection, malgré les silences, les secrets, les éloignements, de cette histoire d'amour enfouie, ici même, sous les parquets, derrière les murs.

Combien d'histoires d'amour ? Combien de drames ? « Qu'y a-t-il sous votre papier peint ? » demandait Georges Perec dans *L'Infra-ordinaire*. Je gratte.

ENCORE UN DRAME D'AMOUR

Un entrepreneur de maçonnerie, M. Louis Schal, âgé de quarante-cinq ans, habitait depuis plusieurs années rue Saint-Maur, 209, avec sa maîtresse, Céline Alicot, âgée de quarante ans. La bonne intelligence ne régnait pas toujours entre eux. Schal était jaloux et faisait de fréquentes scènes à sa maîtresse.

Avant-hier soir, à la suite d'une de ces scènes, il prit un revolver et fit feu deux fois sur *Céline, qui fut atteinte à l'oreille* et au cou.

Au bruit des détonations des voisins accoururent. Schal, en les voyant, tourna l'arme contre lui-même et se logea une balle dans la bouche.

Les deux blessés ont été transportés à l'hôpital Saint-Louis.

Louis Schal, Céline Alicot, Marie Galivet... Ils sont mes Anna Karénine à moi, les personnages de mon roman intérieur, de mon *Guerre et Paix* du pauvre où viennent aussi figurer, en personnages secondaires, le citoyen Jacquet, trésorier du « Groupe des Nivernais socialistes habitant Paris », Louis Martin, à l'esprit fertile duquel on doit les inventions suivantes : le « tram tennis », un jouet dont je serais bien en mal d'imaginer l'aspect, une brosse mécanique pour cirer les parquets et les chaussures, une scie à découper et un appareil de sûreté applicable aux rasoirs de tous systèmes. Je note également qu'en 1898, le mécanicien Hervet vendait à qui voudrait venir l'acheter au 209 « un bon moteur à Gaz Niel, ¾ cheval et un moteur à air comprimé, force 1 cheval, visible en marche tous les jours ». Quant à l'ouvrier typographe Rabouleau, locataire au 209 également, âgé de 60 ans, il s'est fendu le crâne en glissant dans un escalier de la rue d'Alsace. En 1898 toujours, Jules et Blanche Salichon s'engagent en faveur du capitaine Dreyfus et signent une « protestation contre les poursuites et perquisitions qui frappent le colonel Picquart, héroïque artisan de la révision à l'heure où celle-ci s'accomplit ».

Qu'y a-t-il, mais qu'y a-t-il donc sous votre papier peint ?

Nous sommes, quelques années plus tard, en mai 1906. Monsieur Blot, sous-chef du service de la Sûreté, arrête au 209, dans son appartement de deux pièces pauvrement meublé, le sieur Edmond Lajoux, bras droit de Marc Lapierre, directeur du journal d'extrême droite *La Cocarde*. Marc Lapierre a lui-même été arrêté alors qu'il était en fuite à Londres sous inculpation de faux, usage de faux, extorsion de signature et abus de confiance. *La Cocarde,* autrefois dirigé par Maurice Barrès, revendique haut et fort sa ligne nationaliste et antisémite stigmatisant les turpitudes d'une République enjuivée. Mais la vraie spécialité de Marc Lapierre, c'est le chantage : extorquer de grosses sommes d'argent en menaçant de publier des articles révélant des scandales financiers et sexuels. Ses victimes sont des banquiers, des magistrats, des commerçants, qu'il « tient » grâce aux enquêtes de son efficace auxiliaire, Edmond Lajoux, locataire du 209. Celui-ci fouine, fouille pour fournir à son patron les détails croustillants qu'il pourra monnayer. Or, Edmond Lajoux, arrêté chez lui et immédiatement incarcéré au dépôt, n'est pas un inconnu pour les lecteurs du *Matin*, du *Petit Parisien* qui relatent l'affaire : son nom avait déjà été abondamment cité quelques années plus tôt au moment de l'affaire Dreyfus... Et si Lajoux se retrouve à habiter 209 rue Saint-Maur en 1906, ce n'est qu'au terme d'un exil provoqué par l'Affaire, qui l'avait mené pendant de longues années jusqu'à la lointaine Sao Paulo.

Le récit de ses aventures, Lajoux l'a fait lui-même dans un ouvrage publié en 1905 : *Mes souvenirs d'espionnage*, dont il y a fort à parier qu'il fut écrit précisément au 209 rue Saint-Maur, un an avant son arrestation de 1906, et c'est bien en l'imaginant en train d'écrire devant une fenêtre donnant sur la cour pavée que j'ai lu, dans l'un des sous-sols de la BNF, ce texte aussi embrouillé qu'un roman d'espionnage de John Le Carré.

Edmond Lajoux était membre de la « section de statistique » du 2e Bureau, ce fameux 2e Bureau chargé du contre-espionnage d'où s'initia toute la procédure contre le capitaine Dreyfus. Il travaillait depuis cinq ans comme agent double à Bruxelles pour le compte du 2e Bureau quand, en septembre 1894, le capitaine Henry apporta à son chef, le lieutenant-colonel Sandherr, le fameux bordereau, la lettre prétendument écrite par Dreyfus à von Schwartzkoppen, l'attaché militaire allemand en poste à Paris, qui deviendrait la pièce centrale incriminant à tort le capitaine.

À Bruxelles, Lajoux, l'agent double, était l'homme de confiance d'un certain Richard Cuers, « représentant en Belgique du service secret du grand État-Major de Berlin[3] », véritable maître d'œuvre d'un réseau d'agents au service de l'Allemagne, opérant notamment aux frontières de la France et de la Belgique. Recruté par Cuers, Lajoux rapporte naturellement tous ses faits et gestes au 2e Bureau parisien mais surtout profite de sa position exceptionnelle d'infiltré pour se livrer, comme il l'écrit, à une *véritable chasse à l'homme*, c'est-à-dire démasquer les Français qui travaillent pour l'Allemagne, tout en veillant à ne pas se griller auprès de son « patron », Cuers.

Or il s'avère que Richard Cuers est très mécontent de la façon dont les services allemands le traitent. Lajoux saisit l'occasion et – il faut suivre – alors qu'il est depuis plus de cinq ans l'agent de Cuers, il lui révèle qu'il travaille en fait pour les Français et que ceux-ci aimeraient le recruter.

Tout ce méli-mélo se produit précisément en 1896, un an après que le capitaine Dreyfus, présenté à tort comme l'auteur du bordereau, a été incriminé par Sandherr et son adjoint

Henry, les patrons de Lajoux, puis accusé de haute trahison, dégradé et déporté à l'île du Diable.

Or, après avoir été séduit par l'offre française, voilà que Cuers se ravise. Lajoux le rencontre à Luxembourg pour tenter de le convaincre mais Cuers persiste dans son refus car il a peur d'être démasqué par les Allemands. En effet, explique-t-il à Lajoux, non seulement Dreyfus n'est pas coupable mais un traître continue bel et bien à opérer en France qui pourrait le dénoncer aux services allemands si d'aventure lui, Cuers, acceptait de devenir un agent double ! Cuers ne va pas jusqu'à révéler son nom à Lajoux mais il lui donne une description physique de cet homme qui est, de surcroît, porteur de la Légion d'honneur. Évidemment, nous le savons, cet homme c'est Estherazy, le véritable auteur du bordereau, mais Lajoux, lui, l'ignore encore... Pourtant, il veut vite avertir ses chefs de l'entretien capital qu'il vient d'avoir avec Cuers et revient dare-dare à Paris.

Mais quarante-huit heures après avoir parlé au colonel Henry, il apprend qu'il est mis à la porte du 2e Bureau sans motif. Commencent alors plusieurs mois pendant lesquels Lajoux va essayer de se faire entendre. En 1897, alors qu'il a une nouvelle fois tenté sans succès d'obtenir un entretien auprès du ministre de la Guerre, il est enlevé et interné à Sainte-Anne pendant quelques jours avant d'être embarqué dans un bateau avec sa petite famille, direction le Brésil, Sao Paulo, avec à la clé une petite pension mensuelle qui lui permettra de survivre. Bref, comme le résumera Jean Jaurès, « la vérité est que le service de renseignements a acheté le silence de Lajoux dont le témoignage aurait confirmé la culpabilité d'Esterhazy. Henry, complice d'Esterhazy, a abusé de ses fonctions au service des renseignements, d'abord pour dissimuler le crime d'Esterhazy et pour perdre Dreyfus par un faux témoignage. [...] Il en a profité encore pour écarter un espion gênant qui avait recueilli contre Esterhazy des confidences redoutables[4]. »

Lors du procès de Rennes en 1899, Lajoux est encore au Brésil, d'où il ne reviendra définitivement que l'année suivante. Cette année-là, il est apparemment dans un grand dénuement puisqu'il écrit à Fernand Labori, le légendaire avocat de Dreyfus, pour lui demander un peu d'argent : « J'ai tout perdu pour Dreyfus. J'ose croire que vous ne voudrez pas qu'on m'arrête comme un vagabond. Et mon fils paralysé, que deviendrait-il ? Voulez-vous m'entendre ? »

Je ne sais pas si Labori a répondu à Edmond Lajoux, mais visiblement celui-ci n'a pas tardé à se mettre en cheville avec celui qui pouvait au mieux utiliser ses talents d'espion, Marc Lapierre, le rédacteur de *La Cocarde*. Quant à avoir « tout perdu pour Dreyfus », cela n'est pas contestable même si ses souvenirs publiés, je le rappelle, en 1905, c'est-à-dire à un moment où la culpabilité d'Esterhazy et l'innocence de Dreyfus ne pouvaient plus faire aucun doute, témoignent qu'il ne fut en rien « dreyfusard ». Il y écrit notamment ceci : « Que Dreyfus soit coupable ou non, la chose vaut qu'on la discute ; mais la recherche de la « vérité » exigeait-elle que pour une individualité, on portât le plus épouvantable préjudice à la Patrie elle-même ? » La quête de la « vérité » ne semble en effet pas avoir été un enjeu essentiel pour Lajoux ; quant à sa « défense de la Patrie », on ne peut pas dire qu'elle fut très manifeste dans l'activité de petit escroc qu'il déploya aux côtés de Marc Lapierre. Lors du procès, ce dernier fut condamné à la prison. Le procureur demanda et obtint pour Lajoux l'indulgence des juges. Revint-il au 209 ? Ou poursuivit-il ailleurs sa vie d'aventure ? Je n'en ai aucune idée.

J'ignore aussi ce que sont devenus Jules et Blanche Salichon, habitants de l'immeuble, dont les noms figurent au bas d'une pétition en faveur du colonel Picquart et de la révision, ni s'ils apprirent jamais qu'ils avaient eu comme voisin, dans je ne sais quel escalier du 209, l'un des acteurs secondaires de l'Affaire.

Jules Salichon, né le 31 décembre 1864, était passementier : il fabriquait, entre autres, des galons militaires... Blanche habitait au 211 rue Saint-Maur, dans l'immeuble du batteur d'or Viéville ; Jules, lui, logeait au 209 : ça crée des liens. Ils se sont mariés, en voisins, en 1890. Qu'advint-il des dreyfusards Jules et Blanche ? Ni Jules Salichon ni Edmond Lajoux ne figurent sur la liste électorale de l'immeuble, encore exclusivement masculine, établie en 1913. Ils ont probablement dû quitter le 209 rue Saint-Maur, où sont pourtant demeurés les échos de l'affaire Dreyfus venus se superposer à ceux de la Commune, auxquels s'ajouteront encore, au fil des années, tant d'autres strates minuscules de la « grande » histoire.

Dans ma tête, et c'est encore comme un jeu d'enfant, s'entrechoquent les méandres de toutes ces vies menées simultanément au 209 rue Saint-Maur, Paris, Europe, Monde, Univers.

Mon immeuble comme un monde, mon immeuble comme un oignon. Couche par couche ôtée, je creuse.

11

Eugène Dabit est aujourd'hui un écrivain presque oublié. Tout juste se souvient-on peut-être qu'il est l'auteur d'*Hôtel du Nord* et de la réplique légendairement gouailleuse d'Arletty : « Atmosphère, atmosphère… » Eugène Dabit en connaissait un brin en matière d'atmosphère parisienne : il a décrit celle des faubourgs dans un petit livre où il raconte son enfance quelques années avant la Grande Guerre dans la loge de concierge que tenait sa mère rue de Suez à la Goutte d'Or. Une loge de concierge probablement en tout point semblable à celle qu'ont occupée au 209 Louise Divery, Henri et Lisa Poulain et, à partir de 1935, Yvonne Massacré.

Le petit Eugène tenait son nez collé à la vitre de la loge pour voir passer les locataires :

> Je prenais plaisir à les voir défiler, des hommes en bourgeron comme je les avais rencontrés à la sortie des usines, des charpentiers au large pantalon de velours, des maçons aux vêtements tachés de plâtre, et d'autres : menuisiers, serruriers, cochers, drôlement affublés, rasant les murs, disparaissant vite ; […] des jeunes femmes, vendeuses, couturières, le teint avivé par le maquillage […]. Un bec de gaz sans manchon éclairait le couloir, un bec papillon que les courants d'air battaient et dont la flamme crépitante était d'un rouge crasseux. […]

> Soudain maman criait : « Va dans l'escalier voir si tous les becs sont allumés ! » Je montais les marches deux à deux m'arrêtant à chaque palier pour me pencher sur la rampe et cracher dans le vide, pour renifler des odeurs de cuisine, pour écouter aux portes. J'entendais parler, chantonner, tinter des casseroles. C'était ainsi jusqu'au sixième, tout le monde se mettait à table. Et à 10 heures, quand on aurait éteint le gaz, le silence commencerait. [...] Ce voyage que j'entreprenais enfant, lorsque ma mère me disait de monter l'escalier de notre immeuble, en pensée je le recommence. Tant de logements dont je sais les richesses qui veulent cacher la défaite, les ambitions déçues : des salles à manger où je reconnais les meubles étriqués et le décor des galeries d'ameublement du boulevard Barbès ; et des chambres où il n'y a rien que de pauvres choses usées par des habitudes, tachées par des gestes quotidiens, accablées par la vie. Là, des hommes et des femmes qui se retrouvent avec le soir, les lèvres pâles, le front vide de pensées, les mains lasses, qui mangent sans entrain ; et leur repas fini, lisent un journal. Puis s'endormiront, rouleront dans un fleuve sombre qui après les détours d'un décevant plaisir et du cauchemar, les ramènera vers les bords d'un jour pareil à d'autres jours où leurs efforts aideront à créer un monde plus monstrueux qui les écrasera[1].

Transposé à la rue Saint-Maur, sœur sociologique de la rue de Suez, ce défilé d'hommes et de femmes pourrait se trouver nommé. Passeraient chaque soir, sous la voûte, devant la concierge, le cocher François Benard, le serrurier Louis Audiger, le cuisinier Georges Chatenet, le polisseur Raymond Delahaye, l'ouvrier électricien Dominique Bargioni et sa compagne la fleuriste Blanche Ferrand, le tapissier Justin Ducos, le sellier Victor Druesne, l'employé Hector Didry.

Il y aurait aussi le tenancier du café du 209, l'Aveyronnais Jean-Joseph Amat, qui a succédé depuis 1904 au précédent propriétaire, Auguste Gabriel.

En 1913, le café Amat est le seul avec l'atelier en outillage Fouanant (Nord 41-87) à posséder un numéro de téléphone : Nord 20-47. Jean-Joseph Amat, fils d'Antoine Amat et de Marianne Alazard, un petit blond aux yeux bleus, au nez fort et le visage couvert de taches de rousseur, était autrefois, dans son pays de l'Aveyron, à Prades-d'Aubrac où il était né en 1874, un cultivateur comme son père l'avait été avant lui. Mais son mariage avec Marie Germaine Berthier en 1900, elle-même fille de cultivateur, va lui ouvrir tout un monde. Le frère et l'oncle de la mariée sont en effet, l'un, Firmin Berthier, garçon de café boulevard Henri-IV, l'autre, Paul Berthier, marchand de vin en gros. Leurs signatures à tous, malhabiles, figurent sur l'acte de mariage, alliance amoureuse et économique qui précède la montée à Paris en 1901 puis en 1904, le moment où Jean-Joseph vient grossir les rangs déjà nombreux des Aveyronnais bistrotiers pour reprendre à Auguste Gabriel le café du 209 qu'on appelait, j'imagine, « chez Amat » et dont les toilettes, sommaires naturellement, se trouvaient à gauche dans la cour. J'ai récupéré auprès de collectionneurs une carte postale du café. La photo a été prise quand le bistrot n'appartenait pas encore à Jean-Joseph Amat et je n'ai pas plus d'informations sur les propriétaires précédents, en dehors du fait qu'ils s'appelaient Gabriel. La seule chose que la photo me révèle, et ce n'est pas rien, c'est que visiblement le patron était une patronne, à bien observer cette belle femme aux poings serrés d'un geste très volontaire qui, au milieu du groupe, arbore son grand tablier blanc. Si c'est lui, son mari moustachu qui pose derrière son épaule droite (à gauche sur la photo) apparaît très clairement en retrait. À moins que monsieur Gabriel ne soit l'homme assis tenant un chien sur les genoux. Je trouvais cette photo tellement belle, avec ses inscriptions sur la vitrine, ses consommateurs attablés que j'ai même douté qu'elle puisse être celle du café du 209 mais en regardant un peu plus attentivement, je me suis aperçue que le miroir à gauche de la devanture reflétait la façade de l'école du 200 rue Saint-Maur. Je pouvais sans risque y loger ma mémoire : il s'agissait bien du bistrot Gabriel, puis Amat, puis Maurane. Le bistrot devant lequel, Odette s'en souvenait, chaque été dans les années 1930 était dressée une estrade en bois pour le bal du 14 Juillet et où elle avait appris, des dizaines d'années après que cette photo eut été prise, à danser avec ses sœurs.

Mais, pour l'heure, en 1913, le « monde monstrueux » dont parlait Eugène Dabit s'apprête bel et bien à écraser ce petit peuple d'ouvriers, d'artisans, de vendeuses et de couturières qui venaient peut-être acheter son bois ou boire un petit verre « chez Amat ». À commencer par Amat lui-même.

Il faisait beau, dit-on, le 2 août 1914. Parmi les premiers à franchir la voûte du 209 en uniforme de soldat et à partir pour une guerre dont il est alors difficile d'imaginer qu'elle durera quatre longues années, il y a par exemple le Corrézien de Tarnac, Antoine Coulournat, employé boucher qui est incorporé dès le 4 août dans le 100e régiment d'infanterie. Son compatriote d'Ussel, le typographe François Chassaing, rejoint, lui, le même jour le 146e régiment d'infanterie. Quant au serrurier Louis Audiger, il est affecté au 13e d'artillerie. En septembre, Émile Bertrand, imprimeur âgé de 28 ans, rejoint le 128e d'infanterie. Le bougnat Jean-Joseph Amat ne rejoindra le 123e régiment d'infanterie qu'en octobre 1914. Je ne sais pas s'il mit en devanture de son café l'inscription suivante : « Patron et employés sous les drapeaux. Vive la France », comme le firent alors tant de commerçants. Seul l'employé Hector Didry est pour l'heure épargné : il a été amputé du pouce de la main gauche et est déclaré inapte au combat. Dès 1915 toutefois, il est affecté au service de la Garde des communications.

Parmi les quelque 900 000 hommes mobilisés à Paris, il m'est impossible de recenser de façon exhaustive la totalité des poilus du 209. Impossible aussi de retranscrire ce qu'ont pu voir les yeux gris d'Antoine Coulournat lorsque, à l'été 1916, lors de la bataille de la Somme il fut grièvement blessé à l'épaule droite. Parmi les quelques registres matricules que j'ai pu lire, je ne relève aucun « mort pour la France » mais je sais qu'Antoine Coulournat a perdu ses deux frères au combat. Surtout, il m'est facile de penser que le sort des hommes du 209 rue Saint-Maur n'est pas sensiblement différent de ceux de l'immeuble d'en face, le 212, encore plus grand et plus peuplé avec ses trois cours en enfilade, qui avait déjà fourni un nombre important de combattants à la

Commune et qui gagne au cours de la Grande Guerre son surnom de « Maison des 25 morts » : 85 hommes du 212 furent mobilisés, 25 moururent. Une plaque commémorative fut apposée en 1918 par les locataires de l'immeuble à l'initiative du concierge, monsieur Langlais, lui-même ancien combattant de la guerre de 1870. Elle est, à ma connaissance, la seule de ce genre encore visible à Paris.

Quel aspect fut celui du 209 désormais peuplé de femmes, de vieux et d'enfants pendant ces quatre longues années ? Car l'« arrière » de la rue Saint-Maur ce n'est pas l'« arrière » de la rue Royale et de chez Maxim's décrit par Drieu la Rochelle dans *Gilles*. Il y a le rationnement, le froid, les maladies qui doivent rendre la vie encore plus difficile qu'elle n'était. Il y a la peur aussi, celle de la mort au front du mari, du frère, du fils, de l'amant mais aussi celle des bombardements qui viennent frapper Paris. L'un d'entre eux, parmi les plus violents, eut lieu non loin du 209, le 29 janvier 1916, boulevard de Belleville, provoquant la mort de 26 personnes et en blessant 38 autres, laissant plusieurs immeubles de la rue de Ménilmontant et des environs complètement dévastés. Je suis restée longtemps devant la photo de l'une des maisons touchées par le bombardement, rue du Borrégo dans le XXe arrondissement, car j'y retrouvais les lignes de Czesław Miłosz : les visions d'un Paris en ruines, d'une civilisation aussi friable qu'un mur, qu'une charpente, qu'un toit écroulé et dont il ne reste comme vestiges qu'un fauteuil, quelques matelas et des lambeaux de papier peint.

Paris restait Paris pourtant et je me demande si les soldats en permission se retrouvaient déboussolés dans les rues qui continuaient à grouiller, devant toutes les manifestations d'une vie qui persistait malgré tout, alors que *cette génération qui avait encore pris le tramway à chevaux pour aller à l'école,* comme l'écrit si magnifiquement Walter Benjamin, *se trouvait en plein air, dans un paysage où rien n'était demeuré inchangé sinon les nuages ; et dans le champ d'action de courants mortels et d'explosions délétères, minuscule, le frêle corps humain*[2].

Les frêles corps humains de Jean-Joseph Amat, d'Albert Berton, de François Castanet, de Louis Audiger résistèrent comme ils purent aux assauts des courants mortels mais Charles Cordier, bijoutier outilleur, fut blessé à la jambe gauche et à la tête (région temporale gauche précisément).

Quant à Antoine Coulournat, l'employé boucher, il revint visiblement très sérieusement diminué du front puisque je le retrouve domicilié dès après la guerre, et pour de longues années, à l'hôpital Saint-Louis. Pour la plupart, les hommes du 209 à partir de 1918 sont des hommes qui ont traversé, même en y survivant, ce feu d'apocalypse.

Léon Gardeblé, qui s'est installé au 209 avec sa femme dans l'escalier B à gauche, dès 1916 est de ceux-là. Originaire de Reims, ce typographe de métier s'est marié peu avant le début de la guerre, en février 1914, avec Marie-Augustine Rézette. Il est mobilisé quelques mois plus tard au 161e régiment d'infanterie. Le 5 octobre, il est grièvement blessé à la tête par un tir d'artillerie lourde. Il perd son œil droit, une partie de son visage est sérieusement amochée mais il obtient, c'est heureux, une décoration militaire. Revenu à la vie civile en 1916, il reprend son métier de typographe pour *L'Auvergnat de Paris*, un hebdomadaire dont le lectorat est en grande partie constitué par les bistrotiers, bougnats, restaurateurs originaires d'Auvergne (au sens très large) parmi lesquels doit figurer Jean-Joseph Amat.

Mais le couple Gardeblé bat de l'aile. Visiblement les séquelles physiques qu'il doit faire soigner régulièrement à l'hôpital Saint-Louis ne sont pas les seuls vestiges de la guerre pour Léon. Selon les dires de sa femme, la vie conjugale avec un mutilé de guerre devient vite insupportable : Léon est irritable, colérique et brutal. Aux alentours de 1927 ou 1928, Léon, grand cœur malgré tout, accueille pour quelques semaines dans son appartement au 209 rue Saint-Maur un jeune mécanicien belge afin de le dépanner. Il s'appelle Alfred Platteau.

Alfred est un grand et bel homme... La suite ne se fait pas attendre : Alfred et Marie-Augustine tombent amoureux.

Même après qu'Alfred a trouvé un logement à Vincennes, il retourne souvent au 209 rue Saint-Maur en l'absence de Léon, pour retrouver Marie-Augustine.

Léon, qui n'est pas dupe, reproche à sa femme son inconduite et devient de plus en plus menaçant, à tel point qu'après une énième scène, Marie-Augustine le quitte en janvier 1929 pour aller s'installer avec Alfred. Pendant plusieurs mois, Léon tente de reconquérir sa femme. Marie-Augustine cède et revient en mars au domicile conjugal du 209 mais elle continue à voir son amant.

Dans la matinée du 4 mai 1929, Léon Gardeblé salue sa femme, quitte son appartement pour aller se faire soigner, comme il en a l'habitude, à l'hôpital Saint-Louis. Il a le projet de repasser au 209 avant de rejoindre son patron, Louis Bonnet, le propriétaire de L'Auvergnat de Paris, boulevard Beaumarchais. Mais en remontant chez lui après les soins, il trouve l'appartement vide... Il se saisit alors d'un revolver et se précipite à Vincennes où Alfred Platteau vit au 4e étage du 11 rue Villebois-Mareuil. Il ouvre la porte brusquement, le teint pâle, les traits défaits : Alfred est en train de déjeuner tranquillement avec Marie-Augustine. Léon Gardeblé s'écrie : « Elle dure donc encore cette histoire-là ? » Il intime à Marie-Augustine l'ordre de le suivre. Elle refuse.

Platteau n'a que le temps de se lever, de lui dire : « Allons, mon vieux ! »

Gardeblé tire.

Platteau s'effondre.

Gardeblé tourne les talons et s'enfuit. Passé le choc, Marie-Augustine descend l'escalier éplorée et dit en sanglotant à la concierge que son mari vient de « faire un grand malheur ». La police est prévenue. Entre-temps, Gardeblé s'est rendu boulevard Beaumarchais auprès de son patron, Louis Bonnet, auquel il avoue immédiatement son crime avant de se constituer prisonnier au commissariat de police de l'Arsenal.

> Le commissaire de police de Vincennes partit en automobile, conduisant monsieur Gardeblé à son domicile, où il procéda à certaines vérifications, puis le ramena au commissariat de Vincennes. Là, le meurtrier, mis en présence de sa femme, l'embrassa avec force bien qu'elle tentât de le repousser.
> « Qu'as-tu fait ?
> – Je ne m'en suis pas rendu compte.
> – Tu sais que tu l'as tué ? »
> Interrogé, monsieur Gardeblé déclara qu'il avait agi dans un état d'excitation voisin de la folie.
> « Je sortais de l'hôpital affaibli, souffrant. Plus je marchais vers le but, plus je m'exaspérais. Maintenant je comprends ce que j'ai fait et je le regrette.[3] »

Léon Gardeblé est immédiatement incarcéré au dépôt.

Même dans *Le Journal*, la gueule cassée de Léon Gardeblé est irreprésentable, irregardable, sa tête est recouverte d'un chapeau. Mais cet invisible Léon Gardeblé, voilà qu'il suffit d'ouvrir un dossier rouge retrouvé aux Archives de la préfecture de police pour le voir, au fil des dépositions, des reconstitutions et de l'enquête qui suit immédiatement le meurtre, se matérialiser.

Selon l'un des policiers en charge de l'affaire, Gardeblé est un « homme petit et maigre, d'aspect maladif et de physionomie timide. Il a l'œil droit énucléé et recouvert d'un verre fumé ». Lors de son interrogatoire il affirme : « J'ai quinze ans de mariage, je n'ai pas d'enfants et j'estime avoir toujours été un bon mari à l'égard de ma femme. Je l'aime et je ne l'ai jamais trompée. Je connaissais parfaitement sa liaison avec

Platteau. Rien ne le justifiait à mes yeux. Platteau est un individu violent et méchant. »

Au bas de l'interrogatoire il a apposé sa signature en lettres rondes.

Le meurtre a eu lieu à l'heure du déjeuner et je trouve dans le dossier des précisions concernant la scène du crime : « Au premier plan sur le plancher, dans une mare de sang, gît le cadavre d'un homme bien constitué, paraissant âgé d'une quarantaine d'années. C'est celui du locataire, monsieur Alfred Platteau. Il est chaud, la mort vient de faire son œuvre. Il est vêtu d'intérieur, pantalon noir à rayures blanches : chemise bleue, gilet de flanelle, chaussettes noires et pantoufles. Pas de trace de lutte. Le lit est fait, l'armoire à glace est rangée. Sur la table sont disposés deux litres de vin, dont un vide, une casserole d'eau et une salière. La toile de cette table est tachée de sang. Sur le réchaud à gaz : un plat d'endives non entamé. »

Qu'Alfred Platteau, avant de mourir, n'ait même pas pu manger ses endives, cela me laisse toute rêveuse. Je poursuis ma lecture.

Naturellement, la femme de Léon, Marie, est, elle aussi, interrogée : « J'ai connu mon ami Platteau il y a environ deux ans. Nous étions voisins. Je n'ai jamais été heureuse avec mon mari. Je ne l'aimais pas. Non pas qu'il fût buveur mais c'est un homme personnel qui ne s'intéressait qu'à l'argent. Bref, je suis devenue la maîtresse de M. Platteau il y a environ deux ans. Celui-ci a toujours été très affectueux à mon égard. À la suite d'une dispute, comme mon mari m'avait frappée, j'ai abandonné le domicile conjugal 209 rue Saint-Maur, le 16 janvier dernier pour aller habiter avec Platteau à Vincennes. [...] Mon mari m'a écrit plusieurs lettres pour me supplier de revenir. J'ai brûlé les lettres. Mais j'ai cédé il y a environ deux mois, je suis revenue rue Saint-Maur. Comme j'aimais toujours (et comme j'aime) Platteau, j'allais le voir deux, trois fois par semaine. [...] Aujourd'hui, je suis arrivée à Vincennes à midi et demi. Platteau m'attendait en tenue d'intérieur. On venait de se mettre à table quand on a frappé à la porte. Mon mari est apparu, il est entré dans la pièce. Il était pâle mais calme :

"Que fais-tu là ? m'a-t-il dit.

– Je viens déjeuner avec Alfred, ai-je répondu posément.

– Tu vas revenir, a-t-il repris.

– Non."

Puis mon mari s'est adressé à Platteau assis sur sa chaise et lui a dit : "C'est donc pas encore fini..." Platteau a répondu sans se lever : "Enfin, mon vieux." Il n'a pas pu achever. Mon mari a tiré un revolver de je ne sais où et à bout portant a tiré deux fois sur Alfred qui s'est effondré. C'est un revolver de l'armée, des tranchées. »

« Immédiatement, poursuit le policier, nous nous sommes rendus au 209 rue Saint-Maur pour perquisition. Les époux Gardeblé y occupent, pour un loyer de 800 francs par an, dans un vaste immeuble à usage d'habitation, un modeste logement composé de deux pièces et une cuisine, au 5e étage, porte n° 7. Nous y pénétrons, le logement est rangé, propre et en ordre. À droite en entrant est la cuisine puis la salle à manger et enfin la chambre. Le mari est typographe au journal *L'Auvergnat de Paris* aux appointements de 500 francs. C'est un travailleur, un homme sobre sur le compte de qui M. Bonnet, le directeur du journal, fait un éloge chaleureux. C'est un grand blessé de guerre, médaillé militaire.

« Nous avons entendu sur place la voisine de l'étage inférieur, Mme Chauvin, 38 ans, sans profession, amie des époux Gardeblé, qui nous a donné une opinion sur cette affaire : "Je connais les époux Gardeblé et je suis assez renseignée sur leur intimité. Je connaissais la liaison de Mme Gardeblé avec Platteau. Gardeblé n'est pas un méchant homme mais sa blessure, aussi la connaissance qu'il avait de son infortune le rendaient parfois nerveux. Je n'ai entendu chez eux qu'une seule dispute à la suite de laquelle Mme Gardeblé a quitté le domicile conjugal. Je connaissais aussi le mort car il venait à la maison en l'absence du mari. C'était un homme charpenté qui était violent. Il devait être neurasthénique : parfois il était très gentil, d'autres fois, il paraissait exalté. Hier matin, il est venu rue Saint-Maur. Il y est resté une partie de la matinée. Il a dû se disputer avec son amie qui le craignait.

« Ce matin, vers 8 heures, je suis montée au logement des Gardeblé. Tous deux étaient là, ils paraissaient normaux. Gardeblé est parti à l'hôpital. J'ai quitté sa femme peu après. Je ne l'ai pas revue. Vers midi j'ai entendu M. Gardeblé rentrer chez lui. Il n'a pas trouvé sa femme puisqu'il est descendu aussitôt chez moi. Il m'a dit : "Va ! Rien n'est cuit, je sais où elle est." Je n'ai rien dit. Il est parti contrarié. Je ne prévoyais pas ce drame car il n'est jamais armé d'habitude. Puis vers 13 h 35 on m'a appelée au téléphone et on m'a appris le meurtre." »

Rien n'est cuit, aurait dit Léon : faut-il l'entendre comme je l'ai moi-même compris un brin vulgairement comme « les carottes ne sont pas cuites... rien n'est encore fini » ou bien, plus littéralement, comme me l'a fait remarquer mon amie Judith à l'œil aiguisé, qu'il s'agissait du repas que Marie-Augustine n'aurait pas préparé (en contraste du plat d'endives non entamé retrouvé dans la garçonnière de Platteau), signe non équivoque d'une rupture du pacte conjugal ? Le déjeuner n'était pas cuit donc tout était fini : ce constat aurait précipité le geste meurtrier de Gardeblé...

Les dépositions se poursuivent par celle de la concierge, madame Louis Didry, 49 ans : « M. Gardeblé et sa femme sont locataires de l'immeuble depuis avril 1916. M Gardeblé n'a jamais fait l'objet dans l'immeuble de la moindre remarque, notamment aux points de vue de la conduite et de la moralité. Il adorait sa femme qui l'avait quitté en janvier dernier pour aller vivre avec M. Platteau. Il me disait qu'il lui pardonnait et ne pourrait vivre sans elle. Je ne l'ai jamais entendu dire qu'il se livrerait à un acte de violence contre M. Platteau. Ce dernier venait plusieurs fois par semaine voir Mme Gardeblé et je l'ai aperçu encore la veille du jour du meurtre : ces visites étaient faites pendant l'absence de M. Gardeblé. Je considère M. Gardeblé comme un homme doux, sobre et travailleur. Je n'aurais jamais pensé qu'il pût commettre un acte semblable. »

Le voici, cet homme « doux, sobre et travailleur », lors du procès qui eut lieu quelques mois plus tard en janvier 1930 devant les assises de la Seine. Un croquis d'audience montre que l'ambiance a changé et qu'il ne sera plus question de l'inquiétant meurtrier portant chapeau au visage invisible. Arborant sa croix de guerre et sa médaille militaire, l'œil droit recouvert d'un bandeau, l'autre œil, clair et bleu jetant, selon le journaliste du *Petit Parisien*, des éclairs « tantôt de colère, tantôt de désespoir », Gardeblé nie la préméditation et tente d'expliquer son geste fatal : « Monsieur le président, il faut tout savoir, tout comprendre. Je suis sorti de l'hôpital vers 1 heure, et j'allais, encore tout endolori comme un homme ivre. On venait, une fois de plus, de soigner mon œil pourtant perdu. J'étais démoralisé, accablé. Je rentre chez moi mais ma femme n'y était pas. Eh bien je n'ai pas hésité. J'ai deviné tout de suite qu'elle était retournée chez Platteau. J'ai pris un taxi et je suis parti pour Vincennes. Mais je ne voulais pas le tuer. Je jure que je ne le voulais pas[4]. »

Le témoignage d'un médecin vient encore compléter ce portrait auprès du jury populaire : « Il s'agit d'un garçon affectueux, émotif au suprême degré et chargé d'une lourde hérédité psychopathique. » Quant à l'unique autre témoin du meurtre, Marie-Augustine, la pécheresse détournée du droit chemin conjugal, elle a visiblement fait amende honorable puisqu'elle affirme à voix basse : « J'étais sous la domination totale de Platteau. C'est lui qui m'a détournée de mon devoir. »

Le journaliste, quant à lui, décrit Gardeblé, « son œil perdu dissimulé derrière un bandeau, toute la partie droite de son visage ravagée par une balle qui l'a transformé en grand mutilé de guerre, en "gueule cassée". [...] Les souffrances morales et physiques qu'il a endurées, son infortune conjugale, sa nervosité l'ont transformé en criminel et l'ont conduit dans ce box des accusés ». L'avocat, maître Jandron, réclame l'acquittement et le procureur, dans un bref réquisitoire, ne s'acharne pas sur le meurtrier qui apparaît avant tout comme une double victime de la violence guerrière et de l'adultère. Sans surprise, Léon Gardeblé, le malheureux gueule cassée est acquitté et immédiatement rendu à la liberté.

Il repart s'installer au 209 rue Saint-Maur avec son épouse repentie. Escalier B, 5e étage.

À coup sûr, il reprend alors son métier de typographe. Renoue-t-il également avec son activité militante et syndicale ? Car Léon Gardeblé appartenait au Syndicat des typos et linos unitaire lié au parti communiste. Il en avait même été l'un des représentants élus dans les années 1920. Il est probable que parmi les militants, un crime passionnel ait un peu fait mauvais genre, mais je retrouve son nom au bas de quelques pétitions et souscriptions publiées dans *Ce soir*, un journal d'obédience communiste créé et dirigé par les compagnons de route Louis Aragon et Jean-Richard Bloch à partir de 1937.

Notre gueule cassée est-il membre du premier rayon de la région parisienne du parti communiste qui rassemble des sections du parti du nord parisien ? Y aurait-il milité au coude à coude avec d'autres habitants du 209 à propos desquels j'ai retrouvé quelques dossiers dans les archives de la préfecture de police ?

Léon Gardeblé fréquentait-il par exemple Robert Sec, convoyeur pour la Société générale et qui logeait au premier étage du même escalier B dont il est dit dans un rapport de 1930 qu'il est un militant très actif du premier rayon du parti communiste et qu'il a été arrêté le 1er mai, probablement lors d'une manifestation, rue du Faubourg-du-Temple alors qu'il était « en état d'ivresse et refusait de circuler » ? Conduit au commissariat de police du quartier de la Folie-Méricourt, Sec a été envoyé au dépôt « sous l'inculpation d'outrages et rébellion » et condamné à un mois de prison avec sursis et 16 francs d'amende.

Gardeblé connaissait-il Jules et Nelly Jallet de l'escalier C, fond de cour, respectivement chauffeur de voiture industrielle et couturière ? Tous deux sont des militants actifs, en particulier Nelly qui, souligne le rapport établi en 1932, « s'est particulièrement fait remarquer lors de la campagne électorale pendant laquelle elle se chargeait de la distribution de tracts et de brochures dans les réunions communistes ». En ce qui concerne son mari, Jules, le rapport est encore plus précis… « Individu grossier et sans scrupules, il étale à toute occasion sa haine pour le régime et aurait même déclaré en apprenant l'assassinat du Président Doumer que cela faisait "une vache de moins". » Cette précision ressemble tout à fait à un détail rapporté lors d'une enquête de voisinage par une concierge, par exemple, en l'occurrence à cette époque le couple Henri et Lisa Poulain, ou tout simplement par un voisin.

Que savait-on, que disait-on entre voisins, des engagements politiques des uns et des autres, des amours légitimes ou non ? Comment les rumeurs circulaient-elles d'un escalier à l'autre ? Quand Léon Gardeblé est revenu dans l'immeuble avec sa femme, après son procès pour meurtre, sa réputation l'avait-elle précédé ? Chuchotait-on à son passage dans les couloirs de l'escalier B ? Ses voisins des années 1930, les Ossmann, les Blumenthal, ont-ils jamais appris que l'homme au bandeau avait commis un crime passionnel ? Seul Charles Zelwer, que j'appelle pour lui en parler, me dit que ce nom de Gardeblé lui évoque quelque chose mais qu'il l'associe au militantisme communiste. Il tombe des nues quand je lui parle du meurtre. Pour lui, Gardeblé c'est une silhouette floue (il n'évoque même pas sa « gueule cassée ») qui vendait, comme il le faisait lui-même, *L'Huma* au coin de la rue Jacques-Louvel-Tessier dans les années 1950-1960.

En imaginant ce couple, je ne peux pas ne pas penser à Marie-Augustine qui s'est remise en ménage avec son mari après le meurtre. A-t-elle jamais oublié qu'il avait tué son amant ? Expiait-elle de cette façon sa culpabilité de femme adultère exposée aux yeux de tous ?

Car cela, tout l'immeuble le savait, y compris la concierge qui avait été interrogée lors du procès et dont le témoignage avait suscité l'amusement du journaliste de *Paris Soir* :

> On a fait aux concierges une légende d'indiscrétion. Ce n'est pas vrai et cette calomnie vient d'être réduite à néant au grand jour de la cour d'assises, comme on dit. La concierge de Léon Gardeblé, le mutilé meurtrier, venait de déposer à la barre.
> « Saviez-vous, interroge le président, que Mme Gardeblé trompait son mari ? »
> Le témoin, pinçant les lèvres, hoche la tête.

« Répondez, madame.

– Je ne sais pas si… »

Alors le président, souriant :

« Vous pouvez répondre, madame, il n'y a pas de secret professionnel pour les concierges.

– Oui, mais la conscience professionnelle ! »

La « conscience professionnelle » des concierges, est-ce de voir et de dire ? De savoir et de se taire ?

12

Les concierges : pièce essentielle du dispositif. Les concierges qui voient tout, savent tout, contrôlent les entrées, les sorties, les concierges qui, comme au 209, récoltent les loyers chaque trimestre, distribuent le courrier, les concierges qui signalent si un appartement est vide, à louer, bref les concierges souvent redoutées dont la loge est comme la tour de contrôle d'un immeuble.

Yvonne Massacré fut concierge du 209 entre 1935 et 1944. Tous ceux que j'ai pu rencontrer jusqu'à présent m'ont parlé d'elle. « Une forte femme », « Elle nous interdisait de jouer dans la cour », « C'est elle qui menait la baraque du 209 », « Nous étions huit au-dessus de sa tête mais elle n'a jamais eu à se plaindre de nous », « Elle faisait peur »… Certains ne se souvenaient plus de son nom mais se souvenaient de sa silhouette massive sous la voûte, dans la cour. Pourtant, un patronyme pareil, qui sonne comme une malédiction, ça s'oublie difficilement…

Yvonne Massacré.

Odette m'avait dit : « Je crois qu'elle est morte à la fin de la guerre. » Charles m'avait dit : « Quand nous sommes revenus au 209 après la libération de Paris, elle n'était plus là mais les quelques meubles que mes parents lui avaient confiés étaient dans sa loge. Elle les avait conservés pour eux. » Odette m'avait aussi dit : « Sa fille était institutrice, elle habitait dans l'escalier A au-dessus de chez nous. » Sur le recensement, j'ai retrouvé la fille de madame Massacré. Elle s'appelait Deschamps, elle était institutrice à Drancy… Elle avait elle-même une fille. En remontant la piste par les actes de naissance et de décès, je suis finalement tombée sur un nom et un numéro de téléphone : Marie-Thérèse, la petite-fille de madame Massacré.

Au téléphone, elle répond et, comme toujours, l'adresse joue comme un mot de passe, elle est à peine surprise. « Ah oui ! Le 209 on y habitait avec mes parents et ma mémé, c'était la gardienne. Elle est morte le jour du Débarquement, un transport au cerveau. Moi j'y suis restée jusqu'à mon mariage en 1951. » Elle a un accent parigot en diable et je souris un peu quand je l'entends, vieille dame de presque 86 ans d'après les papiers que j'ai pu consulter, appeler sa grand-mère « mémé ». Je ne suis pas au bout de mes surprises quand j'arrive quelques jours plus tard devant cette maison qui ressemble à une grande chaumière située dans les Yvelines, au creux d'un majestueux méandre de la Seine. L'intérieur est… chargé : vitraux d'église en lieu et place des fenêtres, poutres en bois, immense cheminée « campagnarde » sur laquelle sont disposés des bibelots hétéroclites, chinés au cours de multiples voyages exotiques, un lutrin en bois, un très grand crucifix sur lequel repose le corps d'un Christ en ivoire, des poupées, des peintures, un vase gigantesque rempli d'un non moins impressionnant bouquet de fleurs séchées, jaunes, bleues, orange, assorties au motif de la blouse que porte Marie-Thérèse, alias Miquette.

Il y a tant à voir dans cette drôle de maison que je tarde à la suivre dans la cuisine où elle veut tout de suite m'entraîner : elle tire une toile cirée, dessous il y a une table en bois. « Là, voilà, cette table était chez nous rue Saint-Maur. C'est mon père qui l'avait faite : il était ébéniste. J'ai d'autres meubles de la rue Saint-Maur et même de la loge de ma grand-mère mais ils sont dans notre maison en Charente. J'ai gardé beaucoup de choses. »

Dans le salon, Miquette a disposé plusieurs boîtes de photos qu'elle me montre à toute vitesse en les commentant avec un débit de mitraillette : « Mémé était boulangère avec pépé en Charente et puis quand maman a été nommée institutrice à Paris, à l'école primaire du 22 rue Saint-Maur, mémé a quitté la boulangerie pour la suivre, pépé aussi ! Elle a pris ce travail : gérante de l'immeuble du 209. Elle habitait dans la loge, nous au troisième étage gauche, escalier A. » Elle sort de ses boîtes des portraits colorisés d'Yvonne Massacré. Sur le premier, elle a peut-être 30 ans, ce doit être vers 1914, elle porte une robe grise dont le col, orné par une broche, lui remonte le long du cou, ses cheveux sont ramenés en un chignon bouffant à la mode de ce temps-là, elle a un visage plutôt agréable et un regard noir, perçant. Sur l'autre, qui correspond probablement au temps du 209, ses traits et son corps ont épaissi, son regard est toujours aussi noir, des fils blancs strient sa chevelure, elle a, comme on dirait, un air « pas commode ». Puis les photos s'enchaînent : un mariage devant la boulangerie Massacré en Charente, la petite Miquette, très élégante, à côté de sa mère, etc. Tant et tant de photographies dont l'abondance contraste avec les rares reliques conservées par Albert et Odette.

« Tout le monde me connaissait dans l'immeuble, j'étais Miquette, la petite-fille de la concierge ! Je voyais beaucoup de monde. Dans notre escalier, il y avait Blanche Frantz, la couturière, elle me sortait... Elle m'emmenait au restaurant l'Escargot, avenue Parmentier. On allait aussi au cinéma, rue du Faubourg-du-Temple, voir Shirley Temple. Je n'étais pas farouche, j'étais blonde, j'étais mignonne et puis ça faisait comme une grande famille… Il y avait aussi madame Hervieux, celle qui faisait les chapeaux de maman. Les Pelleti, des Italiens, au 4e. Et madame Blanc ! Cécile ! Elle était matelassière, elle faisait les matelas dans la cour : elle mettait le cadre, tendait la toile, cardait la laine… »

Miquette évoque encore le petit cordonnier dans la cour, le café-bougnat Maurane dont Odette m'avait déjà parlé et dont le téléphone était l'un des seuls de l'immeuble : « Après la guerre, quand j'étais jeune fille déjà, ils m'appelaient : "Miquette, téléphone !" et je descendais les escaliers quatre à quatre pour aller répondre. »

Comme je lui ai parlé de la guerre au téléphone, elle a inscrit sur un petit papier à part les noms des locataires juifs dont elle se souvenait. « Les Knoplock, c'était nos voisins au 3e étage. Le père était tailleur, il y avait deux fils, je ne me souviens plus de leurs noms. » Je les lui donne, Henri et Jojo – Jojo était un copain d'Odette. Elle se souvient vaguement que les parents ont été déportés en 1942 : « Je sais que j'ai revu l'aîné après la guerre mais le petit non, je croyais qu'il avait été pris lui aussi. » Les Knoplock avaient deux pièces qui n'étaient pas contiguës mais l'une en face de l'autre. Une pièce pour vivre jouxtait l'appartement de Miquette. L'autre pièce, de l'autre côté du couloir, était l'atelier de couture du père, juste à côté de chez les Gerveaux. Je m'en rends compte quand Miquette dessine pour moi – et elle est une excellente dessinatrice – le plan des appartements. Elle commente en dessinant : « La pièce des Knoplock, après la guerre, le fils aîné est parti habiter ailleurs et il nous l'a cédée, ce qui fait qu'on a pu agrandir notre appartement et y loger le grand-père, le mari de mémé. »

Je lui demande ce qui s'est passé avec l'atelier une fois que les parents Knoplock ont été déportés. « L'atelier était à côté de chez les Gerveaux. Je crois qu'ils ont pris la pièce. » Je répète : « Ils l'ont prise ? » Elle répond en s'embrouillant un peu, hésitante, puis confirme : « Oui, c'est bien ça (elle dessine la porte, la pièce), ils l'ont prise. Knoplock n'était plus là. »

À aucun moment je n'oublie que Miquette est née en 1929. Elle avait, quoi ? 16 ans en 1945 ? Je me demande ce dont, moi, je me souviens de mes années entre 10 et 16 ans. Avec quelle précision ? Si quelqu'un venait m'interroger sur mon immeuble, mes voisins d'alors, qu'aurais-je à dire ? En toute franchise, pas grand-chose. J'ai grandi en temps de paix, à la fin des années 1970, dans un immeuble qui n'est d'ailleurs pas sans ressembler au 209 avec sa grande cour et ses quatre escaliers. Je ne me souviens de rien de tangible qui soit relatif à l'immeuble, à la concierge, à mes voisins (évidemment il y a des lumières, des odeurs, des sons – le liquide amniotique de mon espace en quelque sorte –, il y a quelques noms mais c'est bien peu et surtout bien peu de chose par rapport à l'essentiel : par exemple cette sensation de joie qui m'envahissait et dont je peux encore aujourd'hui convoquer l'intensité, quand ma mère ouvrait la porte de la maison en revenant du travail ou quand j'écoutais, tous les midis, le même jeu radiophonique avec mon père avant de retourner à l'école).

Ma mémoire aurait-elle été plus précise si nous avions été en guerre ? Si des voisins avaient disparu progressivement ? Si d'autres voisins avaient agrandi leur appartement en occupant les espaces laissés libres par ces disparitions ? Je pose ces questions sans arrière-pensée et, franchement, je n'en sais rien. Mais je suis frappée tout de même par la relation qu'en fait Miquette des décennies plus tard et j'y pressens un mélange authentique d'oubli naturel, quasi physiologique, de gêne et de déni. Après tout, peut-être les Gerveaux n'ont-ils occupé la pièce-atelier des Knoplock qu'après la guerre, et même s'ils l'ont occupée pendant la guerre, juste après leur arrestation, eh bien, après tout, la pièce était libre, les Knoplock n'étaient pas propriétaires, juste des locataires comme tous dans l'immeuble… Cela dit je sursaute un peu quand j'entends ce « Ils l'ont prise » car je suis glacée par la violence de ce processus qui matérialise le bon vieux proverbe : « La nature a horreur du vide. » C'est ainsi que les choses se passent : des voisins disparaissent, arrêtés, leur pièce est occupée. Faut-il ou non briser des scellés ? Leurs affaires personnelles y étaient-elles encore ? Qu'en faire, alors ? C'est cette succession d'actes concrets qui peut se dissimuler derrière le « Ils l'ont prise »…

Je ne sais pas encore grand-chose des conditions de l'arrestation des parents Knoplock sinon qu'ils ont été pris à leur domicile quelques mois après la rafle du Vél'd'Hiv, le 27 novembre 1942, par la police allemande. Alexandre Doulut a exhumé leur nom dans le registre du dépôt de police de Paris où ils ont été amenés le soir même de leur arrestation à 19 h 30 exactement. Ils en sont repartis dans la nuit, à 1 h 30 du matin, pour Drancy. Ils ont été déportés quelques semaines plus tard, par le convoi n° 46 du 9 février 1943 pour Auschwitz. Je sais aussi que le père, Shmuel, avait 5 000 francs (une somme pas négligeable) en arrivant à Drancy. Il a dû laisser cet argent en dépôt contre le reçu n° 4 835. Ce dépôt a été remboursé quelques jours plus tard, le 19 décembre, par envoi de mandat (à ses fils ?). Quant à Liba, la mère, elle avait 100 francs sur elle le 9 février 1943, jour de sa déportation. Cette somme lui a été saisie juste avant le départ de son convoi : cette information est méticuleusement notée et certifiée par le caissier du camp de Drancy.

Je me dis que si on arrêtait mes voisins mitoyens en fin de journée, je m'en souviendrais peut-être. Surtout si les deux enfants (français, eux) sont restés au 209 – Henri avait 17 ans, Jean – ou Jojo – 11 ans. Deux enfants dont les parents viennent d'être arrêtés, ça se remarque ou pas ?

Impossible d'interroger Henri ou Jean : Jean est mort très jeune, en 1951, et Henri, l'aîné, il y a quelques années. Il avait ouvert un magasin de tailleur infiniment plus chic que la pièce-atelier de son père, dans le quartier de l'Opéra. Miquette s'en souvient, elle est tombée sur lui, il y a peut-être vingt ans ou trente ans de cela. Ils avaient discuté un peu, échangé quelques souvenirs et voilà.

Y aurait-il d'autres enfants de son âge dont elle se souvienne ? Elle a noté deux prénoms sur sa petite liste : Marguerite et Simone. Elle ne se souvient plus de leur nom de famille.

Marguerite Baum ? Simone Buraczyk ?

« C'est ça ! Exactement. Baum ! Buraczyk ! Je ne me serais jamais souvenue des noms de famille. Comment aurais-je pu, tant d'années après ? »

Elle saisit son crayon, dessine la cour, marque une croix devant ce qui représente le côté droit, juste devant la porte de l'escalier D, là où habitaient Simone et Marguerite, la sœur d'Albert. « Ici, c'est ici qu'on jouait ! À la marelle, à la corde. On apprenait les claquettes aussi. » Elle mime les mouvements des pieds sous la table, elle rit. « Simone, Marguerite… » Un silence. « Marguerite, elle ne m'est jamais sortie de la tête. Quand je pensais à la rue Saint-Maur, c'est Marguerite que je voyais. » C'est à mon tour de lui tendre deux photos : sur la première, Marguerite pose, âgée peut-être de 4 ans avec son frère Albert et son cousin Bernard Goura. Elle a un regard mélancolique et de longues anglaises. Elle est plus jeune que quand elle jouait à la marelle avec Miquette mais je n'ai pas tant de photos que ça…

« Oui, c'est elle, je la reconnais. Une petite bouille ronde. Son cousin c'était Goura ? Oui, je me souviens de ce nom. »

Je lui donne la deuxième, une photocopie de la photographie qu'Albert a arrachée aux cartes de la préfecture à son retour de déportation. Celle où Marguerite, âgée peut-être de 13 ans, les cheveux au carré, a le même regard intense et mélancolique. Elle a dû être prise en 1941 ou 1942.

Miquette l'examine : « Ah ! je ne l'ai pas vue comme ça, moi. On était plus petites quand on jouait dans la cour. Alors elle a survécu ?

– Non, ça c'est une des dernières photos prises avant qu'elle soit déportée, elle devait avoir 12-13 ans.

– On ne jouait plus dans la cour alors. Moi j'étais déjà partie au lycée et c'était une autre vie. On a dû se perdre de vue. Mais ils sont revenus habiter rue Saint-Maur ?

– Après la guerre ?

– Oui.

– Mais elle est morte pendant la guerre !

– Ah ! bien c'est pour ça, je n'ai pas pu les revoir.

– Elle a été arrêtée en juillet 1942. Vous aviez toutes les deux 12-13 ans.

– Ah oui, c'est ça. C'était les vacances en juillet, moi j'allais toujours en Charente pour l'été et puis j'étais déjà au lycée, à Sophie-Germain, je ne faisais plus de claquettes dans la cour. Je n'étais pas là au moment de sa… Je ne sais pas… »

La conversation se poursuit mais je suis troublée par la force du déni même si j'en comprends les mécanismes : l'oubli, légitime après tant d'années, des détails du temps de l'enfance et de l'adolescence ; le fait que la disparition de deux anciennes petites camarades de jeux se soit déroulée à la périphérie de la vie quotidienne de Miquette, à la périphérie du flux puissant des jours... Pourtant, je lis aussi dans ce déni la manifestation d'une forme de culpabilité : comment dans cet immeuble dont Miquette me disait qu'il était une « grande famille » l'arrestation, la disparition de gamines avec lesquelles on a joué à la marelle, avec lesquelles on s'est pris pour Fred Astaire et Ginger Rogers, peuvent-elles passer presque inaperçues, précisément comme un événement périphérique ? Peut-être parce qu'à un moment, tout en les déplorant, on s'est fait à l'idée que ces arrestations, ces disparitions, pour malheureuses et tragiques qu'elles soient, appartiennent malgré tout au cours normal des jours. On « s'y est fait », en somme. Et je me garderais bien de prendre un ton de procureur général qui distribuerait les certificats de bonne et mauvaise conduite du haut de son promontoire d'années car, moi aussi (pour peu que je n'aie pas été une proscrite), je me demande si je ne m'y serais pas « faite ».

Mais c'est cette culpabilité, même inconsciente, du « s'y être fait » que j'affronte avec Miquette. C'est pour cela, je crois, qu'elle ne cesse de dire qu'elle était une petite fille, que c'était il y a longtemps et qu'il faut que je lui répète à plusieurs reprises jusqu'à hausser un peu le ton que non, Marguerite Baum et Simone Buraczyk ne sont pas revenues au 209 rue Saint-Maur après la guerre, car elles ont été arrêtées dans cette même cour où elles dansaient les claquettes et conduites à la mort.

Il se passe alors quelque chose de très beau, comme une tentative de réparation. Miquette se met à farfouiller dans son tas de photos et tout à coup se saisit d'une photo en noir et blanc, une photo de classe. « Là, c'était à l'école primaire, avenue Parmentier. Elle doit y être, Marguerite, elle était avec moi. » Elle approche la photo de ses yeux, cherche, désigne une petite fille en haut à droite. « Regardez. Ce ne serait pas elle ? Venez voir, vous qui avez l'œil. » Je m'approche de la photo où toutes ces petites filles d'une dizaine d'années sont habillées en costume breton (et ce détail m'émeut particulièrement – comme une mise en image d'une France idéale, un creuset où des enfants, d'où qu'ils viennent, de Dordogne ou de Pologne, se déguisent en Bretons) et en effet, je reconnais dans la petite fille que me montre Miquette la manière dont Marguerite, quand elle est prise en photo, penche légèrement la tête à droite. Je reconnais aussi sa coupe de cheveux au carré.

C'est elle.

Côte à côte, Miquette et moi tenons chacune un bout de la photo et dans ce moment où nous reconnaissons ensemble Marguerite parmi des dizaines de visages de petites filles inconnus, il y a une forme de résurrection. Plus tard encore dans l'après-midi, alors que nous sommes toutes les deux épuisées par les photos regardées, les noms évoqués, alors que je me demande ce que j'attends exactement de cette vieille dame, elle me dit : « Une fois, je me souviens, je ne sais plus exactement quand c'était, mais une femme a été arrêtée. Elle était entourée de monde – les policiers probablement. Moi j'étais sous la voûte avec mémé, devant la loge. La femme avait un bébé dans les bras. Elle l'a donné à ma grand-mère. Puis elle est partie avec les flics. Le bébé, on l'a gardé peut-être une dizaine de jours. Je me souviens, j'avais tellement envie d'un petit frère. À l'école, je lui ai même fait une petite chemise. Et je crois ensuite que mémé l'a placé à l'Assistance publique. » Ce n'est que parce que je le rapporte que le récit apparaît aussi fluide : en réalité, ce que Miquette me raconte c'est une série de flashs : une femme sous la voûte entourée de policiers, le geste qu'elle fait pour donner le bébé à madame Massacré, la petite chemise cousue à l'école… Un peu comme dans un rêve. Un bébé a été donné à madame Massacré, la concierge, et peut-être sauvé.

Je repars avec ce viatique.

Dans une ancienne chambre de bonne transformée en studio, au 6e étage de l'escalier A, l'homme est assis à même le plancher, il découpe le tissu chatoyant étalé par terre et qui envahit tout l'espace de la petite pièce. Il s'installe ensuite devant la machine à coudre posée sur un petit parapet en bois qui fait office de bar. Dans l'évier de l'étroite cuisine traînent une seule assiette et une tasse de café. Patiemment, il assemble les bouts de tissu, les coud de façon sommaire. Parfois le bruit régulier de la machine s'interrompt, il observe son travail, lisse le costume fabriqué du plat de la main : les tissus deviennent des habits de mousquetaires, de princes, de bergères. Il est instituteur à l'école d'en face, celle qu'il peut apercevoir en se penchant par la fenêtre, celle dont il peut entendre la sonnerie de chez lui. Il crée des costumes pour le spectacle historique de sa classe, celui de la fête de l'école du 200 rue Saint-Maur. Les enfants aiment ces habits anciens, ceux de la France de Louis XIII. Autrefois il habitait avec quelqu'un, pas très loin, vers les Buttes-Chaumont ; quand l'histoire d'amour s'est terminée, il a trouvé ce studio où il vit seul. Mais ses enfants sont partout, parmi les gamins du 209 qu'il croise parfois dans l'escalier, parmi ceux qui courent dans la rue, juste sous ses fenêtres. Cette pièce mansardée était celle où Isaak Goura entreposait les denrées destinées à son restaurant de la rue du Faubourg-du-Temple.

Ils se retrouvent chaque jour dans l'appartement au 2e étage gauche du bâtiment D, à droite dans la cour. Parfois il y reste pour dormir mais sinon c'est un appartement pour le travail.

Ils prennent un café et s'assoient tous les deux à la table ronde en bois brun, chacun à son ordinateur. Ils écrivent chacun de leur côté puis s'interrompent et commencent à discuter, à émettre des hypothèses, à modifier l'histoire. Silence à nouveau – juste le bruit des doigts sur le clavier. De temps en temps, elle se lève, remue sa chevelure qui tire sur le roux, va chercher un pot d'eau dans la cuisine et arrose en silence les fleurs rouges du balcon. Elle observe aussi Mohammed qui balaie dans la cour. Elle referme la fenêtre – « Et s'il faisait ça, plutôt. » Elle se poste devant le tableau en liège auquel sont accrochées des petites fiches cartonnées numérotées, séquence 1, 2, etc. Elle les bouge. Il regarde, toujours assis à la table en bois. Il porte un chapeau noir. Ils fument tous les deux, ils inventent des histoires. Il y a aussi une petite chambre qui donne sur l'arrière du bâtiment A dont les fenêtres sont si proches qu'on peut parfois y voir, derrière les vitres, ceux qui cuisinent ou qui regardent la télévision. Sur certaines, des rideaux protègent l'intimité et, se découpant contre le tissu, les silhouettes qui marchent dans ces pièces ont des allures irréelles. Il s'est levé à son tour et ils sont tous les deux face au tableau de liège, ils déplacent les papiers qui représentent les séquences : début, milieu, fin de l'histoire. Peut-être qu'ils en feront un film. J'ai mis du temps à comprendre que le petit appartement abritait leur travail mais aussi leur amour, à jamais associé aux fleurs rouges qu'on arrose, aux bruits dans la cour, aux fenêtres si proches.

Ici habitaient autrefois Albert, Marguerite Baum et leurs parents.

Après son cours de piano, elle est partie s'allonger dans sa chambre sous la guirlande lumineuse de toutes les couleurs. Au-dessus du lit, il y a la photo de ses parents quand ils étaient encore ensemble. Elle s'est redressée, assise en tailleur sur le lit et a mis sur sa tête un gros casque rouge. Tout autour c'est le silence mais dans son casque, elle écoute à fond tout un tas de comédies musicales, Fred Astaire, Jacques Demy, Gene Kelly. Elle chantonne « I'm singing in the rain ». Sa voix est juste et porte fort dans la chambre, *I'm laughing at clouds so dark up above. The sun is in my heart and I'm ready for love.* Elle a saisi une des peluches sur le lit et l'agite contre elle en rythme. Sa fenêtre donne sur la cour et elle raconte qu'une fois, avec une copine, elles ont fait des blagues aux gens qui passaient, en criant quelque chose puis en se cachant derrière les rideaux. Elle raconte aussi qu'elle aime entendre le bruit de la pluie sur les pavés quand elle est couchée dans son lit : elle mime ce bruit très doux et mat, *ploc ploc*, en reproduisant le rythme du son avec les mains. C'est le bruit spécial de la pluie au 209. Elle dit encore qu'elle reconnaît parfaitement le pas de sa mère dans la cour et qu'il lui fait battre le cœur. À côté de la chambre, il y a une grande cuisine peinte en couleurs vives, orange, jaune et rouge, des photos accrochées sur le frigidaire, des dessins d'enfant. La fenêtre donne sur l'arrière du 209, sur les rues autour de l'hôpital Saint-Louis. Au loin, on aperçoit le Sacré-Cœur.

Cette cuisine, 4e étage, escalier C, était la pièce où habitaient les Rolider.

Elles sont d'une beauté peu commune, l'une et l'autre, la mère et la fille. La mère est âgée pourtant, sa fille n'a pas loin de la soixantaine. Elle prépare le repas du soir : saumon frais et asperges vertes. Sa mère, qu'elle appelle « mamy », est assise sur le canapé à côté de la cuisine ouverte, un chat se faufile entre ses jambes ; elle ne cesse pas de sourire et ses yeux gris-vert, presque identiques à ceux de sa fille, ont un je ne sais quoi de caressant et d'apaisant. Elle parle comme elle marche, tout doucement – je l'ai souvent vue passer sous la voûte, mince et fragile, accrochée à un déambulateur, parfois aidée par un voisin trouvé sur la route. Elle a conservé, malgré ses presque 90 ans, l'allure gracieuse de la danseuse qu'elle a été. Car elle dansait autrefois à Saigon, où elle est née. Son père était dans l'administration coloniale : la vie était douce et belle. Elle dansait. Elle n'a rejoint la métropole et Paris qu'à la déclaration de la guerre, la deuxième. Plus tard, elle a brièvement vécu dans le Xe arrondissement, à quelques mètres de là, rue de Sambre-et-Meuse, c'est d'ailleurs là qu'elle a accouché de sa fille Michelle. Ensuite, elle a beaucoup voyagé avec son mari. C'est après la mort de celui-ci qu'elle a finalement emménagé, il y a deux ans peut-être, avec Michelle. Elles ont mélangé leurs meubles, leurs gravures au mur, leurs souvenirs. Pour Michelle, les premières petites chaussures d'un blanc passé de sa propre fille qui sont posées sur une étagère, pour Mamy, un meuble vietnamien en bois précieux, incrusté de nacre – comme dans les contes. Elle y tient à ce meuble, c'est là, dit-elle en riant, que « se cache mon mari ». Dans l'urne, dissimulée derrière une petite porte à deux battants. Elle veut l'y rejoindre plus tard. Son sourire s'égare. Le repas est prêt. Elles s'installent l'une en face de l'autre. La table, leurs beaux visages sont éclairés par une lumière dorée de fin du jour. Elles mangent en silence. Michelle réprimande un peu Mamy qui picore un petit bout de saumon par-ci, une tête d'asperge par-là. « Sois raisonnable, il faut manger. » Mamy fait preuve de bonne volonté, mais elle a si peu d'appétit. Michelle l'encourage, « encore, une petite bouchée ». Mamy sourit et quand Michelle, rompant à nouveau le silence, lui demande ce qu'elle a fait au centre pour personnes âgées où elle passe l'après-midi, elle répond, petite fille prise en faute :

« Tu me demandes ce qu'il s'est passé il y a deux ou trois heures, c'est bien difficile. » Et elle sourit encore.

Ici, escalier A, 4e étage gauche, dans l'une des pièces, habitait peut-être Daniel Szulc avec ses parents.

Un soir, je suis montée au 1er étage de l'escalier A. Un homme d'une quarantaine d'années m'a ouvert. Nous nous sommes installés dans la cuisine où il avait préparé des papiers : sur la table en bois, il a étalé les plans, les photos qui documentaient les étapes de la transformation de plusieurs petits logements en ce bel appartement confortable et chaleureux qui donne à la fois sur la rue Saint-Maur et sur la cour de l'immeuble. Grégoire y vit avec sa femme et ses trois filles depuis 1999 : il appartient à cette « génération » qui s'est installée au 209 après que l'immeuble a été vendu par lots, la génération des gravats au milieu de la cour. Grégoire aime l'histoire, les strates : depuis des années il passe une partie de ses week-ends sur un chantier de fouilles dans l'Aisne où archéologues professionnels et amateurs exhument les restes d'un château médiéval ayant traversé les âges. En ce moment, m'explique-t-il, l'équipe est en train de déterrer les vestiges d'une somptueuse cuisine construite au XVe siècle sur les instructions du duc d'Orléans, frère du roi. Avec un tel interlocuteur, je n'ai pas besoin de justifier mon obsession… Je lui parle de l'archéologie du 209, la première version de l'immeuble, la deuxième. Il regarde les plans, les recensements, m'interroge, s'exclame. C'est un drôle de sentiment de faire de ce savoir un instrument de partage, de lien. Sa plus jeune fille, Violette, qui nous a rejoints, elle aussi écoute, regarde les plans. Elle me raconte comment, quand elle était petite, avec les autres gamins de l'immeuble, ils aimaient faire des

« cache-cache » d'immeuble. Ils étaient une dizaine à jouer. « Quelqu'un comptait sous la voûte et nous, *pfuit*, on partait se cacher dans tous les bâtiments. Les caves c'était le meilleur endroit mais il fallait y aller à plusieurs parce qu'on avait peur sinon. On évitait aussi le 5e étage du bâtiment B, là où il y a la sorcière, Monique. Un bon endroit, c'était tout en haut du bâtiment C, en face. Mais de toute façon on bougeait beaucoup, quand on entendait que le chat était passé, vite, on filait dans une autre cachette. »

Nous regardons les papiers du notaire, les photos des travaux, puis Grégoire m'invite à le suivre avec Violette et nous voici tous les trois à scruter le plancher où peut encore se lire la topographie des anciens appartements. Au milieu du salon, nous suivons, plans en main, les marques du couloir d'autrefois qui distribuait alors quatre logements. La cuisine et la moitié du salon : un logement de deux pièces. L'autre moitié du salon et la chambre des parents, un autre logement de deux pièces. La salle de bains et la chambre de l'une des filles, un logement de deux pièces. La chambre de la fille aînée : un logement d'une pièce.

La petite Violette s'amuse à suivre les lignes brunes sur le plancher qui indiquent encore les démarcations. Quand Grégoire et sa femme sont arrivés, chaque logement avait une porte sur laquelle était inscrit un numéro – « on se serait un peu cru dans un hôtel de passe ». À l'étage, il y avait huit portes. Grégoire en a récupéré certaines qu'il trouvait belles pour les intégrer à son nouvel appartement. « On a arraché les couches de papiers peints, découvert des cheminées qui avaient été condamnées. On a abattu des murs, bougé des portes, etc. mais ce à quoi on n'a pas touché ce sont les parquets. Et les parquets, c'est quelque chose que je ressens souvent en marchant ici, ils n'ont pas bougé : je marche là où d'autres ont marché avant moi, c'est le contact que je garde avec eux. »

Nous nous sommes attablés de nouveau dans la cuisine : Grégoire me raconte les travaux dont il s'est occupé seul. Il se souvient encore du moment où, avec une masse, il détruisait les anciennes cloisons les unes après les autres. « Un jour, c'était tout au début des travaux, j'étais avec ma masse. En train de tout péter. On sonne à la porte. Je vais ouvrir et sur le seuil il y avait deux femmes d'un certain âge. Très gentiment, elles m'ont expliqué qu'elles avaient vécu ici. Elles m'ont demandé la permission d'entrer et de regarder l'appartement. J'ai dit oui mais avec ma masse à la main, j'avais l'air un peu bête. Elles se sont dirigées vers la salle de bains que j'étais en train de construire. Je les ai laissées, je ne voulais pas être indiscret. Au bout de dix minutes peut-être, elles sont ressorties de la salle de bains, je crois qu'elles avaient pleuré. Elles m'ont remercié et sont parties. Moi, je n'ai rien demandé, je n'osais pas, mais j'ai souvent repensé à cette scène. »

Odette m'avait raconté au téléphone le contrechamp exact de cette rencontre. Comment, lors de l'un de ses rares séjours à Paris, elle était venue avec sa sœur Suzanne, visiter leur ancien logis. Je transmets à Grégoire ce que m'a dit Odette : la salle de bains était la chambre où elle dormait avec ses parents. Je lui raconte toute l'histoire, la famille Diament, les arrestations, la déportation, la survie et, pour finir, la sœur d'Odette, Suzanne, qui a vécu avec sa fille dans l'appartement jusque dans les années 1970. Il m'écoute en silence. La porte de la cuisine s'entrouvre, une jeune fille de 16 ans apparaît, brune, les cheveux au carré, un casque autour du cou, je la reconnais, je l'ai déjà croisée sous la voûte. Elle dit juste à son père qu'elle sort faire un tour, me salue rapidement et disparaît. Sous le charme de son apparition, je demande à Grégoire son prénom. « Suzanne », me dit-il. Il répète « Suzanne » et nous nous sourions.

Je sais qu'il est temps pour moi de partir en Israël et de rencontrer Odette pour de vrai.

13

C'est dans la banlieue de Tel-Aviv, une haute tour, bordée d'un côté par une rue envahie de bougainvilliers multicolores, de l'autre par une autoroute. En traversant le jardin et le hall de cette résidence pour personnes âgées, j'ai croisé de vieilles dames appuyées sur des déambulateurs, marchant à pas comptés et, dans l'ascenseur qui me mène jusqu'au 10e étage, je me suis pour la première fois demandé dans quel état physique j'allais trouver Odette. Mais quand elle m'a ouvert la porte, elle était telle que je l'avais imaginée : alerte, enjouée, ses yeux bleus pétillaient de gaieté. Tout de suite une familiarité puissante s'est installée entre nous. Odette est à peine plus âgée que mon père, elle est née en 1930, mais j'ai l'impression de discuter avec ma jeune grand-mère – une grand-mère avec laquelle je pourrais partager une langue maternelle et je repense fugitivement à mes vraies grands-mères, mortes depuis longtemps, à leur français cabossé, émaillé d'accent et d'expressions yiddish, ukrainiennes ou polonaises – cette langue rapiécée qui, plus encore que leur histoire et leur exil, me donnait, enfant, le sentiment qu'un gouffre immense nous séparait.

Odette, elle, a l'accent parisien, et, immédiatement, elle me répète ce qu'elle m'avait déjà dit au téléphone il y a quelques mois : « Je me souviens des sons, des odeurs. Je me souviens de tout. » Elle me fait faire le tour de l'appartement. C'est très rapide : deux petites pièces et, par la fenêtre, d'autres immeubles modernes, quelques palmiers, un bout de mer entraperçu. Comme la rue Saint-Maur semble loin.

Sur la table recouverte d'une toile cirée, elle a soigneusement disposé pour moi une petite collation de biscuits et de dattes. Elle-même ne touche à rien. En mangeant, j'observe : les gravures anciennes de mode parisienne encadrées sur le mur, la collection de petits chats en bois, plastique, porcelaine sur le rebord de la fenêtre, quelques très rares photos : des photos d'identité – ses parents, ses frères et sœurs et Odette, que je reconnais, petite fille d'une douzaine d'années, l'air triste avec, sur la poitrine, une étoile jaune. Il y a également, tellement agrandie qu'elle en est devenue floue, la photo des premières vacances en banlieue parisienne, à l'été 1936 – celle où toute la famille, huit personnes tout de même, pose au milieu des blés, celle où Odette porte cette fameuse robe orange « coq de roche ». De ces huit personnes, seule Odette est encore en vie. Ses parents, une sœur (Fernande) et un frère (Isidore alias Zizi) sont morts en déportation. Ses deux autres sœurs, Suzanne et Simone, son frère Georges alias Jojo, ont survécu à la guerre mais sont morts eux aussi il y a quelques années.

Elle était la petite dernière et peut-être qu'il y a dans sa malice, sa gaieté, le souvenir de cette place de benjamine, choyée de tous. C'est elle qui dormait dans la même chambre que ses parents alors que ses frères et sœurs se partageaient canapé et lit-cage (tout se repliait, précise-t-elle) dans l'autre pièce. Elle décrit la disposition de l'appartement en s'aidant des petits meubles de poupée que je lui ai apportés. Sous l'œil de la caméra, elle place la table, les chaises, les lits, m'explique à quel point ils étaient les uns sur les autres jusqu'à ce que, après 1936, la famille soit parvenue à louer une pièce mitoyenne dans laquelle les trois sœurs aînés partageaient le même lit.

Elle s'arrête un instant, regarde cette petite reconstitution de fortune et s'exclame : « Mais c'était comme ça, c'était comme ça ! C'est fou. » Elle caresse sans s'en apercevoir l'un des petits lits comme s'il était une relique issue de son appartement d'enfance.

« Sur ce mur (elle désigne un point imaginaire au-dessus des meubles), j'écrivais le nom de mes camarades d'école et je leur faisais classe dans ma tête... Je voulais être institutrice alors... »

Elle s'interrompt sans poursuivre mais je sais que c'est la guerre qui a brisé ce rêve : en 1942, elle a dû interrompre ses études au lycée où elle avait pourtant été la première de sa famille à entrer. Elle désigne la petite table : « Je me blottissais souvent sous la table pour écouter ce que disaient les adultes – ça défilait énormément avant et pendant la guerre –, les amis, les voisins qui venaient demander conseil à mon père, parler politique. Ils étaient tous à gauche évidemment. J'étais tellement habituée à écouter chaque inflexion de voix qu'un jour, bien après la guerre, c'était dans les années 1960, je suis entrée dans une boutique de chaussures, rue Montmartre. Elle était tenue par un homme que je ne connaissais pas mais il s'est mis à parler et j'ai reconnu sa voix. Je lui ai demandé s'il avait connu mon père, Abel Diament. Il m'a répondu qu'il venait souvent chez nous avant la guerre. Je ne me souvenais pas de lui mais seulement de sa voix... par elle, quelque chose m'était rendu. »

Au fil des minutes, devant cette humble maquette, comme si sa mémoire déjà exceptionnelle était encore ravivée par les objets, elle ne dit plus « je me souviens » mais « j'entends et je revois ». « Ce dont je parle ce sont des choses que j'ai devant les yeux et je les entends. Je me souviens très bien chez Baum, dans l'immeuble D au 2e étage, quand le père ou la mère appelait par la fenêtre la sœur d'Albert : « Malkele ! » (Le diminutif yiddish de Marguerite.) J'entends les radios qui marchaient toute la journée : Rina Ketty, Reda Caire, cette chanson qui s'appelait « Si tu reviens ».

Elle se saisit du poste de TSF miniature parmi les objets, elle le tient serré entre deux doigts : « Nous on a eu la TSF en 1937. Le poste était grand, magnifique. C'était un événement d'avoir un poste. Mon père adorait l'opéra. Comme toujours, je me mettais sous la table et j'écoutais. Toutes ces choses, ces détails, je n'en ai jamais parlé après la guerre avec mes sœurs ou mon frère et c'est comme si j'avais gardé tout ça en moi, les sons, les odeurs… Et je les revois, mon père, ma mère. »

Sa voix se brise, elle s'arrête brusquement de parler.

J'aperçois sur une étagère une matriochka bleue, ces poupées de tailles différentes qui s'emboîtent les unes dans les autres. Sur la plus petite sont reproduits à l'identique les mêmes détails que sur la plus grande. Cette image m'était déjà venue quand j'avais découvert, au cadastre, les différentes strates de construction de l'immeuble du 209 mais je me souviens aussi, en les découvrant ici, que j'ai vu les mêmes poupées russes (elles n'étaient pas bleues mais rouges) dans l'ancien appartement d'Odette, chez les Leray. Comme si ce motif de l'emboîtement me poursuivait, comme si, surtout, malgré la distance géographique, temporelle – malgré aussi ou peut-être à cause du malheur de la perte –, Odette avait conservé intacte en elle une minuscule matriochka à laquelle, grâce à notre rencontre, elle donnait voix. Mais Odette n'est pas une poupée de bois dont les différentes versions s'enchâsseraient mécaniquement : les liens qui l'unissent à la plus petite des matriochkas sont des liens de chair et de sang, un réseau organique, souterrain, de réminiscences et d'évocations sensibles dont, je ne l'ignore pas, la mise à nue est douloureuse, à la manière d'un muscle atrophié qu'on étirerait brusquement, à la limite du supportable, à la limite de la déchirure.

Des heures que nous avons passées ensemble avec ou sans caméra, chez elle ou sur un banc du jardin public tout proche, émerge au fil des jours – et je mesure le coût affectif de chaque détail – un récit qui, croisé avec les autres entretiens et les archives que je consulte, dessine un tableau vivant de l'immeuble sous l'Occupation.

Soit donc une petite fille de 12 ans qui habite un petit deux pièces avec ses parents et ses cinq frères et sœurs, au 209 rue Saint-Maur. Les sœurs aînées travaillent. Elle vient juste de réussir l'examen d'entrée au lycée Jules-Ferry où elle doit faire sa rentrée en septembre. On est en juin 1942 et depuis quelques jours elle porte, comme toute sa famille, une étoile qu'il a fallu aller chercher au commissariat de police, avenue Claude-Vellefaux, et payer en « points textile ». Cette étoile, c'est un mystère. Pourquoi porter une étoile ? C'est l'une des nombreuses questions qu'elle pose et qui reste sans réponse. Comme sa petite voisine, Berthe Rolider, peut-être Odette est-elle surprise par le nombre d'étoiles soudainement apparues dans l'immeuble, dans la rue… Une centaine d'étoiles rien qu'au 209, qu'il faut coudre bien solidement aux vêtements, de telle sorte, stipulent les instructions, « qu'on ne puisse pas faire passer entre les points une pointe de stylo ».

Un immeuble plein d'étoiles : elle n'imaginait pas qu'il y avait tant de juifs.

Depuis quelques mois, les gentils voisins bretons, les Troadec, ont accepté de mettre à leur nom la chambre mitoyenne de l'appartement où dorment les sœurs aînées. C'est plus sûr.

Soit donc une fillette qui s'est faite à l'idée qu'elle ne peut plus entrer aux Buttes-Chaumont, que le cinéma lui est interdit et qu'elle ne doit monter que dans la dernière voiture du métro, celle réservée aux juifs.

Mais sait-elle, cette petite Odette, en 1942, que cela fait plusieurs mois déjà que des habitants de l'immeuble sont arrêtés ? A-t-elle entendu, depuis sa place favorite, cachée sous la table, les discussions des voisins venus demander conseil à son père ?

Sait-elle que dès mai 1941, presque tous les hommes étrangers juifs de l'immeuble ont reçu un billet vert les « invitant » à se présenter pour « examen de leur situation » ? A-t-elle alors entendu les hésitations, les raisonnements, les hypothèses sans doute déployés par les locataires convoqués qui ne savent pas s'il faut ou non « se présenter » ? Elle ne se souvient pas qu'Abel, son père, ait reçu cette convocation. Ce fut pourtant le cas et il a visiblement fait le choix de ne pas se rendre au commissariat. Le père d'Albert Baum, son oncle, Isaak Goura, n'y sont pas allés non plus. Imaginaient-ils ce que risquaient ceux qui s'y sont présentés le 14 mai 1941 à 7 heures du matin ?

Hersz Rolider (le père de Berthe), le cordonnier Abraham Gogolinski, Jacob Samberg, le marchand ambulant, Josna Zonszajn, l'ajusteur, y sont allés, eux. Pourquoi, comment, en fonction de quoi chacun a-t-il pris sa décision ? Impossible de le reconstituer mais je peux juste imaginer les bruits de couloir, les allées et venues dans les escaliers, d'une porte à l'autre, les théories, les rumeurs, les tentatives de rationalisation. Comment affronter la réalité quand son sens vous échappe ?

Le 14 mai 1941, Berthe Rolider, elle, est partie à l'école comme tous les jours ; sa mère et son père se sont dirigés vers le commissariat de la rue de la Grange-aux-Belles. Là, au bout de quelques heures, le commissaire de police a conseillé à la mère de retourner vite fait au 209, de préparer une valise et de la rapporter à son mari. Hersz Rolider comme tous ceux qui se sont présentés (un peu plus de 3 000 hommes à Paris) ont été arrêtés, dirigés vers la gare d'Austerlitz et internés dans deux camps du Loiret : Beaune-la-Rolande et Pithiviers, où ils seront détenus. Pendant quelques mois les familles ne savent pas où les hommes ont été emmenés. Finalement, elles reçoivent l'autorisation de leur rendre visite. Berthe se souvient être allée à Beaune-la-Rolande avec sa mère pour voir son père. Ils pouvaient sortir du camp, aller jusqu'au village voisin. Sa mère poussait son père à s'enfuir en zone libre. « Il refusait, il disait : "Si je m'enfuis, qu'arrivera-t-il à mes camarades ? Il y aura des représailles contre eux." Il est resté. On était encore tellement innocents. »

Au camp de Beaune-la-Rolande, Hersz Rolider était dans la même baraque n° 16 que son voisin du 209, Abraham Gogolinski, le cordonnier. Sur Abraham, jeune homme de 29 ans, j'ai retrouvé un dossier dans les fonds de Moscou : il émane de la Sûreté nationale, Direction de la police du territoire et des étrangers. J'y lis qu'il est arrivé en France, venant de Pologne, en juillet 1938 sans passeport ni visa. Sous le coup d'un arrêté d'expulsion, il a d'abord été emprisonné un mois à Fresnes, puis libéré en novembre. Il a probablement mené ensuite une vie de « sans-papiers » avant d'obtenir au printemps 1939 une carte d'identité valable trois mois et renouvelée plusieurs fois. Est-ce cette situation précaire qui l'a conduit à vouloir « régulariser » sa situation en se rendant à la convocation du « billet vert » ? Tout autant que cette trajectoire dont je devine, malgré la sécheresse des documents administratifs, l'incertitude quotidienne, ce qui me bouleverse dans le dossier ce sont deux pièces qui y sont jointes, datant de l'incarcération d'Abraham Gogolinski en 1938.

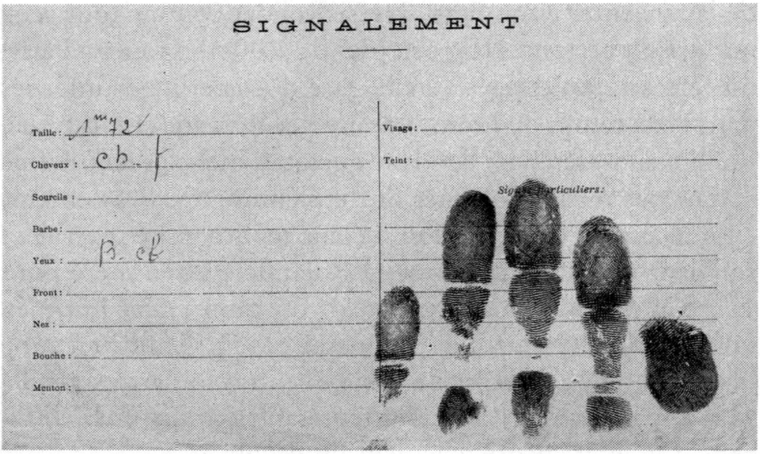

D'habitude, il n'y a pourtant que l'empreinte du bout des doigts, cette empreinte digitale dont chacun sait qu'elle est, plus que la forme du visage ou les yeux, ce qui rend chaque individu unique. Ces dermatoglyphes aux dessins compliqués, faits de lignes et de creux, de crêtes et de plis, sont la plus incomparable part de nous-mêmes et je me demande quelle pierre de Rosette parviendrait à les déchiffrer. Je me demande aussi pourquoi, sur cette feuille de l'administration carcérale, c'est toute la main qui a été encrée et apposée comme le font les enfants après avoir trempé leur main dans des peintures multicolores ou les hommes préhistoriques sur les murs des cavernes. Cette silhouette de main, en noir et blanc, chuchote : « J'ai été là et vois comme mes mains d'homme libre ont été contraintes, examinées, répertoriées, emprisonnées » d'une manière plus intime encore que le regard d'Abraham Gogolinski, mélange de défi et de fatalisme, qui me fixe quelques pages plus loin.

Et dans ce regard, comment ne pas reconnaître le même appel, *cet ardent sanglot qui roule d'âge en âge*, celui de tous les vaincus qui s'échappe des innombrables photos anthropométriques, goulags, camps, prisons, dont l'accumulation a fini par constituer un paysage-panorama de notre XXe siècle « loup-garou » et dont la vibration vient encore irradier nos jours ?

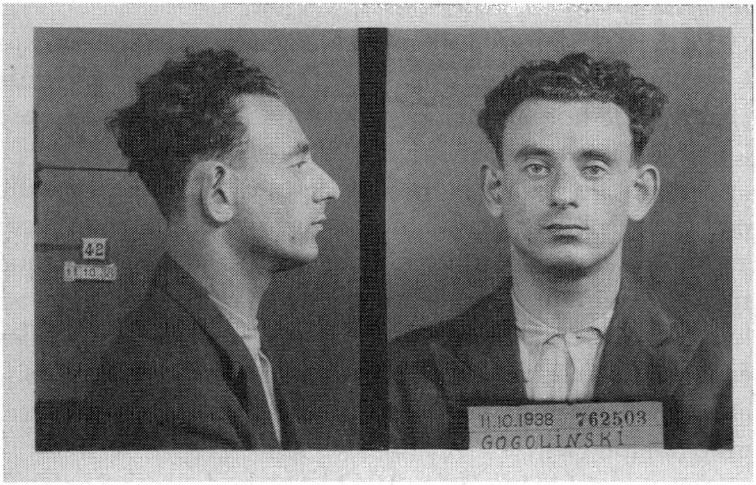

Il est probable qu'Abraham Gogolinski n'a fait que passer au 209, l'un des logis de fortune où il a vécu – il y a d'autres adresses sur différents papiers, rue des Couronnes, rue Eugène-Varlin avant le 209 – mais c'est du 209 qu'il est parti pour Beaune-la-Rolande.

Y a-t-il reconnu Hersz Rolider ? Qu'ont vu alors ces yeux qui nous regardent sans nous voir sur la photo d'identification judiciaire ? Aux papiers de la Sûreté nationale succèdent ceux de l'administration du camp où je relève qu'Abraham Gogolinski a été, lors des longs mois passés dans le Loiret, successivement chargé de la corvée de lait, de la corvée de cuisine, de la corvée de cantonnement. Visiblement, il travailla aussi à l'infirmerie du camp puisqu'un ancien codétenu dont j'ai retrouvé le témoignage se souvient d'un homme « dévoué corps et âme à ses malades ».

Les mains de cordonnier de Gogolinski, ses mains d'étranger sans papiers, ses mains de prisonnier sont devenues, les derniers mois de sa vie, des mains de consolation.

La petite Odette n'avait probablement jamais vu Abraham Gogolinski dont je peux penser qu'il habitait une minuscule chambre de bonne quelque part au 6e étage (une chambre identique à celle de Monique ?).

S'était-elle, Odette, aperçue de sa disparition, de celle de Hersz Rolider, de celle de Jacob Samberg, le marchand ambulant en maroquinerie, enfermé, lui, dans la baraque n° 5 du camp de Beaune-la-Rolande ? Jacob Samberg avait les yeux foncés, les yeux bleus, un nez convexe, ses oreilles étaient écartées, il avait un nævus à l'œil gauche. Il portait, en arrivant au camp, des brodequins, une veste marron rayée, un pantalon gris.

Savait-elle, Odette, qu'en 1942 les biens de Jacob Samberg, tout comme ceux d'un certain nombre d'habitants de l'immeuble encore présents, commençaient à être spoliés ou, selon la terminologie de l'époque, « aryanisés » ?

Des administrateurs provisoires, aryens donc, ont été nommés par le Commissariat général aux questions juives mais aryaniser les pauvres du 10e arrondissement, ce n'est pas vraiment une bonne affaire : Jacob Samberg, se plaint son administrateur, n'a même pas de stock et son cas cause à cet administrateur qui, heureusement s'occupe d'une dizaine d'« affaires juives », plus de tracas qu'elle ne lui rapporte d'argent. La machine à coudre de Samuel Knoplock est aryanisée malgré les tentatives de son fils Henri, le voisin de Miquette, de la conserver car c'est la seule manière qu'il a de gagner son pain ; celle de Feiga Weiner, escalier C, également. Même chose pour le stock de bonnets d'enfants de Szlama Ossmann de l'escalier B. Le père d'Odette n'est pas concerné : il est employé dans un atelier, cité Griset. Mais tous les maigres biens de ceux, petits artisans, couturiers, marchands ambulants, qui sont à leur compte dans l'immeuble sont inventoriés et spoliés.

Même la propriétaire de l'épicerie à droite de la porte cochère en sortant, Sura Haïmovici, celle que tout le monde appelle madame Jacques, installée au 209 depuis 1920, doit abandonner son magasin à l'inventaire dérisoire :

– une balance en mauvais état
– une caisse
– une étagère fixée au mur
– un réchaud en mauvais état
– une cuisinière en mauvais état

Elle écrit au Commissariat général aux questions juives pour expliquer sa situation, implorer la pitié :

> Je me permets de solliciter de votre haute bienveillance l'examen direct de ma situation. Je suis de nationalité roumaine, âgée de 59 ans, à Paris depuis 1912 et dans mon commerce depuis 1920. Ce commerce est une petite maison que mon mari et moi avons montée nous-mêmes et conduite jusqu'ici avec le maximum d'honnêteté et de loyauté. [...] Je connais la rigueur du règlement et cependant j'ose espérer que si vous voulez avoir la bonté de vous pencher sur mon cas, vous pourrez y porter une dérogation en m'accordant encore un laps de temps, soit m'accorder de passer encore l'hiver. [...] J'ose espérer que vous rendrez justice à une âme honnête et droite.

Avec anxiété, j'attends votre verdict.
Sura Haïmovici,
Épicerie-Alimentation, 209 rue Saint-Maur

Mais le temps n'est plus à la pitié et la lettre de « la juive », ainsi que l'appelle son administrateur provisoire, reste sans réponse. Le commerce est vendu, bien en dessous de sa valeur, à une voisine du 209, Gabrielle Cordier, une voisine des Diament dans l'escalier A qui aura, naturellement, rempli au préalable un certificat d'aryanité.

Même processus pour le restaurant de l'oncle d'Albert, Isaak Goura, rue du Faubourg-du-Temple, dont voici l'inventaire :

- 1 fourneau de cuisine
- 1 grande table et 1 petite table
- 2 lavabos, 1 glace
- 1 casier à serviettes
- 80 assiettes creuses
- 9 plats
- 1 balance Roberval
- 115 couverts
- 12 cuillères à café
- 6 marmites émaillées
- 3 casseroles
- 40 verres
- 16 bouteilles à vin
- 6 salières
- 4 plats à œuf
- 6 nappes
- 3 tabliers bleus de cuisine
- 12 torchons, etc.

Isaak Goura parvient juste à conserver un petit stock d'alimentation dans la petite pièce au 6e étage du 209 qui lui sert de remise – probablement cette même petite pièce où j'ai regardé l'instituteur de l'école du 200 rue Saint-Maur confectionner des costumes pour ses élèves. J'oscille en lisant cette liste entre le fou rire et la colère car il ne s'agit pas ici de spolier des tableaux ou des meubles de prix, ce qui aurait au moins une certaine logique. Je me demande dans quel monde insensé sont confisqués et aryanisés 6 nappes, 3 tabliers bleus de cuisine, 12 torchons... Certes, il s'agit d'évaluer, grâce à l'inventaire, la valeur – quasi nulle – du restaurant, mais cette liste parle aussi de la trivialité d'un mal systématique, sans envergure ni emphase. Les listes d'objets précèdent les listes de noms car tandis que les administrateurs provisoires établissent leurs inventaires, aux camps de Beaune-la-Rolande et de Pithiviers, les hommes de la rafle du « billet vert » sont aussi répertoriés, classés, inventoriés. Ils sont les premiers à être déportés de France vers Auschwitz en Pologne, leur terre natale pour la plupart. Hersz Rolider a juste eu le temps d'envoyer une lettre à sa femme et sa fille : « Nous partons en Allemagne. »

« Il nous a fait envoyer sa montre mais papa, on ne l'a plus revu », me dit Berthe et je vois sur l'écran son visage pixélisé se déformer sous le coup de la tristesse.

Les premiers à partir parmi les habitants du 209 sont Louis Weiner, le vendeur du Bon Marché (escalier D) et Hersz Hassman, le père d'Hélène et Albert (escalier C) par le convoi n° 1 en mars 1942. Puis c'est au tour de Jacob Samberg par le convoi n° 4 en juin. Hersz Rolider et Abraham Gogolinski sont tous deux affectés au convoi n° 5 quelques jours plus tard, le 28 juin 1942. Le même camarade qui se souvenait des mains consolatrices d'Abraham Gogolinski à l'infirmerie de

Beaune-la-Rolande témoignera après la guerre qu'Abraham est mort à Auschwitz en octobre 1942, battu à mort « à mains nues » par un SS du camp.

Le 15 juillet 1942, Isaak Goura, l'oncle d'Albert Baum, a été arrêté au 209 rue Saint-Maur en tant que résistant. Les circonstances de son arrestation ? L'identité de ceux qui l'arrêtent, Brigade spéciale française ou Gestapo ? Je n'en sais rien. Où est-il emmené avant d'être finalement incarcéré à Drancy ? Je l'ignore. Je sais juste, Albert me l'a dit, qu'Isaak Goura est arrêté sous les yeux de sa femme et de son fils, Bernard, 5e étage, bâtiment A, fond du couloir.

Bernard aura 15 ans le lendemain.

Le lendemain, c'est le 16 juillet, c'est un jeudi.

Les grandes vacances débutaient alors le 14 juillet. Les petites Berthe, Odette, Simone et les autres étaient encore, trois jours auparavant, des écolières modèles. Miquette, la petite-fille de madame Massacré, est partie comme chaque année dans le village familial en Charente. Quant à Marcelle Lorillon, la deuxième « mère » de Berthe, sa voisine, elle est aussi partie en vacances. L'immeuble s'est probablement un peu dépeuplé mais madame Massacré, la concierge, est restée à son poste. Depuis plusieurs jours, des rumeurs circulent dans tout le Paris juif populaire : des rafles d'une ampleur inhabituelle seraient prévues ces jours-ci.

Attention ! N'ouvrez pas. Cachez-vous !

Cachez-vous ? D'accord, mais où ?

Où iriez-vous, vous, si on vous disait que demain vous risquez d'être arrêté, dans votre appartement, dans votre escalier ? Il faut un peu d'argent, des contacts. Le père d'Albert Baum a entendu les rumeurs et son beau-frère, Isaak Goura, vient de se faire arrêter mais il ne sait pas vraiment où aller et puis avec quel argent ? Alors les Baum restent. Berthe Rolider entend sa mère parler avec des amis, elle leur dit que si les flics viennent, elle n'ouvrira pas la porte, jamais. Chez les Diament, on cherche avant tout à protéger les hommes car ce sont eux qui seront probablement visés. Dans la pièce mitoyenne de l'appartement que les Troadec ont accepté de mettre à leur nom, le père et le frère aîné d'Odette, Isidore, se terrent comme à chaque rumeur de rafle.

Chez les flics aussi on se prépare.

Le 13 juillet, une circulaire de la préfecture de police récapitule les consignes. Les équipes d'arrestation seront constituées chacune d'un gardien en tenue et d'un gardien en civil, elles « devront procéder avec le plus de rapidité possible, sans paroles inutiles et sans commentaires. En outre, au moment de l'arrestation, le bien-fondé ou le mal fondé de celle-ci n'a pas à être discuté. » Il est également précisé que les animaux, s'il y en a, doivent être confiés à la concierge et qu'il est interdit de confier les enfants aux voisins car ils doivent être emmenés avec leurs parents.

Il est prévu que 152 équipes d'arrestation soient constituées pour le Xe arrondissement (c'est moins que pour le XIe et le XXe, respectivement 246 et 255 équipes, un peu plus que pour le XVIIIe, 121 équipes). 152 équipes, c'est-à-dire 304 agents de police. Dans les arrondissements du nord et de l'est, les plus concernés par la rafle, on a besoin de renfort. Le Xe arrondissement reçoit, en plus de ses effectifs habituels, le renfort de 30 gardiens en tenue du IIe arrondissement, 55 gardiens en tenue du VIe arrondissement, 12 gardiens en tenue du IXe arrondissement, ainsi que 140 gardiens en civil de l'École pratique. Il est également prévu que « les inspecteurs et gardiens constituant les équipes spéciales d'arrestation prendront leur service au Central d'arrondissement désigné, le

16 courant à 4 heures du matin. Ils effectueront leur service, le 16 juillet de 4 heures à 9 h 30 et de 12 heures à 15 h 30, le 17 juillet de 4 heures à 13 heures. »

Est-ce que certains des policiers sont venus avertir la veille de vagues connaissances au 209 pour les prévenir de déguerpir, comme l'un d'entre eux l'a fait quelques arrondissements plus loin avec mes grands-parents et mon père qui sont aussitôt partis se cacher une dizaine de mètres plus bas, rue des Martyrs, dans un bel immeuble entouré de jardins où habitait un couple qu'ils connaissaient à peine et qui a accepté de les accueillir pour la nuit ?

Au 209 vivent deux policiers. L'inspecteur Migeon, dans l'escalier C au 3e étage, et Hippolyte Theuille, dans l'escalier B, à gauche, probablement vers le 3e ou 4e étage. En tout cas, pas loin de chez les Gardeblé, les Blumenthal et les Ossmann. Hippolyte Theuille a une cinquantaine d'années, sa fille, Odette, a quasiment le même âge qu'Odette Diament dans l'escalier A.

Est-ce que Jean Migeon et Hippolyte Theuille étaient de service le 16 juillet ? Dans le Xe arrondissement ? Est-ce qu'ils ont parlé à des voisins ? Je n'ai pas réussi à retrouver de traces qui auraient pu m'éclairer sur la carrière policière d'Hippolyte Theuille. En revanche, il y a aux Archives de la préfecture de police de Paris un dossier sur Jean Migeon parmi ceux dédiés à l'épuration de la police en 1945. Je suis d'abord tombée sur un homonyme signalé pour l'efficacité de son action dans la chasse aux juifs du XXe arrondissement, en particulier lors de la rafle du 16 juillet. Ce n'est qu'après avoir lu les témoignages accablants que je me suis rendu compte qu'il ne s'agissait pas du même Jean Migeon. « Mon » Jean Migeon avait un dossier beaucoup plus léger. J'y apprends qu'il était gardien de la paix dans le XIe arrondissement depuis 1929, qu'il a reçu en

1934 les félicitations de la direction pour l'arrestation d'un cambrioleur de vitrines, qu'il a en revanche été suspendu deux jours en février 1944 pour avoir pénétré sans nécessité dans un débit de boissons où il a « consommé » et que, pour finir, il a comparu en février 1945 devant la commission d'épuration pour le motif suivant : « Le 14 Juillet 1941, a signalé par rapport un camelot qui vendait des rubans tricolores. » Rappelons que la célébration, même a minima, de la Fête nationale avait sous l'Occupation valeur de manifeste... En 1941, Radio Londres s'adressait ainsi au peuple de France : « Il n'est pas mort ton 14 Juillet. Si tu veux dignement le fêter, peuple, où que tu sois, tu dois porter sur ton costume une cocarde. » La commission classe l'affaire « attendu qu'il s'agissait d'un camelot invité à plusieurs reprises à s'en aller ; attendu qu'il a été prouvé qu'au point de vue national, l'attitude de Jean Migeon a toujours été irréprochable ». La police avait vraisemblablement d'autres chats à fouetter, pour autant qu'elle ait vraiment désiré les fouetter...

Donc Jean Migeon signale un vendeur de cocardes mais en même temps, et je ne sais pas ce que cela veut dire exactement dans la bouche de policiers en 1945, « son attitude, d'un point de vue national, a toujours été irréprochable ». Soit.

Jean Migeon a-t-il prévenu des voisins dans l'escalier C ? A-t-il participé à la rafle, particulièrement cruelle, du XIe arrondissement ? Je ne sais...

Pour l'heure, à quelques portes de celle du policier Migeon, c'est la nuit du 15 au 16 juillet et Charles Zelwer dort dans son petit lit dans l'escalier C, 3e étage. À l'étage au-dessus, dans le même bâtiment, je ne sais pas si la mère de Berthe dort, elle. Mais Berthe doit dormir.

Idem chez les Diament, escalier A, chez les Buraczyk et chez les Baum, escalier D. Dans l'escalier C fond de cour, Dorota

Hassman veille-t-elle auprès de ses deux enfants, Albert, 10 ans, et Hélène qui aura tout juste 3 ans le 17 juillet ? Pense-t-elle à son mari emprisonné à Pithiviers ? Et au 2e étage, Abraham et Caroline Szpzajer écoutent-ils la respiration régulière de leur fils Bernard, âgé de 7 ans ?

Le père de Charles lui a raconté que vers 5 heures du matin il avait descendu les quatre étages de l'escalier C dont la porte est dans le prolongement du porche, de la voûte, de la loge. « La loge était envahie par les flics. Mon père est vite remonté dans l'appartement. Ils se sont mis à attendre. C'est à ce moment-là que ma mère m'a mis un bonbon dans la bouche et m'a pris contre elle dans son lit. Son lit où je n'allais jamais. »

D'après l'éphéméride, le 16 juillet 1942, le soleil s'est levé sur Paris à 6 h 04 du matin mais il ne faisait pas encore jour quand les bruits ont commencé. Comment parler des bruits ?

Chaussures sur le parquet, sur les marches des escaliers, coups sur la porte. On a une liste, on appelle les noms, on doit les crier. De l'autre côté de la porte, d'autres cris probablement. Porte ouverte, une famille entière marche sur le parquet, descend les marches, se rassemble dans la cour. Pendant ce temps, on est monté à l'étage suivant, on tape sur d'autres portes. D'autres cris. D'autres pas. Ceux qui descendent les escaliers. Ceux qui les montent. Les pas et les cris s'élèvent par vagues vers vous : 1er, 2e, 3e étage. Les souliers sonores sur le parquet. Ils s'immobilisent un instant. Coups de poing sur la porte. C'est votre tour. Ouvrira. Ouvrira pas.

Les Baum ouvrent. « Les deux flics ont tapé à la porte. Ça nous a fait tomber du lit. Ma mère elle a été vite levée parce qu'elle dormait habillée depuis bien longtemps déjà, à cause des alertes, quand il fallait aller à la cave ou au métro Goncourt, c'était le métro le plus profond et le plus proche. Elle portait un pochon autour du cou avec les quatre sous qu'il y avait à la maison. Les flics ont dit : "Dépêchez-vous, on repasse dans cinq minutes." Ils allaient plus loin, ils prévenaient. On pourrait dire : "Mais ces gens-là ils étaient inconscients. Ils auraient dû se sauver. Les flics ne revenaient que dans cinq minutes !" Mais où c'est que vous voulez aller ? Ma petite sœur s'est mise à brailler, à crier, à avoir peur, elle ne savait pas de quoi mais elle avait peur. »

Les Diament ouvrent. Ils ne craignent rien : le père et le frère sont cachés dans la chambre d'à côté. Mais sur la liste, il y a les noms de la mère d'Odette et des deux filles aînées : Fernande et Suzanne. Odette et Georges, les plus petits, qui sont nés en France, n'y figurent pas. Les flics embarquent la mère et les sœurs.

Dans l'escalier C, au 4e étage, Berthe et sa mère ont entendu les coups se rapprocher, étage par étage. « On a commencé à entendre ce gros bruit. Il leur a fallu beaucoup de temps pour monter parce qu'à presque tous les étages il y avait des juifs. Ma mère a dit : "On va s'habiller et voir ce qui se passe." Moi je commençais à avoir très peur. Je me suis mise à vomir, à avoir la colique. Je demandais à ma mère d'aller aux cabinets mais elle m'a donné un pot. On a entendu des gens crier au 3e étage puis quelqu'un monter l'escalier. Les pas s'approchaient de la porte. Puis des poings sur la porte : "Madame Rolider, madame Rolider ! Je veux parler à madame Rolider." Nous on n'a rien répondu. Maman ne voulait pas ouvrir la porte. Des voisins sont sortis, ils ont dit qu'on n'était pas là, qu'on était en vacances. On a entendu les pas qui s'éloignaient. » Berthe et sa mère ont eu de la chance : la porte n'a pas été enfoncée.

Dans le même bâtiment, dans sa petite pièce, une femme, Sala Ebenstein, brûle ses papiers et ses photos – surtout celles de son fils, Bernard, pour lequel elle a réussi à trouver une cache dans une famille chrétienne à Créteil.

Ceux qui ont ouvert, qui sont sur les listes, doivent préparer « des affaires pour la journée, de quoi manger ». Ils descendent les escaliers, traversent la cour, foulent les pavés, passent sous la voûte. À gauche, dans la loge de la concierge, madame Massacré doit être là.

Sala Ebenstein attend que les flics arrivent mais à leur place c'est un voisin qui pénètre dans sa pièce. Elle le connaît bien, c'est Marcel Chapiseau de l'escalier A, il vit avec l'une de ses amies, juive elle aussi, Rebecca Kolodna. Chapiseau lui dit d'enlever son étoile et de descendre avec lui dans la cour. Ils passent ensemble sous la voûte devant madame Massacré. Elle ne moufte pas. Ils franchissent la porte cochère. Ils sont dans la rue. Au flic qui les interpelle, il montre sa carte d'identité bien aryenne et lui explique que c'est sa femme : ils viennent de se marier, ils s'apprêtent à partir en voyage de noces. Les croit-il ou non ? Le flic les laisse passer. Sala Ebenstein et Marcel Chapiseau filent sur le trottoir de la rue Saint-Maur. Elle est libre.

Je ne sais pas où étaient stationnés les bus. Dans la rue Saint-Maur, devant l'école ? Ou fallait-il marcher jusqu'à un point de rassemblement ailleurs dans le Xe ? En tout cas, plusieurs bus de la Société des transports en commun de la région parisienne ont été réquisitionnés. À cette heure-ci, vers 8 heures du matin, le 16 juillet, le cabinet du préfet reçoit le rapport suivant : « L'opération contre les juifs est commencée depuis ce matin à 4 heures. Elle se trouve ralentie par beaucoup de cas spéciaux : beaucoup d'hommes ont quitté leur domicile hier ; des femmes restent avec un tout jeune enfant ou avec plusieurs ; d'autres refusent d'ouvrir, il faut faire appel à un serrurier. Dans le XXᵉ et le XIᵉ où il y a plusieurs milliers de juifs, l'opération est lente. À 7 h 30, 10 cars sont déjà arrivés au Vél'd'Hiv. » Une note est rajoutée au crayon à papier sur cette note manuscrite : « à 9 heures, 4 044 arrestations ».

Du 209, ils sont 18 : 3 Diament (la mère et les deux sœurs d'Odette), 2 Goura (Bernard et sa mère), 3 Buraczyk (Simone la petite qui jouait à la marelle dans la cour avec Miquette et ses parents), les 4 Baum (Marguerite, Albert et leurs parents), 3 Szpajzer et 3 Hassman (la petite Hélène est, je le répète, à la veille de fêter ses 3 ans).

Cela veut dire que beaucoup, parmi les habitants juifs, ont échappé à la rafle. Comment ? Cachés au 209, chez des voisins, chez eux, dans la cave ? Les Szulc, les Ossmann, les Blumenthal, les Knoplock, les Goldsztajn, beaucoup d'autres : où étaient-ils ? Là ou ailleurs ? « Quand le gros bruit s'est terminé, maman m'a dit de descendre vite chez une voisine du 1ᵉʳ qu'on connaissait, explique Berthe. J'ai descendu les escaliers, j'avais tellement peur... Je suis arrivée chez la voisine. Elle est allée demander à la concierge ce qu'il fallait faire. Quand elle est revenue, elle a dit qu'il fallait qu'on parte vite, qu'ils allaient revenir dans l'après-midi. Je suis remontée voir maman. On a pris quelques photos, quelques vêtements, on est redescendues. Tout était vide. On est parties très vite vers le métro Goncourt. Cette sensation de peur que j'ai éprouvée à partir de ce matin-là, je ne l'ai jamais perdue... La peur, elle est toujours en moi. » À partir du 16 juillet 1942, la mère de Berthe va endosser le rôle qu'elle ne quittera plus pendant toute la guerre, celle d'une sourde-muette guidée par sa fille. Avec son accent très prononcé, il lui est désormais interdit de prononcer un seul mot de français sous peine d'être démasquée.

Dans l'escalier C, c'est le moment où d'après les images figées en lui et qui ressusciteront quelques années plus tard sous la forme d'un rêve éveillé, le petit Charles Zelwer voit ses parents « couper leurs vêtements », c'est-à-dire en retirer les étoiles jaunes, descendre à toute vitesse les escaliers et quitter le 209 rue Saint-Maur où ils ne reviendront plus qu'à la Libération.

Odette, elle, est restée dans l'appartement : elle a entendu sa mère et ses sœurs descendre, les bus démarrer.

« On est restés tous les deux, mon frère Jojo et moi. Quand tout le monde est parti, mon père est sorti de la chambre où il se cachait avec Isidore. Il est revenu dans l'appartement… Je ne peux pas parler de ça. Je ne peux pas parler de ça. » Nous nous sommes vues tant de fois, Odette et moi, nous avons parlé de tant de choses, mais cette évocation-là, celle de son père revenant dans l'appartement au matin du 16 juillet et réalisant que sa femme et ses filles avaient été arrêtées, est le seul moment où Odette s'est mise à pleurer en silence.

« Mon père est revenu dans l'appartement. Il a compris… Je revois ses larmes… Pour moi, c'était la fin de l'enfance. Il n'y avait plus maman. Je me souviens qu'avec mon frère on a commencé à faire à manger, je ne savais même pas allumer le gaz. On a fait ce qu'on a pu. J'avais fini de jouer à la poupée. C'était fini. La maison n'était plus la maison. »

Ça ne laisse pas de traces sur les murs, sur les marches, sur les pavés, ceux qui disparaissent, ceux qui s'enfuient. Et la meurtrissure aussi, l'angoisse pour ceux qui restent, pour ceux qui sortent des cachettes, qui réintègrent les appartements, de comprendre qu'il n'y a plus de limites dans la chasse à l'homme. Nul mur, nulle chambre, nul toit qui protégerait. Et les voisins qui ont entendu le « gros bruit » dont parle Berthe, se sont-ils rendormis ? Se sont-ils postés, à moitié cachés, aux fenêtres ? Ont-ils vu les dix-huit hommes, femmes et enfants qui traversaient la cour, leur cour ? En ont-ils parlé entre eux ? Quelles traces ça laisse dans les têtes, ceux que l'on a vus disparaître, ceux que l'on a vus s'enfuir ? Sous ce carré de ciel qui surplombe l'immeuble, sous cette voûte de nuages changeants, sur ces pavés, ont-ils été accompagnés dans leur marche, ceux qui disparaissaient, ceux qui s'enfuyaient, par les particules invisibles de ceux qui y avaient marché avant eux : les communards en fuite, les ouvriers au chômage, les escrocs, les sténodactylos énamourées, les soldats mobilisés, les maçons, les batteurs d'or, les bijoutiers, les ravaudeuses, les rempailleuses, les boulangers, les écoliers, les finisseuses, les garçons de café, les bouchers, les forgerons, les mécaniciens, les chauffeurs, les miroitiers, les marchands des quatre-saisons, les militants, les amoureux, les candidats au suicide, les bafoués ?

Peut-être cette vision d'un « accompagnement invisible » n'est-elle que le reflet de ma propre construction, mon fantasme – au cœur de ce récit – d'un lien protecteur, fraternel, qui existerait entre les vivants – ceux qui les ont précédés et ceux qui les suivront –, tant m'est insupportable – au sens le plus archaïque, infantile, « je ne peux pas le supporter, il me serait impossible de continuer à vivre si j'acceptais d'en prendre la mesure » – la représentation d'une solitude sans recours. Peut-être aussi la direction de mon regard, mon obsession du détail, ma quête désespérée d'exhaustivité obéissent-elles à ce même mouvement : accompagner ceux qui sont venus avant moi, les inscrire (à leur spectre défendant peut-être) dans une succession, une généalogie fraternelle (aussi mince soit-elle : celle d'une adresse) pour tenter, infantile toujours, de lutter a posteriori contre cette solitude, de modifier sa réalité, par le récit que je parviendrai à en faire, par les ramifications vivantes, entre réel et imaginaire, que je tenterai de faire (re)naître.

Je ne sais pas quand et où ont réapparu ceux qui s'étaient cachés mais si certains d'entre eux ont probablement quitté définitivement le 209, le 15, le 16 ou le 17 juillet, il est évident que d'autres sont revenus, une fois la rafle passée. Quant aux dix-huit enfants, femmes, hommes attrapés à l'aube, ils ont été embarqués dans les autobus, direction le Vél'd'Hiv. C'est le premier choc. La chaleur, la faim, la soif, la promiscuité. Le Vél'd'Hiv, à deux pas de la Seine, du métro aérien, de la tour Eiffel : Paris est là encore, tout autour, immuable, et pourtant le Vél'd'Hiv, c'est déjà un autre monde.

« Je connaissais le Vél'd'Hiv parce qu'il y avait des compétitions sportives de cyclistes. Mais là ça nous était réservé. Je n'avais jamais vu un hôpital psychiatrique mais je crois que ça ressemblait à ça. Tout le monde hébété, personne ne savait ce qui nous arrivait. Il y avait des jeunes, des vieux, des malades, des bébés, un brouhaha, on ne peut pas imaginer. Il y a des gens qui sont devenus fous, il y a des gens qui se sont suicidés, qui se sont jetés. Il y avait mon père, ma mère, ma sœur, ma tante et Bernard. Dans une promiscuité, les toilettes bouchées, les odeurs… C'était l'antichambre de l'enfer. » Pendant sept jours, Albert Baum et les autres habitants du 209 sont parqués au Vél'd'Hiv aux côtés des 13 152 autres juifs qui ont été arrêtés, les 16 et 17 juillet.

Pour apporter un peu de nourriture à leurs parents, Albert et Bernard « s'organisent », comme dit Albert. Je reconnais dans ce terme le jargon des camps où l'on « organisait » un bout de pain, une cuillère, une paire de chaussures. « Organiser » c'est la débrouille devenue une question de vie et de mort. S'organiser, pour Albert et Bernard, c'est réussir à sortir à deux reprises du Vél'd'Hiv, se débarrasser de l'étoile cousue sur leurs vêtements et faire tout le trajet – à pied naturellement – entre le métro Bir-Hakeim et la rue Saint-Maur pour se faufiler au 209 et monter jusqu'au 6e étage de l'escalier A où Isaak Goura avait une petite remise avec des provisions, puis revenir au Vél'd'Hiv pour rapporter un peu de nourriture. Cette traversée de Paris, ils l'ont faite deux fois. Ils sont revenus deux fois auprès de leur famille. Et c'est assez inimaginable pour moi, deux gamins, ils ont 15 et 16 ans, qui trouvent, par deux fois, le courage de s'échapper, de marcher dans les rues de Paris et de revenir.

Par quelles rues sont-ils passés ? Peut-être le long des quais de la Seine puis à gauche sur le boulevard Henri-IV, tout droit, Bastille, direction le boulevard Richard-Lenoir jusqu'à la rue du Faubourg-du-Temple sur la droite, remonter, passer l'avenue Parmentier, tourner à gauche rue Saint-Maur, traverser la rue du Buisson-Saint-Louis et apercevoir, un peu plus loin, sur le trottoir de gauche, la façade de leur immeuble, le 209, là où, quelques jours plus tôt, il y avait encore leur lit, leur famille, leur vie quotidienne. Se détourner de ces images, monter les six étages, forcer la porte, redescendre les six étages et s'éloigner à nouveau. Laisser sombrer derrière soi le lieu de l'enfance, repartir, résister à la peur, ne pas se faire remarquer, marcher vite, en silence. Ne pas s'enfuir.

« Je ne savais pas ce qui nous attendait les uns et les autres, on ne pouvait pas imaginer... mais ça ne me serait pas venu à l'esprit de me séparer de mes parents. Ce n'était pas concevable. » Albert répète, et c'est presque un murmure : « Ce n'était pas concevable. »

Au bout de sept jours, les détenus du Vél'd'Hiv sont embarqués en bus vers la gare d'Austerlitz et dirigés vers les camps du Loiret, Beaune-la-Rolande et Pithiviers. C'est à Pithiviers qu'échouent les Baum et les Goura. « On a été parqués sur de la paille. On a touché des bottillons de soupe. Ça nous a ragaillardis, il ne fallait pas grand-chose pour redonner de l'espérance. Et puis le lendemain ou le surlendemain, il y a eu la première sélection. Tout était fait par les gendarmes, la garde mobile. Mon père a fait partie de ce convoi, il a été embarqué. On n'a même pas eu le temps de se parler parce que tout s'est fait précipitamment. Il fallait que cela soit fait dans la précipitation pour que les gens ne puissent pas réagir. Mon père a été embarqué avec les autres hommes et ce n'est pas la peine d'évoquer ce que chacun pouvait ressentir.

– Essayez, s'il vous plaît, Albert.

– Je ne saurais pas le décrire. Je ne saurais pas le décrire. Et puis je m'y refuse. Je ne veux pas. »

Il m'a dit ce « je m'y refuse. Je ne veux pas » en me regardant droit dans les yeux, si fermement que je prends peur. Je n'insiste pas.

En réalité, il s'est probablement passé une semaine entre l'arrivée à Pithiviers et la déportation d'Abraham Baum par le convoi n° 13 qui quitte le camp du Loiret pour Auschwitz le 31 juillet 1942. Dans ce même convoi, il y a son voisin du 209, Abraham Szpajzer. Parmi les 1 049 personnes de ce convoi, 13 exactement ont survécu.

« Le pire a eu lieu deux ou trois jours après quand il y a eu la séparation : les femmes étaient déportées seules, sans leurs enfants. Là ça a été terrible. Imaginez une mère se séparer de ses enfants, des petits même, pas simplement debout à la main, des gosses de 3 ou 4 ans, il y avait des nouveau-nés aussi. C'est inimaginable et ça s'est fait dans la brutalité. Sans aucun ménagement ni pour les enfants ni pour les femmes. Et c'est alors qu'on s'est trouvés séparés. »

Marjem-Marie, la mère de Marguerite et d'Albert, est déportée par le convoi n° 14, le 3 août 1942. Tout comme Laja, la mère de Bernard Goura. Tout comme Léa Szpajzer. Tout comme Dorota Hassman.

Les enfants Hassman, Hélène et Albert (3 et 10 ans), Bernard Szpajzer (7 ans), Marguerite (14 ans) et Albert Baum (16 ans), Bernard Goura (15 ans) restent seuls. Marguerite Baum et Bernard Goura sont déportés par le convoi n° 16 du 7 août 1942 parti du camp de Pitihiviers vers Auschwitz. Bernard Szpajzer par le convoi n° 21 du 19 août 1942 et Hélène et Albert Hassman par le convoi n° 24 du 26 août 1942. Ils sont partis de Pithiviers pour Drancy puis de Drancy à Auschwitz. Ces convois-là étaient tous composés pour moitié d'enfants dont les parents avaient déjà été déportés.

Parmi les dépositions enregistrées et filmées lors du procès Eichmann, le seul témoignage à porter sur le sort des juifs de France est celui de l'historien et scientifique Georges Wellers, qui passa une grande partie de la guerre au camp de Drancy avant d'être lui-même déporté en 1944. Il y décrit ce mois d'août 1942 et l'arrivée des enfants de Pithiviers et de Beaune-la-Rolande à Drancy puis leur départ vers Auschwitz. Ce témoignage, je ne le retranscrirai pas ici car il est désormais accessible à tous sur Internet.

Je crois que ce dont Wellers témoigne doit s'écouter dans la solitude, directement et sans intermédiaire.

Ces enfants amenés par des gendarmes français en autobus à Drancy étaient pour la plupart nés en France. Ils ont tous, sans exception, été assassinés à Auschwitz mais ce qu'on leur a fait subir sur le sol français, à quelques kilomètres de Paris et de la rue Saint-Maur, je n'arrive pas à l'écrire. Et ma rage est à ce point intacte que je veux bien, oubliant toute courtoisie et retenue de bon aloi, foutre tout bonnement mon poing sur la gueule de ceux qui, aujourd'hui encore, prétendent que Vichy a tenté de protéger « ses » juifs français.

Albert a été parmi les derniers de la rafle du Vél'd'Hiv à partir du camp de Pithiviers pour Drancy. Seul donc.

« Le jour où je me suis retrouvé seul, j'ai réagi différemment. Quelle que soit ma décision, elle m'appartenait. Elle n'engageait plus ma responsabilité envers les autres. Je ne sais pas si vous comprenez ce que je veux dire ? Quand je me suis retrouvé seul, j'étais comme un animal qui doit sauver sa peau. Et jusqu'à mon retour de déportation, je n'ai même plus pensé à ma vie d'avant. Ça ne m'est même pas revenu à l'esprit. Ma famille, mon passé, c'était oublié. C'est un instinct animal. Parce que ce n'est pas humain d'oublier ceux qui sont censés vous protéger, je parle des parents. Je dis censés parce que la logique, la nature voulait que ce soit eux qui me protègent et ils n'ont malheureusement pas pu le faire. Moi non plus je n'ai rien pu faire pour les préserver. »

Albert est déporté par le convoi n° 27 du 2 septembre 1942. « J'ai encore en image le moment où ils remplissaient les wagons de mon convoi. Ça n'allait pas assez vite. Ce n'était plus la police ni la gendarmerie, c'était les SS. Ils attrapaient un petit enfant, ils le balançaient sur d'autres dans le wagon. C'est tout. Plus tard, il s'est écoulé beaucoup de temps avant que je trouve la force ou le courage, je ne sais pas, de prendre un enfant dans mes bras. Il n'y a que mes arrière-petites filles avec qui, un jour, le déclic s'est fait. Je ne pouvais pas, je ne pouvais pas. Je revoyais cette image d'un enfant attrapé et balancé comme ça, comme on jette un bout de bois, comme on jette un os à un chien. »

Instinctivement, pendant qu'Albert parlait, j'ai regardé sa femme Hélène assise derrière lui, sur une chaise dans la cuisine. Hélène qui lui a donné deux enfants. Et sur son visage, j'ai vu le visage de la douleur et de l'amour.

Au 209, le 16 juillet, Odette est restée avec son père et ses deux frères, Isidore et Georges.

« Quand papa a compris que maman et les filles aînées, Fernande et Suzanne, étaient à Drancy, c'était affreux. Il pleurait. Il traînait. Puis un jour, c'était en août, il était avec mon frère Isidore à la station de métro Goncourt. Mon père est descendu d'abord pour vérifier qu'il n'y avait pas de policiers. Mon frère le suivait à quelques mètres derrière. Il a vu deux policiers surgir et demander ses papiers à mon père. Isidore a entendu l'un d'entre eux dire : "Laisse, il est trop âgé, c'est jusqu'à 50 ans" et l'autre lui répondre : "Non, c'est jusqu'à 55 ans, il a 52 ans, on le prend."

« Isidore a tourné les talons et mon père a rejoint ma mère et mes sœurs à Drancy. Un souvenir m'est resté de façon indélébile : quelques jours plus tard, ma sœur Suzanne a pu être libérée de Drancy parce qu'elle avait été fiancée à un jeune homme qui était mort en 1940, pendant la "drôle de guerre". Moi, j'étais à la maison et j'ai entendu la concierge qui s'exclamait : "Bonjour, madame Diament !" J'ai descendu les escaliers à toute vitesse : j'étais sûre que c'était maman. Quand j'ai vu que c'était Suzanne... c'était terrible. C'était Suzanne, mais ce n'était pas maman... Je me suis sentie tellement coupable d'avoir seulement pensé ça. »

C'est la mi-août, le cœur de l'été, et après Abel Diament vient le tour, probablement à son domicile, d'une femme seule qui habite une petite chambre au 4e étage du même escalier A. Elle s'appelle Etla P. et je n'ai sur elle que de très rares indications.

Originaire de Varsovie, elle est arrivée en France en 1932. Elle habite au 209 depuis 1938. Elle a 34 ans en 1942. Elle est femme de ménage. Elle est conduite à Drancy le 22 août 1942 avec 220 francs en poche. Elle est déportée neuf jours plus tard, le 31 août.

Deux ans auparavant, en août 1940, elle avait eu, comme on dit, un enfant « naturel », un enfant de père inconnu.

Comme d'habitude, je tape le nom sur les Pages blanches. Il est suffisamment rare pour que ne sorte qu'un seul abonné : un homme vivant à Grenoble. Je laisse un message ; je préfère : cela laisse le temps de réfléchir, de réagir et surtout le choix de me rappeler ou non. L'homme rappelle : c'est son fils. Il a plus de 70 ans mais sa voix est jeune, curieusement détachée aussi. Il ne sait rien. Il a bien quelques rares papiers administratifs attestant du décès d'Etla P. en déportation mais c'est tout. Il ne sait rien. Il n'a rien du tout, rien du tout, répète-t-il.

Il poursuit : « Je ne me suis jamais trop penché sur la question. Le passé ne m'a pas pris à la gorge pour essayer de trouver des traces : j'ai surtout vécu mon présent et le futur. De toute façon, je n'ai jamais eu aucun élément, aucun papier, aucune photo. Je ne sais même pas si elle travaillait, comment elle est rentrée en France, son métier, quels sont les gens qu'elle fréquentait. Rien. Rien. Je n'ai pas une syllabe d'un élément familial.

« Il n'y a pas très longtemps, à l'occasion d'une exposition sur la déportation par les anciens combattants de la région où j'habite, j'ai discuté avec un homme à qui j'ai raconté mon histoire. C'est lui qui m'a appris que du fait que j'étais né de mère juive, j'étais juif moi-même. Je ne le savais pas du tout ! Je n'étais absolument pas au courant ! J'étais très étonné. J'avais fait des démarches administratives parce que j'étais pupille de la nation, que ma mère était morte pendant la guerre, des choses comme ça, mais je n'avais pas fait le rapprochement avec le fait que moi-même j'étais juif. Quand cet homme m'a parlé, j'ai dit "Ah bon ! je vais regarder ça de plus près", mais j'étais très occupé par mes activités et puis j'ai cet état d'esprit plus penché sur le présent et le futur que sur le passé. »

Dans les papiers, le fils d'Etla a tout de même retrouvé une adresse : le 209 rue Saint-Maur. Il est monté à Paris, il est allé au 209 mais il n'y avait plus rien ni personne qui se souvienne, dans les années 2000, d'une jeune femme avec un enfant, chambre 9, 4e étage. Il est reparti.

Ce qu'il sait tient en quelques phrases : il est né dans le XIVe arrondissement à la maternité de Port-Royal. Il a vécu avec sa mère pendant deux ans puis celle-ci l'a confié, probablement dans le courant de l'année 1942, à une assistante sociale qu'elle connaissait : cette dame s'appelait madame Noël, elle habitait 10 rue de Lancry. « Elle était très catholique et appartenait je crois à une sorte de confrérie du Sacré-Cœur. » Il est resté chez madame Noël toute la durée de la guerre. Après, il a passé un ou deux ans chez des bonnes sœurs, il ne sait pas trop où, Valence peut-être. Puis il a été confié à d'autres familles en banlieue parisienne. Trois tuteurs se sont succédé jusqu'à ses 18 ans.

Il a reçu une éducation « 100 % catholique. J'étais même enfant de chœur ».

Le tout tiendrait en quelques phrases seulement s'il n'y avait pas aussi ces images, très précises, qu'il décrit de manière strictement informative, la voix apparemment dénuée de toute émotion.

« J'étais tout petit mais je me souviens très bien de certains événements. Je me souviens que j'ai été porté à madame Noël. Je pleurais, ma mère aussi pleurait. Elle est partie. Je me souviens des images de ce départ et après, d'autres images mais sans elle. »

Etla a décidé de se séparer de son petit garçon quand elle a compris que même les enfants n'étaient plus en sécurité, probablement à partir du 16 juillet. Peut-être l'a-t-elle confié à madame Noël entre le 16 juillet et la date de son arrestation, le 22 août. L'enfant avait à peine 2 ans. Mais tout comme Charles Zelwer, plus jeune de quelques mois, et malgré sa faible propension à « se pencher sur le passé », il a conservé intactes ces images où sont encloses la peur et la séparation : ses pleurs, les pleurs de sa mère.

Lui revient aussi une conversation entre madame Noël et son mari : « J'avais peut-être 4-5 ans. Ils parlaient entre eux. Ils disaient qu'ils avaient des choses à me dire mais que c'était trop tôt pour me les dire. » 4 ou 5 ans, cela nous mène en 1944 ou 1945. Il n'est pas difficile d'imaginer ce que madame Noël avait à dire à l'enfant. Mais comment lui dire que sa mère ne reviendrait plus, qu'elle était morte, dans des circonstances qui, quelques mois après la Libération, devaient encore paraître bien nébuleuses. L'enfant est ensuite placé chez des religieuses puis dans une famille d'accueil. Madame Noël, qui avait hésité à lui parler à l'âge de 4 ans, madame Noël qui était l'unique lien à sa mère, la seule personne qui aurait pu lui parler d'elle, lui dire à quoi elle ressemblait, n'a visiblement jamais éprouvé le besoin de le faire.

Elle et son mari sont morts quand l'enfant avait 10 ans. « Leur fils, qui devait lui aussi me rappeler, m'inviter, ne l'a jamais fait et il est mort à son tour. »

Le fils d'Etla se décrit comme un enfant remuant, dynamique, curieux de tout, pas le moins du monde mélancolique mais il évoque aussi l'atmosphère de cet après-guerre où se confirme son statut d'orphelin, une ambiance lourde, pesante, fermée, avec ses non-dit, ses mystères. « Je posais des questions mais les réponses étaient lapidaires. » Finalement ce n'est qu'en 1956, lors de démarches administratives entamées avec son tuteur, qu'il reçoit officiellement l'annonce de la mort en déportation de sa mère.

Je retrouve dans ce qu'il me raconte une musique assez familière. J'ai grandi entourée de gens, mes parents, leurs amis, qui avaient tous des histoires similaires, différentes naturellement dans les détails mais identiques dans leur fondement : des enfants sauvés in extremis. Vues d'aujourd'hui, habitués que nous sommes au cours encore tranquille des vies dans un monde encore en paix, ces épopées tragiques paraissent inimaginables mais je me souviens très bien qu'elles semblaient à l'époque (la fin des années 1970) presque « normales », aussi inévitables qu'une catastrophe naturelle, après tout « c'était la guerre ».

Comme le fils d'Etla, tant de gens, les enfants de cette guerre, ont appris à grandir, à vivre, en faisant comme si tout était normal, comme s'il était possible de reléguer les folies, les tragédies, loin à l'arrière de sa tête – le jour au moins. La nuit, c'était probablement autre chose ; personne n'en était le témoin. Mais le jour, en apparence, à la surface, la vie continuait : on faisait des études, on faisait des enfants, on vivait... Que faire d'autre ? C'est avec le temps, les années, une fois les enfants grandis, la carrière assurée, le temps moins rempli que, pour beaucoup, les doutes de la nuit ont commencé à infiltrer le jour, que la douleur a commencé à se déployer dans toute sa crudité. Il y a un passage dans *Du côté de chez Swann* qui a toujours évoqué pour moi ce ressurgissement tardif de la douleur. Proust y décrit ce fameux moment où, à Combray, il refuse d'aller se coucher sans que sa mère lui ait dit bonsoir. Le petit narrateur attend, blotti dans l'obscurité des escaliers, que ses parents aient fini de dîner avec Swann. Il s'élance au-devant de sa mère pour la supplier de venir mais l'arrivée de son père, bougie à la main, déjoue ses plans. Il est terrorisé à l'idée de provoquer la colère de ce père semblable à un terrifiant personnage biblique. Mais, contre toute attente, le père autorise la mère à aller coucher près de l'enfant.

> Il y a bien des années de cela. La muraille de l'escalier où je vis monter le reflet de sa bougie n'existe plus depuis longtemps. [...] Il y a bien longtemps aussi que mon père a cessé de pouvoir dire à maman : « Va avec le petit. » La possibilité de telles heures ne renaîtra jamais pour moi. Mais depuis peu de temps, je recommence à très bien percevoir, si je prête l'oreille, les sanglots que j'eus la force de contenir devant mon père et qui n'éclatèrent que quand je me retrouvai seul avec maman. En réalité ils n'ont jamais cessé ; et c'est seulement parce que la vie se tait maintenant davantage autour de moi que je les entends de nouveau, comme ces cloches de couvents que couvrent si bien les bruits de la ville pendant le jour qu'on les croirait arrêtées mais qui se remettent à sonner dans le silence du soir.

Ces lignes dont la beauté m'accompagne depuis si longtemps me reviennent au cours de ma conversation avec le fils d'Etla P. qui entend de nouveau, l'âge venant, les sanglots d'une séparation fondatrice, un jour de juillet 1942. Et je pense à cet enfant lâché dans le vaste monde comme une feuille au vent, absolument seul, sans savoir, sans racines, sans passé, cette vision d'un enfant à la merci de tout et de tous à laquelle Charles Laughton a donné image dans *La Nuit du chasseur*.

Naturellement, il s'est posé des questions, mais par où prendre les choses ? Quel bout de ficelle tirer ? J'aurais aimé pouvoir l'épauler mais les éléments sont tellement épars, un nom par-ci, par-là, la confrérie du Sacré-Cœur, madame Noël, une adresse, la rue de Lancry, que je doute de parvenir à quoi que ce soit. Les quelques documents que j'ai pu retrouver, il les a aussi en sa possession. La seule aide que je suis en mesure de lui apporter est beaucoup plus élémentaire. Il me lit au téléphone des noms retrouvés sur un minuscule bout de papier de la préfecture de police : « C'est le nom des parents de ma mère. Mes grands-parents, finalement. C'est écrit à la main mais je ne comprends pas bien. Pour le grand-père, il y a marqué "Izoulina", pour la grand-mère "Frymet". »

Je déchiffre pour lui ce que l'écriture à la fois phonétique et manuscrite a rendu incompréhensible : « Votre grand-père s'appelait Szulim, c'est-à-dire Salomon. Le prénom de votre grand-mère était Fruma, un prénom typiquement yiddish. »

Je l'entends qui répète après moi, tandis qu'il note méticuleusement : « Le grand-père : Szulim, Salomon, la grand-mère : Fruma, prénom yiddish. Mon grand-père, ma grand-mère. »

C'est troublant de l'entendre prononcer ces mots, « grand-père », « grand-mère » : comme s'il était redevenu, le temps d'une conversation, lui, l'enfant solitaire parvenu à se construire une vie nouvelle par la force de son intelligence et de son travail, le petit-fils de Szulim et Fruma, ce petit-fils qu'il n'avait jamais, même en l'ignorant, cessé d'être.

14

En septembre 1942, Odette, Georges et Suzanne ont reçu une lettre de leurs parents et de Fernande, leur sœur, depuis Drancy. C'est une lettre écrite au crayon à papier sur un petit bout de papier jauni, des phrases entières ont été effacées : la censure. Cette lettre, Odette m'en a parlé dès notre rencontre : c'était un peu son trésor enfoui. Il lui était impossible de la lire elle-même. Que je la lise d'accord, mais dans ma tête, pas à voix haute. Elle a été envoyée le 13 septembre 1942, la veille de leur déportation. Quand elle est parvenue au 209, ils étaient déjà partis. « Ma sœur Suzanne m'avait emmenée à Drancy pour essayer de les voir. Mais on était trop loin, avec les grilles, les barbelés, j'aurais tellement voulu les voir. Mais je n'ai pas pu. »

Je déchiffre difficilement.

> Drancy, le 13 septembre 1942.
> Mes très chers enfants, je vous écris pour la dernière fois car nous sommes déportés demain. Je supplie Suzanne d'être moins nerveuse avec les enfants et qu'elle ne pense qu'à eux et laisse tomber les étrangers. Quant à Zizi, Jojo et ma petite Odette qu'ils soient sages, obéissants et très raisonnables avec elle. Maintenant que tu n'auras plus de colis à nous envoyer, sois entièrement pour les enfants et chasse tout le monde de

> chez nous à l'exception des Montmory et des Ossmann. Je suis très courageuse. Je recommande à Suzanne de veiller sur les enfants en notre absence. Nous sommes vivants et espérons revenir. Mon dernier vœu est que Suzanne ne s'occupe de personne sauf des enfants.
> Vos parents et votre sœur qui vous embrassent comme ils vous aiment : pour la vie.

Lors du tournage du film, nous n'avions plus reparlé de cette lettre, avec Odette. J'avais bien compris qu'elle se situait au-delà de la limite du soutenable, avec ses mots où n'intervenait plus la médiation du souvenir mais qui étaient comme projetés vers un présent actualisé en permanence, des mots éternellement adressés : *Nous sommes vivants.* Finalement à la dernière heure de la dernière journée de tournage, nous étions presque en train de remballer le matériel, Odette m'a demandé de lire cette lettre à voix haute devant la caméra. Elle était assise dans un coin, elle écoutait. Je m'y suis reprise à plusieurs fois car certains mots à moitié effacés m'échappaient. Quand j'ai eu fini de lire, elle est restée silencieuse un moment, son visage était fermé, plus trace de vie dans ses yeux, juste un trait de soleil venu de la fenêtre qui l'auréolait d'une lumière blanche. Au bout d'un moment, elle a dit d'une voix faible et tranchante : « C'est insupportable. Et c'est devenu encore plus insupportable avec les années. Quand on a reçu cette lettre, on avait au moins l'espoir de les revoir vivants. » Elle dit cela et ce ne sont pas des mots de circonstance : « insupportable », « espoir ».

Que l'on y songe une minute : les vies des survivants et de leurs proches sont souvent des vies menées *contre tout espoir*, des vies auxquelles manque ce mouvement fondateur : celui de l'espérance, cet oxygène dont nous nous nourrissons sans même y penser, en toute innocence. Sans même parler de foi religieuse ou d'espoir en un avenir radieux, il y a l'espérance réduite à sa plus simple expression : la possibilité que le sang continue d'irriguer le corps, que la croissance la plus élémentaire, la sienne propre, celle de ses enfants ne soit pas attaquée par la destruction. Vivre après la perte de cette espérance-là est, je le crois, presque impossible. Et c'est aussi comme cela que j'ose interpréter le suicide de Walter Benjamin et celui, plus tardif, de Primo Levi : des morts de dés-espoir. En me permettant de lire cette lettre, Odette, habituellement si retenue, s'autorise elle aussi à me donner la mesure de l'« insupportable ». Et c'est probablement pour m'en défendre comme je peux que, presque machinalement, je note les noms des voisins cités dans la lettre. Montmory, les voisins mitoyens des Diament, les Ossmann que je crois avoir identifiés dans l'escalier B, à gauche dans la cour, et que je reprends le fil du récit qui se poursuit après que la lettre a été envoyée et lue.

Ce même mois de septembre 1942 où ses parents et sa sœur aînée ont été déportés vers une destination inconnue, Odette fait sa rentrée au lycée Jules-Ferry : elle a réussi un concours et obtenu une bourse pour y étudier. Elle rêve d'être professeur de français. Chaque matin, elle emprunte la ligne 2, Belleville – Place-de-Clichy, dans la voiture réservée aux porteurs d'étoile. Même chose le soir : elle sort avec ses copines du lycée. Dans le métro, les copines entrent dans les voitures normales, elle rejoint la dernière voiture.

« Quelques semaines après la déportation de mes parents, un beau jour, je ne sais pas pourquoi, je suis allée chez Gibert Jeune, et je ne sais pas où j'avais entendu le nom de ce livre : *Salammbô*, de Flaubert. Et je voulais lire *Salammbô*. Alors me voilà arrivée boulevard de Strasbourg, avec mon petit manteau et ma petite étoile, et je m'adresse au vendeur, un vieux monsieur aux cheveux grisonnants dont je revois l'image jusqu'à ce jour.

« Je lui dis : "Voilà, monsieur, je voudrais acheter *Salammbô*." Il me regarde et me dit :

"Mais, ma petite fille, ce n'est pas un livre pour toi !

– Ah bon, on m'a dit que c'était un bon livre.

– Mais ta maman, elle t'a donné l'autorisation ?

– Ma maman n'est plus là, elle a été prise, elle est dans un camp."

Il n'a pas insisté, le malheureux, il m'a vendu mon livre, et je crois que je ne l'ai même jamais lu. »

Dans cette vie à deux vitesses, celle du lycée et de *Salammbô*, celle de la voiture réservée dans le métro et de l'angoisse quotidienne, c'est la survie à quatre pour Suzanne, Jojo, Zizi et Odette : ce sont les courses aux horaires réservés, la débrouille, la peur des rafles.

« Il y avait toujours des rumeurs, il ne faut pas sortir, il faut rester à la maison. Et je me souviens d'une fois où on n'avait pas pu sortir de la maison pendant trois jours. Le troisième jour on a frappé à la porte : c'était mon professeur de français, madame Paulis. Elle était venue aux nouvelles, voir ce qu'il se passait, elle m'avait même dit qu'elle cachait des juifs. Mais finalement, j'ai dû abandonner le lycée. Ce n'était plus possible, je manquais trop. J'ai appris la sténodactylo et j'ai commencé à travailler, j'avais 13 ans et 2 mois. Chez le même avoué que ma sœur au métro Madeleine : on était dans une pièce à part, le public ne devait pas nous voir, avec nos étoiles… »

Tandis que chez les Diament, on survit tant bien que mal, les rafles continuent dans tout l'immeuble et ce, bien après le 16 juillet.

À chaque mois son lot d'arrestations.

En septembre 1942, c'est l'épicière Sura Haïmovici qui est arrêtée, puis madame Fuchs du 4e étage escalier D : elle était allée faire ses courses rue Rodier dans le IXe arrondissement. En octobre, quelques étages au-dessus de chez Odette dans l'escalier A, les Szulc et leur petit garçon Daniel, ainsi que Pinkus et Laja Goldwaser sur lesquels je n'ai rien pu trouver d'autre que la mention de leur arrestation.

En novembre, ce sont les Knoplock du 3e étage, les voisins de Miquette et ses parents, qui sont arrêtés par deux inspecteurs français. Leurs deux enfants, Henri et Jojo, sont épargnés.

En novembre encore (était-ce lors de la même rafle ?) les Ossmann de l'escalier B, 3e étage... Ossmann ? Leur nom est cité dans la dernière lettre des parents d'Odette. Je lui demande si ce nom lui dit quelque chose. Lui revient la vision d'un petit garçon, peut-être 5-6 ans. « Il s'appelait David mais je ne suis pas certaine de son prénom. Ce dont je me souviens très précisément c'est qu'il avait un petit manteau rouge et un chapeau de la même couleur. Je le revois traverser la cour. Les parents venaient d'Allemagne, je crois. »

Aucune mention de David Ossmann dans les papiers concernant l'arrestation. Cet enfant qui m'évoque le Chaperon rouge des contes a-t-il vraiment existé ou bien Odette le confond-elle avec un autre gamin ?

Ce ne peut pas être Daniel Szulc. Il n'avait que 3 ans au moment de son arrestation... un enfant de 3 ans pour toujours. Daniel Szulc dont je ne sais rien. À quoi ça pense, un enfant de 3 ans ? Au moins a-t-il été déporté avec son père et sa mère. Dans le même convoi, il y avait les Goldwaser. Ces voisins du 209 se sont-ils croisés, reconnus à Drancy ou sur les quais de la gare du Bourget ? Il y avait au total 1 000 personnes dans ce convoi n° 40 parti le 4 novembre 1942. Cela veut dire des dizaines de wagons. C'est peu probable mais peut-être les Szulc et les Goldwaser se sont-ils aperçus lors du transport ? Ont-ils été alors ramenés quelques semaines en arrière, du temps, à la fois si proche et terriblement lointain, où tous, ils poussaient la même porte cochère, marchaient sous la même voûte ?

Les Knoplock et les Ossmann ont eux aussi été déportés par le même convoi n° 46, celui du 9 février 1943.

Dans le convoi suivant, le n° 47, parti deux jours plus tard, le 11 février, il y a une autre habitante du 209 : Feiga Wiener. Elle était mécanicienne et vivait maritalement avec un Français « pur jus », Georges Marchal. De cette union libre étaient nés deux enfants : Odette en 1936 et Pierre en 1940. Il est probable que cette union libre et mixte l'a protégée pendant la rafle du Vél'd'Hiv ; comment se fait-il qu'elle se soit ensuite fait arrêter ? Se sentait-elle protégée par ses deux enfants à moitié « aryens » ? Son statut de concubine et non de femme mariée a probablement déterminé son sort : son arrestation par la police du Xe arrondissement est consignée dans le registre du dépôt de la préfecture de police le 10 janvier 1943 à 1 heure du matin. Elle a été victime d'une rafle touchant le Xe et le XVIIe arrondissement comme en témoignent les adresses des autres personnes arrêtées en même temps qu'elle et qui sont, tout comme elle, amenées au dépôt avant d'être transférées à Drancy. J'ai tenté de retrouver sans y parvenir la trace d'Odette et Pierre. Leur père est mort en 1947, ils ont d'abord été pris en charge par leur grand-mère paternelle puis, très rapidement, par leur tante, la sœur de Feiga, Hélène, qui habitait après la guerre boulevard de Belleville et qui devient leur tutrice. Ont-ils assisté à l'arrestation de leur mère ? Pourquoi Georges Marchal n'a-t-il pas pu l'empêcher ?

Tant d'arrestations en quelques mois, cela fait beaucoup de logements vides et de biens en déshérence qui suscitent les convoitises. Chez les Ossmann, 3e étage, escalier B, l'appartement est vidé par la Dienststelle Westen qui organise la spoliation systématique des meubles appartenant aux familles juives. Ils emportent deux sofas à rallonge, une armoire à vêtements avec miroir, une table, quatre chaises, un grand lampadaire, un tapis, une commode, une lampe, un poêle à charbon, un lit d'enfant. Parfois, probablement pour les logements les plus pauvres dont le maigre ameublement a été dédaigné par les Allemands, ce sont les voisins qui se servent.

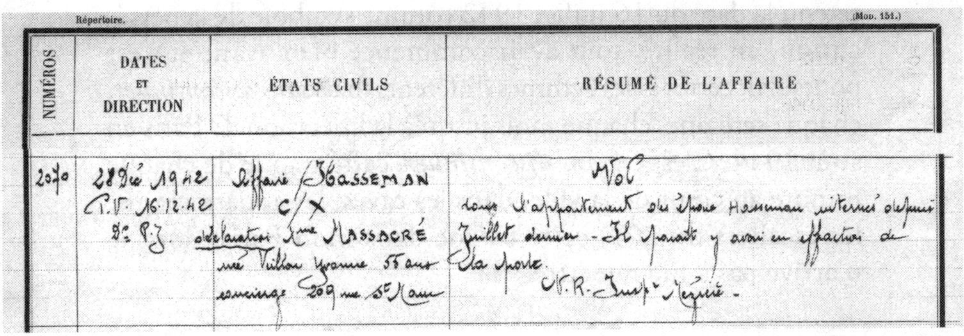
Répertoire. (Mod. 151.)

NUMÉROS	DATES ET DIRECTION	ÉTATS CIVILS	RÉSUMÉ DE L'AFFAIRE
2070	28 Déc 1942 P.V. 16.12.42 de P.J.	Affaire Hasseman c/X déclaration Mme Massacré née Villon Jeanne 55 ans concierge 209 rue St Maur	Vol dans l'appartement des époux Hassman internés depuis Juillet dernier - Il paraît y avoir eu effraction de la porte. A.V.R. Insp. Mézière.

Le 28 décembre 1942, la concierge, madame Massacré, dépose une main courante au commissariat de l'avenue Claude-Vellefaux : il y a eu vol avec effraction dans l'appartement des époux Hassman (à ne pas confondre avec les Ossmann). Dans le quartier c'est assez fréquent, il y a plusieurs mentions de vols de ce genre dans des rues adjacentes au 209, en particulier au 5-7 rue Corbeau (aujourd'hui rue Jacques-Louvel-Tessier), un énorme immeuble presque entièrement vidé de ses habitants juifs. Elle paraît pourtant bien dérisoire cette main courante pour vol alors même qu'en décembre 1942, des Hassman eux-mêmes, il ne reste probablement rien. Et je ne peux m'empêcher de m'interroger. Est-ce que parmi les policiers qui enregistrent la plainte, il n'y en pas un qui a lui-même procédé, six mois plus tôt, à l'arrestation de Dorota Hassman et de ses deux enfants ?

Je me rends bien compte qu'à entrer dans le détail de cette succession d'arrestations, je prends le risque que tout se mélange : les noms, les dates, les convois. Le risque de la submersion. De la lassitude aussi. Mais comment faire autrement pour éprouver que, même si la mémoire collective a retenu la date du 16 juillet 1942 comme symbole de la persécution, en réalité, tout avait commencé bien avant et s'est poursuivi, certes à des rythmes différents mais *sans discontinuer*, chaque semaine, chaque mois jusqu'à la libération de Paris en août 1944. C'est ce *sans discontinuer*, cette traque de chaque minute au cœur de la ville, dans les caves, les appartements, les escaliers du 209, cette traque dans mon Paris, dont je n'arrive pas à me remettre.

15

Dans la cour, intriguée par la caméra, une jeune femme m'aborde avec un grand sourire pour me demander ce que nous filmons. Elle s'appelle Fatima et vivait ici dans l'escalier A, au 6e étage. Elle a déménagé mais ses parents habitent toujours là, ils s'occupent de ses enfants après l'école. Elle vient les chercher tous les jours. Elle a grandi ici dans les années 1980, avant qu'une grande partie des appartements ne soit revendue. « Il y avait beaucoup de Marocains, de Kabyles, de Portugais ici, m'explique-t-elle. Mes parents sont arrivés ici en 1977. C'était un ami de mon père qui déménageait et il a proposé l'appartement à mon père. C'est comme ça que ça se faisait à l'époque. Moi, je suis née ici en 1980 et on a été toute une bande d'enfants à grandir dans cette cour. Le 209 c'était comme une histoire de famille. Beaucoup d'hommes étaient ouvriers. Ils travaillaient dur. Souvent la nuit. Les femmes restaient à la maison pour élever les enfants. Sur notre palier, il y avait des Portugais et nos portes étaient toujours ouvertes, on allait constamment les uns chez les autres, on pourrait dire qu'on cohabitait. Leur fille était comme ma sœur. Nous, on était sept, on vivait dans un 30 m^2, les toilettes sur le palier bien sûr. Mais mon père avait réussi à construire une petite douche dans l'appartement. »

Je lui demande à quoi ressemblait l'immeuble à l'époque, elle éclate de rire : « Il ne ressemblait pas du tout à ce qu'il est aujourd'hui ! Les couloirs étaient très longs, très sombres. Quelques appartements étaient vides. Mon père les barricadait pour éviter les cambrioleurs ou les squatteurs. Il y avait des toiles d'araignées, pas de lumière, c'était encore très insalubre. Sur les murs, il y avait des bouts de journaux collés. Je me souviens qu'il y avait même des journaux datés de 1911 ! Nous, les gosses, on s'attendait devant la loge pour monter tous ensemble en rentrant de l'école : on avait particulièrement peur du 2e étage, il nous semblait plus terrifiant encore que tous les autres. En même temps, on était bien ici, on courait d'un escalier à l'autre, on jouait un peu dans la cour ou sur la place du Buisson-Saint-Louis – tous les gamins du quartier allaient là-bas. » Elle s'interrompt pour embrasser la dame d'un certain âge que j'ai déjà souvent remarquée dans la cour : elle ramène tous les jours ses petits-enfants de l'école et je suis toujours frappée par la dignité rayonnante qui émane d'elle.

Fatima revient : « Elle, c'est ma seconde mère, vraiment. Madame Bir. Elle habite dans l'escalier D avec son mari, je crois qu'ils sont là depuis plus de quarante ans. Je crois même que le mari est arrivé d'Algérie au milieu des années 1960. Seul dans une petite pièce d'abord dans l'escalier C, puis il a fait venir sa femme et ils ont déménagé dans deux pièces, escalier D. C'est là que leurs enfants ont grandi. Ils sont kabyles. J'étais très copine avec une de leurs filles, Nedjma. Elle est pharmacienne maintenant rue Saint-Maur.

« Il y avait aussi une autre Fatima, presque de mon âge, dans l'escalier C. Ils habitaient là (elle désigne les fenêtres du 6e étage à gauche). Elle, elle est née pour de bon au 209 : sa mère a perdu les eaux dans l'escalier – il n'y avait pas d'ascenseur à l'époque –, c'est une voisine du 3e, une Marocaine aussi, qui l'a fait entrer chez elle et qui a appelé les pompiers – elle a accouché chez la voisine ! On s'est tous vus grandir ici. Et puis il y avait des plus vieux, il y avait une Martine, une Marie-France, une Rachel dans mon escalier, une Sarah Bercowitz, d'une grande élégance – elle est morte il y a quelques années, paix à son âme... On s'entraidait... C'était très particulier ici... Toutes les familles se connaissaient. Ceux de l'époque qui sont restés sont toujours locataires pour la plupart, mes parents, ceux de Nedjma... Les parents de l'autre Fatima, ils sont partis en banlieue. Mais vraiment, je suis curieuse, qu'est-ce qui s'est passé ici, avant nous ? »

Je lui raconte à mon tour quelques-unes des histoires que j'ai découvertes : le communard Claude Payet, Léon Gardeblé et puis aussi la guerre dans l'immeuble, les rafles. Elle ouvre de grands yeux, s'exclame, me pose des questions, puis pousse un petit cri. Elle est en retard, il faut qu'elle aille récupérer ses enfants chez ses parents. Je la recroise quelques minutes plus tard, sous la voûte, ses deux petits garçons à la main, marchant là où elle a elle-même marché petite fille. L'histoire que je n'ai pas encore racontée à Fatima c'est celle, que je ne connais pas encore, du petit garçon au manteau rouge dont m'a parlé Odette.

Cet enfant-là ne me sort pas de la tête. Il serait le fils de Szlama et Marta Ossmann mais il n'est pas inscrit avec eux sur la liste du convoi n° 46. Ni sur la liste d'aucun autre convoi. Si cet enfant existe, si Odette n'a pas confondu, s'il a survécu, alors où est-il ?

Toujours sur Internet, je trouve un site dédié à des avis de recherche déposés par des familles de déportés jusque dans les années 2000... L'une de ces annonces, vieille d'une dizaine d'années, est signée d'un certain Joseph Osman : « Je n'arrive pas à retrouver l'endroit ni la famille qui a caché mon cousin Henri Osman, ce qui lui a permis de survivre tandis que son frère était déporté convoi n° 42 ainsi que ses parents convoi n° 46. Ils habitaient 209 rue Saint-Maur à Paris XIe. Henri a survécu et vit aujourd'hui aux USA. Merci pour votre aide éventuelle. »

Le petit Chaperon rouge existe… Il ne s'appelle pas David mais Henri. Osman ne s'écrit qu'avec un seul *s* et un seul *n*.

J'ai retrouvé mon premier mail écrit le 17 octobre 2014 à 20 h 43. La réaction de Joseph ne tarde pas : il me répond à 20 h 51… Nous nous appelons immédiatement. Je suis la première et unique réponse à son annonce en dix ans. Malheureusement, j'ai plus de questions que d'informations à lui apporter. D'emblée, je suis conquise par la chaleureuse générosité de Joseph, par son enthousiasme et sa sensibilité qui me seront d'une aide cruciale sur le chemin qui me mène à Henri.

Nous nous rencontrons dans son appartement situé à deux pas du gymnase Japy qui fut en 1941 l'un des lieux où furent regroupés les juifs étrangers de la rafle du « billet vert »… Joseph a reconstitué la généalogie et l'histoire de sa famille venue de Varsovie où ses grands-parents tenaient un restaurant, rue Mila. Il y avait huit enfants : parmi eux son propre père, Nathan, et celui d'Henri, Szlama.

Szlama a été le premier à quitter la Pologne pour l'Allemagne dans les années 1920 avec sa femme Marta. Un premier fils, David, y est né en 1924. Puis, après l'accession d'Hitler au pouvoir, il est arrivé en France, à Paris où avaient immigré entre-temps un autre de ses frères et deux de ses sœurs. Il s'est installé au 209 rue Saint-Maur où son deuxième fils, Henri, est né en 1937. Nathan, le frère de Szlama, le père de Joseph est, lui, resté en Pologne et il a passé la guerre dans un camp soviétique avant d'immigrer à Paris en 1946.

Parmi les quatre frères et sœurs qui vivaient à Paris avant la guerre, seul le plus jeune, Léon, a survécu. Szlama et Marta, sa femme, ont été déportés en 1943. Quant à leur fils aîné, David, après la rafle du 16 juillet, il s'est enfui à Bordeaux. Il y est tombé malade et a été directement raflé (grâce à l'efficacité du préfet Maurice Papon) à l'hôpital d'où il a été expédié à Drancy puis à Auschwitz.

Joseph m'explique qu'en grandissant il avait entendu parler de son cousin Henri dont on savait qu'il avait été caché à partir de 1942 puis récupéré après la guerre par le seul oncle survivant, Léon, avant de partir aux États-Unis en 1948, réclamé par sa famille maternelle. Là, sa trace se perdait.

« Mon père parlait souvent d'Henri, qu'il n'avait jamais connu, naturellement, mais qui était le fils de son frère chéri mort en déportation. Nous avions complètement perdu sa trace. J'ai grandi avec l'idée de ce cousin perdu. C'est pourquoi j'avais posté cette annonce à l'époque. Mais il y a quelques années, un hasard prodigieux nous a permis de le retrouver. Des huit enfants nés à Varsovie, seuls trois garçons ont survécu à la guerre : mon père, Nathan ; Léon, qui a survécu en France ; le troisième c'est Arnold, qui avait émigré aux États-Unis avant la guerre. Arnold Osman a eu un fils, Peter. Or, un jour dans les années 2000, Peter était à l'hôpital en Floride, au chevet de sa femme malade. Une infirmière entre dans la pièce et lui dit que c'est curieux, un homme qui porte le même nom est en train de rendre visite à une personne hospitalisée dans la chambre mitoyenne. Peter s'est levé pour rencontrer cet homonyme et c'était son cousin Henri devenu Henry et qu'il n'avait jamais rencontré !

« Nous nous sommes vus, pour la première fois, il y a quelques années, à New York où il habite. Ces retrouvailles étaient bouleversantes mais je ne sais pas grand-chose sur lui ni sur ses parents. Lui-même ne veut rien savoir. Il est très sauvage.

Depuis son annonce, Joseph a non seulement retrouvé Henri mais il a enquêté de son côté : il m'apprend qu'Henri a été confié par sa mère, probablement en 1942, au Comité Amelot, une association juive qui parvint à sauver, en les cachant, des centaines d'enfants pendant la guerre. Une photo de cette époque est conservée au Mémorial de la Shoah. Joseph me la montre immédiatement et j'y découvre Henri, tout de blanc vêtu, posant entre deux personnes âgées devant une petite maison de banlieue, à Livry-Gargan.

Je lis le rapport associé à la photo. Il émane de l'assistance sociale du Comité Amelot qui faisait, naturellement de façon clandestine, la « tournée » des enfants cachés pour vérifier leur situation dans la famille d'accueil. La note date de 1944 : « Parents déportés, probablement étrangers, adresse : 209 rue Saint-Maur. » Il mesurait 1,19 mètre, il était « maigre mais bien constitué ». « Enfant intelligent bien adapté, scolarité excellente. Les parents "nourriciers" sont des "vieillards vivant de la retraite des vieux". » « Intérieur très modeste, de très bonne tenue. L'enfant est vêtu par les soins de la nourrice. Il faudrait un petit trousseau, chemises, culottes, caleçons. » Une ligne attire particulièrement mon attention : « La pension était assurée par une amie de la famille, madame Diament. La pension est réduite depuis le mois de janvier. »

En 1944, Odette était trop jeune. Cette Diament ne peut être que sa sœur Suzanne, qui s'est donc chargée de la pension du petit Henri après la déportation des parents. Dans la dernière lettre des parents d'Odette, il était d'ailleurs question des Osman. Étaient-ils proches ? Odette, que j'appelle pour l'interroger, m'affirme qu'elle ignorait totalement cette histoire de pension : sa sœur ne lui en a jamais parlé ni pendant ni après la guerre. En revanche, elle se souvient que le père, Szlama, venait souvent chez eux. Il est possible d'imaginer que les parents Osman ont pris la décision de cacher Henri après la rafle du Vél'd'Hiv et que, inquiets pour leur propre sort, ils ont confié un peu d'argent à Suzanne Diament pour que, même s'ils étaient pris, elle puisse continuer à assurer la pension de l'enfant. C'est apparemment ce qui s'est produit.

Joseph m'a prévenue en me donnant ses coordonnées : Henry est peu enclin à se pencher sur ces années. Joseph ne peut garantir l'accueil qu'il me fera si je l'appelle. Malgré ses réserves, je tente le coup. Je suis prête à aller à New York s'il le faut pour en savoir plus sur le petit Chaperon rouge dont j'ai identifié le logement au 3e étage de l'escalier B. Juste à côté de chez les Blumenthal et de chez Léon Gardeblé, le soldat à la gueule cassée.

Je laisse quelques messages, puis un jour il décroche. Joseph l'avait prévenu de mon appel. Je le sens à la fois très mal à l'aise et bouleversé. Il a besoin de temps pour réfléchir. Moi aussi : je me rends compte qu'avec Henry, ma quête prend une autre tournure... Comme si le fait qu'il soit si loin accentuait la sensation que je viens faire intrusion avec mes questions, ma recherche, pour bouleverser une vie rebâtie loin de la destruction. Parmi les anciens locataires que j'ai déjà rencontrés, Henry est le premier qui n'a manifestement aucune envie de se souvenir de quoi que ce soit. Il me l'a dit au téléphone : « *I want to put all of this behind me.* » De quel droit irais-je à l'encontre de sa volonté ? Au nom de quelle mémoire inquisitrice ? L'oubli n'est pas un ennemi pour moi, je sais à quel point il peut être protecteur et vital. Ne pas vouloir savoir, ne pas vouloir se souvenir, désobéir à la grande injonction biblique du « *Zakhor* », « Souviens-toi ». À moins que nommer, regarder, soit une manière de donner sens et forme – même aussi ténue qu'une adresse – à la plus douloureuse disparition. C'est d'ailleurs ce que m'a aussi dit Henry à la fin de ce premier coup de fil, ce pour quoi il accepte d'envisager une rencontre. Il veut à la fois laisser tout ça derrière lui et en même temps, m'explique-t-il, il aimerait que sa petite-fille, Lily, la fille de sa fille Michelle, puisse un jour savoir quelque chose de cette histoire.

Pleine d'ambivalence, prête à affronter celle d'Henry, je n'ai ni le cœur ni la tête tranquilles quand je le rappelle au bout de quelques jours. D'emblée, il me dit qu'il veut bien me rencontrer : pas chez lui mais chez sa fille, qui habite à quelques kilomètres de sa propre maison, dans l'État de New York, le long de l'Hudson River. Le rendez-vous est fixé pour dans deux mois. Je me dis qu'il aura toujours le temps de se raviser si cette perspective était trop difficile pour lui – on se donne bonne conscience comme on peut.

Il ne s'est pas ravisé.

Deux mois plus tard, je suis devant cette maison du nord de l'État de New York et c'est comme si la rue Saint-Maur n'existait pas, n'avait jamais existé, engloutie par ce paysage du Nouveau Monde. Auparavant je me suis un peu perdue dans cette petite ville assez pauvre où, dans la grande rue bordée de maisons en bois, les devantures des magasins aux rideaux tirés alternent avec quelques bodegas et autres cantines latinos. La crise de 2008 a frappé dur ici et une grande partie de la population, beaucoup de Portoricains, de Dominicains, vit en dessous du seuil de pauvreté. Les industries ont fermé, ainsi que les briqueteries qui pullulaient : c'est dans le sol argileux des bords de l'Hudson qu'on façonnait autrefois les briques dont sont faits les immeubles de Manhattan, à moins d'une heure de là.

C'est un peu le rêve américain de deuxième, voire de troisième classe.

La maison de Michelle, la fille d'Henry, et de son mari est plutôt spacieuse, assez neutre, « à l'amérrrrricaine » comme dirait en roulant les *r* le facteur berrichon de *Jour de fête*. Dans le salon, la petite-fille d'Henry, Lily, une adorable et minuscule brunette, joue devant une haute maison de poupée en plastique vert et rose fluorescent. Michelle aussi est assez « à l'amérrrricaine », aimable et efficace. Henry s'avance : grand, tout en jean, une fossette fichée au creux du menton – le cow-boy alerte du 209. Il ne paraît pas ses 79 ans. Nous prenons place sur les canapés marron collés contre des murs marron. Seules quelques photographies encadrées viennent briser la monotonie. C'est très intimidant. J'ai dans mon sac, à portée de main, les archives que j'ai pu retrouver sur les parents d'Henri : parmi elles, le dossier d'aryanisation du stock de marchand ambulant en bonneterie de Szlama, un rapport sur Marta Osman retrouvé dans les archives de la préfecture de police, datant de juin 1941 et récapitulant son parcours depuis son arrivée en France en mai 1933 après que la famille a quitté Dortmund en Allemagne où elle vivait depuis les années 1920. Y est notamment indiqué le fait que les Osman, Szlama, Marta, David, ont d'abord vécu rue de Meaux, chez Léon, le petit frère de Szlama, puis 23 avenue Claude-Vellefaux avant d'emménager au 209 rue Saint-Maur le 16 juillet 1934 pour un loyer annuel de 1 200 francs. Le rédacteur note également que Marta et Szlama Osman ont obéi à la première ordonnance allemande de septembre 1940 prescrivant le recensement des juifs en zone occupée et que, par ailleurs, « on ne leur connaît pas d'opinions politiques ». Pour l'instant, les papiers sont dans mon sac. Je ne les sors pas.

Henry et Michelle sont assis l'un à côté de l'autre. Je demande à Henry s'il a déjà raconté son histoire. Oui, me dit-il, quelques fragments à son ex-femme, la mère de Michelle, mais jamais l'histoire dans sa totalité – il y avait trop de moments « gênants ». Je n'ai même pas le temps de réfléchir au caractère curieux de cet adjectif, « gênant », qu'il enchaîne dans un souffle, ses yeux bleus braqués sur moi : « J'ai été un voleur, un délinquant juvénile. J'étais un enfant à problèmes. J'étais très en colère. Ma famille américaine a eu du mal à me contrôler. J'étais très attaché à la famille française, celle dans laquelle j'ai été caché. Et on m'a arraché à eux après la guerre, je me suis retrouvé à Saint-Quentin pendant un temps, chez Léon, le frère de mon père, puis ensuite ici. Je n'étais pas du tout un gentil petit garçon. »

Notre conversation se déroule en anglais, et même quand il prononce le mot « Saint-Quentin », Henry parle avec un accent américain. Je ne sais pas quelle était sa langue maternelle, du yiddish ou du français, mais une chose est certaine, il a parlé le français au moins jusqu'à l'âge de 10 ans, couramment. Apparemment, la langue, comme tout le reste, a été enfouie.

« Ma famille américaine était juive pratiquante. Moi, pour survivre, j'étais devenu un petit catholique pendant la guerre. Je n'étais plus juif et dès mon arrivée on m'a mis dans une école juive très religieuse ici. Tous ces pères, ces mères qui se sont succédé... à essayer de me contrôler. Mais j'étais incontrôlable, renvoyé de l'école, etc. Finalement, à 16 ans, j'ai tout quitté. C'est là que je suis devenu une sorte de délinquant. Aucune éducation, rien. Je passais de petit boulot en petit boulot. Je volais, j'ai fait un peu de prison. Comme ça jusqu'à 22 ans. À un moment je me suis dit qu'il fallait que je change de vie. C'est là que je suis entré dans l'armée et ça m'a sauvé la vie. L'armée m'a donné une famille. S'il n'y avait pas eu l'armée, je ne serais pas ici à vous parler aujourd'hui. »

Avec précaution, comme on essaie de marcher sur la glace en tâchant de ne pas la briser, je lui demande s'il a des souvenirs de son enfance française.

« J'ai laissé tout ça loin derrière moi. Je m'efforce de ne pas me souvenir car si j'oublie je suis heureux. Si je me souviens, la colère monte en moi. Quand vous êtes en colère, vous êtes le seul à souffrir, donc je suis heureux quand je ne suis pas en colère, quand je ne me souviens pas. »

C'est imparable, je me tais.

Il reprend malgré tout : « Ce dont je me souviens très clairement, je ne sais pas si c'est avant ou après que les Allemands ont occupé la France, je me souviens que des gens dans l'appartement au-dessus de chez nous – est-ce que c'était les locataires, les policiers français, les Allemands, je ne sais pas – mais qu'en tout cas quelqu'un criait en tapant sur notre plafond : "Juifs, dehors !" Je m'en souviens parfaitement. La scène suivante c'est, très vite après, quelques heures, quelques jours, je ne sais pas, ma mère qui m'amène dans un appartement. Il y avait des escaliers très raides. Ma mère m'a laissé là. Et quelques jours après, je suis avec ce vieux couple. Comment je me suis retrouvé là, pourquoi je me suis retrouvé là ? Je n'en sais rien. Ce couple avait une fille qui s'est occupée de moi et que j'aimais beaucoup. La quitter a été un arrachement. Je me souviens qu'elle voulait que je mette des sandalettes pieds nus alors que j'avais été habitué à toujours porter des chaussettes, je voulais absolument porter des chaussettes ! Je me souviens aussi de mes larmes quand mon oncle m'a repris après la guerre. Voilà tout ce que je sais : les coups sur le plafond, les cris "Juifs... !", ma mère, l'escalier, ma mère qui m'a laissé en haut des escaliers, le couple et leur fille. Fin de l'histoire. »

« *My mother left me there* » : ce qu'il y a de douleur et de colère dans cette simple phrase. Je repense au fils d'Etla. Lui aussi, sa mère l'a laissé.

Je pose encore quelques questions et je m'aperçois que, pour Henry, et comment en serait-il autrement, toute la chronologie est floue : quand je lui dis qu'il a probablement été caché peu avant ou après la rafle du Vél'd'Hiv en 1942 et qu'il avait donc autour de 5 ans quand sa mère l'a « laissé », il est surpris – il pensait qu'il était beaucoup plus jeune. Il aurait donc vécu cinq ans au 209 rue Saint-Maur avec ses parents et avec ce frère aîné dont il avait perdu tout souvenir ? « Je ne savais même pas que j'avais un frère jusqu'à mon arrivée aux États-Unis. » Il ne se souvient ni de son père ni de son frère ; une vague image de sa mère, mais il ne sait pas si c'est une image authentique ou un souvenir inspiré par les photos qu'on lui a montrées plus tard.

Son souvenir le plus « vivant » (c'est son expression), plus vivant que le visage de ses parents, c'est incontestablement ces coups et ces cris « Juifs, dehors ! » Il m'est impossible de savoir qui étaient ces voisins du dessus, mais en étudiant attentivement l'organisation topographique du bâtiment B, à gauche dans la cour, j'ai du mal à croire qu'un voisin ait pu hurler cette phrase : il y avait les Blumenthal tout à côté, les Gardeblé deux portes plus loin, Gardeblé était communiste, il y avait aussi l'un des deux policiers de l'immeuble, Hippolyte Theuille… Est-ce que ces coups dont parle Henry ne sont pas plutôt les coups sur la porte du 16 juillet : ces mêmes coups qu'a entendus Berthe Rolider confinée avec sa mère derrière cette porte qu'il ne fallait pas ouvrir ? Mais il parle de coups sur le plafond et non sur la porte. Est-ce qu'on ne pourrait pas non plus interpréter ces coups (plancher contre plafond) comme un signal, une alerte, un avertissement : Attention, n'ouvrez pas la porte, cachez-vous. Ces coups précèdent en tout cas de peu le moment où sa mère emmène Henri dans cet appartement auquel il faut accéder par des escaliers raides, un appartement clandestin, celui du Comité Amelot ?

« *And then she left me there* », il répète la phrase et je réalise tout à coup, c'était pourtant évident, à quel point ce sauvetage ressemble trait pour trait à un abandon. La main de l'enfant qu'on lâche, puis qu'on laisse. La colère d'Henry n'est pas seulement dirigée contre l'Allemagne, contre la France comme il le répète, mais aussi, peut-être, et ce doit être insupportable, plus souterrainement contre celle qui l'a à la fois sauvé et abandonné.

Je lui dis que ses parents ont été arrêtés en décembre 1942. Il m'interrompt immédiatement : « Je voudrais que vous ne disiez pas "arrêtés", "arrêtés" c'est pour des criminels. Ils ont été "pris par la force", c'est plus juste. »

Je lui demande s'il veut voir les quelques documents que j'ai pu retrouver, il refuse aussitôt : « Je ne suis pas intéressé, je ne veux pas les voir. Je vous crois sur parole. »

Sa fille intervient : « Mais moi je voudrais les voir, vous pourrez me les montrer plus tard ? » Henry enchaîne : « J'ai laissé tout ça derrière moi. Je ne veux rien voir. Mais je veux que Michelle et Lily sachent. J'ai laissé tout ça derrière moi et voilà que ça revient. »

Michelle le regarde et lui déclare très doucement : « Pour autant que tu le laisses revenir, papa. C'est bien, pour nous, de savoir. »

Il dit, comme pour lui-même : « Je ne sais rien. Je ne sais pas quel était le métier de mon père, à quoi ressemblait son visage. »

Michelle se tourne alors vers moi : « Quel était son métier ? »

Henry reste silencieux mais il se tourne aussi vers moi, l'air interrogateur.

Je réponds : « À Dortmund il avait un magasin, puis quand il a immigré en France il est devenu marchand ambulant. En bonneterie. »

Je dessine à gros traits l'immeuble comme je sais désormais le faire et je commence à leur raconter ce que j'ai trouvé : la loge de la concierge, Albert, Odette, Miquette, Sura Haïmovici, etc. Je fais une croix là où je pense qu'était leur appartement. Je leur parle de Gardeblé, son voisin, du crime passionnel, de la concierge madame Massacré. Du nom « Osman » cité dans la dernière lettre de ses parents à Odette. Henry regarde attentivement, captivé tandis que je peuple l'immeuble de papier, comme si ces noms, ces lieux, ces voisinages étaient les traces concrètes de son enfance.

Soudain dans cette maison américaine préfabriquée, dans ce salon impersonnel, quelque chose a pris vie devant ces dessins malhabiles... Je songe, en écrivant ces lignes, au verbe qui désigne, en ancien français, le fait de se souvenir, se *ramentevoir*. En examinant l'étymologie de ce mot, je m'aperçois qu'en réalité le « voir » final renvoie plus au verbe « avoir » (« ré-avoir » à l' « esprit », *mens*) qu'à l'action de voir, mais je choisis la phonétique contre l'étymologie pour me souvenir à mon tour de ce moment très particulier où, tandis que je dessinais, que je racontais, je pouvais sentir qu'Henry, tout à coup, s'était mis à essayer de voir à nouveau.

C'est alors qu'il me dit : « Il y a quelques années, j'ai été au musée de l'Holocauste à Washington. C'était juste pour dire bonjour. »

Il se met à pleurer, puis se reprend : « J'ai été au musée, j'avais demandé à ma fille de venir mais elle n'a pas voulu.

J'avais mis une chemise blanche et une cravate, je m'étais fait élégant parce que c'était mes parents. Le garde m'a distingué dans la queue et il m'a dit de monter à l'étage. Là, il y avait une boîte avec des papiers. J'ai une copie de ces papiers. Je devais y retourner mais je n'ai jamais trouvé la force. En y allant, je pensais que je serais près de mes parents, que je pourrais leur dire au revoir. »

Plus tard, avec Michelle, nous regardons les documents que j'ai apportés. Je les traduis en direct. Henry se tient à distance, il fait mine de s'intéresser aux photos sur les murs. Non loin, la petite Lily continue de jouer devant la maison en plastique rose et vert.

Peu à peu, centimètre par centimètre, c'est à la fois discret et très spectaculaire, Henry se rapproche de nous, jusqu'à venir à notre hauteur et à regarder les papiers par-dessus l'épaule de sa fille. « Je croyais que tu ne voulais rien voir », lui dit Michelle. Il sourit faiblement : « Je suis comme les chats, poussé par la curiosité. »

En sortant de chez Michelle, nous sommes allés nous promener avec Henry dans les bois qui jouxtent les rives de l'Hudson. Là il m'a raconté son voyage vers les États-Unis à l'âge de 9 ans et demi. Il portait un béret et un short. Il avait son petit violon dans une boîte. Il a voyagé seul. D'abord vers Londres où il est resté seul dans une chambre plusieurs jours. Puis il a pris l'avion. L'avion n'a pas pu atterrir à New York à cause d'un ouragan. Il s'est retrouvé à Boston alors que sa famille l'attendait à New York. Quelqu'un, il ne sait pas qui, l'a mis dans un train pour New York et il est arrivé pour sa nouvelle vie avec son violon, son short et son béret.

Derrière les arbres encore nus de mars, je vois le fleuve qui coule, large, sauvage, américain.

Henry marche devant moi, il zigzague en silence au milieu des troncs noirs.

Tout à coup il se retourne et me demande si les gens auxquels j'ai parlé sont aussi en colère que lui. Je réponds qu'ils me semblent surtout pleins d'une peine inconsolable. Il m'interrompt : « Donc ils sont en colère. La peine inconsolable, c'est une autre manière de dire qu'ils sont en colère. »

Avant que je ne le quitte il me dit : « Je viendrai peut-être à Paris. J'aimerais voir le lieu où ils ont vécu. » Je me retiens de lui dire qu'il y a vécu lui aussi.

Henry au 209 ? Nous verrons.

16

À mon retour de New York, j'ai mis un peu de temps à me remettre d'un profond sentiment de tristesse, comme si j'avais été contaminée par le désarroi d'Henry. Je suis restée quelques jours sans rien pouvoir faire, inerte.

J'étais ramenée quelques années en arrière, à l'époque d'un autre voyage, d'un autre film. Je tournais alors en Allemagne et j'avais décidé de filmer quelques images au camp de Ravensbrück. Officiellement, j'avais choisi Ravensbrück par pragmatisme… Nous étions avec mon équipe à Berlin et ce camp était le plus accessible, compte tenu du plan de travail serré auquel nous devions nous tenir. Que ma mère, ma tante et ma grand-mère y aient été déportées entre juillet 1944 et janvier 1945 avant d'être transférées, puis libérées quelques mois plus tard à Bergen-Belsen, ce n'était qu'accessoire me disais-je.

J'ai donc fait le voyage en voiture depuis Berlin, accompagnée d'une assistante, d'un chef opérateur et d'un ingénieur du son, dans un état de curieuse indifférence. Selon le plan de travail, nous disposions de quelques heures sur place avant de revenir à Berlin et d'attraper le vol du soir pour Paris. C'était le début du printemps, il faisait très beau, et nous avons emprunté une route bucolique bordée d'arbres qui reverdissaient timidement. Quelques taches de soleil frappaient la surface du lac que longeait le chemin. Au bout se trouvait l'entrée du camp.

Ni une ni deux, sans même prendre le temps de respirer, j'ai commencé à tourner dès notre arrivée. Du camp lui-même il ne restait pas grand-chose : toutes les baraques en bois – les « blocks » – ont été détruites après la guerre lorsque le camp est devenu, jusqu'en 1989, une base militaire soviétique. Seuls subsistent quelques bâtiments en dur et l'enceinte en pierre qui encercle le périmètre du camp.

Nous étions quasiment seuls et je choisissais des cadres, nous filmions, nous enregistrions des sons : le murmure du vent dans les branches des arbres qui s'élevaient au-dessus de l'enceinte, quelques bruissements d'oiseaux, nos pas sur le gravier d'un noir intense.

J'étais complètement dissociée. Je marchais, je discutais avec l'équipe, je tournais. Mais dans un autre coin de ma tête passaient et repassaient les quelques images silencieuses et figées qu'étaient devenus pour ma mère les souvenirs du camp, des images qu'elle m'avait transmises. Les « blocks » disparus dont l'emplacement était indiqué par un marquage au sol, la place d'Appel où, petite fille, elle avait dû rester debout des heures d'affilée dans le froid mordant, terrifiée à l'idée de tomber et de mourir.

Je marchais, je discutais, je tournais. Je luttais contre les images intérieures. Qu'elles ne viennent pas s'insinuer en moi, me posséder.

Je tenais bien ferme mes pieds sur la rive de cette journée de printemps, prête à repartir pour Paris le soir même.

Puis je me suis avancée et j'ai vu, depuis l'intérieur du camp, le lac entaché de soleil. Ce lac dont je savais bien qu'il conservait en son fond les cendres de toutes les femmes et des enfants qui avaient été assassinés ici même. De nouveau, j'ai fait le tour de la place d'Appel et, comme par une vague, j'ai été envahie par la puissance mortifère du lieu.

Il n'y avait plus de printemps, plus d'avion, plus de Paris. Juste le paysage d'enfance de maman, son paysage de mort qui dominait tout, triomphait de tout.

Le chef opérateur m'a fait signe. Il fallait repartir. J'ai glissé à la va-vite un bout de gravier noir dans ma poche et précipitamment nous avons tous embarqué dans la voiture, direction Berlin, direction Paris. À peine assise, je me suis endormie profondément. Idem dans l'avion. Une sorte de narcolepsie bizarre qui ne m'a pas quittée jusqu'à mon retour chez moi. Pendant quelques jours, le caillou noir posé sur le coin d'une étagère, je suis restée sans trop bouger ni parler jusqu'à ce que, petit à petit, s'atténue la force du rayonnement qui m'avait irradiée à l'orée du lac.

Au retour de New York, après ma visite à Henry, j'ai aussi passé quelque temps à tourner en rond dans mon appartement comme si toute vigueur m'avait abandonnée. Au fil des jours, l'immeuble dont j'observais quotidiennement le dessin sur la grande feuille accrochée face à mon bureau, s'est mis à m'appeler de nouveau : les signes qu'il me lançait, noms, liens, rencontres, le paysage vivant qu'il constituait luttait pied à pied contre ce puits sombre et menaçant qui avait pris autrefois la forme du lac de Ravensbrück, qui prenait celle, quelques années plus tard, de la détresse d'Henry.

Puis mon ami Boris Herszbojn m'a téléphoné. C'est lui qui m'avait, quelques mois auparavant, alors que j'avais retrouvé le nom de son père dans le recensement, parlé de Thérèse, la cousine de celui-ci, qui avait été cachée avec sa famille par un couple du 209 pendant la guerre. Thérèse est morte il y a quelques années mais Boris avait contacté son mari, Robert Birenbaum, pour que nous le rencontrions ensemble.

Robert, qui ne passe plus que rarement par Paris, nous a fixé rendez-vous au café Zimmer, place du Châtelet. Il a près de 90 ans : il ne porte pas beau mais magnifique ! Bronzé, une fine moustache, un polo blanc éclatant, Robert a fait une belle guerre, comme on dit : il s'est engagé dans la Résistance à 16 ans et a terminé en 1944 dans la compagnie Rayman ainsi nommée en hommage à Marcel Rayman, l'un des héros du groupe Manouchian et de l'Affiche rouge. Il respire l'assurance et la vitalité. Avec son accent de titi grandi sur les pentes de Belleville, il reprend obligeamment pour moi la description de cette famille qui n'est pas la sienne mais celle de sa femme.

Je comprends qu'au 209 vivaient depuis avant la guerre la grand-mère, matriarche, Dvora Herszbojn, et plusieurs de ses filles. L'une de ces filles était la mère de Marcel, le père de Boris. Une autre s'était mariée non loin de là, vers Strasbourg-Saint-Denis, rue Blondel, avec un monsieur Zylberstein et ils avaient une fille, Thérèse, la future femme de Robert. J'espère que tout le monde suit…

Le 16 juillet 1942, rue Blondel, Thérèse, 13 ans, et ses parents échappent de peu à la rafle du Vél'd'Hiv en se cachant dans un appartement inoccupé mitoyen du leur. Le 17 juillet, Dvora Herszbojn, qui était trop âgée pour être raflée (les rafles des vieillards viendront plus tard…), fait le chemin du 209 rue Saint-Maur jusqu'à la rue Blondel pour prendre des nouvelles de sa fille, son gendre et sa petite-fille. Elle décide de les ramener avec elle au 209 où, dit-elle, un voisin pourra les cacher.

« De la rue Blondel, nous avions à traverser la place de la République et à monter un bout de la rue du Faubourg-du-Temple avant de rejoindre, le long du canal Saint-Martin, les petites rues menant enfin rue Saint-Maur. Les policiers pullulaient dans ce quartier. […] Cette marche dura un temps indéfinissable qui, je m'en souviens encore, m'a semblé être la traversée d'un océan menant à l'Amérique. »

Bien plus tard, Thérèse a écrit un texte où elle raconte cette marche dans Paris et les deux ans qui s'écoulèrent ensuite. C'est ce récit que Robert m'a fait écouter après notre rendez-vous du Zimmer. Il l'avait autrefois enregistré sur une cassette. Sa femme, Thérèse, était à ses côtés et parfois on croit entendre son souffle qui ponctue le récit lu par Robert avec un phrasé digne d'une vieille émission de l'ORTF. Depuis la mort de sa femme, avec laquelle il a été marié si longtemps, Robert n'est plus exactement le même... Nous sommes assis l'un en face de l'autre et je regarde ses yeux absorbés qui se voilent parfois tandis que nous écoutons la cassette sur laquelle est enregistré le récit de Thérèse.

« Au 209 rue Saint-Maur demeurait au 6e étage un couple de gens simples. Lui chauffeur-livreur, elle femme de ménage, avec deux enfants. Une fille de 9 ans et un fils de 18 ans. Désiré Dinanceau, le père, homme de devoir, patriote dans l'âme, eut le désespoir de voir son fils rejoindre les rangs des volontaires français contre le bolchevisme, la succursale française de l'armée allemande de sinistre mémoire. Rose, sa femme, était très croyante et nous prit sous son aile, pensant ainsi que Dieu lui pardonnerait les péchés de son fils. Ils nous installèrent au 6e étage dans une pièce de 6 m^2 avec un sommier et un petit poêle Godin, une petite table plus une chaise, une fenêtre donnant sur la cour et un lavabo.

« Ma mère avait deux sœurs ayant chacune un fils, Marcel et Jojo, mes cadets. [...] Les nuits de grandes rafles ou de rumeurs persistantes nous mettions des matelas par terre. Nous étions alors sept, huit ou neuf selon que l'un ou l'autre trouvait à se cacher chez un camarade compatissant. Tout cela bien entendu devait se faire dans le plus grand silence afin de ne pas éveiller le soupçon des voisins. [...]

« Cet immeuble était composé de quatre bâtiments et il était avant le 16 juillet occupé par une majorité de juifs dont quelques-uns étaient dans la Résistance. En fait nous étions dans la gueule du loup. Les Allemands étaient journellement ou presque dans ce lieu. Soit pour vider les appartements des déportés, soit pour essayer de trouver les manquants à l'appel lors des rafles. Notre amie Rose avait établi un code avec la gardienne, elle devait balayer la cour d'une certaine façon lorsque la police allemande ou française se présentait. Pour ces raisons, mon père était donc condamné à passer ses journées en faction du matin au soir, assis sur le bord du lit, les yeux rivés sur la cour. C'est ainsi qu'ont débuté de très longues années de clandestinité dans la peur perpétuelle. »

Les Dinanceau ont caché Thérèse et sa famille au 6e étage pendant deux ans... Leur fils était engagé dans la LVF... Madame Massacré envoyait des signes codés avec son balai...

Je suis abasourdie par cette masse d'informations.

Immédiatement, je vais compulser mes recensements : les Dinanceau ne sont pas là en 1936 mais apparaissent en 1946, sous le nom de Diamanceau (les recenseurs n'écorchaient donc pas que les noms étrangers) : Désiré, le père ; Rose, la mère ; Robert, le fils LVF ; Jeanine, la petite fille de 9 ans dont parle Thérèse dans son texte.

Si Robert Dinanceau, l'ancien soldat, doit être mort, en revanche sa petite sœur, Jeanine, pourrait être encore vivante. Robert Birenbaum et Thérèse ont gardé contact avec les parents Dinanceau après la guerre mais Robert n'a aucune idée de ce qu'a pu devenir leur fille. Surexcitée, je lance des dizaines de pistes pour tenter de ramener Jeanine Dinanceau dans mes filets. Actes de naissance, de décès, annuaires variés, tout y passe…

En attendant de pouvoir retrouver sa trace, je me plonge dans l'histoire de Thérèse, la petite Anne Frank du 209.

Robert, qui l'a rencontrée pour la première fois le 25 août 1944, soit le premier jour où Thérèse a pu sortir libre du 209 après deux années d'emmurement, m'a dit : « Dans sa tête, cette pièce elle ne l'a jamais quittée. Toute sa vie elle a parlé de ça. C'était ancré en elle, ces deux ans qu'elle a passés rue Saint-Maur. Jusqu'à sa mort, le 6 août 2009. »

Je repère d'autres détails dans le récit de Thérèse. « Mes seules distractions étaient la lecture et quelques visites. La rue m'était interdite. Mes parents, très anxieux de nature, ne pouvaient supporter de me voir bouger. Même la rencontre de jeunes voisins dans la maison me causait un grand problème. Une jeune amie, Suzanne, dont la grand-mère habitait l'immeuble, venait me voir de temps en temps et nous apprenions à danser au son d'un phono, inconscience de la jeunesse. Une autre distraction m'était permise. Par la fenêtre, je scrutais un appartement face à notre cachette. Demeurait là un beau jeune homme dont les parents avaient été pris dans la rafle et souvent il recevait des copains et des jeunes filles. […] Les journées s'écoulaient, monotones, avec les problèmes, tellement difficiles à comprendre, lorsqu'on parle cinquante-cinq ans après. Étant clandestins, sans carte d'alimentation, sans argent pour ainsi dire et ne sachant pas quand cela prendrait fin, comment tiendrions-nous ? […] Tenir, encore et encore. Faire attention à ne pas créer d'animosité avec les voisins proches. »

Qui Thérèse regardait-elle depuis sa fenêtre du 6e étage de l'escalier C, fond de cour ? Si c'était en face, c'était nécessairement quelqu'un de l'escalier A. Le beau jeune homme dont elle parle ne serait-il pas soit Georges soit Isidore Diament au 1er étage de l'escalier A, sur les fenêtres duquel Thérèse avait en effet une vue plongeante ?

Georges devait avoir son âge à l'époque : je parie pour Georges. Avait-il lui aussi remarqué cette jeune fille derrière sa vitre ? Quand Thérèse parle de rencontre avec de « jeunes voisins dans la maison », n'est-ce pas de Georges qu'elle parle ? Thérèse avait 13 puis 14 puis 15 ans derrière sa fenêtre. Comment tenir tant de jours ? Comment combattre la peur sinon par l'amour ? Il m'apparaît tout à coup possible – et je n'ose faire part de cette découverte ni à Robert ni à son fils cadet, Guy, que je rencontrerai plus tard – que Thérèse soit tombée amoureuse derrière son carreau, qu'elle ait échangé des regards avec Georges et peut-être, plus tard, qu'elle se soit rendue, malgré les interdictions de ses parents, à des rendez-vous furtifs dans les escaliers du 209.

J'en parle au téléphone à Odette, qui douche mes hypothèses sentimentales : elle n'avait aucune idée qu'une famille était cachée dans le bâtiment d'en face, il n'y a jamais eu de surprises-parties dans leur appartement et non, Georges ne lui a jamais parlé d'une jeune fille cachée au 6e étage. En même temps, me dis-je, Georges était lui-même un adolescent, il n'aurait jamais fait de confidences à celle qui n'était après tout que sa petite sœur. Ou peut-être que je n'échafaude cette romance que pour tenir à distance ce que Thérèse et son père pouvaient observer, la peur au ventre, le nez collé à la fenêtre.

Tant de questions : les voisins étaient-ils au courant ? Il me semble impossible qu'ils ne l'aient pas été – les toilettes étaient sur le palier. Comment Rose et Désiré Dinanceau ont-ils pu cacher tout ce monde sans que leur propre fils, collaborateur avéré, s'en aperçoive ? Quel était le rôle exact de madame Massacré ? Alors que tant de familles se faisaient arrêter, semaine après semaine, quel miracle a pu se produire pour épargner Thérèse et ses parents ?

Thérèse raconte l'ennui et la monotonie des jours, l'angoisse qui étreint, le danger associé à chaque geste quotidien : c'est Rose Dinanceau qui est chargée du ravitaillement, mais pour trouver à manger il faut des tickets d'alimentation : comment nourrir toute une famille dans la clandestinité ? « Rose nous approvisionnait tant bien que mal. Nos ressources étaient minimes et je voyais souvent disparaître un petit bijou appartenant à ma mère que notre amie devait négocier auprès de gens trop heureux de faire de bonnes affaires. »

Un jour, c'est la catastrophe, le père de Thérèse se blesse au doigt en coupant du bois pour le petit poêle Godin. Anodine au départ, la blessure ne tarde pas à s'infecter.

« Rose et moi prîmes la décision d'emmener mon père à l'hôpital Saint-Louis. [...] À l'admission, nous n'avions pas d'autre choix que de dire la vérité sur la nationalité de mon père. Et là encore nous eûmes la chance de rencontrer des gens humains qui, malgré les risques encourus, l'inscrivirent comme Polonais aryen. Les hôpitaux étaient visités régulièrement par la police. C'était difficile dans des endroits publics de passer au travers des mailles du filet sans l'aide de gens dévoués. Et la chance était avec nous. »

Mais le pire est à venir.

« Sans pouvoir fixer la date mais, je crois, à la fin de l'année 1942, mon père qui continuait à monter la garde de son poste d'observation permanent eut la surprise de voir apparaître dans la cour un soldat allemand qui, sans s'arrêter, pénétra dans notre bâtiment. C'était malheureusement le fils de Rose. [...] Nous apprîmes bien vite qu'il avait déserté. Notre amie nous a rapporté les paroles de son fils : "Tu caches des juifs et moi je les tue." Nous avons vécu quelques jours indescriptibles, la peur au ventre, croyant nos derniers instants de semi-liberté à leur terme. Ce ne fut pas le cas, son passage fut très bref. Il disparut comme par enchantement. »

Odette elle aussi se souvient de ce « soldat allemand » qui rôdait dans la cour et qui en disparut assez rapidement : tout l'immeuble savait qu'il s'agissait du fils Dinanceau.

L'histoire est quand même insensée : les parents cachent les proscrits, le fils les tue.

Comment les Dinanceau parvinrent-ils à se protéger et à protéger du même coup la famille de Thérèse ? C'est ici que les hypothèses divergent. Dans son texte, Thérèse avance l'explication suivante : Rose, dit-elle, « alla chez son curé en confession et décida de dénoncer son fils qui fut condamné à cinq ans de réclusion. Je n'ai pas pleuré sur son sort mais imaginons l'état d'âme d'une mère dans cette tragédie ».

Il y a dans les Archives de la préfecture de police des dossiers concernant les déserteurs de la LVF, qui furent plus nombreux qu'on ne le croit. Peut-être n'ai-je pas bien cherché mais j'ai tenté de retrouver celui de Robert Dinanceau sans y parvenir. Il aurait été dénoncé par sa propre mère, fin 1942 ou début 1943, et aurait été condamné à cinq ans de réclusion. À qui dénonçait-on un déserteur de la LVF ? À la police française ? allemande ? Il ne me paraît pas très crédible que Rose ait pris le risque de se frotter aux autorités policières alors qu'elle avait elle-même tant à cacher… Autre détail étrange : je retrouve Robert, trois ans plus tard, dans le recensement de 1946, comptabilisé dans le même foyer que ses parents – habiterait-il avec eux s'ils l'avaient dénoncé et fait mettre en prison ? Quelque chose cloche, il y a un mystère qui rend ma quête de Jeanine Dinanceau d'autant plus pressante. Peut-être sait-elle quelque chose ?

Mais de Jeanine Dinanceau, point, nulle trace, *nada*.

J'en suis là, assise, dépitée, dans la maison de production où je travaille sur le film. Sur mon bureau est posée une feuille blanche avec, inscrit en lettres capitales, le nom de JEANINE DINANCEAU. Florence, la directrice de production, passe derrière moi et regarde machinalement la feuille par-dessus mon épaule. « C'est étrange, me dit-elle, ce nom me dit quelque chose : dans le village qu'habitent mes parents à une cinquantaine de kilomètres de Nantes, il y a une femme, très sauvage, qui vit seule avec quelques animaux, dans une maison en lisière des autres habitations. Je crois qu'elle s'appelle Jeanine Dinanceau... »

En effet, c'est étrange.

Le nom n'est pas extrêmement commun mais la coïncidence me semble un peu grosse.

Cela dit, on ne sait jamais.

J'écris une lettre que Florence se chargera de déposer dans la boîte aux lettres de cette Jeanine Dinanceau lors de son prochain séjour chez ses parents. Dans la lettre, je parle du 209, de ses parents, de Thérèse – je ne mentionne pas le nom de Robert. Je laisse le numéro de téléphone de la production. Je suis un peu sur des charbons ardents les jours qui suivent le moment où Florence me dit avoir déposé la lettre mais rien ne se passe.

En attendant, je dois rencontrer Guy, le fils de Robert Birenbaum et de Thérèse. Guy est un journaliste connu mais ce qui me frappe le plus pour l'instant, sans même l'avoir jamais vu, c'est qu'il porte le nom de résistance de son père quand il combattait dans les rangs des FTP... Lourd héritage.

Guy a écrit, je l'apprends alors, un livre, *Vous m'avez manqué. Histoire d'une dépression française*, dans lequel il raconte notamment l'histoire de sa mère. En réalité, m'explique-t-il quand je viens lui rendre visite dans son appartement de banlieue d'une sobriété toute japonaise où règne, en maître des lieux, Jedi, un magnifique chien aux yeux bleus, « la seule chose que j'ai longtemps sue de cette histoire c'était qu'à chaque Noël mes parents fabriquaient un paquet cadeau absolument gigantesque avec des fruits, des chocolats, toutes sortes de confiseries et que ce paquet était pour des personnes qui s'étaient bien comportées avec ma famille pendant la guerre. Mais c'était très abstrait, on ne me disait pas grand-chose, je ne comprenais pas bien : il y avait cette adresse, le 209 rue Saint-Maur, où je ne suis jamais allé, on nous disait "cachés" à mon frère et à moi mais c'était flou, comme si on ne nous disait pas vraiment les choses, comme si on nous protégeait. C'est beaucoup plus tard, j'étais déjà adulte, quand mes parents ont témoigné pour la Fondation Spielberg, que cette adresse du 209 rue Saint-Maur a pris un sens pour moi : voilà, ma mère a été cachée dans Paris, pendant deux ans. Mais cette cassette de la Fondation Spielberg, je ne l'ai regardée qu'une fois : je n'étais pas du genre à poser des questions et eux, ils n'étaient pas le genre à raconter plus que ça... En tout cas, s'il y avait des indices, ça ne me concernait pas, ça ne m'intéressait pas ».

Je lui demande quels étaient les indices qui auraient pu aiguiser sa curiosité.

« Ma mère, qui était une femme très lumineuse, qui adorait le soleil, sortir, a sombré à partir de 53 ans dans une dépression qui a duré jusqu'à la fin. Elle restait recluse, allongée sur un fauteuil. Et moi, je ne comprenais rien, je ne voulais rien comprendre. Je n'étais pas assez malin pour piger que c'était quelqu'un qui avait passé le temps qu'elle a passé enfermée au 209 rue Saint-Maur dans un espace si restreint avec la peur chevillée au ventre. Je n'avais pas fait le lien. Et puis j'ai été rattrapé par la patrouille ! J'ai tout découvert de manière rétrospective une fois que j'ai moi-même fracassé le mur, en partie à cause de cette histoire. »

Il y a une dizaine d'années, Guy a fait une dépression sévère qui l'a conduit pour la première fois de sa vie chez un psychanalyste. Il n'a pas fallu longtemps pour qu'au cœur de cette dépression se fasse entendre l'écho de la dépression de sa mère et du traumatisme transmis qu'avaient pu constituer les deux années d'enfermement rue Saint-Maur. Pour Guy, qui note d'ailleurs que la maladie l'a « rattrapé » au même âge que sa mère, 53 ans, l'imbrication entre la dépression et ce passé qu'il avait voulu « occulter, rejeter, refuser » est évidente et c'est ce qu'il a voulu comprendre et écrire.

En même temps, je le sens gêné quand je remarque l'analogie entre l'une des manifestations de sa dépression – rester enfermé plusieurs mois dans sa chambre sans voir âme qui vive – et la claustration de sa mère. « Je ne le dirais pas comme ça, ce n'est pas comme ça que je l'ai vécu et d'ailleurs ce serait un peu obscène de faire cette comparaison. Je ne risquais pas ma vie. »

Je ne dis rien mais je peux comprendre cette peur de s'approprier une douleur qui ne soit pas la sienne. J'ai passé une bonne partie de ma vie à mesurer les traces qu'avait pu laisser en moi la déportation de ma mère. Avant même de savoir qu'il y avait des dizaines et des dizaines d'études psychologiques, toutes plus ronflantes les unes que les autres, sur la transmission des traumatismes, que les notions de « 2e » et de « 3e » génération étaient devenues des catégories conceptuelles communes, je sentais depuis toujours que ces traces existaient en moi comme des particules radioactives continuent d'irradier un paysage bien longtemps après une déflagration nucléaire. J'étais pourtant souvent exaspérée par la manière dont était parfois mise en scène (notamment sur la scène psychologique) cette notion de transmission traumatique – j'y voyais (et je ne m'excluais pas d'ailleurs du lot) une façon de s'annexer une souffrance, une histoire exceptionnellement tragique, à bon compte – un manque de dignité envers soi, envers les morts.

Cette question de savoir si ce que je ressentais n'était pas au fond une mise en scène narcissique, un auto-apitoiement complaisant, m'a longtemps taraudée jusqu'à ce que, progressivement, j'en vienne avec un peu de fatalisme à l'accepter puisque c'était là – ni plus ni moins narcissique que nos autres représentations de nous-mêmes, échappant en tout cas à un quelconque jugement moral : là, tout simplement, comme les traces, en nous tous, de tant d'histoires familiales et collectives, ni plus ni moins.

Je note donc qu'à l'âge de 53 ans, Guy, cet homme suractif qui s'était toujours tenu de façon très volontariste à l'écart du gouffre, est resté enfermé pendant des mois dans une chambre, revivant l'enfermement de sa mère, avant de tenter de lui donner sens. La trace comme une submersion contre laquelle il serait bien vain de lutter mais qu'on peut à la rigueur transformer pour lui donner forme vivante et vivable.

Guy ne s'est jamais rendu rue Saint-Maur. Son père, Robert, non plus, et je réalise une fois de plus combien cette adresse, cette pièce ont échappé peu à peu, filtrées par la tristesse, le déni et le temps, à leur réalité de briques et de pierres pour devenir un lieu mythique, aussi effrayant que les forêts des contes, le lieu où s'affrontent les forces élémentaires du bien et du mal, celles de la mort et de la vie.

Jeanine Dinanceau a appelé. C'est bien elle. Elle accepte de te parler.

C'est le message inscrit sur un Post-it qu'on m'a laissé à la maison de production.

Ce coup de fil, c'est un coup du sort que l'on pourrait aussi appeler signe du destin. Combien de chances y avait-il pour que Jeanine Dinanceau, personnage clé de cette histoire, soit la voisine des parents de la directrice de production de mon film ? Je commence à croire que malgré le « hasard » ayant présidé à son choix, il est possible que le 209 rue Saint-Maur m'ait été destiné aussi implacablement que quand, dans l'élan amoureux platonicien, deux moitiés complémentaires se trouvent enfin réunies.

Jeanine vit dans ce village près de Nantes. Elle veut me voir. Elle m'attend.

La maison n'a pas été facile à trouver. Je me suis perdue dans la zone fraîchement urbanisée du village avec ses maisons neuves, toits rouges, façades uniformément blanches veillées par des chiens bruyants. Finalement, le long d'une départementale où circulaient sans cesse des camions de toutes tailles, j'ai poussé la porte du jardin de Jeanine qui entoure une petite maison construite de plain-pied. Jeanine marche difficilement mais elle est massive et robuste. Elle a beau vivre en province depuis une bonne vingtaine d'années, elle a conservé, elle aussi, l'accent et le sens de la répartie des faubourgs de Paris. D'une grosse voix, elle interpelle « Sans Famille », l'un des chats qui traînent dans son jardin, elle me dit : « Vous êtes venue voir madame Dinanceau et Sans Famille. » De fait, Jeanine vit seule : je ne sais pas où sont ses deux fils. Je comprends peu à peu que l'un est mort et qu'elle ne voit plus l'autre. Après m'avoir fait les honneurs du jardin, elle s'assoit difficilement sur un gros tronc d'arbre, les mains appuyées sur la canne qu'elle a bien enfoncée dans la terre : « Je me fais penser aux vieux qui étaient au 209, au café, ils étaient assis comme moi, la canne plantée entre les jambes. Chez Maurane, c'était des Auvergnats les patrons, comme dans les gravures : lui, il était gros, rougeaud, la femme avait de grandes jupes noires qui lui retombaient presque sur les chevilles. Ils récupéraient tous les poivrots du coin. Ma vie, c'est là qu'elle commence, au 209. »

Jeanine avait 6 ans quand elle est arrivée au 209 rue Saint-Maur en 1939, ce sont ses premiers souvenirs – les deux pièces contiguës au 6e étage où elle vivait avec son père Désiré Auguste, sa mère Rose et son frère Robert, son aîné de 14 ans.

« J'ai grandi au 6e étage de la rue Saint-Maur et puis après quand je me suis mariée je suis descendue au 5e étage. Fond de cour, escalier C. Je suis bien restée jusqu'à la fin des années 1960. C'est ça oui, vers 69-70.

« Mes parents s'étaient connus pendant la première guerre, au cours d'une permission. Maman me racontait : “La première fois que j'ai vu ton père, son grand-père était en train de le laver avec du savon noir et une brosse pour lui nettoyer le dos tellement qu'il était couvert de vermine.” Papa était soldat, il a fait Verdun. Il savait à peine lire et écrire, juste signer son nom : il a appris à écrire dans les tranchées, sur son bidon. Il lui écrivait des lettres d'amour : *À toi ma Rose, plus belle que les roses*. Elle, elle était bonniche et mon père était chauffeur de poids lourd, il avait commencé à travailler à 6 ans dans la verrerie. Ils se sont mariés juste après la guerre. Il s'est perdu dans ses cheveux comme il disait parce que ma mère, elle avait 17 ans, avait dénoué ses cheveux pour lui, ça lui tombait jusqu'aux fesses, ça a dû le subjuguer… et puis elle avait de beaux yeux verts. Tenez ! Je vais vous montrer. »

Elle se déplace à petits pas vers la maison. Dans l'entrée, elle ouvre la porte d'un placard encombré et en sort une belle photo sur laquelle figurent sa mère, Rose, qui porte une coupe au carré très années 1920, et un magnifique enfant aux yeux clairs, écarquillés. C'est Robert, le fameux frère aîné.

« Quand on est arrivés au 209, mes parents avaient une boutique la porte à côté, au 211, un magasin de vins et alcools fins, mais avec la guerre, l'exode, le magasin a fermé. Le patron était parti dans le Sud. Ma mère a repris les ménages. Elle était très croyante, très catholique. Mon père moins. Lui, il était patriote et puis il aimait Pétain aussi. Il répétait : "Quand il descendait dans les tranchées, il nous disait bonjour." J'ai été avec lui voir les Allemands défiler sur les Champs-Élysées – il m'emmenait toujours dans ce genre de trucs, tout ce qu'il fallait voir pour que je me souvienne. Même si ce n'était pas beau, il le fallait. Il me disait qu'il voulait que je me souvienne. Quand les Allemands sont entrés dans Paris, il était effondré. Pas comme mon frère, il avait 20 ans. Mais je ne veux pas parler de ça. »

Je m'aperçois très vite que, dès qu'il est question de son frère, Jeanine, si joviale, si prompte à convoquer ses souvenirs, se ferme, esquive, détourne la conversation.

« À l'époque, au 6e étage, il y avait madame Jallet. Elle avait un garçon, Jacques, il était un peu plus vieux que moi, peut-être un an ou deux de plus que moi. Je ne sais pas ce qu'il est devenu. Elle était toute seule avec son fils, son mari était prisonnier. Juste en face de chez mes parents il y avait une dame, je ne me rappelle plus son nom. Mon père l'appelait Blanche-Neige, elle était brune, elle avait toujours un petit ruban rouge dans les cheveux, comme Blanche-Neige. Son mari était cuisinier. Au 5e il y avait un gros bonhomme qui était fort des halles, mais je n'ai jamais su son nom. Il y avait aussi des policiers dans la maison, un au 5e en tout cas. »

Je reconnais du monde dans les silhouettes qu'évoque Jeanine : Nelly Jallet, sa voisine du 6e, qui était membre du parti communiste dans les années 1930 et dont j'apprends que le mari Jules, celui qui se félicitait autrefois de l'assassinat de « ce vache » de Doumer, a été fait prisonnier en Allemagne. Le policier, quelques étages plus bas dans l'escalier C, c'est probablement Jean Migeon. Blanche-Neige en revanche, ça ne me dit rien, pas plus que le fort des halles du 5e étage.

À mon tour, je lui montre la liste du recensement avec les noms de tous les locataires de l'immeuble et elle reconnaît immédiatement celui de la concierge, madame Massacré, et celui des Diament : « Dans cette famille, y en avait un qui était beau, de grands yeux noirs, les cheveux aussi. » Je comprends qu'elle doit parler d'Isidore.

Sur la maquette de l'immeuble que je lui ai apportée, elle désigne d'un grand coup de crayon les appartements des uns et des autres, l'emplacement de la loge. Elle s'anime de plus en plus.

« Là, le magasin à droite de la porte, c'était Descloux, un petit atelier mécanique. Après la guerre, ils sont partis. Je crois qu'ils avaient un peu fricoté avec les Allemands. Et là c'était la cour, je revois mon père en train de marcher : c'était un petit bonhomme, tout maigrelet, nerveux mais gentil tout plein. Pétain, il l'aimait mais je me souviens d'une fois où il a dit qu'ils avaient profité de lui parce que c'était un homme âgé… Alors avec mon frère, évidemment… Mon père c'était un saint… C'est difficile de vivre avec quelqu'un qui est parfait. À table c'était toujours papa qui était servi le dernier. Du jour où il s'est marié avec maman, jamais il n'en a regardé une autre. C'est difficile les gens à qui on n'a rien à reprocher. Ça vous heurte davantage… Ça n'a pas arrangé mon frère. C'est peut-être pour ça qu'il a fait toutes ces conneries. Je n'aime pas en parler. C'était le grand chagrin de mon père. »

J'essaie d'insister, d'en savoir plus sur ce frère engagé dans la Légion des volontaires français contre le bolchevisme, parti combattre en Russie sous l'uniforme allemand. Ce frère déserteur dont je ne suis pas encore parvenue à comprendre si, vraiment, il a été dénoncé par ses parents pour désertion auprès des autorités allemandes afin d'éviter qu'il ne les dénonce, eux. En rencontrant Jeanine, je réalise combien cette guerre familiale dont je ne voyais jusqu'alors que l'aspect rocambolesque, insensé, a dû être, vécue de l'intérieur, dévastatrice pour la petite fille qu'elle était.

« Mon frère n'avait pas les mêmes idées politiques que mon père. On n'avait jamais un repas tranquille : c'était toujours des cris et des hurlements. Papa l'avait foutu à la porte. Et puis, je ne sais pas comment mais il s'est retrouvé en Russie. Je ne sais pas ce qu'il y a fait. On n'en parlait pas à la maison. Il ne lui a jamais pardonné ça, mon père. Et puis, dans la maison les gens le savaient, c'est pour ça que mes parents m'avaient mise en pension à un moment : qu'est-ce que je prenais comme coups à l'école ! Ils me disaient "sale Boche", ils nous crachaient dessus. Ils en ont fait voir à mon père. Ah ! mon frère, il ne nous a pas facilité la vie avec ses idées de nazi. Toute la famille nous avait tourné le dos. Je lui en ai voulu de ça. »

Tout à coup, la colère cède le pas à la tristesse, Jeanine baisse la tête. « Ce sont des mauvais souvenirs… que vous réveillez là… Les souvenirs de la mémoire… de la honte… la honte de mon frère. »

Elle se met à pleurer en silence.

Je reste silencieuse moi aussi, frappée par sa formule, les « souvenirs de la mémoire ».

Au bout d'une minute, elle reprend : « Parce que mes parents c'était des gens bons. Mon père a accueilli tout le paquet ! Les juifs… enfin, quand on dit ce mot on se fait mal voir… les Israélites. Pas seulement Thérèse et ses parents ! Quand il y avait des rafles, ils étaient jusqu'à onze à se cacher, les sœurs, les beaux-frères, et les enfants : dans la pièce d'à côté, celle de Robert mais aussi chez nous. Quand il y avait des rafles, Thérèse se couchait à côté de moi, en dessous du matelas : j'entendais ses boyaux, ça faisait *grrrr*. Parce qu'elle avait peur et moi aussi. Je n'étais qu'une gamine à l'époque. Son père se cachait sous le lit de maman. »

Sur la table, devant elle, Jeanine tripote machinalement les lits de maison de poupée que je lui ai apportés pour qu'elle puisse reconstituer la disposition des pièces. Quand elle a parlé de Thérèse, cachée avec elle, elle s'est saisie de l'un des petits lits comme s'il recelait encore les gargouillements de peur et d'angoisse.

« Mon père se serait fait ramasser avec eux. Il ne les aurait jamais donnés ! Lui, il n'aimait pas quand il voyait des gens être ramassés avec des coups de crosse dans le dos, ou sur la tête… ce n'était pas notre tasse de thé à nous… On était catholiques, on était chrétiens… Et je me rappelle que les officiers allemands quand ils venaient rôder dans la maison, qu'ils venaient faire leur rafle, ils me demandaient : "Hé ma petite fille tu sais où il y a des juifs qui se cachent ?" Ma mère m'avait dit : "Si jamais tu dis ça, ils vont nous envoyer avec eux. On reviendra plus à la maison, tu ne nous verras plus." »

Selon Jeanine, tout l'étage était au courant. Elle affirme même que lors des rafles, ils étaient plusieurs à prendre des juifs chez eux (ceux de la famille de Thérèse ou d'autres, ce n'est pas très clair) pour les cacher, « chacun en prenait un. Tous les Français autour, ils prenaient un juif ».

Elle imite en revanche celle qu'elle appelle « la muette », « une vraie saloperie celle-là », qui à l'aide de son doigt et de grommellements désignait aux policiers allemands ou français les portes où frapper. « Elle en a fait ramasser de ces gens-là, elle se mettait avec un papier parce qu'elle savait très bien écrire et elle les balançait... »

Jeanine se souvient aussi parfaitement du père de Thérèse en vigie tout le jour devant sa fenêtre, guettant les allées et venues dans la cour de l'immeuble. Elle se rappelle même que la fenêtre était peinte en bleu à cause de la défense passive et que le père de Thérèse avait gratté la peinture pour « faire un petit jour ». Et aussi du fil électrique qu'ils avaient fait passer entre les deux pièces pour que Thérèse et ses parents puissent avoir un peu de lumière, et encore de la mère qui venait cuisiner chez eux car c'était impossible dans la cache. Enfin, du manque d'intimité dont souffrait Thérèse, de ses premières règles arrivées pendant la clandestinité. Bref, tout ce quotidien commun, vécu dans la peur commune et l'angoisse des dénonciations, de l'arrestation.

Je l'interroge sur le soutien tacite de madame Massacré, la concierge qui faisait un code avec son balai pour prévenir de l'imminence d'une rafle.

Jeanine me répond de façon ambiguë : « Les gens ont dit qu'elle cachait des juifs mais qu'ils payaient pour sauver leur vie. Moi mes parents n'ont rien reçu. Mais... elle... c'était du rapport pour elle. On disait... c'était les commérages de l'époque, que tant qu'ils pouvaient payer... après ils disparaissaient, on ne les voyait plus. »

« C'était du rapport pour elle », l'expression, étrange, fait écho à quelques lignes du texte de Thérèse à propos de la mort subite de madame Massacré, le 6 juin 1944 : « Notre gardienne mourut d'une congestion cérébrale. À l'époque nous avons pensé, peut-être à tort, qu'elle avait une vie trop tourmentée entre les bonnes et les mauvaises actions commises. »

« Entre les bonnes et les mauvaises actions commises », « C'était du rapport pour elle » – j'ai longtemps hésité avant de rapporter ces phrases qui ne sont pas fondées sur des preuves. Il s'agit, Jeanine le dit bien, de « commérages ».

Pour l'heure, la seule chose que je peux constater de façon certaine, c'est que ni la famille de Thérèse ni ceux des Diament épargnés par la rafle du Vél'd'Hiv et qui habitaient littéralement au-dessus de la loge, au-dessus de la tête de madame Massacré, n'ont été arrêtés.

Dans la petite maison près de Nantes, le chat somnole sur le radiateur ; le grelot miniature attaché au collier du chien carillonne légèrement quand il remue les pattes et se retourne dans le panier en tissu où il dort, pelotonné. Dehors, les branches des arbres projettent leurs ombres élancées sur un mur blanc, y dessinant un étrange tableau abstrait. Jeanine s'est arrêtée de parler. Je l'ai replongée dans le temps enfui de la guerre et de l'enfance.

Jeanine dit à voix haute mais presque pour elle-même : « Moi je sais que Thérèse, elle a eu une vie terrible, deux années de tristesse, de terreur. Ils avaient tellement peur ces gens-là. Mais moi, je ne sais pas si j'aurais fait ce qu'ont fait mes parents. Peut-être que je l'aurais fait, mais je ne sais pas. L'auriez-vous fait, vous ? »

Elle a tourné son visage vers moi.

Elle m'a posé une vraie question. Elle attend une vraie réponse.

Tout est tellement plus simple quand on embrasse naturellement, par atavisme en quelque sorte, la position du pourchassé, de celui à qui on doit ouvrir la porte.

Je réponds prudemment mais avec réalisme : « Je ne sais pas non plus. »

Jeanine reprend la feuille de recensement que je lui avais donnée, elle essaie d'y retrouver le nom d'une petite fille : « Je ne sais plus si elle s'appelait Irène ou quelque chose comme ça, maman la faisait venir à la maison pour jouer avec moi, je me rappelle : c'est elle qui m'avait appris à faire du tricot. Elle était toute seule, elle n'avait jamais vu son père. Elle est partie avec les juifs dans un camion, elle avait 9 ans, je crois. Elle est partie dans les débuts. »

Il n'y pas d'Irène sur la liste de recensement ni sur celle des enfants déportés. Qui est cette petite figure enfantine dont seuls les « souvenirs de la mémoire » de Jeanine gardent la trace ?

« Ils les avaient pris à Drancy, il y avait un camp de concentration, là. Ah oui. Papa il m'avait emmenée les voir. J'ai vu Drancy avec mon père. Il avait le chic quand même… M'emmener là-bas, j'étais une gamine mais il voulait que je voie, que je me souvienne de ce que c'était. Moi, je n'aurais pas emmené mes gosses… Ah non ! Non, non ! Ils étaient tous parqués là dans ce grand camp de concentration, dans des bâtiments en ciment de trois étages, trois ou quatre étages.

« Et plus tard, quand j'ai travaillé à l'usine, il y avait une jeune fille qui avait habité dans ces bâtiments à Drancy, parce que quand le camp a été vidé, ça a été loué, la vie a continué, les gens se sont mariés, ils ont eu des enfants aussi, il a fallu qu'ils se logent. C'était peut-être dans les années 1960, un jour elle m'a dit : "Vous connaissez Drancy, madame Dinanceau ?" J'ai dit : "Oui, oui, parce que mon père m'y a emmenée." "Moi j'y ai habité, qu'elle me dit, et quand ils ont collé les papiers au mur, il y avait des noms, des âges, des adresses sur les murs, et je suis certaine que si on retire les papiers ils sont encore marqués en dessous. Les gens qui étaient emprisonnés là, ils ont laissé leur trace, ils ont fait des étoiles, ils ont inscrit leur nom…" »

Qu'y a-t-il sous votre papier peint ? Et sous les papiers peints de nos peaux, de nos neurones ? Mais de ce papier peint-là, comment décolle-t-on les strates ? Et qu'y aura-t-il « marqué en dessous » ?

Robert Dinanceau, le mouton noir, est revenu habiter au 209 après la guerre. Avait-il été rapatrié par la Croix-Rouge d'un camp de prisonniers en Russie où il aurait été enfermé après avoir frappé un officier allemand, comme le croit Jeanine ? Avait-il été emprisonné par les Allemands sous le coup de la dénonciation de sa mère, comme on le dit dans la famille de Thérèse ? Avait-il déserté fin 1942 des rangs de la LVF et s'était-il planqué en attendant des jours meilleurs, comme je peux moi l'imaginer ?

Toujours est-il qu'en 1946, il habitait avec sa femme d'origine italienne au 5e, juste un étage en dessous de chez ses parents. Il exerçait le métier de polisseur. Mais jusqu'à sa mort, Désiré Dinanceau a toujours refusé de revoir son fils. « Mon père ne lui aurait jamais donné une goutte d'eau ni une miette de pain. Maman descendait le voir de temps en temps mais papa, lui, il n'avait plus de fils. »

Dans le train qui me ramène de Nantes, je suis épuisée comme je le suis souvent après ces rencontres. À cette sensation physique s'ajoute aussi le choc du récit de Jeanine qui m'oblige à déplacer la focale à laquelle je me suis finalement habituée – la douleur des victimes – et à me départir pour de bon de tout manichéisme rétrospectif. Je suis sonnée par cette tragédie qui rejoue à l'échelle familiale, dans les pauvres pièces du 209, celle de tout un pays. Je repense aux larmes de Jeanine, à ses « souvenirs de la mémoire », à l'image aussi terrifiante que celle d'un rêve – Robert Dinanceau traversant la cour de l'immeuble en uniforme allemand et observé depuis les fenêtres du 6e étage, non seulement par la famille de Thérèse mais aussi par ses propres parents. Je repasse en revue les hypothèses : le meurtre de Robert par ses parents, une pure légende, ou sa dénonciation par sa mère, ce qui ne tient pas la route non plus. J'en suis là de mes réflexions, le regard errant sur les lumières qui clignotent dans le soir de l'autre côté de la fenêtre – éparses d'abord puis de plus en plus nombreuses et colorées au fur et à mesure que le train traverse les faubourgs et se rapproche de Paris –, quand je reçois un message de Boris : la cousine de Thérèse qui est née et a grandi au 209 après la guerre a bien connu les Dinanceau. Elle s'appelle Claudine et veut me rencontrer dans l'immeuble pour me parler. Le plus tôt possible.

« On habitait là... » Elle lâche l'une de ses béquilles pour me désigner une fenêtre au 3e étage de l'escalier C. Nous sommes l'une à côté de l'autre au milieu de la cour. Mohammed le concierge vaque à ses occupations. Il s'est habitué à ma présence, comme d'autres habitants qui me saluent désormais d'un bref signe de tête en passant. Claudine n'est pas très bien portante, elle marche difficilement mais là, plantée sur les pavés de la cour, elle est intarissable sur l'immeuble où elle est née juste après la guerre.

Sa mère était la tante de Thérèse et, après avoir passé la guerre dans les environs de Lyon, elle est revenue en 1945 habiter au 209 où logeait toujours sa propre mère, Dvora, qui était donc la grand-mère de Claudine et de Thérèse. Claudine est née de son union avec un juif polonais, survivant des camps, ouvrier coupeur. Ils habitaient une pièce au 3e étage à quelques portes de la grand-mère. Je veux tout de suite aborder le sujet des Dinanceau mais Claudine ne s'en laisse pas conter. Elle est toute à la redécouverte du 209 où elle est rarement retournée depuis son départ en 1968, pour faire médecine. « Charles Zelwer et moi, on a été parmi les seuls des gosses de l'immeuble à faire des études supérieures. Pour mon père, étranger, ouvrier coupeur en chaussures, c'était une sacrée fierté. Je me souviens encore le jour du bac, j'attendais fiévreusement la collante et je faisais les cent pas devant la loge de la concierge qui s'appelait Mathorez. Papa guettait à la fenêtre. J'ai attendu pendant des heures et finalement le facteur est arrivé avec la collante : je me suis précipitée sur la concierge pour qu'elle me la donne. Mon père avait ouvert la fenêtre et je lui ai crié : "C'est bon, je suis reçue !" Le choc qu'il a eu… la joie… Sa fille bachelière ! » Claudine se souvient encore de la silhouette de son père à la fenêtre les bras en l'air. « Je n'avais pas besoin d'interphone à l'époque. Déjà bien avant le bac, quand je rentrais de l'école, je criais depuis la cour : "Coucou, maman !" puis je montais les escaliers quatre à quatre pour la rejoindre, elle était tranquille, elle savait que j'étais là. Bon… après maman est morte, j'ai arrêté de crier… J'avais 11 ans. »

La cour, où s'élevait encore le lampadaire à gaz, était très calme à l'époque : pas d'enfants – interdiction d'y jouer –, pas vraiment d'attroupement de voisins. « On se croisait à peine mais le père Dinanceau se tenait souvent devant la porte sur la rue, il aimait regarder, saluer son monde. »

« Tu fais quoi ici ? » Natacha, la petite dessinatrice du loft, nous a interpellées, elle tient une grosse pivoine rose qu'elle fait tourner entre ses doigts. Claudine lui explique qu'elle habitait ici au même âge que le sien, que c'était très différent, très gris, très pauvre mais qu'à la place du loft qui fait face à celui des parents de Natacha, il y avait un petit atelier où l'on fabriquait toutes sortes de bonbons. « Tu te rends compte, des bonbons ? » Natacha s'extasie, n'en revient pas qu'un jour on ait pu fabriquer des bonbons, des sucettes en face de chez elle. À son tour, elle désigne la grille noire qui cerne le loft et informe gravement Claudine : « Ça n'existait pas avant », puis elle enchaîne directement sur les nervures des feuilles de sa pivoine qui, dit-elle, servent à donner à manger et à faire vivre les fleurs, c'est la « sève », dit-elle, et je les observe, la petite de 5 ans et Claudine sur ses béquilles, penchées sur la pivoine, devant la porte de l'escalier où autrefois, à l'âge de Natacha, Claudine hélait sa mère... Interminable ronde.

Nous entrons dans le bâtiment C où habitait Claudine ; elle inventorie les changements : le carrelage, le petit ascenseur. Elle montre l'escalier de pierre qui descend vers la cave où elle n'allait jamais car elle la terrifiait. Parvenue au 3e étage, elle désigne sur le mur lisse l'emplacement de la porte où elle habitait : « C'était là. » Sa main, étalée sur le papier peint, dessine les démarcations de la porte qui n'existe plus comme s'il lui fallait se convaincre de cette disparition par le toucher. « Je vous assure, c'était là, et deux portes plus loin c'était ma grand-mère : je ne cessais pas de faire l'aller-retour entre notre pièce et la sienne. Surtout le soir de shabbat. Ma grand-mère était très pieuse, contrairement à mes parents très anticléricaux qui étaient des militants du Bund, un mouvement de gauche laïque. Mais ma grand-mère, elle, allumait chaque semaine les bougies et je raffolais de cette atmosphère : les chandeliers sur une table recouverte d'une nappe blanche. Il paraît que, même pendant la guerre, elle n'avait jamais cessé d'allumer les bougies du shabbat. »

Me revient alors un détail que m'avait raconté Jeanine Dinanceau lors de notre rencontre : pendant l'Occupation, quand elle revenait de l'église où elle allait pour préparer sa communion, elle rapportait des cierges à la grand-mère de Thérèse. Je comprends alors que ces cierges servaient de bougies du shabbat. Des cierges du shabbat en pleine guerre, on a fait plus discret… mais visiblement la discrétion n'était pas le premier souci de la grand-mère.

« Alors que Thérèse et sa famille vivaient terrés dans la pièce des Dinanceau, la grand-mère continuait d'habiter sa propre pièce, ici, au 3ᵉ étage. Elle allait prier presque chaque jour dans un petit oratoire vers Belleville. C'était très dangereux de circuler, d'aller prier. C'est un miracle qu'elle n'ait pas été raflée. D'autant plus qu'elle parlait vraiment très mal le français. Le père Dinanceau m'a aussi raconté qu'elle était constamment à sa fenêtre, pour guetter la police ou les Allemands qui pénétraient dans la cour et pour monter les prévenir, le cas échéant. »

Je repense au texte écrit par Thérèse et au passage où elle décrit son père collé tout le jour à la fenêtre et je me dis que ça faisait beaucoup de monde, étage par étage, à observer la cour et les signaux que faisait madame Massacré avec son balai.

Sur les Dinanceau, Claudine est intarissable. « Je les ai bien connus à la fin des années 1950, début des années 1960. J'étais vraiment une gamine, puisque je suis née en 1948. J'adorais monter chez eux. Je savais qu'ils avaient sauvé la famille pendant la guerre. Lui, je le revois comme si c'était hier : pas très grand, un regard très bleu, très clair et il traînait la patte parce qu'il s'était battu je crois à Verdun. Des cheveux tout blancs, plats, fins qui tombaient en arrière. Mais surtout, il se dégageait de lui une forme de lumière, de gentillesse, de simplicité. C'était la bonté, cet homme-là. Sa femme, Rose, était gentille aussi mais plus sévère, plus tenue. En tout cas, ils m'aimaient bien. Alors je grimpais chez eux au 6ᵉ étage et ils me parlaient. Je leur posais des questions. »

Nous sommes montées toutes les deux au 6ᵉ étage. Contrairement au 3ᵉ, le couloir est raccourci et, à gauche de l'escalier, un appartement unique a englouti l'espace où se trouvaient autrefois la pièce des Dinanceau, celle, mitoyenne, où se cachaient Thérèse et ses parents, ainsi que les pièces des voisins – les Jallet, une certaine « Blanche-Neige » que je ne suis pas parvenue à identifier – qui leur faisaient face.

« Il faut que vous vous imaginiez la longueur de ce couloir et les pas qu'on entendait arriver. Dans la pièce de Thérèse ou chez les Dinanceau, les soirs de rafle il y avait aussi parfois d'autres personnes, mon cousin Jojo, par exemple, et Rose Dinanceau m'a un jour raconté que Jojo, qu'elle aimait particulièrement, il devait avoir 10 ans, c'était un gamin très vif – bref, un soir de rafle, elle l'avait pris contre elle dans son propre lit. Ils entendaient les pas martelés qui se rapprochaient dans le couloir, Rose a glissé Jojo sous l'édredon, la tête sous l'oreiller, et il lui a dit : "Tu crois que dans le couloir ils vont entendre comment mon cœur il bat fort ?"

« Quand Rose m'a raconté ça, je devais avoir le même âge que Jojo à l'époque, ça m'avait marquée terriblement. Monsieur Dinanceau me disait toujours qu'ils n'auraient rien pu faire d'autre que de cacher ces gens, pour lui c'était normal, une évidence. Et un jour, il est allé encore plus loin. On parlait de son fils Robert qui avait quand même porté l'uniforme allemand. Et monsieur Dinanceau me dit : "Moi j'étais bien embêté avec mon fils parce que j'avais peur qu'il nous dénonce. Alors je l'ai fait venir." Il me mimait la scène : il l'a collé contre la porte – il faut imaginer la scène parce que monsieur Dinanceau était petit et son fils très grand – et il lui a dit : "S'il y a un seul des enfants juifs cachés qui est emmené d'ici, un seul qui ne reviendrait pas", il a sorti un couteau et il lui a mis sur le ventre, "s'il y en a un seul qui est emmené, je te tue de mes propres mains". Il m'a montré le couteau, il l'avait gardé pour ne pas oublier ce qu'il avait fait.

Pendant qu'il racontait ça, madame Dinanceau était blême, elle n'arrêtait pas de dire : "C'est vrai, c'est vrai. Son propre fils..." Et moi si je vous parle de tout ça, c'est parce que je suis dépositaire de ce que monsieur Dinanceau m'a dit. »

Claudine s'est arrêtée net. C'est la première fois, je crois, qu'elle raconte cette histoire. Quand elle a dit que Désiré Dinanceau avait gardé le couteau pour ne pas oublier ce qu'il avait fait, je me suis tout de suite souvenue de Jeanine racontant comment son père l'avait emmenée voir les Allemands défiler sur les Champs-Élysées, puis à Drancy, puis enfin sur les barricades de la libération de Paris afin, lui disait-il, qu'elle « n'oublie pas ». Et ce « n'oublie pas » devenu « j'ai gardé le couteau pour ne pas oublier ce que j'ai fait », en même temps qu'il authentifie le récit de Claudine, ressuscite d'un coup, dans ce couloir sombre et étroit, la profonde et instinctive morale que s'était forgée Désiré Dinanceau, l'humble soldat de la guerre de 14-18 qui avait appris à lire sur les bidons des tranchées. Quel auteur tragique aurait pu imaginer cette scène d'un père menaçant de tuer son fils afin de sauver, au risque de sa propre vie et de sa liberté, des enfants qui lui étaient étrangers ?

La porte de l'ascenseur s'ouvre brusquement, nous ne l'avions pas entendu monter. Une femme en sort avec un sac à commissions, elle nous salue d'un geste et se dirige de l'autre côté du couloir. Tout doucement, elle pénètre dans son appartement. Claudine l'a regardée mais presque sans la voir, elle reprend : « Et Robert Dinanceau, évidemment, lui aussi je l'ai connu puisqu'il habitait toujours ici après la guerre. Il me faisait peur. Il y avait une sorte d'antipathie viscérale entre mon père et lui. D'ailleurs, avant même ma naissance, mon père qui revenait de déportation l'avait croisé dans les escaliers. Il descendait avec ma mère et quand ils ont croisé Robert, il y a eu de l'électricité dans l'air. Pourtant mon père ne savait rien, ne savait même pas qui c'était et ma mère a juste eu le temps de lui dire en yiddish : "C'est son père qui a sauvé ma famille", alors il est passé sans rien dire. Robert avait deux filles et je me souviens bien que l'une d'entre elles, le jour de sa communion, m'a dit dans l'escalier qu'elle avait une belle robe blanche et que moi je ne pouvais pas en porter parce que j'étais une sale juive. J'ai répondu comme j'ai pu que Jésus était juif lui aussi, mais bon... Des années plus tard, ma mère était déjà morte, j'avais 16-17 ans peut-être, un jour on a trouvé sur notre porte un bout de brassard enroulé avec une croix gammée. J'avais aperçu un truc louche de loin et j'avais essayé de devancer mon père pour le lui cacher mais il l'a vu. On savait bien d'où il venait. Les yeux de mon père ce jour-là, je préfère les oublier. J'aurais voulu le protéger de ça. Il avait trop souffert. »

La femme que nous avions vue entrer chez elle entrebâille sa porte avec un peu de curiosité. Nous lui demandons si par hasard elle a connu les Dinanceau. Non, ça ne lui dit rien. Elle est arrivée ici dans les années 1970. Claudine, elle, a quitté l'immeuble en 1968 et elle n'a plus jamais revu les Dinanceau, « vous savez ce que c'est, les études de médecine, les enfants... ».

Nous sommes à nouveau au milieu de la cour, Natacha joue dans un coin avec d'autres gosses. Claudine désigne d'autres fenêtres, récite d'autres noms. « Ici, escalier B, c'était les Corrazini, une famille nombreuse. La maman était communiste. Là, les Gardeblé, on disait que le mari avait été résistant mais je ne peux pas vous en dire plus : il avait un truc au visage, une blessure. C'était un petit vieux. On le voyait tout le temps avec sa femme. » Je dis juste à Claudine que Gardeblé était un ancien de la guerre de 14 et que c'est du front qu'il est revenu avec son « truc au visage » mais, étrangement, je ne lui parle pas du meurtre comme si, à des années d'intervalle, j'avais peur de commettre une indiscrétion.

Alors qu'elle est en train de se diriger vers la voûte et la porte, Claudine revient vers moi. « Une dernière chose dont je me souviens : dans la cour il y avait parfois des musiciens, des chanteurs qui venaient. On leur envoyait des pièces dans des chiffons ou dans du papier journal, par la fenêtre. Je me souviens d'une fois, j'avais 7 ans, avec ma mère on a entendu, et c'était pour la toute première fois, la "Chanson pour l'Auvergnat" de Brassens. On a envoyé des pièces. C'était les pauvres qui donnent aux pauvres. J'ai toujours aimé cette chanson. »

Elle est à toi cette chanson.
Toi l'étranger qui sans façon
D'un air malheureux m'a souri
Lorsque les gendarmes m'ont pris
Toi qui n'as pas applaudi quand
Les croquantes et les croquants
Tous les gens bien intentionnés
Riaient de me voir emmené
Ce n'était rien qu'un peu de miel
Mais il m'avait chauffé le corps
Et dans mon âme il brûle encore
À la manière d'un grand soleil
Toi l'étranger quand tu mourras
Quand le croque-mort t'emportera
Qu'il te conduise à travers ciel
Au Père éternel

Y êtes-vous, Rose et Désiré Dinanceau, auprès du Père éternel ?

Après le départ de Claudine, je suis remontée directement au 6e pour toquer à la porte de la dame que nous avions vue passer. Je veux quand même vérifier si elle n'a pas entendu dire quelque chose des Dinanceau. Elle ouvre la porte et me fait patienter car elle est en direct Skype avec son petit-fils de 3 ans qui vit au Portugal. Sa fille est rentrée au pays qu'elle-même avait quitté dans les années 1970. En attendant qu'elle termine sa conversation, je regarde le petit appartement composé de trois étroites pièces réunies. Une orchidée posée sur un napperon blanc au-dessus de la cheminée, une horloge en forme de ballon de football, des photos du petit-fils accrochées au frigidaire, une minuscule cuisine et, par la fenêtre, un dégagement magnifique sur l'avenue Parmentier et, au-delà, sur le nord de Paris.

Tout est impeccable, bien arrangé mais je retrouve ici, comme chez Monique, l'ancienne disposition des pièces du 209. C'est le mari de Marie-Hélène, lui aussi portugais, qui a fait tous les travaux peu à peu : la petite salle de bains qui a permis de se débarrasser de la grande bassine où les parents et les deux enfants se lavaient jusqu'alors, les toilettes dans l'appartement – un luxe. Marie-Hélène était arrivée en France en 1974. Quatre ans plus tard elle s'est mariée et a trouvé à se loger ici grâce à d'autres Portugais qui quittaient l'appartement.

« C'était en 1978. Impossible de ne pas s'en souvenir, on posait le papier peint quand on a appris la mort de Claude François. Il y avait pas mal de Portugais et d'Espagnols ici à l'époque. Pas mal d'Algériens et de Marocains aussi. On était tous locataires évidemment. Quand on est arrivés, l'immeuble était plein, il y avait beaucoup de monde à tous les étages mais peu à peu l'immeuble est devenu plus moche. Des gens partaient, d'autres mouraient. Des étages entiers se sont vidés. Dans certains appartements, c'était des squats. En dessous de chez moi, la dame était morte, il n'y avait plus personne, l'appartement était abandonné et il y avait même des oiseaux qui entraient, qui y vivaient.

« Quand l'immeuble a été vendu, on m'a proposé de racheter mais ce n'était pas possible, moi je reste une locataire ! Mais pas question de partir, je ne veux pas bouger d'ici : c'est toute ma vie le 209... J'avais 20 ans quand je suis venue ici et c'est ici que j'ai élevé mes deux enfants, toute ma vie, tous mes souvenirs sont ici. C'est ma maison, même si elle n'est pas à moi. »

Elle travaille comme femme de ménage dans le XVIᵉ arrondissement après avoir été longtemps cuisinière dans l'un des cafés les plus connus du coin, le Floréal, avenue Parmentier. Elle n'a jamais entendu parler des Dinanceau mais me raconte qu'elle avait un vieux voisin, monsieur Tallec, qui habitait depuis très longtemps dans la pièce à côté, celle qui est devenue leur chambre, et qui est descendu dans les étages du bas « parce qu'il ne pouvait plus marcher, il n'y avait pas d'ascenseur à l'époque et six étages plusieurs fois par jour, c'était trop dur. Mais ça a mal fini, monsieur Tallec a été assassiné dans son logement. Oui, un vrai meurtre ! Dans les années 1980. Je ne me souviens pas du détail mais c'était affreux ». Elle évoque encore l'histoire d'un couple de Portugais au 3ᵉ étage dont la femme est morte à la fin des années 1990 en mangeant des champignons vénéneux. Le mari, qui en avait mangé aussi, a survécu mais quelques mois plus tard il est mort asphyxié dans l'incendie de son appartement.

« Oui, il s'en est passé des choses ici. Nous sommes devenus proches de tous ces gens au fil des années... Même ceux de maintenant, les propriétaires, je les aime bien. Pour la retraite, on a fait construire une petite maison au Portugal mais ce ne sera pas facile de partir d'ici, ça me serrera le cœur. » Elle me verse un petit verre de porto et j'essaie de grappiller des détails sur le meurtre. Monique m'en avait déjà parlé mais elle disait que la victime s'appelait Le Gast. « Non, c'était Tallec. Pour le reste, je ne peux pas vous dire, j'habitais là mais je n'ai pas trop su. Ça s'est passé quand il est descendu au rez-de-chaussée. »

Elle allume la télé. Ce soir le Portugal joue dans je ne sais quel championnat. Son mari, qui travaillait dans le bâtiment, est à la retraite. Il n'est pas là car il est à l'hôpital mais rien de grave, il sera de retour dans quelques jours. De l'autre côté de la fenêtre, un crépuscule d'été illumine le nord de Paris. La lumière vient taper contre la table où elle est assise. À côté de sa main sont posées une télécommande et une tablette, au cas où sa fille la rappellerait du Portugal par Skype.

Sur le palier du 6e étage, escalier C, j'observe un instant le couloir vide, éclairé lui aussi par la lumière poudrée du soir qui tombe. Des bribes d'images se superposent les unes aux autres : Thérèse et le petit Jojo au cœur battant, le couteau de Désiré Dinanceau, l'uniforme allemand de son fils, les cris de Jules Jallet, « mort aux vaches », une femme inconnue surnommée Blanche-Neige avec un ruban rouge dans ses cheveux noirs, la mort de Claude François, le meurtre de monsieur Tallec, les oiseaux qui volent dans un appartement vide. Comment est-il possible que tout soit aussi silencieux et que je n'entende que le faible murmure des commentaires du match de foot qui filtre à travers la porte de Marie-Hélène ?

L'histoire de la désertion de Robert Dinanceau m'obsède. Pour en avoir le cœur net, je suis retournée aux Archives de la préfecture de police de Paris, au Pré-Saint-Gervais, à la limite de Paris. Ces archives, bien connues des amateurs de faits divers, de traques policières, de filatures, d'interrogatoires, dissimulent sous l'aspect d'inoffensives piles de papiers classées dans des milliers de cartons une somme impressionnante de répression et de douleur.

Elles étaient autrefois situées dans le quartier de Maubert-Mutualité, rue des Carmes.

Il y a vingt ans, j'étais très jeune, j'ai aimé ces archives perchées tout en haut du commissariat du Vᵉ arrondissement. J'ai aimé aussi le commissaire qui les dirigeait et sortait ses cartons un peu à la tête du client. Il y avait encore son désuet musée de poche où d'affreux mannequins de cire surgis du fond des âges et revêtus des uniformes successifs de la police parisienne voisinaient avec des vitrines remplies de photos anthropométriques de Bertillon – un petit musée des horreurs, en somme, que j'avais visité un jour avec un ancien dirigeant clandestin de la gauche trotskiste, nom de code Vergeat, fasciné comme moi par ce genre de curiosités et qui m'écrivit le soir même qu'il s'étonnait que nous soyons sortis libres d'un tel lieu.

Au Pré-Saint-Gervais, rien de tel, plus d'amateurisme folklorique : tout est moderne, propre, informatisé et certains des dossiers dont les papiers jaunis s'effritaient autrefois au contact des doigts sont désormais numérisés et consultables sur un écran d'ordinateur. Je voulais fouiller un peu autour du « cas » Robert Dinanceau, voir si je ne trouvais pas quelque chose, même après m'être cassé les dents sur les dossiers de désertion des légionnaires des volontaires français contre le bolchevisme dans lesquels il ne figurait pas. De fait, en entrant son nom, un rapport que je n'avais pas vu lors de ma visite précédente est sorti. Je l'ai immédiatement commandé. En attendant que les préposés remontent le carton, j'ai discuté un peu avec l'archiviste de service ce jour-là à propos du mystérieux meurtre datant des années 1980.

Je n'avais pas le nom exact de la victime : soit Tallec (selon Marie-Hélène et monsieur Laueffer), soit Le Gast (selon Monique) ; j'avais une date approximative élaborée à partir du témoignage de Monique qui m'avait dit qu'elle regardait *Shogun* à la télévision quand le crime avait été commis et j'avais trouvé que la série *Shogun* avait commencé à être diffusée à la télévision française en 1983. 1983 donc. Une adresse : le 209 rue Saint-Maur. Mais sinon, rien de rien, j'avais fait chou blanc en parcourant, avec si peu d'indices, les journaux, *France-Soir*, *Le Parisien*, *Détective*, qui auraient pu relater ce crime.

L'archiviste avait-il des conseils à me donner ?

Il a d'abord commencé par me dire que tout était trop flou, qu'il n'y avait pas suffisamment d'informations tangibles, mais au fil de notre conversation j'ai senti qu'il se prenait au jeu. Il m'a proposé, pendant que je consultais les archives sur Robert Dinanceau, de jeter un coup d'œil pour moi aux registres de la Morgue de Paris auxquels je n'avais pas l'autorisation d'avoir accès directement.

Pendant qu'il compulsait les registres de 1983, je me suis assise dans la salle où l'on m'avait remonté un rapport du commissariat de police du Xe arrondissement de novembre 1941 concernant Robert Dinanceau. J'y apprends qu'à partir d'octobre 1941, il a été enfermé à la prison de Fresnes « à la disposition des autorités allemandes. Ayant contracté un engagement volontaire à la Légion des Volontaires français contre le bolchevisme, il avait quitté son corps sans autorisation et avait été arrêté à Poitiers d'où il a été ramené à Paris. » Robert Dinanceau était un déserteur à répétition : il avait déjà été condamné pendant la drôle de guerre, en janvier 1940 à six mois de prison pour désertion par le tribunal militaire de Périgueux... En tout cas, à l'automne 1941, il avait été incarcéré à Fresnes sans que ses parents n'interviennent d'aucune façon. Ce qui rend peu probable qu'il ait pu parader en uniforme allemand au 209 rue Saint-Maur en 1942 à l'époque où Thérèse et ses parents y étaient cachés, même si c'est le souvenir qu'elle a ensuite consigné dans son récit.

Ce « faux » souvenir de Thérèse : Robert Dinanceau arrivant dans la cour en uniforme allemand et dénoncé par sa propre mère pour désertion, me paraît être la mise en image, la synthèse de plusieurs éléments dont Thérèse avait évidemment connaissance : Robert avait déserté, il était pro-allemand et n'aimait pas les juifs, son arrivée au 209 en 1942 (peut-être après le séjour à la prison de Fresnes pour désertion) a provoqué une grande terreur chez elle, ses parents et les Dinanceau. C'est probablement à ce moment que s'est produite la scène du couteau décrite par Claudine et, à mon avis, Robert n'a plus remis les pieds chez ses parents pendant toute la guerre avant de faire son grand retour au 209 après la Libération.

Je suis en train d'imaginer tout cela et de réfléchir au faux « souvenir-valise » de Thérèse quand monsieur Biotteau, l'archiviste, vient me taper sur l'épaule.

Il a retrouvé le meurtre de 1983. 31 juillet pour être exact. Contre toute attente, c'est Monique qui avait raison : la victime s'appelait Émile Le Gast, il était né en 1899. La morgue note que son décès est dû à des « coups + arme blanche ». Si je n'avais pas le droit de consulter le registre moi-même c'est qu'il ne fallait pas que je puisse voir la rubrique où est indiquée l'identité des personnes ayant récupéré le corps à la morgue. L'archiviste la dissimule en me montrant le registre et j'ai la preuve que l'effroyable meurtre de ce vieil homme, alors âgé de 84 ans, a bien eu lieu. Je ne sais pas depuis combien de temps il habitait dans l'immeuble ni d'où il venait.

Je voudrais en savoir plus sur Le Gast, sur le meurtre et, les jours suivants, je suis encore en train de compulser des journaux sans succès quand je reçois un coup de fil de monsieur Biotteau : il a des photos à me montrer. Il les a retrouvées dans un fonds de la police judiciaire que les Archives de la préfecture de police ont reçu récemment et qui n'a jamais été inventorié. Il est tombé sur une série de négatifs qui pourrait m'intéresser.

Je ne suis pas très rassurée en arrivant aux Archives : les photos d'une scène de crime, très peu pour moi... Monsieur Biotteau me calme : on ne voit pas de corps sur ces photographies. Pourtant, quand je découvre les clichés sur l'ordinateur, je suis saisie, comme toujours, par la puissance de l'absence et du hors-champ.

Pas de corps, certes, mais l'intrusion de la violence au cœur du familier : un coussin ensanglanté, les traces de lutte dans la petite pièce où figurent aussi les signes éparpillés du quotidien d'Émile Le Gast. Il y a le calendrier du *Parisien* daté de 1983, la vaisselle sale dans l'évier, quelques livres soigneusement rangés sur une étagère en bois, le réveil qui indique 5 h 07, la bouteille de Synthol, le pot de chambre, le lit défait, quelques cartes postales et une affichette de chatons accrochées au mur, de l'Alka-Seltzer, le tiroir de l'armoire à glace à moitié ouvert, probablement pour trouver les économies du vieil homme, le numéro de téléphone de la pharmacie du « Gagne-Petit » ouverte tous les jours jusqu'à 23 heures, les deux béquilles dans un coin et, enfin, rangés sur les étagères du buffet, deux grands pots de Nescafé, une boîte de Buitoni, une boîte de riz Uncle Ben's.

Le déchaînement de violence dans cette pièce qui suinte le dénuement et la solitude est difficilement supportable – pour quelques centaines de francs probablement, les économies d'Émile Le Gast qu'il avait dissimulées dans le tiroir de l'armoire à glace ou dans le buffet ou sous le lit. Soudain, au gré de l'enquête policière qui essaie de déterminer le parcours des meurtriers dans l'immeuble en suivant les traces de sang, des photos du couloir, de la cour apparaissent. Ces instantanés de l'été 1983 représentent le 209 tel que je ne l'ai jamais vu, dans sa version désolée, ouvrière, cette version qui a si peu bougé de 1889 aux années 2000.

Je la vois enfin la caserne dont parlait Albert, sa « cour des Miracles », je les vois les couloirs sombres qui effrayaient la petite Fatima et les enfants de sa génération dans les années 1980 ! C'est le sombre roman-photo du 209 rue Saint-Maur qui émerge grâce à la documentation d'un crime comme si, à nouveau et plus encore pour les pauvres, les sans-grade, les « gagne-petit », il fallait en passer par la misère, la violence et le mal pour faire récit, image. Et j'ai l'impression de suivre pas à pas les enquêteurs de la police judiciaire qui, après avoir traqué dans chaque recoin de l'immeuble les traces de sang, les entourent d'un coup de craie blanche dans l'espoir de résoudre un macabre jeu de piste.

Je m'abîme d'autant plus dans la contemplation de ces photos transférées immédiatement dans mon téléphone portable qui devient à la longue un 209 de poche, photos et archives incluses, qu'en les regardant, je retrouve non seulement la physionomie originelle de l'immeuble mais aussi, c'est encore plus étrange, une atmosphère (c'est probablement la forme de la voiture garée dans la cour) qui me replonge dans les années 1980 et dans la façon dont je percevais, j'avais une dizaine d'années alors, tous ces paysages parisiens, ces immeubles pas encore ravalés (je me souviens de ceux du Marais, ceux du Xe arrondissement de la rue du Faubourg-Poissonnière, de la rue de Paradis) dont j'avais la sensation vive, même

enfant (était-ce leurs façades noircies ? les inscriptions à moitié disparues comme celle que je retrouve sur l'une des photos du hall de l'escalier C où je déchiffre très bien, au-dessus des escaliers qui descendent à la cave, un calicot délavé au nom de l'entreprise Savarin et Fouanant, un atelier d'outillage qui était domicilié au 209 dans l'entre-deux-guerres ?), qu'ils étaient les coulisses mystérieuses de ma vie.

Et ce ne sont pas seulement les photos terribles de la scène de crime, la fin déchirante d'Émile Le Gast, sa solitude qui me serrent le cœur mais aussi le fait que dans ces clichés se trouve révélé dans toute sa précision et sa crudité, derrière le papier peint de mon imagination, le véritable décor de mon enquête.

Il était temps.

17

Si je croisais Alex dans le train et que je tentais d'imaginer son métier, je ne crois pas qu'historien, et a fortiori historien de la Shoah, serait la première idée qui me viendrait à l'esprit. Avec sa boucle d'oreille, son léger accent du Sud-Ouest, sa haute taille, on pourrait le prendre pour un musicien – ce qu'il est d'ailleurs, à ses heures perdues : guitariste dans un groupe de punk. Mais Alexandre Doulut est avant tout historien et ses précieux conseils, sa connaissance des différentes sources d'archives relatives à la persécution me sont, depuis le début de l'enquête, une aide indispensable pour reconstituer des trajectoires, retrouver des survivants.

L'une des sources qu'il me conseille d'explorer est conservée à Caen : il s'agit des archives des victimes des conflits contemporains, parmi lesquelles se trouvent les dossiers individuels des déportés constitués après la guerre par les rares déportés survivants eux-mêmes ou par leurs familles rescapées. Ces dossiers, qui servent à l'obtention d'un statut de déporté/interné politique ou résistant, documentent les circonstances de l'arrestation et de la déportation et sont un élément d'enquête extrêmement précieux : ils me permettent d'amasser de nouveaux détails et d'identifier les membres de la famille qui rédigent ces dossiers, le plus souvent dans les années 1950.

Quand il reste de la famille, naturellement…

Pas de dossier pour le couple Szulc et leur fils Daniel, ni pour Abraham Gogolinski, ni pour Sura Lect, la vieille dame arrêtée à l'âge de 79 ans, en juillet 1943 à l'hôpital Rothschild, ni encore pour la couturière célibataire Marjem Enys dont le registre du dépôt de la préfecture de police m'apprend qu'elle a été arrêtée en janvier 1943, à 1 heure du matin dans le XVIe arrondissement, bien loin du 209. Il ne reste plus personne, aucune famille, même lointaine, pour s'enquérir de leur sort, ceux des « non-rentrés » comme les qualifie l'Administration française.

D'autres « non-rentrés » ont en revanche de la famille survivante qui remplit ces dossiers, témoignages et certificats à l'appui. Ainsi, la mère de Dorota Hassman, déportée avec son mari et ses enfants, Albert et Hélène, écrit depuis New York, où elle vit au 3033 Coney Island Avenue, qu'elle n'a plus aucune nouvelle de la famille : « Avant la guerre mon petit-fils m'a écrit les lettres. Il était un bon élève à l'école. En vue de cette raison je déclare que mon bon-fils est décédé ou disparu comme sa pauvre mère, père et sœur. » Une attestation de la concierge, madame Campion, qui a dû succéder à madame Massacré, témoigne que l'enfant Albert Hassman, domicilié au 209 rue Saint-Maur entre 1939 et 1942, n'a pas reparu à son domicile depuis lors.

Un autre dossier attire mon attention : il s'agit de celui rempli par Sonia Arnaud Ghitis pour son propre compte. Je me souviens que j'avais déjà vu une carte d'identité d'étranger établie à son nom en 1938. En lisant le dossier, je m'aperçois que Sonia, qui a été déportée en avril 1944 à Auschwitz, est probablement la seule avec Albert, parmi les habitants du 209, à avoir survécu à sa déportation. L'adresse qu'elle donne dans les différentes pièces qui composent le dossier est toujours le 209 rue Saint-Maur, de l'immédiat après-guerre jusqu'aux années 1970. Pendant tout ce temps, elle envoie demande sur demande pour que lui soit attribué le titre de déportée politique-résistante qu'elle parvient finalement mais très difficilement à obtenir.

Ce que j'arrive à reconstituer de sa trajectoire à la lecture du dossier est passionnant mais me laisse pleine d'interrogations. Sonia Ghitis est née en 1906 en Russie, à Staro-Outchitsa, une ville de Bessarabie qui fut successivement russe, roumaine après la Première Guerre mondiale, russe à nouveau après le pacte germano-soviétique, et aujourd'hui moldave. Elle est diplômée en pharmacie à l'université de Bucarest en 1935, arrive en France en 1938, se marie en mars 1939 avec un certain Pierre Arnaud. Tous deux emménagent au 209 rue Saint-Maur en 1940 et Sonia y donne naissance la même année à un garçon, Jean-Jacques.

Elle affirme avoir eu des activités résistantes dès 1942 parmi lesquelles elle cite « transport d'armes, fabrication de fausses cartes, camouflage d'enfants israélites, agent de liaison ». Un certificat émanant d'un certain Djavat, commandant d'un bataillon de l'Armée secrète du XVe arrondissement, atteste dans un mot manuscrit que Sonia a été son agent de liaison depuis le 2 février 1942. Toujours dans le même dossier j'apprends qu'elle a été arrêtée par la Gestapo en mars 1943, qu'elle a été internée à Fresnes pendant plusieurs semaines avant d'être, je ne sais comment, relâchée.

Sa deuxième arrestation a lieu un an plus tard, en mars 1944, dans une souricière du XVe arrondissement, rue Olier, non loin de la Porte de Versailles – l'adresse était surveillée par la police française comme étant une planque de résistants. Après son arrestation, elle est d'abord détenue au commissariat de Boulogne puis, pendant presque un mois, au dépôt de la préfecture de police de Paris avant d'être transférée à

Drancy. Elle est déportée à Auschwitz en avril 1944, transférée au camp de Ravensbrück en Allemagne en janvier 1945, pour être finalement libérée dans un Kommando du camp de Buchenwald à Leipzig en avril 1945.

Elle est revenue à l'hôtel Lutetia le 6 juin 1945.

Son mari, Pierre Arnaud, avait été déporté au camp de Dachau en 1943. Il y est mort en 1944.

Depuis 1940, Sonia vit au 3e étage de l'escalier C du 209 rue Saint-Maur.

Toute cette histoire me donne le vertige. Comment se fait-il que Sonia ait pu être relâchée en 1943 lors de sa première arrestation ? Si elle avait été arrêtée en tant que juive et résistante, son sort semblait pourtant scellé. Et en imaginant qu'elle ait été libérée à la suite d'un miraculeux dysfonctionnement de la machine répressive (toujours possible), comment a-t-elle poursuivi une année supplémentaires ses activités résistantes, puisqu'elle dit avoir été arrêtée en 1944 dans le cadre plus large d'une chute d'un réseau résistant ? Je note aussi qu'il s'est écoulé près d'un mois entre son arrestation début mars 1944 et son transfert à Drancy en avril – un temps assez long que j'imagine dévolu à des interrogatoires. Que faisait exactement Sonia Arnaud ? Pourquoi son mari, Pierre, arrêté en 1943, a-t-il été déporté à Dachau, sans retour ?

Son fils, Jean-Jacques, est-il toujours vivant ?

Je ne trouve pas ce prénom dans l'annuaire mais j'envoie malgré tout une centaine de courriers à des Arnaud qui vivent en France. Puisqu'une bouteille à la mer est parvenue à son destinataire en Australie, pourquoi cela ne fonctionnerait-il pas, en France, pour Sonia Arnaud-Ghitis ?

Après avoir lancé ces filets, je pose le dossier de Sonia à l'écart sur mon bureau et je m'attaque aux photocopies suivantes avec la sensation en examinant chaque page, chaque bout d'écriture manuscrite, chaque nom et adresse d'être une alchimiste qui métamorphoserait non pas le plomb en or mais la matière inanimée en chair, une chair à la fois accessible et fuyante.

Je passe de l'escalier C à l'escalier D, à droite dans la cour.

Le dossier est celui des Fuchs : Josef et Maria. Ils habitaient au 4e étage. Maria a été arrêtée en septembre 1942 lors d'une rafle rue Rodier, « en faisant ses courses » est-il écrit, son mari Josef en janvier 1944. Les papiers sont remplis au début des années 1950 par leurs deux fils, Erich et N.

Si je n'écris ici que l'initiale c'est que j'ai facilement retrouvé N. qui habite dans une ville du centre de la France. Je suis allée le voir. Nous avons longuement parlé mais il a ensuite refusé d'être filmé. Son frère Erich, plus âgé de quinze ans, est mort depuis longtemps. L'appartement où N. vit avec la femme qu'il a épousée il y a presque soixante-dix ans ressemble trait pour trait à celui d'Albert Baum et Hélène. Même petit HLM à la périphérie, même pendule ancienne qui sonne les heures. N. a l'accent et l'allure d'un gamin de Paris. Il me parle fièrement de sa carrière d'arbitre amateur pour le club de foot de la ville.

S'il ne veut pas être filmé, explique-t-il, c'est qu'il ne veut pas trop parler de cette histoire, les gens d'ici, ses voisins ne savent pas qu'il est juif, né en Allemagne, une Allemagne qu'il a dû fuir en 1937 avec ses parents, originaires de Slovaquie, pour rejoindre en France son frère aîné Erich qui s'y était déjà installé.

De Cologne, la ville où il a grandi, il garde le souvenir du nom de sa rue, Rhone Strasse, de sa bar-mitsvah célébrée en 1936, trois ans après l'accession d'Hitler au pouvoir. En 1937, c'est le départ in extremis pour Paris avec ses parents.

Il a gardé le passeport tchécoslovaque de sa mère, sur lequel il figure.

Après quelques jours à l'hôtel, ils se sont installés dans une petite pièce au 4e étage de l'escalier D du 209 rue Saint-Maur trouvée grâce à d'autres copains réfugiés de Cologne. À 14 ans, N. a dû apprendre le français en se rendant à l'école communale du 200 rue Saint-Maur où il se rappelle la méchanceté d'autres enfants qui se moquaient de son accent allemand.

Josef, son père, autrefois traducteur, est devenu marchand ambulant : il vendait des crayons en porte-à-porte. N. s'est fait à l'époque un tas de copains au 209 : Jojo, le frère d'Odette, Henri Knoplock, le voisin de Miquette, et surtout, surtout, un autre immigré d'Allemagne comme lui, David Osman, le frère aîné d'Henri, ce frère dont Henry ignorait tout…

Grâce à N. j'apprends que le jour de l'entrée des Allemands à Paris, c'est avec David qu'il les regardait arriver par l'avenue Claude-Vellefaux. Il s'en souvient comme si c'était hier : David a craché par terre et a dit entre ses dents : « Quels cons ces Français. » Il n'a pas parlé fort mais suffisamment pour être entendu par un autre voisin du 209 qui assistait, atterré, au spectacle. « C'était un blessé de la face de 14-18 ; quand il a entendu David, il est devenu furieux et a commencé à l'engueuler. »

Par la force de cette minuscule anecdote, je vois s'affronter, sur un bout de trottoir de la rue Saint-Maur, Léon Gardeblé et David Osman, l'ancien combattant et le jeune réfugié qui ressuscitent soudain. Comme ressuscitent la silhouette de madame Massacré qui criait sur les gosses dans la cour, celle de l'épicière Sura Haïmovici, « une grosse bonne femme », du bougnat Maurane, « jamais sans sa casquette ».

Surtout, N. se souvient de Descloux, le marchand de cycles dont la boutique était à droite de l'entrée de l'immeuble.

« Il avait son dépôt d'outils dans le bâtiment C et je traînais beaucoup chez lui. Au début, j'étais un peu son grouillot, il me disait d'aller lui chercher des cigarettes ou le journal. Il avait été aviateur pendant la guerre de 14 et c'était un fondu de mécanique. Il aimait beaucoup les courses de chevaux, les trotteurs à Vincennes : il y allait souvent avec sa femme. En tout cas, de grouillot il m'a transformé en apprenti, c'est lui qui m'a appris mon métier de tourneur en mécanique. Il faisait de la réparation d'automobiles, donc pendant l'Occupation c'était beaucoup de travail avec les Allemands mais il m'a aidé quand ça a commencé à barder. »

Quand « ça a commencé à barder », c'est-à-dire pour N. au printemps 1942 : « Quand il y a eu l'étoile et puis ensuite au moment de la rafle en juillet. Vers 5 heures du matin, j'ai vu arriver les flics, je ne savais pas ce que c'était qu'une rafle mais ni une ni deux, je me suis dit : "Caltez volaille." Je pensais qu'ils ne s'en prendraient pas à mes parents et de fait, ce n'est pas lors de cette rafle qu'ils ont été arrêtés. Moi en tout cas, je me suis enfui par les toits. Je suis revenu quelques heures après. Mes parents étaient toujours là mais un tas de voisins avaient été embarqués. J'ai continué à travailler chez Descloux mais quand il y avait des rumeurs de rafle, je partais ou alors j'allais me cacher dans les caves... toujours avec une tapette, ça grouillait de rats là-dedans. Descloux m'apportait à manger. Il y avait aussi un flic, Migeon, dans l'escalier C, qui m'a prévenu quelquefois. Tout ça c'était un choc, comme un coup de pied au derrière. J'étais devenu un brigand de grand chemin. Et tout ça parce que j'étais juif ! Pourtant on était des laïcs convaincus. »

Maria Fuchs a été arrêtée en septembre 1942 : « Un matin, elle est partie faire des courses par là-bas dans le IXe arrondissement et elle n'est jamais revenue. » N. reste avec son père qui le convainc de quitter Paris pour rejoindre son frère aîné

Erich dans cette ville du centre de la France. « J'ai quitté la rue Saint-Maur et j'ai traversé Paris pour rejoindre la gare d'Austerlitz. J'avais ôté mon étoile. J'étais terrifié. » Il parvient non sans difficulté en province et s'engage dans la Résistance en dissimulant sa véritable identité. « Bon puis finalement je suis resté ici. Je me suis marié avec la sœur d'un copain de Résistance. On s'est fait une petite vie. Mon père, il a été arrêté en 1944. Je pense que les Allemands venaient pour moi mais c'est mon père qu'ils ont arrêté. »

La dernière page du dossier Fuchs est la reproduction d'une lettre écrite en 1954 par le marchand de cycles Henri Descloux, « commerçant depuis l'année 1937 en l'immeuble du 209 rue Saint-Maur » qui certifie « avoir très bien connu monsieur Fuchs qui habitait dans l'immeuble et l'avoir vu partir en déportation en 1944 ».

Je suis frappée par ce terme « vu ». Sous la rubrique « circonstances de l'arrestation », il est écrit par Erich, le frère de N, que Josef Fuchs a été arrêté par les Allemands à son domicile à 2 heures du matin le 22 janvier 1944. Il paraît peu probable que Descloux, qui n'habitait pas au 209 mais y avait juste son magasin, ait « vu » Josef se faire embarquer…

Mais outre le fait que ce « vu » obéit à la nature administrative du document qui doit faire preuve auprès de la bureaucratie du ministère des Anciens Combattants que Josef Fuchs habitait bel et bien au 209 et qu'il y a bel et bien été arrêté, il y a dans ce « vu » une dimension plus vaste encore : le « vu » du témoin qui me rappelle le « il faut que tu voies » de Désiré Dinanceau à sa fille quand il l'avait emmenée à Drancy. Regarde de tous tes yeux, regarde et vois. Vois, en celui que tu as « très bien connu » ou que tu as juste vu passer au milieu de la cour, le père, le frère, l'ami, le voisin. Ne détourne pas le regard : vois et reconnais-le. Et que de sa perte, de sa disparition, ton regard soit aussi comptable.

Je repose le dossier Fuchs sur un coin de mon bureau. La chair redevient papier. Un autre dossier, d'autres photocopies. Je tourne, j'examine, j'analyse.

Nouveau nom, nouveau dossier : Goldsztajn. Simon et Maria… Ils ont dû s'installer au 209 après 1936, leur nom n'est pas sur le recensement. Je vérifie sur la liste des déportés – j'avais remarqué qu'ils n'avaient pas été arrêtés à la même date : il a été déporté en septembre 1942, elle en février 1944. Je me les étais imaginés tous les deux au 209, lui arrêté, puis elle toute seule.

Je suis assise, le dossier devant moi, je tourne les pages.

Sur l'une d'elles apparaissent soudain trois autres noms.

Paul, né en 1935 à Vienne ; Jacques, né en 1939 à Paris XIIe ; René, né en 1941 à Paris Xe.

Je tourne encore les pages pour m'en convaincre : Simon et Maria avaient trois enfants.

Leurs noms ne sont pas sur la liste des déportés.

Après la guerre, les trois enfants sont vivants puisque c'est en leur nom qu'est constitué le dossier.

Les trois enfants ont été sauvés.

C'est un surgissement.

J'oublie totalement que ces enfants ont aujourd'hui autour de 80 ans. Je suis projetée avec ces trois noms dans un lieu dont je suis le démiurge, un lieu débarrassé des contraintes du temps et du vieillissement : les enfants sont vivants, enfants pour toujours.

Avant même de poursuivre ma lecture, je me précipite sur Internet. Je tombe très vite sur des articles concernant Paul Goldsztajn, l'aîné. Je repère un médecin dans le Nord, un article, puis sa nécrologie dans laquelle apparaissent cités les noms de ses frères, Jacques et René. Paul est mort il y a quelques années. Je poursuis avec Jacques. Annuaire. Il y a un numéro en banlieue parisienne. J'appelle. Une voix hésitante me répond. Sésame « 209 rue Saint-Maur ». Un blanc. La voix hésitante poursuit. C'est bien lui, Jacques.

René ? Oui, son frère qui habite dans le sud de la France est toujours vivant lui aussi.

Rendez-vous est pris place du Châtelet, quelques jours plus tard.

Les enfants sont là, sauvés, à portée de main, je raccroche et, pour la première fois depuis le début de tout ce cirque, je pleure.

De cette première rencontre dans le café bruyant je n'ai que quelques images éparses. Jacques qui me fait signe à une table et me sourit faiblement quand je m'assois. Un homme de 75 ans peut-être mais que la discrétion, la timidité rajeunissent. Il y a pourtant, luttant avec sa timidité, la détermination de son regard, le courage aussi qu'il a fallu pour me rencontrer si vite, pour me livrer les bribes de ce qu'il sait. Car Jacques ne connaît que des bribes, fréquemment il me dit « peut-être que Paul aurait su », Paul son frère aîné, le médecin, mais qui n'est plus là. Paul né en 1935 à Vienne et qui a suivi ses parents dans leur exil à Paris. Paul dont je découvre la bouille sur un document émanant du consul général de France à Vienne, dans lequel, en mai 1938, Maria sollicite l'autorisation de voyager avec lui en France pour y rejoindre Simon qui s'y est installé en 1937. À la rubrique renseignant la nationalité du petit garçon, claque comme une sentence irrévocable « sans patrie ».

Cette demande est refusée et j'imagine qu'il a fallu beaucoup de démarches entreprises par un Simon aux abois à l'idée de laisser sa femme et son fils dans une Vienne désormais nazifiée, pour que finalement, quelques mois plus tard, en décembre 1938, Maria et Paul soient autorisés à le rejoindre au 209 rue Saint-Maur, 5e étage, escalier C, fond de cour. C'est là que Jacques est né en juillet 1939, puis René deux ans plus tard.

Simon travaillait chez un tailleur de la rue Charlot dans le IIIe arrondissement. Maria, qui ne parlait pas le français, s'occupait des enfants. Jacques me dit qu'il ne sait pas grand-chose : de la rue Saint-Maur il n'a aucun souvenir, sauf des visions confuses du canal Saint-Martin où Paul l'emmenait jouer.

Ce qu'il sait tient en quelques phrases : « Nous vivions avec papa et maman... Papa a été arrêté au début de la guerre... Nous avons été cachés avec Paul dans plusieurs familles différentes... Maman a été déportée... René était resté avec elle… La guerre finie nous avons été placés dans un orphelinat… Paul s'est souvenu que nous avions un petit frère… Moi, je ne m'en souvenais pas… Il a alerté l'organisation qui s'occupait de nous, l'OSE… Ils ont fait des recherches et ont retrouvé René qui avait été adopté par une famille… René est finalement venu vivre avec nous à l'orphelinat… Paul, notre frère aîné, était comme un père pour nous, même s'il n'était pas beaucoup plus vieux. »

Moi, je ne me souvenais pas que j'avais un petit frère.

Comment s'en serait-il souvenu, Jacques ? Il a probablement dû être caché vers 1942, à l'âge de 3 ans. Paul s'en souvenait, lui qui était comme un père, lui qui restait, et cela je le comprends dès les premières minutes dans le brouhaha du café Zimmer, le seul à garder la trace dans sa mémoire des visages de Simon et de Maria, qui en était devenu le dépositaire auprès de ses deux frères.

Les trois frères ! J'ai à nouveau l'impression d'être plongée dans un conte de fées miraculeux et cruel. Conte, encore, le récit que me fait Jacques de l'un des lieux où il fut caché avec Paul, probablement en 1943. « C'était une petite maison collée à la grille d'un château occupé par les Allemands. Une maison de gardien, des bois tout autour et la grille, avec une sentinelle allemande. Encore une fois je n'ai pas de souvenirs précis, j'avais 4 ans seulement, sauf le sentiment perçant d'être très malheureux et puis d'avoir peur. Paul m'a dit plus tard que nous y étions maltraités : affamés, sans vêtements chauds l'hiver. Il m'a aussi raconté que comme nous n'avions pas le droit de boire entre les repas, on devait aller boire l'eau des canards dans la cour. Puis la famille était violente, Paul ne m'a pas tout dit certainement. »

Paul et Jacques ont été placés dans plusieurs familles entre 1942 et 1944, comme l'atteste une lettre écrite par Paul en

1947, à l'âge de 12 ans. Jacques sort la lettre de son sac et la pose délicatement sur la table du café. « Je l'ai retrouvée l'autre jour, après votre coup de fil. » Têtes penchées l'une contre l'autre, nous la déchiffrons ensemble.

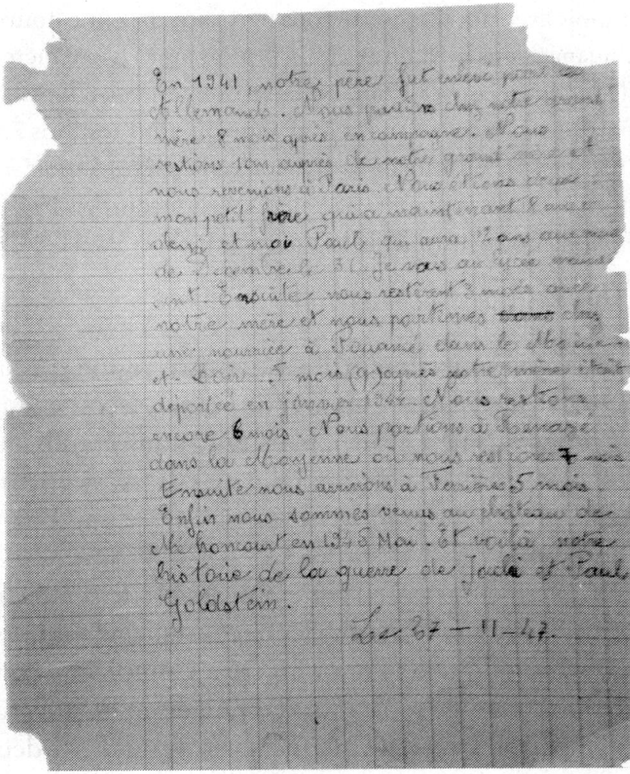
En 1941, notre père fut enlevé par les
Allemands. Nous partîmes chez notre grand
mère 8 mois après en campagne. Nous
restions 10m auprès de notre grand-mère et
nous revenions à Paris. Nous étions trois
mon petit frère qui a maintenant 8 ans
Alexis et moi Paul qui aura 12 ans au mois
de Décembre 47. Je vais au lycée [illegible]
[illegible]. Ensuite nous restâmes 3 mois avec
notre mère et nous partîmes [illegible] chez
une nourrice à [illegible] dans le Maine
et-Loire. 5 mois (9) après notre mère était
déportée en janvier 1944. Nous restions
encore 6 mois. Nous partions à [illegible]
dans la Mayenne où nous restions 7 mois
Ensuite nous arrivons à [illegible] 5 mois.
Enfin nous sommes venus au château de
M[illegible] en 1945 Mai. Et voilà notre
histoire de la guerre de Jacki et Paul
Goldstein.
Le 27 – 11 – 47.

En 1941, notre père fut enlevé par les Allemands. Nous partions chez notre grand-mère, 8 mois après, en campagne. *[Les enfants Goldsztajn n'avaient aucune grand-mère en France mais il est probable que Paul reprend ici les termes du récit mensonger qu'il devait réciter pendant la guerre.]* Nous restions 1 an auprès de notre grand-mère et nous revenions à Paris. Nous étions deux, mon petit frère qui a maintenant 8 ans et demi et moi Paul qui aura 12 ans au mois de Décembre, le 31. Je vais au lycée maintenant. Ensuite nous restèrent 3 mois avec notre mère et nous partîmes chez une nourrice à Pouancé dans le Maine et Loir. 5 mois après notre mère était déportée en janvier 1944. Nous restions encore 6 mois. Nous partions à Rénazé dans la Mayenne où nous restions 7 mois (février 44). Ensuite nous arrivions à Ferrières 5 mois. Enfin nous sommes venus au château de Méhoncourt en 1945 mai. Et voilà notre histoire de la guerre de Jacki et Paul Goldstein.

Le 27/11/47

Derrière le papier quadrillé, l'écriture ronde d'écolier, l'errance de deux enfants – un tour de France, façon XXe siècle. Avec Jacques qui ne l'avait jamais fait, nous établissons la chronologie de leur trajectoire telle qu'elle est décrite dans la lettre.

Selon Paul :

Simon aurait été arrêté en septembre 1941, deux mois après la naissance de René. Dans quelles circonstances ? Impossible de le savoir sinon qu'il a été incarcéré à Compiègne comme l'ont été beaucoup de résistants, d'étrangers et de juifs russes pour la plupart. Il y est resté interné un an avant d'être déporté en septembre 1942.

Maria, Paul, Jacques et René restent tous les quatre au 209 rue Saint-Maur jusqu'au mois de mai 1942, date à laquelle les deux aînés sont cachés chez une fausse grand-mère à la campagne.

En mai 1943, Paul et Jacques rejoignent Maria et René au 209 puis sont à nouveau cachés, dans la maison du château où ils subissent des mauvais traitements jusqu'en juillet 1944.

Entre-temps, en janvier 1944, leur mère, Maria, a été déportée et leur petit frère, René, placé on ne sait comment à l'Assistance publique.

Paul et Jacques sont cachés et déplacés dans divers autres lieux avant d'être accueillis en mai 1945 au château de Méhoncourt dans la Sarthe où sont réunis par l'œuvre de Secours à l'enfance, une association juive, des dizaines d'enfants dont les parents ont été déportés. Paul et Jacques ne seront réunis que deux ou trois ans plus tard avec leur plus jeune frère René.

Nous sommes saisis, Jacques et moi, par l'effet de réel que provoque cette chronologie reconstituée. Il y a d'abord la bouleversante précision de Paul qui laisse penser que l'enfant a tenu, au moins mentalement, une comptabilité exacte du temps alors même qu'il était en train de vivre les événements qu'il décrit. Avait-il un calendrier ? des notes ? Et comment ne pas interpréter cet attachement aux repères temporels comme la tentative de maîtriser, de surmonter le manque et la détresse ressentis par le petit garçon ? Comme si dans le seul énoncé des mois se logeait tout le désespoir de l'enfant qui écrit sobrement « 5 mois après notre mère était déportée en janvier 1944 ». Ce qu'elle dit aussi cette lettre c'est que Maria, restée seule en septembre 1941 avec trois enfants dont le plus jeune avait deux mois, Maria qui parlait à peine le français, s'est battue pour cacher et protéger ses enfants. Elle a probablement été aidée d'une manière ou d'une autre mais c'est ce qui me saute aux yeux à la lecture de cette lettre comme cela avait été le cas à la lecture du dossier : Maria, contre tout espoir, est parvenue à sauver ses trois enfants.

Comment a-t-elle bien pu s'y prendre ? Il existait pendant l'Occupation des institutions juives officielles ou clandestines qui venaient en aide aux parents en prenant en charge les enfants et en les cachant dans des familles. Henry le New-Yorkais a ainsi été caché par l'organisation clandestine du Comité Amelot.

Mais dans le cas des enfants Goldsztajn, qui a tendu la main à Maria ?

Je pose cette question à voix haute et c'est alors que Jacques sort de son sac un autre papier. « J'ai cette lettre que j'ai aussi relue après votre coup de fil mais je ne sais pas qui est cette dame qui écrit, elle parle de la concierge aussi. » J'ai du mal à dissimuler ma stupeur : « La concierge ? Madame Massacré ? »

Il me tend la copie d'une lettre manuscrite datée de 1946.

Je balaie la lettre du regard et file directement à la signature. Pas de doute. Au bas de la lettre, il est écrit : « Sonia Arnaud ». Je m'exclame : « Pas possible ! » Jacques me lance un regard affolé : « Qui est-ce ?

– C'est une voisine de votre mère. Vous habitiez au 5e, escalier C. Elle habitait dans le même escalier, au 3e. »

Je me remets à lire plus attentivement. La lettre est adressée à une certaine madame Salomon qui était l'une des dirigeantes de l'OSE, l'association qui avait pris les enfants en charge après la guerre.

> Madame,
>
> [...] J'ai bien reçu des nouvelles de ces trois chers enfants et je vous en suis très reconnaissante. Je veux vous donner quelques précisions sur le petit René, je m'en occupais de ces trois enfants ainsi que plusieurs autres. Madame Goldstein a été déportée 8 semaines avant moi ; quelque temps après (15 jours), la concierge de l'immeuble m'a annoncé qu'il faut

retirer le petit de l'hôpital Saint-Louis, il venait d'arriver de la mer, l'enfant a eu la scrofulose infantile. Je suis allée rue des Francs-Bourgeois. Si je ne me trompe pas en attendant mon tour, j'ai entendu une dame raconter que les Allemands venaient de prendre ses 2 enfants, c'était chez une nourrice indiquée par la direction. C'est alors que je me méfiais de ces gens-là et j'ai décidé de placer cet enfant à l'assistance française. À propos je me suis adressée aux plusieurs cloîtres, on m'a refusé, peut-être on se méfiait de moi. Je n'avais pas de connaissances. Le jour quand il fallait ramener l'enfant à l'assistance, j'ai dû sauver 3 autres enfants et je suis partie à 30 km d'Orléans. Et c'est Madame Massacré qui a placé René à l'Assistance publique française. Madame Massacré est morte et ne pourra témoigner mais il y a sa fille, Madame Deschamps. À ce moment-là j'ai été encore dans un camp. Ce sont le peu de renseignements que je peux vous donner. [...]

Arnaud Sonia

Jacques se tient silencieux en attendant que j'aie terminé de lire. Un tas d'hypothèses tournent dans ma tête dont je lui fais part immédiatement. Je lui raconte ce que j'ai retrouvé sur Sonia Arnaud et notamment le fait qu'elle décrivait dans son propre dossier s'être occupée de cacher des enfants juifs. C'est ce que sa lettre confirme. S'était-elle prise d'affection pour Maria et ses trois garçons qui lui rappelaient peut-être son propre fils, Jean-Jacques, né également juste au début de la guerre ? Peut-être est-ce Sonia qui a indiqué à Maria comment s'y prendre pour faire cacher les deux aînés. Sonia cite en effet le 35 rue des Francs-Bourgeois qui était, pendant l'Occupation, l'adresse du dispensaire de l'OSE, l'œuvre de Secours à l'enfance, cette organisation juive semi-clandestine qui s'est occupée de répartir des enfants dans des familles à la campagne pour qu'ils y soient cachés. L'une des membres du dispensaire a raconté dans ses Mémoires qu'au 35 rue des Francs-Bourgeois, il n'était pas rare que des « nourrices », comme on les appelait, viennent chercher les enfants qui leur étaient confiés. Dans d'autres cas, des assistantes sociales allaient déposer elles-mêmes les enfants dans les familles. Jacques et Paul ont probablement été pris en charge par l'OSE pendant la guerre, ce qui explique qu'ils se soient retrouvés dans un orphelinat tenu également par l'OSE après la Libération.

En ce qui concerne René, Sonia décrit la méfiance qui la saisit en entendant que des enfants se sont fait arrêter dans des familles liées à l'OSE et sa tentative de trouver un autre refuge pour l'enfant.

C'est ici qu'intervient madame Massacré puisque c'est elle, dit Sonia, qui place le petit à l'Assistance publique. Je tente de brosser le portrait de madame Massacré à Jacques qui m'écoute bouche bée.

Surtout, je lui raconte ce que m'a révélé Miquette il y a quelques mois : l'enfant qu'elle et sa grand-mère ont recueilli des propres mains d'une mère arrêtée avant qu'il ne soit placé à l'Assistance.

Si cet enfant était René ? Si cette mère était Maria ?

Quelques lignes dans la lettre de Sonia semblent infirmer cette hypothèse : « la concierge de l'immeuble m'a annoncé qu'il faut retirer le petit de l'hôpital Saint-Louis, il venait d'arriver de la mer, l'enfant a eu la scrofulose infantile ».

René était-il avec sa mère, Maria, le soir de son arrestation ou bien était-il à l'hôpital Saint-Louis après être arrivé de la mer, quinze jours après l'arrestation de celle-ci ? Madame Massacré aurait pu le récupérer à l'hôpital Saint-Louis, tandis que Sonia Arnaud tentait désespérément de lui trouver une famille d'accueil, auprès de l'OSE puis auprès de « cloîtres » (*sic*) catholiques avant de se résoudre à le faire déposer à l'Assistance publique, toujours par l'entremise de madame Massacré. Dans ce cas, le souvenir très mélodramatique de Miquette décrivant la mère leur confiant l'enfant au moment de son arrestation serait un enjolivement des quelques jours que le petit René a probablement passés dans la loge avant son départ pour l'Assistance publique. Ce qui me trouble tout de même c'est la spontanéité avec laquelle Miquette a évoqué cette scène et le geste qu'elle a plusieurs fois fait devant moi pour mimer le mouvement des bras de la mère (Maria ?) donnant l'enfant (René ?) à sa grand-mère. « C'était sous la voûte, elle avait l'air affolée. Le mari n'était plus là depuis longtemps. Il avait déjà été arrêté », m'avait-elle dit.

Jacques m'écoute dérouler les hypothèses, les contredire, lui expliquer que je peux aller consulter plus d'archives, celles des Hôpitaux de Paris par exemple pour essayer de vérifier si les registres gardent la trace de l'entrée de René en janvier 1944 à l'hôpital Saint-Louis mais je me rends compte que pour lui, l'essentiel n'est pas là mais plutôt dans le fait que notre rencontre lui a permis de décrypter cette lettre, d'en identifier l'auteur et d'imaginer Sonia, la voisine, madame Massacré, la concierge, tentant d'aider sa mère.

Grâce à nos savoirs partagés, la lettre est devenue vivante et quand nous ressortons tous les deux du café, nous nous tenons quelques instants sur le trottoir en clignant des yeux, hébétés. Le soleil d'hiver sur la place du Châtelet, le froid nous sortent peu à peu de la bulle qui nous a enveloppés, Jacques et moi, le temps de notre rencontre jusqu'à ce qu'elle crève pour de bon et que nous distinguions à nouveau les klaxons des voitures, la cohue des passants qui se pressent vers la Seine et que, progressivement, nous reprenions pied au sein de cette journée de l'année 2015, loin de la quête éperdue de Sonia Arnaud pour trouver un abri au petit René, loin surtout de ce geste dont nous ne savons pas encore s'il a existé, ces bras qui tendent l'enfant vers sa survie dans l'obscurité de la voûte du 209 rue Saint-Maur.

Je regarde Jacques s'éloigner vers le métro, longue silhouette, il porte un bonnet tricoté en laine orange. Il disparaît dans la foule. Et de lui, comme de Charles Zelwer et d'Henry, comme de mon père aussi, de tous ces hommes désormais âgés, me reste l'image furtive d'enfants tristes. Tout à coup je me mets à lui courir après. Je viens de me souvenir d'un détail que m'avait précisé Miquette concernant la femme à l'enfant : « Je me souviens de ses yeux verts. Cette couleur, ça m'avait fascinée. » Je rattrape Jacques à bout de souffle. Il se retourne. Je remarque pour la première fois qu'il a les yeux marron.

« Votre mère, elle avait les yeux verts ?

– Je ne sais pas, sur les quelques photos en noir et blanc que je possède, c'est difficile à distinguer, ils étaient clairs, c'est certain. » Il réfléchit un instant. « Mais René a de très beaux yeux entre le vert et le bleu. »

18

Avec Mohammed, nous avons frappé à la porte de l'appartement du 3e étage, escalier C, fond de couloir. Ce Mohammed-là n'est pas le gardien mais l'un des propriétaires du 209. Il habite un grand loft au rez-de-chaussée de l'escalier C : pas un des lofts qui donnent sur la cour, non, le sien, celui de Mohammed et de sa femme, Cécile, donne sur l'arrière du bâtiment vers l'immeuble moderne de l'avenue Parmentier.

Mohammed est algérien. Il est arrivé dans les années 1990 en France et il est cinéaste comme moi. Nous nous sommes souvent croisés dans la cour en nous souriant seulement avant de commencer un jour à discuter pour de bon. Je lui ai demandé d'où il venait en Algérie, il m'a d'abord dit « une grande ville dans le nord-ouest ». Quelle ville exactement ? Quand il m'a répondu, j'ai eu un petit mouvement de recul. Sidi Bel Abbes. La ville de naissance de Mohammed était aussi celle, inconnue, fantasmée, où mon père avait fait « sa » guerre d'Algérie pendant presque deux ans. Mon père était étudiant en médecine, il avait été appelé et de ces mois-là, à l'exception de quelques photos en noir et blanc où on le voit à table avec d'autres conscrits, je n'ai jamais rien su. Rien. Mon père n'en a jamais parlé, n'a jamais répondu à aucune de mes questions. Sidi Bel Abbes c'était juste un nom où se dissimulait le mystère de cette guerre qui me semblait si lointaine comparée à l'autre, la grande, la deuxième qu'on ne désignait dans ma famille que comme « la guerre », comme si elle avait épuisé à jamais le sens de ce mot.

Et cette autre guerre, cette guerre dont on ne parlait pas, la guerre d'Algérie, ce n'est qu'en vieillissant que j'ai mesuré à quel point elle avait aussi irradié le pays dans lequel je grandissais, et ma propre famille. Une guerre peut en cacher une autre...

Ce que je sais juste c'est ce que ma mère m'a dit à quelques reprises : quand mon père est revenu d'Algérie, je n'étais pas née encore, il n'était « plus exactement le même ». Ce « plus exactement le même » est aussi abstrait à mes yeux que le nom de cette ville, Sidi Bel Abbes, où, j'en suis pourtant convaincue, mon père a vécu le second des chocs qui ont déterminé sa vie, celle de ma sœur, la mienne – une vie où le monde, assimilé à un magma chaotique, menaçant, appelle, pour toute réponse, ce fut la sienne en tout cas, une méfiance jamais démentie, une méfiance brandie comme l'unique possibilité de survie.

Toujours est-il qu'au moment où mon père était soldat-médecin à Sidi Bel Abbes, celui de Mohammed, instituteur, membre du FLN, était interné, dans la même ville, au camp de Bossuet où étaient emprisonnés les combattants de l'indépendance algérienne. Il y est resté trois ans, dans des conditions épouvantables, et en a été libéré en 1961. Après l'indépendance, il a poursuivi ses activités politiques au sein du FLN tout en reprenant des études de littérature arabe à l'université d'Oran. C'est en se rendant à Oran qu'il a eu, en 1973, un accident de voiture mortel. Son petit dernier, Mohammed, avait quelques mois.

Mohammed est un cas à part au 209 où, comme la plupart des « propriétaires », il est arrivé dans les années 2000. Il a, lui aussi, connu le tas de gravats dans la cour, le sentiment de construire une forme de communauté, l'exaltation des premières fêtes de voisins où se mêlaient les jeunes propriétaires pleins de bonne volonté, rêvant de « mixité », et les locataires pour la plupart ouvriers et maghrébins. En réalité, m'explique-t-il, les relations sont bonnes mais les clivages existent bel et bien et trouvent leur traduction spatiale non seulement dans la taille des appartements mais aussi par exemple dans la perpétuation de l'usage, pour certains locataires, des toilettes collectives du couloir. Les baby-sittings, les fêtes annuelles ont permis de nouer des liens mais il y a, toujours, cette frontière invisible que, lui, Mohammed, est, tout comme son homonyme le gardien, l'un des seuls à franchir. Il vit un peu entre deux mondes, le monde de l'apéro dans les lofts de la cour et celui des petits appartements en étage où résident toujours des locataires qui pourraient être ses parents.

Nous sommes donc au 3e étage, porte au fond à droite, et je frappe. Un vieux monsieur que j'ai déjà remarqué dans la cour car il porte invariablement une drôle de chapka en fourrure entrebâille la porte. Il me salue gentiment et je distingue sa femme, dans le fond. Nous ôtons nos chaussures et nous entrons, Mohammed et moi. Comme chez Monique, je réalise que l'unique pièce avec sa petite alcôve qui sert de cuisine, où je distingue une grande bassine accrochée, pour la toilette probablement, et sa fenêtre qui donne sur un mur sombre et triste a probablement très peu changé. C'est en 1977 que le couple, « nous étions tellement jeunes alors » rit la femme, a emménagé. Nous commençons en français, qu'ils parlent tous deux avec un très fort accent marocain, puis, grâce à Mohammed qui se fait traducteur, nous passons à l'arabe. D'un seul coup d'œil pratiquement, je peux absorber les détails de cette petite pièce où ils ont passé une grande partie de leur vie : le lit étroit soigneusement fait dans un coin et, de l'autre côté de la pièce, tout contre l'unique fenêtre, les banquettes recouvertes de lourds coussins multicolores. Au mur, un tissu accroché dont le motif reproduit une mosquée. Une imposante commode en bois masque une cheminée. Ahmed doit avoir dans les 75 ans ; il avait un peu plus d'une vingtaine d'années quand il a débarqué du Maroc à Paris en janvier 1969 : il s'en souvient bien – il faisait si froid, la neige tombait si abondamment sur le premier chantier où il a immédiatement été embauché à Noisy-le-Sec comme terrassier, qu'il a failli se trouver mal. C'est toute une vie d'ouvrier qui se déploie – pour gagner sa vie et celle de sa femme qu'il a fait venir quelques années plus tard, il a un peu tout fait : terrassier, égoutier, ouvrier chez Simca, homme de ménage...

Ahmed parle en arabe, Mohammed traduit mais il peine à restituer en français ce que je perçois de la gouaille, de l'humour d'Ahmed – il rit de tout : de ses patrons sur les chantiers, de la manière dont il se perdait entre les immeubles qu'il était en train de construire, de la grève menée avec la GGT chez Simca et qui se trouva conclue par le licenciement de tous les ouvriers marocains originaires d'Oudja dont la direction estimait qu'ils avaient été très surreprésentés parmi les grévistes. Sa femme assise à côté de nous rit, elle aussi, mais sans parler.

Ils ont emménagé au 209 en 1977, grâce à un « courtier » d'Agadir qui traînait vers le boulevard de Belleville et qui connaissait le gérant : c'était facile alors, on payait un droit d'entrée et directement on signait un bail, 360 francs par trimestre à l'époque. Le bail, ils l'ont encore, il est entré en vigueur le 16 octobre 1977 : « L'immeuble il était vieux ! On avait peur qu'il s'écroule ! Et la pièce était toute noire. C'était à cause du charbon pour chauffer. On a tout refait mais on n'a rien changé à la disposition. » Les habitants à l'époque ? Il y avait pas mal de Portugais, de Marocains, de Kabyles mais aussi des vieux « Français ». Une vieille dame, madame Géraud, habitait sur le palier d'en face. Ils l'aidaient à monter les escaliers, à faire les courses et même quand elle est finalement partie dans le Sud, elle a continué à leur écrire des cartes postales jusqu'à sa mort. Leurs meilleurs amis, c'était la famille marocaine qui habitait la pièce d'à côté, au même étage. Ils sont partis depuis. Ils me décrivent comment l'immeuble s'est vidé dans les années 1980 : les vieux mouraient ou partaient – ils n'étaient pas remplacés. Et puis sont arrivés les nouveaux, pas méchants mais pas proches non plus. Leur arrivée a irrémédiablement signé la fin d'un immeuble populaire où voisinaient de petites gens, où il était naturel de parler avec un accent, de s'entraider pour remplir des formulaires administratifs, pour faire face au monde extérieur normé, intégré ; un immeuble où se nouait quotidiennement, sans grands mots, la solidarité instinctive de ceux qui ont si peu.

Je les regarde tous les deux : ils me font penser, l'un et l'autre tellement vifs, à ce passage de la chanson des vieux amants où Brel parle d'une chambre sans berceau. Je n'ose pas poser la question mais je vois bien qu'il n'y a jamais eu d'enfant dans cette toute petite pièce et j'imagine combien cela a pu manquer. La femme s'est levée pour soulever le rideau qui dissimule la cloison vitrée entre la pièce et le réduit qui sert de cuisine. Elle désigne la vitre cassée qu'elle n'a jamais changé et qui est le seul vestige de la présence, avant eux, des anciens locataires.

Cette ancienne locataire, c'était Sonia Arnaud, qui a vécu ici entre 1940 et 1977.

En examinant le petit appartement, je suis de retour au bercail après avoir suivi sa trace aux quatre coins de Paris où son nom figure dans des dossiers d'archives que j'ai progressivement exhumés comme dans une étrange chasse au trésor.

Il y a d'abord eu le Service historique de la Défense niché dans le pavillon du Roi du château de Vincennes, presque face à la Sainte-Chapelle, celle de Vincennes, dont je vois les vitraux multicolores s'illuminer au soleil un froid matin de février. Là, sont conservés les milliers de dossiers individuels d'anciens résistants du bureau Résistance, une émanation du ministère de la Défense créé en 1948. Dans ces dossiers, les anciens résistants ou, quand ils sont morts, leur famille, retracent leur trajectoire combattante, témoignages et certificats à l'appui, pour obtenir le statut de « combattant volontaire de la Résistance » et, parfois, la pension y afférente. J'y retrouve sans difficulté, celui qu'a constitué Sonia Arnaud pour son mari et pour elle-même.

Je n'ai pu m'empêcher, à tout hasard, en regardant l'inventaire, de chercher si j'y trouvais le nom de mon grand-père, le père de ma mère, dont nous n'avons appris que très tardivement, après la mort de ma grand-mère dans les années 1990, que son arrestation et celle de sa famille à la fin du mois de juin 1944 avaient pu être liées non seulement à son statut de juif mais également à son activité résistante. Tout était très flou, nous ne savions pas exactement ce qu'il avait pu faire et quand je retrouve effectivement son nom, que m'arrive ce dossier dont je tourne les pages lentement dans le silence solennel de la grande salle de lecture, je suis saisie par l'apparition de l'écriture de ma grand-mère que j'avais oubliée, cette belle écriture élancée – seul héritage de son enfance bourgeoise dans une petite ville de Galicie – qui écrit ce qu'elle ne nous a jamais raconté, ni à ses filles ni à nous : « Mon mari ne me mettait pas au courant de ses activités de résistance. Je fus arrêtée à la suite de l'activité de mon mari et déportée avec mes deux enfants. » Cette « activité » se retrouve détaillée quelques pages plus loin par des compagnons de mon grand-père et c'est toute une révolution mentale que de pouvoir accoler à ce beau visage en noir et blanc qui m'observe sur la photo posée de guingois contre les livres de ma bibliothèque la réalité de faits et gestes datés, précis, venant insuffler un peu de vie à ce corps recouvert pendant tant d'années de l'abstrait linceul, « mort en déportation ».

À côté du dossier d'Ovadia Dachs, mon grand-père, celui de Sonia et Pierre Arnaud.

Je reconnais là aussi l'écriture de Sonia – la même que celle de la lettre que m'avait montrée Jacques –, sa signature un peu tremblée, « veuve Arnaud, 209 rue Saint-Maur ». Je n'apprends rien de bien neuf sinon que Pierre vivait pendant l'Occupation non pas avec Sonia au 209 mais dans les alentours d'Orléans où il « travaillait » (et ici, son statut est peu clair, était-il prisonnier ou travailleur libre ?) à Boulay-les-Barres, sur la base aérienne de Bucy qui était alors réservée à la Luftwaffe. Pierre et Sonia sont entrés en résistance en février 1942, sous les ordres d'un certain commandant Djavat. Pierre distribuait des tracts et aidait à cacher des réfractaires ; quant à Sonia, à Paris, elle était agent de liaison et s'occupait de cacher des enfants juifs. L'un et l'autre, à Paris et à Orléans, sont arrêtés en mars 1943 et un document revient plus en détail sur les conditions de cette première arrestation au terme de laquelle Pierre sera emprisonné à Fresnes puis déporté à Dachau et où Sonia après des interrogatoires au siège de la Gestapo, rue des Saussaies, sera aussi emprisonnée à Fresnes avant d'être mystérieusement relâchée un mois plus tard.

Pour expliquer cette double arrestation, Sonia évoquera, après la guerre, une dénonciation : « Madame Arnaud qui demeurait déjà à l'époque 209 rue Saint-Maur a déclaré que le 18 mars 1943, deux hommes se disant beaux-frères, dont l'un d'origine espagnole s'étaient présentés chez elle de la part d'une personne qu'elle connaissait en lui demandant de les cacher. La dame Arnaud expliqua ses opinions anti-allemandes avec les intéressés et leur confia qu'un Allemand adversaire du régime nazi était caché dans son immeuble. Quelques jours plus tard la dame Arnaud était arrêtée par la police allemande. Interrogée rue des Saussaies puis écrouée à la prison de Fresnes, elle se rendit compte lors des interrogatoires qu'elle dut subir qu'elle avait été dénoncée par les deux hommes qu'elle avait hébergés. Pendant ce temps son appartement fut pillé et son voisin allemand arrêté et fusillé. Libérée le 26 mars elle apprit que son mari avait été arrêté le 24 à Orléans. »

Cette déclaration, Sonia Arnaud l'a faite en 1945 devant un juge d'instruction dans le cadre d'une procédure visant un certain Roger Renaudet pour faits de collaboration. Sonia reconnut en Roger Renaudet l'un des deux hommes qu'elle avait accueillis au 209 et l'accusa de les avoir dénoncés, elle et son mari. Toujours aucun début d'explication en revanche sur les raisons pour lesquelles elle fut relâchée au bout d'un mois – alors même qu'en sus d'être juive, elle est dénoncée pour avoir des « opinions anti-allemandes », alors même que son mari dont elle attribue l'arrestation à la même personne est, lui, déporté à Dachau où il décédera. Même silence sur l'identité de l'Allemand antinazi caché dans l'immeuble, qui y fut arrêté avant d'être fusillé et que j'ai tenté vainement d'identifier.

Il me rappelle si besoin était, cet Allemand, que ma petite cosmogonie du 209 sera à jamais incomplète, lacunaire. Pour frustrante qu'elle soit, mon impuissance à comprendre les raisons pour lesquelles Sonia Arnaud a été libérée des mains de la Gestapo en 1943, à localiser l'escalier du 209 où l'Allemand antinazi pouvait se cacher, m'apparaît comme un message que m'adresseraient Sonia et tous les autres à moi, l'inquisitrice venue du futur, redresseuse de mémoire à bon compte… Ce message aurait l'ironie lapidaire du texte de l'une de mes plaques parisiennes préférées, très discrètement apposée dans une petite rue de l'île Saint-Louis : *Mon âme a son secret, ma vie a son mystère.*

Finalement, c'est dans les archives de la préfecture de police que j'ai vu émerger, au milieu d'un océan de noms fichés, celui de Sonia Arnaud-Ghitis. Il apparaissait dans un dossier éclairant les circonstances de son arrestation de 1944, celle qui devait la conduire à Auschwitz. Sonia apparaît dans une enquête menée par la Brigade spéciale 1, émanation des Renseignements généraux qui fut pendant l'Occupation avec sa jumelle, la Brigade spéciale 2, le fer de lance de la répression contre la Résistance, en particulier communiste.

La BS1 dirigée par le commissaire David a mis en place, en mars 1944, rue Olier dans le XVe arrondissement, une « souricière » au domicile de deux membres de la Résistance trotskiste Denise Soleilbeau et son compagnon Henri Goldszmidt qui y avaient été arrêtés le 8 mars 1944 à 20 heures.

Sonia, dont j'apprends qu'elle est alors étudiante en biologie, est arrêtée au 12 rue Olier le 10 mars à 10 h 25 précisément et livrée à la BS1. Que venait-elle faire rue Olier ? Récupérer des faux papiers ? Transmettre des messages ? Elle a visiblement réussi, lors de son interrogatoire que j'imagine poussé, à ne pas le révéler : « Aucune participation à l'action trotskyste n'ayant pu être relevée à son encontre mais attendu qu'elle ne porte pas l'étoile réglementaire et se trouve de ce fait en situation irrégulière au regard du statut des israélites, elle a été consignée au dépôt à la disposition de votre service », écrit le 1er avril 1944 le commissaire divisionnaire de la BS1 à son homologue du « rayon juif » de la 3e section des Renseignements généraux dont la spécialité est la traque des juifs à Paris.

Sonia est amenée au dépôt de la préfecture de police le 18 mars ; le 4 avril, elle est internée à Drancy avant d'être déportée le 13 avril 1944 dans le convoi 71 (le même convoi que celui de Simone Veil et de Marceline Loridan-Ivens) vers Auschwitz.

D'Auschwitz, elle fut transférée à Ravensbrück en janvier 1945 et libérée à Leipzig dans un Kommando du camp de Buchenwald en avril avant de revenir au 209 rue Saint-Maur.

Je me demande ce qu'a pu devenir son fils Jean-Jacques pendant la déportation de ses parents. Je ne l'aurais jamais su si ma missive adressée sans grand espoir aux centaines d'Arnaud en France n'avait pas reçu de réponse. Or, le miracle s'est reproduit. J'ai reçu un soir un coup de fil de Fabrice Arnaud, le fils de Jean-Jacques, petit-fils de Sonia qui m'a immédiatement contactée après avoir reçu cette lettre.

Il habite le XIe arrondissement, à quelques centaines de mètres du 209, dans un immeuble qui, avec sa cour, pourrait en être le cousin. Il a eu un coup au cœur, me dit-il, quand il a reçu ma lettre. Sa grand-mère est morte il y a longtemps, au début des années 1980. Son père, Jean-Jacques, est mort lui aussi. Jean-Jacques ne parlait pas de sa mère avec laquelle il n'avait pas beaucoup vécu. Pendant la guerre, il avait été caché chez des gens qui étaient presque devenus comme ses parents, d'autant plus qu'à son retour de déportation, Sonia n'avait pas vraiment repris l'enfant : il habitait parfois avec elle mais vivait le plus souvent en pension. Sonia était trop malade pour s'occuper de lui.

Oui, oui, Sonia, habitait bien au 209 rue Saint-Maur mais Fabrice n'y est jamais allé : elle ne voulait pas qu'on vienne chez elle. Elle préférait venir, elle, chez son fils. Elle était mystérieuse, elle portait un chiffre tatoué sur son avant-bras et lui, petit garçon, ne savait pas ce que c'était. Elle n'en parlait jamais, ni de la guerre d'ailleurs. Elle venait toujours avec un filet à provisions dans lequel il y avait du pain noir déjà beurré. Elle ne supportait pas qu'on laisse de la nourriture. Quand elle a eu une attaque qui l'a menée dans une maison de repos avant sa mort, c'est le père de Fabrice, Jean-Jacques, qui a vidé l'appartement dans lequel Sonia avait entassé tout un tas de trucs : sacs, paquets, papiers. Elle avait la manie de tout garder, tout empiler. D'elle, Fabrice conserve un service à thé en opaline et un samovar. C'est après sa mort qu'il a vraiment compris qu'elle avait été déportée à Auschwitz et que son grand-père, le père de son père, était, lui, mort à Dachau. Après avoir reçu ma lettre, il a écrit à sa sœur dans le Sud qui lui a fait parvenir toute une correspondance entre ses grands-parents, Pierre et Sonia.

Seules les lettres de Pierre ont été conservées et de ces feuilles à peine lisibles que je parcours, il ressort que Pierre et Sonia ont commencé à correspondre alors que Pierre, sculpteur, jeune militant communiste de 24 ans, faisait son service militaire à Metz en 1938. Je ne sais comment Pierre et Sonia – qui vient d'arriver en France, en avril 1938, après des études en pharmacie à Bucarest – ont fait connaissance mais probablement par un réseau militant : dans les premières lettres ils se vouvoient, se donnent du « Camarade » et Pierre fait part à Sonia de sa détestation du mariage, royaume de l'hypocrisie, mais qui « peut être admis », écrit-il, « dans des cas spéciaux tel le vôtre – que le régime social actuel nous impose ». L'affaire est entendue semble-t-il, Pierre et Sonia envisagent un mariage blanc qui permettrait à Sonia de rester en France et, à terme, de devenir française elle-même. Sauf qu'à la faveur de permissions, l'amour – y compris charnel – s'en mêle. Le ton des lettres devient plus intime ; en août 1938, deux mois seulement après le début de leur correspondance, Pierre a changé de registre : « ma chère petite », « deux jours seulement que je t'ai quittée et je voudrais de nouveau être dans ta chambrette », « Est-ce que je t'aime ? Je ne le crois pas encore. Je garde de toi le plus délicieux souvenir de ma vie, et j'éprouve une grande tendresse, c'est tout ! » C'est probablement mû par une tendresse légèrement condescendante que Pierre consacre une partie de sa lettre à relever et corriger doctement les fautes de français que commet Sonia. Leur mariage a lieu le 18 mars 1939 dans le Xᵉ arrondissement, à peine un an après le début de cette correspondance. Ils emménagent boulevard Magenta, au domicile de la mère de Pierre, veuve de la guerre de 14 qui ne voit pas d'un très bon œil le mariage de son fils unique de 25 ans avec une étrangère, plus âgée que lui de huit ans, juive de surcroît.

Les lettres suivantes sont écrites pendant la drôle de guerre, Pierre est mobilisé mais il trace au crayon « je ne peux m'empêcher de penser qu'au lieu du fusil dans la main et du casque sur la tête, je devrais te serrer dans mes bras et plonger mes yeux dans les tiens », « je t'embrasse bien amoureusement ma toute petite, ton Pierre ». Ces lignes datent d'octobre 1939 et ce même mois, Sonia Arnaud-Ghitis obtient officiellement la nationalité française par mariage. Quelques mois plus tard elle accouche de Jean-Jacques et c'est la naissance de l'enfant qui pousse probablement le jeune couple à quitter le boulevard Magenta pour une petite pièce du 209 rue Saint-Maur, 3ᵉ étage, escalier C, loyer annuel de 1 200 francs.

La suite est plus confuse : les lettres ne sont presque plus datées, elles sont difficilement lisibles mais de ce que je comprends, Sonia reste à Paris avec le petit tandis que Pierre se retrouve employé sur une base aérienne utilisée par la Luftwaffe dans l'Orléanais. Des lettres de Pierre se dégage toujours autant de tendresse pour sa petite Sonia, il y est beaucoup question de nourriture – grâce à son séjour à la campagne, Pierre peut rapporter des denrées fraîches et rares à Paris même si, écrit-il, il a pour la première fois de sa vie « mangé du chat... qui a un peu le goût du lapin ». Il est pourtant inquiet pour sa femme et son fils qu'il a laissés à Paris : « Ma petite Sonia, avec tous ces événements et ces sévères mesures prises à Paris, je ne saurais trop te conseiller d'être extrêmement prudente, de ne pas t'attarder à l'approche de 6h, d'éviter de prendre le métro à la dernière minute, de laisser la fenêtre ouverte etc. Je pense sans cesse à toutes ces choses. [...] Veille à ta santé et sur celle de notre enfant. » Je ne connais pas la date exacte de cette lettre et à quelles « sévères mesures » Pierre fait référence : s'agit-il du statut des juifs ? Dans une autre lettre, visiblement écrite à la fin de l'année 1941, il poursuit : « Pour l'année 1942, je présage la fin de tous nos tourments : un appartement, confort moderne, santé, bonheur, aucune privation. » Il questionne aussi Sonia sur des amis proches ou des parents en usant d'une périphrase : « Comment va la rue de Belleville ? »

C'est en cette année 1942, selon les dires de Sonia, qu'ils s'engageront l'un et l'autre dans la Résistance. Naturellement il est hors de question d'en trouver une trace dans les lettres sinon de façon déguisée ou codée. À cette époque, Sonia a repris ses études en pharmacie puisqu'elle acquiert en juin 1942 un diplôme de sérologie délivrée par l'Institut Alfred-Fournier, diplôme qu'elle complétera en biologie et bactériologie à la faculté de médecine de Paris en 1944... Étudie-t-elle alors sous une fausse identité ou bien compte-t-elle parmi les 3 % d'étudiants juifs autorisés à poursuivre des études supérieures selon le *numerus clausus* établi par un décret de juin 1941 ? Par ailleurs, est-ce pour pouvoir plus pleinement se consacrer à ses études, ou bien parce qu'elle est inquiète, ou bien parce qu'elle ne veut pas garder l'enfant auprès d'elle à cause de ses activités clandestines, probablement un peu des trois, que le petit Jean-Jacques est envoyé rejoindre son père dans l'Orléanais où il est placé chez une fermière, non loin de la base où travaille Pierre ? C'est dans ces mêmes lettres que des phrases laissent supposer que Pierre et Sonia parlent d'autres enfants cachés dans les environs... « Je suis allé voir nos enfants hier soir. Nono et Claudine attendent avec impatience la visite de leur maman. » Nono, c'est Jeannot, le fils de Pierre et Sonia. Claudine est la petite fille d'une amie de Sonia, Bronia. Mais on retrouve progressivement d'autres prénoms dans d'autres lettres ainsi que la mention d'une certaine madame Abraham qui a l'air de s'occuper en particulier de la nourriture et de la santé des enfants. Sinon, c'est le quotidien de la nourriture, du chauffage, des maladies, un quotidien voilé par une angoisse de plus en plus intense.

Viennent enfin les dernières lettres, les plus illisibles, les plus tendues aussi. Elles sont écrites en prison, après l'arrestation de Pierre en 1943. Je n'y trouve évidemment aucun détail sur les motifs de cette arrestation ni sur le fait que Sonia, elle-même arrêtée, vient d'être libérée. En revanche, visiblement, la mère de Pierre a violemment accusé Sonia d'être responsable de l'arrestation de son fils et celui-ci tente comme il peut de calmer Sonia. Ces deux lettres de prison commencent chacune par un très neutre « chère Sonia » et il est visiblement question de mésentente et de séparation possible entre eux. « Maman était affolée de me voir en prison et dans un mouvement d'humeur elle t'a lancé tout ce qui lui passait par la tête. Le mieux pour toi c'est de ne plus la revoir. Mais si tu penses toujours que j'ai pu lui dire les mots qu'elle t'a jetés dans sa colère alors, ma petite Sonia, je crois qu'il vaut mieux se séparer ! [...] Que devient Jeannot ? Je voudrais tant qu'il soit renvoyé là où j'ai été le chercher. [...] Je suis navré que tante Nadette n'ait rien eu à te communiquer – c'était très sérieux et je me demande ce que c'est devenu. Tu te trompes énormément sur la nature de la chose. »

J'ai l'impression d'avancer dans le brouillard, de ne voir que quelques blocs de glace émergés auxquels je m'agrippe vainement. La colère de la mère, la brouille entre Sonia et Pierre, la dernière phrase manifestement codée. Je suis assise à côté de Fabrice, leur petit-fils, dans cet immeuble du XIe arrondissement et ces quelques lettres – prises dérisoires – ne me permettent qu'à peine de mesurer ce qui m'échappera à jamais – la douleur de Pierre enfermé en prison, antichambre de la déportation ; la solitude, l'angoisse, la culpabilité de Sonia. Les lettres de Sonia et Pierre résistent à mes assauts : *Mon âme a son secret, ma vie a son mystère.* Ces lettres de prison sont certainement les dernières qu'ils ont échangées. La guerre s'est chargée de leur séparation.

Fabrice fourrage machinalement parmi les quelques photos de Sonia étalées sur la table basse. Sur l'une d'entre elles, probablement retouchée, elle fixe le photographe d'un air extraordinairement sérieux.

Je repense à la lettre que Sonia a écrite concernant les enfants Goldsztajn, au souvenir de Miquette concernant la femme qui a tendu le bébé à sa grand-mère et je demande à Fabrice de quelle couleur étaient ses yeux.

« Verts. De magnifiques yeux verts. »

Les yeux verts de Maria et de Sonia… Dans cette couleur commune ressaisie j'ai l'impression que se manifeste l'« indice secret » nommé par Walter Benjamin quand il écrit (et ces lignes ne sont-elles pas l'horizon même de mon chemin ?) :

> Le passé est chargé d'un indice secret qui le désigne pour la rédemption. Ne sommes-nous pas nous-mêmes effleurés par un souffle d'air qui a entouré ceux qui nous ont précédés ? N'y a-t-il pas dans les voix auxquelles nous prêtons attention un écho de celles qui se sont tues ? […] Si tel est le cas, alors il existe un accord secret entre les générations passées et la nôtre. Alors nous avons été attendus sur terre. Alors nous est donnée, comme à chaque génération qui nous a précédés, une faible puissance messianique sur laquelle le passé a une prétention[1].

Ces lignes-là, quand je les ai lues pour la première fois, ont été comme une apparition. Elles parlaient de ce dialogue informulé qui ne cessait de vivre en moi depuis toujours : cette conversation incessante avec l'autrefois, l'à-venir, dont les pierres, les rues de Paris étaient le langage. Une fenêtre, une voyelle, une balustrade, une consonne. Ce murmure des âges que j'entendais bourdonner quand, petite, je marchais sur mes chemins habituels le long du Sacré-Cœur, rue Ronsard, place Saint-Pierre, rue Tardieu avec la sensation troublante mais arrimée au plus profond du corps et des yeux de n'être qu'une promeneuse de passage en équilibre sur la chaîne étroite du temps.

Et n'est-ce pas cette « faible puissance messianique » que j'exerce en me demandant à qui appartenaient les yeux verts dont se souvenait Miquette ? Ceux de Sonia ou ceux de Maria ? Quelle est celle qui a confié René à madame Massacré ? Que ce soit Maria le soir de son arrestation ou Sonia quelques jours plus tard, René est nécessairement passé par la loge des Massacré avant d'être placé. Je pourrai peut-être en savoir plus en retrouvant les archives du registre d'entrée de l'hôpital Saint-Louis : si René y était le soir du 22 janvier, date de l'arrestation de sa mère, cela signifiera qu'il en a été retiré ensuite par Sonia. En revanche, s'il était avec sa mère ce soir-là, il est probable que la femme aux yeux verts était Maria.

C'est ce que j'explique aux deux frères, Jacques et René. Ce dernier vit dans le sud de la France et il a fait le voyage pour me rencontrer après que je lui ai envoyé un mail à une adresse qui m'a bouleversée, « 3gold@ » – le conte toujours, trois « Gold », trois enfants, trois petits cochons tentant d'échapper au loup.

Nous nous retrouvons dans l'appartement moderne de Jacques en banlieue parisienne. Ils sont presque collés l'un contre l'autre tandis que nous regardons les différents documents dont nous disposons. Sous sa casquette à la visière baissée qu'il ne quitte pratiquement pas, je remarque évidemment les yeux verts de René. D'emblée, il annonce la couleur avec véhémence : « Je ne me souviens de rien. De rien. C'est simple, j'ai tout occulté jusqu'à ce que je retrouve mes frères. » René avait environ 7 ans quand il a revu ses frères pour la première fois après la guerre. La famille dans laquelle il était, et dont le père était instituteur, voulait l'adopter. Grâce à l'obstination de Paul, les trois frères ont finalement été réunis en 1949. « De toute façon, même quand on s'est retrouvés tous les trois, on ne parlait jamais de nos parents. Paul, qui était le seul à pouvoir avoir des souvenirs, n'en parlait jamais. C'était tabou. Dans ces maisons d'enfants où on était après la guerre, tout le monde avait perdu ses parents, alors… » Jacques poursuit : « On ne les a pas connus. On ne peut pas parler de choses qu'on n'a pas connues. Et puis il y avait la honte. La honte de ne pas être comme les autres. J'avoue que je n'ai pensé à eux que très longtemps après, j'étais adulte déjà. »

Avec des schémas, des croquis, je leur raconte ce que je sais du 209, des gens qui y habitaient, des histoires qui s'y sont déroulées, celles de Berthe, d'Albert, d'Odette, des Dinanceau, et au fil des minutes, comme avec Henry aux États-Unis, je sens que cette mise en récit produit un cadre qui leur permet de donner des contours à leur propre histoire, aux figures évanouies de leurs parents. René m'interrompt : « Mais quand mon père a été arrêté, en 1941 donc, comment notre mère a-t-elle fait pour survivre, pour s'occuper de trois enfants ? »

Je balbutie, je n'ai que des hypothèses à lui offrir. L'aide d'institutions officielles comme l'UGIF, l'Union générale des juifs de France mise en place par les Allemands en 1941 et qui malgré son rôle ambivalent amplement discuté par les historiens a fourni de l'aide aux familles sans ressources touchées par la répression ? Celle de Sonia Arnaud ? Celle d'autres voisins ? René m'interrompt à nouveau : « Non, parce que c'est ça qui me tourmente le plus. Comment a-t-elle fait ? Et je pense aussi à sa souffrance quand elle est partie, à l'idée de laisser trois enfants derrière elle. Cette souffrance... » Il a posé sa tête entre ses mains, il ne peut pas continuer à parler. À côté, Jacques se tient tête haute, très droit, le regard dans le vide. Je n'entends plus que les bruits d'enfants dans la cour d'école sur laquelle donne l'appartement. Mon regard se promène machinalement sur des livres posés derrière la table : j'y reconnais le dos de l'édition originale de *La Vie mode d'emploi*.

Plus tôt dans l'après-midi, avant que René n'arrive, Jacques m'avait montré des lettres que sa mère leur avait écrites quand Paul et lui étaient cachés, quelques mois avant son arrestation. Elle avait dû dicter ces lettres, puisqu'elle ne connaissait pas le français. À qui ? Une voisine ? À Sonia Arnaud ?

> Paris, le 11/12/1943
> Mes chers enfants,
> J'ai reçu votre lettre et je suis heureuse de vous savoir en bonne santé. Je suis très contente mon cher Paul que tu apprennes bien à l'école. J'aime à penser que tu vas continuer à être un bon élève. Il fait maintenant très froid alors vous devez vous bien habiller. Tu dois mettre le cache-nez ainsi que Jacques pour aller à l'école. Je pense beaucoup à vous mes chers enfants. Je voudrais savoir si vous avez bien chaud la nuit ? Mon cher Paul cela m'étonne que Jacquie n'est pas sage. Tu sais bien qu'il était sage à la maison chez nous. Tu es l'aîné et tu dois être gentil avec ton petit frère, tu verras qu'il deviendra plus sage. Je vous quitte mon cher Paul et mon Jacquie en vous embrassant très fort.
>
> Votre maman

Le lendemain, avec Jacques et René, nous pénétrons dans l'escalier C.

C'est la première fois qu'ils viennent au 209 et il me paraît si étrange que cette découverte soit en réalité un retour.

Je les regarde déambuler dans les couloirs, proches comme deux siamois. Une phrase de la lettre de Maria m'obsède : *Je voudrais savoir si vous avez bien chaud la nuit ?* C'est l'hiver, Jacques et René sont bien couverts avec leurs doudounes qui se frôlent en faisant un bruit doux et délicat ; Jacques porte, bien enfoncé sur la tête, son bonnet orange en tricot. Il n'y a rien à voir pour eux au 209 sauf peut-être la loge de la concierge sous la voûte et la cour pavée. L'appartement n° 4 ou plutôt la pièce dans laquelle ils ont vécu avec leurs parents a été absorbée dans un appartement plus grand, au 5e étage. Nous n'y sommes pas entrés ensemble ce jour-là. René ne voulait pas. René qui, au fur et à mesure de la visite, se taisait de plus en plus souvent. À la fin, sous la voûte, il est resté sans parler, la tête baissée et presque invisible sous la visière de sa casquette. Je ne sais pas s'il entendait même Jacques me dire que ce qu'il aurait aimé savoir c'est ce que leurs parents aimaient, quels étaient leurs goûts, s'ils aimaient écouter de la musique ou bien cuisiner, s'ils étaient gourmands.

Tous ces détails inaccessibles dont je sais bien qu'ils sont l'essentiel.

Après leur départ, j'ai remonté seule l'escalier. Au 5e étage, une femme riante aux cheveux blancs coupés court m'a ouvert. Isabelle était en train de chanter, avec l'un de ses amis qui l'accompagnait au piano, un tango mélancolique qui parlait naturellement d'amour enfui. Elle chantait devant la fenêtre et dans le soir qui tombait je voyais s'allumer une à une les lumières des fenêtres sur la cour avec, parfois derrière, une silhouette filante. Isabelle m'a ensuite raconté qu'elle était arrivée quelques années auparavant au 209. À 70 ans (elle en paraît dix de moins), elle choisissait un nouvel endroit pour vivre. C'est elle qui l'appelait le « de sang neuf »...

Elle est la fille d'Espagnols républicains de Barcelone. Elle est allée chercher une photo de ses parents. Ils sont beaux, éclatants, comme sortis de l'adaptation par Sam Wood de *Pour qui sonne le glas* avec Natalie Wood et Gary Cooper. Le père d'Isabelle, arrivé en France en 1939 comme tous les combattants républicains fuyant Franco, fut immédiatement, comme beaucoup d'entre eux, interné dans un camp où étaient enfermés, à même le sable des plages, les vaincus d'Espagne : à Argelès-sur-Mer.

Elle n'a pu le rejoindre avec sa mère qu'en 1946.

« Mon père vivait à Andorre. Nous sommes arrivées, avec ma mère, et elle m'a dit : “Regarde l'homme qui arrive à droite, c'est ton père.” J'avais 7 ans et je ne l'avais jamais vu. » La famille s'est finalement installée à Troyes et Isabelle se souvient encore de la couleur de l'exil : une nouvelle langue, des paysages inconnus.

Nous nous sommes installées pour parler à la table de la cuisine ouverte sur le salon et quand nous examinons la morphologie de l'appartement où sont réunis plusieurs anciens lots et où, comme d'habitude, l'ancien couloir autrefois commun a été intégré, nous nous apercevons que ce coin cuisine correspondait probablement à l'ancien appartement n° 4 où habitaient les Goldstzajn. Impossible de s'imaginer la pièce où Maria, Simon, René, Jacques et Paul ont vécu. Impossible d'y reloger, derrière les placards, la cuisinière flambant neuve, le plan de travail agrémenté de petits pots de fleurs et d'ustensiles délicats, l'angoisse, la peur de Maria et de ses enfants. Un indice, le seul, subsiste pourtant : la fenêtre vers laquelle je m'avance pour y contempler, le regard de Maria devenu mien, la vue presque inchangée sur Paris et ses murailles de façades surmontées de toits gris qui se partagent l'horizon avec le ciel où quelques nuages flottent mollement.

19

C'est le début de janvier 1944.

Au cours des mois qui ont précédé, en 1943, plusieurs habitants ont été arrêtés. La plupart ne l'ont pas été au 209 rue Saint-Maur et d'après ce que je comprends des quelques traces que leurs arrestations ont laissées dans les archives, je déduis qu'ils avaient quitté l'immeuble pour se cacher ailleurs. C'est le cas de Brucha Blumenthal et de son fils Joseph âgé de 17 ans cachés tous deux en banlieue, au Blanc-Mesnil, et qui y sont arrêtés à la fin du mois d'octobre 1943. Le cas encore des deux jeunes femmes, Marjem Enys et Rebecca Kolodna, toutes deux célibataires, toutes deux couturières, toutes deux arrêtées au début de la même année 1943, l'une dans le XVIe arrondissement à 1 heure du matin et l'autre à la gare Saint-Lazare à 20 h 10, alors qu'elle était en possession de faux papiers.

Rebecca Kolodna, inculpée de faux et usage de faux, donne à Drancy une adresse située à Charenton. En regardant les papiers concernant Rebecca, je suis intriguée par le fait qu'en juillet 1945 sa fiche d'entrée à Drancy soit remise à un homme indiqué comme étant son mari, monsieur Chapiseau.

Souvenez-vous, Marcel Chapiseau est celui qui a sauvé Sala Ebenstein de la rafle du Vél'd'Hiv en la faisant passer pour sa jeune épousée. C'est Bernard Ebenstein, le fils de Sala, lui-même alors caché à Créteil, qui m'a raconté cette histoire. Dans un café du Quartier latin, cet ancien professeur de l'université de Limoges désormais à la retraite m'a décrit comment, au soir du 16 juillet 1942, sa mère avait débarqué échevelée, paniquée dans la maison où il vivait et comment, grâce à l'aide de la femme qui le cachait et de Marcel Chapiseau, le voisin du 209, elle était parvenue à trouver une petite chambre à Créteil où elle s'était terrée jusqu'à la fin de la guerre, non loin de son fils.

Selon Bernard, pendant deux ans, Marcel Chapiseau est venu régulièrement à Créteil apporter à sa mère non seulement des objets et des ustensiles qu'il avait réussis, malgré le risque, à récupérer dans son appartement sous scellés du 209, mais aussi de quoi manger.

Charles Zelwer aussi m'avait parlé de Chapiseau qui était l'un de ses voisins jusque dans les années 1960. Il avait évoqué un ancien résistant, brièvement emprisonné pendant l'Occupation, un « gaillard qui portait beau », très affecté par la disparition en déportation de sa compagne, Rebecca Kolodna. Chapiseau était radioamateur et possédait chez lui tout un matériel de transmission à cause duquel, m'avait dit Charles, il avait fait l'objet une enquête de la DST dans les années 1950-1960.

C'est en me souvenant de cette enquête que lors de l'un de mes séjours aux Archives de la préfecture de police de Paris, j'avais, à tout hasard, cherché s'il existait des dossiers au nom de Chapiseau.

J'ai été un peu surprise de voir que les Renseignements généraux avaient en effet diligenté une enquête sur lui quand, en 1955, il avait sollicité l'autorisation auprès de la préfecture de détenir un poste privé de radio-émission électrique dont j'ignorais qu'ils fussent si contrôlés ! Mais peut-être était-ce l'effet « guerre froide ».

Dans cette enquête menée par les RG étaient synthétisées toutes les mentions de Marcel Chapiseau dans les archives de la préfecture de police. Où il apparaissait que Marcel Chapiseau, né en 1920 à Chartres, fils d'un grand mutilé de la guerre 14-18, menuisier, était venu s'établir à Paris en 1938, d'abord rue de Crussol, puis dès 1939 au 209 rue Saint-Maur, qu'il était membre avant la guerre du Mouvement de solidarité antifasciste d'inspiration anarchiste et qu'il avait même été appréhendé par la police pour vente du journal *Le Libertaire* le 27 août 1939... Anarchiste donc, pacifiste probablement – n'oublions pas que son père est un ancien combattant. C'est peut-être ce pacifisme qui pourrait expliquer les informations suivantes notées dans ce dossier de police : Marcel Chapiseau est devenu membre du Rassemblement national populaire en février 1941, c'est-à-dire à la fondation même de ce parti. Il a d'ailleurs été arrêté le 12 avril 1942 à la suite d'une manifestation du RNP boulevard Saint-Michel.

Pour mémoire, le RNP était un parti collaborationniste, fondé par l'ancien socialiste et ultrapacifiste Marcel Déat. Partisan d'un régime fasciste et totalitaire et de la collaboration avec l'Allemagne nazie, défendant la « protection de la race », la spécificité du RNP était également son fort recrutement parmi d'anciens militants de gauche – socialistes, syndicalistes voire communistes. La trajectoire de Marcel Chapiseau qui le conduit de l'anarchisme à l'adhésion au RNP n'est donc pas si surprenante. Elle l'est pourtant si l'on considère que l'antisémitisme était naturellement au cœur de l'idéologie du RNP même s'il était peut-être un peu moins virulent qu'au sein d'autres partis pronazis.

Or Marcel Chapiseau vivait en concubinage avec une juive polonaise née à Białystok, Rebecca Kolodna. C'est lui, on l'a vu, qui sauve Sala Ebenstein, l'amie de Rebecca, des griffes de la police lors de la rafle du Vél'd'Hiv. On peut aussi imaginer, même si rien ne me permet de l'affirmer, que c'est lui qui a fourni à Rebecca les faux papiers avec lesquels elle a été arrêtée : je retrouve d'ailleurs, toujours dans le dossier des RG, la mention d'une procédure établie contre Marcel Chapiseau en juillet 1943, « pour faux en matière de carte d'identité et de travail, usage illicite de carte d'alimentation ».

Cette procédure intervient plusieurs mois après l'arrestation de Rebecca qui a eu lieu en février de la même année mais il est possible que Chapiseau ait poursuivi son travail de faussaire pour d'autres que Rebecca et en particulier pour Sala Ebenstein.

Selon Bernard Ebenstein, le fils de Sala, il aurait été emprisonné en 1943 – de cet emprisonnement, pourtant, il n'est fait nulle mention dans les archives.

Le dossier de la préfecture de police signale encore quelques détails dramatiques : « Les parents et les deux sœurs de Chapiseau ont été tués lors du bombardement de Chartres le 6 juillet 1944, une bombe étant tombée sur leur pavillon. À compter du 2 août 1944, il s'engage dans le bataillon de marche d'Eure-et-Loir, 3ᵉ compagnie. Blessé au cours d'un engagement, il a été mis en congé le 30 août 1944. Le 8 mai 1945, il a fait l'objet d'une information à la cour de justice de la Seine, section de l'indignité nationale, en tant que membre du RNP pendant l'Occupation. Depuis 1945, Marcel Chapiseau n'a plus attiré l'attention, soit au privé, soit au point de vue politique et national. »

De plus en plus curieuse, je rappelle Bernard Ebenstein pour lui demander s'il est certain que Chapiseau a été emprisonné en 1943. Oui, me dit-il, il en est absolument sûr puisqu'il a même retrouvé des lettres à sa mère écrites par Marcel Chapiseau depuis la prison de la Santé. Il n'a qu'un souvenir vague de leur contenu mais il peut m'en faire une copie et me les envoyer. La poste fait diligence puisque le surlendemain de notre conversation, je trouve une grande enveloppe de papier kraft au courrier. Ce sont deux lettres adressées à Suzanne, le prénom francisé de la mère de Bernard, qui datent de novembre et décembre 1943. Elles ont été envoyées depuis la cellule nº 74, 14e division, 3e étage de la prison de la Santé comme le précise d'une belle écriture ronde Marcel Chapiseau, en tête des lettres. Car, la première chose qui me frappe, c'est la qualité de l'écriture de Marcel, de sa graphie mais aussi l'attention qu'il accorde à son expression, même si quelques fautes d'orthographe parsèment les lettres. À leur lecture je comprends qu'il a été arrêté et emprisonné en juillet 1943, ce qui correspond à la procédure établie contre lui pour fabrication de faux papiers que j'avais trouvée dans le rapport des Renseignements généraux. Il a visiblement été condamné à neuf mois de prison mais craint d'être à un moment ou à un autre déporté, en Allemagne. N'oublions donc pas qu'il écrit à la maman de Bernard Ebenstein, une femme juive qu'il a sauvée le 16 juillet 1942 et qu'il a continué à aider alors qu'elle se cachait à Créteil, une femme surtout qui était l'amie de sa propre compagne, Rebecca, arrêtée et déportée en février 1943. Et ce qui est frappant dans ces lettres c'est, malgré la censure, la relative liberté avec laquelle Chapiseau s'exprime et répond visiblement aux questions de Suzanne/Sala :

> Je sais très bien que ma position actuelle semble complètement opposée à celle que j'avais il y a un an. Mais vois-tu une chose qu'on ne pourra jamais me reprocher c'est d'avoir

> changé de point de vue par intérêt. Je crois qu'au contraire mon intérêt me commandait de continuer à avoir la position que j'avais depuis 1941 : je ne serais sûrement pas ici si j'avais agi ainsi et j'aurais la certitude de vivre confortablement installé à Paris sans craindre d'être envoyé à travailler en Allemagne. Je sais que je me suis trompé, ou plutôt qu'on m'a trompé. Serait-ce impardonnable ? Je ne me suis jamais caché de mes opinions à qui que ce soit. Vous avez tous su que j'étais inscrit à ce parti. Je n'ai jamais fait de mal à aucun ou aucune de vous autre, d'une autre façon qu'en parole. Il y a sûrement beaucoup plus de ceux qui se disent vos amis qui n'ont pas fait tant pour vous que je ne l'ai fait moi-même. Je me suis trompé : c'est un fait mais j'ai toujours été franc et loyal avec vous. [...]

Marcel Chapiseau a donc changé de camp – adhérent du Rassemblement national populaire, il considère avoir été trompé et se proclame désormais, même à mots couverts, résistant. Surtout, ce que révèlent ces lignes c'est que même lorsqu'il était membre du RNP, il n'en était pas moins solidaire, sauf « en parole » (*sic*) de « vous autre[s] ». Ce « vous autre[s] » désigne probablement, outre les personnes concrètes telles que Suzanne et Rebecca, les juifs en général. Voilà qui vient encore un peu brouiller les représentations manichéennes dont je ne peux totalement me départir : voilà un homme, membre du RNP qui n'hésite peut-être pas (« faire du mal en parole ») à lancer de temps en temps un « sale juif » ou bien à faire remarquer que les juifs en ont quand même un peu trop pris à leur aise en France et ce, alors même qu'il vit en concubinage avec une juive, qu'il sauve l'amie de celle-ci et d'autres encore peut-être.

Quand a-t-il réalisé qu'il s'était fourvoyé ? Au moment de la rafle du Vél'd'Hiv ? Quand Rebecca Kolodna a été arrêtée ? J'ai bien l'impression que c'est un événement de cette nature qui a pu le faire basculer quand je lis qu'il écrit à Suzanne un peu plus loin :

> Je sais que tu n'es pas très heureuse ! Pourtant songe à tous ceux qui nous ont été arrachés ! Notre situation est merveilleuse à côté de la leur. Penses-y souvent. [...] Le plus long est passé maintenant, le plus dur aussi. Oui ! Les nouvelles sont bonnes, très bonnes même et j'ai la certitude que bientôt nous verrons des choses formidables et c'est à ce moment-là seulement que pour nous commencera le vrai, le grand et j'espère, le victorieux combat.

Ce que je n'oublie surtout à aucun moment c'est la grande jeunesse de Marcel Chapiseau qui, je le rappelle, était né en 1920. Il avait donc 21 ans au moment de son enrôlement au sein du RNF, 22 en 1942 et 23 ans quand il écrit ces lignes et qu'il évoque « tous ceux qui nous ont été arrachés » et quand il affirme également avec un peu de grandiloquence candide : « si je dois être déporté, je ne reviendrai pas sur moi-même pour éviter cette alternative. Je suis maintenant sur un chemin sur lequel on avance ou on crève. Je ne suis pas de ceux qui reculent ». Il n'a finalement pas été déporté et je ne sais pas exactement quand il a été libéré. Probablement à la date espérée, en avril 1944, puis on le retrouve quelques mois plus tard, en juillet, engagé dans les FFI de sa région natale, en Eure-et-Loir.

Une fois de plus, je ne peux que formuler des hypothèses mais j'ai l'impression avec Marcel Chapiseau de suivre une trajectoire aussi peu rectiligne que la vie elle-même. Une trajectoire faite d'errements idéologiques, de contradictions, d'actes de courage et de fraternité authentiques. Son espoir concernant les combats à venir ne concernait-il « que » la libération de la France ou bien d'autres espoirs révolutionnaires ? Il semble en tout cas que Marcel Chapiseau ne se soit plus jamais activement mêlé de politique – Charles Zelwer qui l'a bien connu et qui était lui-même communiste m'a affirmé qu'il ne militait plus nulle part et que sa seule activité politique était d'être régulièrement assesseur électoral au bureau de vote du coin. Quant à ses amours, je n'en sais rien naturellement, mais en dehors du fait qu'il se présente en 1945 comme l'« époux » de Rebecca Kolodna, je note que selon les recensements, il a vécu à cette époque avec sa sœur puis absolument seul, en tout cas le temps où il logea au 209 rue Saint-Maur, c'est-à-dire jusque dans les années 1960, consacrant, toujours selon Charles, une grande partie de son temps aux radio-émetteurs pour lesquels il obtint finalement une autorisation de la préfecture…

Mais pour l'instant, c'est le début du mois de janvier 1944.

Le 8 janvier, depuis sa pièce du 5e étage, escalier C, Maria Goldsztajn vient d'écrire à Paul et Jacques ce qu'elle ne sait pas encore être sa dernière lettre : « Je vous souhaite une bonne santé et que l'année prochaine nous soyons tous réunis chez nous avec papa et René. Je vous envoie des gros baisers. Votre maman qui vous aime beaucoup. »

Un étage au-dessus, Thérèse Zylberstein et ses parents sont toujours confinés dans la pièce appartenant aux Dinanceau.

En face, dans l'escalier A, 1er étage, les quatre frères et sœurs Diament, Odette, Isidore, Georges et Suzanne survivent comme ils peuvent.

Dans l'escalier D à droite, au 4e étage, Josef Fuchs vit désormais seul, sa femme a été arrêtée il y a dix-huit mois. Son fils N. s'est enfui dans une ville du centre de la France.

Quelques étages plus bas, dans le même escalier vivent les Sawicki, des amis de la famille Diament, qui ont réussi, jusqu'à présent à échapper aux arrestations.

Le 21 janvier 1944, le policier Migeon, du 3e étage de l'escalier C, frappe à la porte des enfants Diament qu'il connaît depuis longtemps. Ils sont en train de dîner. « Ne restez pas là, ce soir ils raflent tout. »

« On a tout laissé en plan, le dîner sur la table, j'ai filé dans l'escalier D prévenir madame Sawicki qui a frappé à la porte de sa voisine, madame Heurtier chez qui elle s'est cachée. Nous, on s'est réfugié tous les quatre dans la pièce attenante à l'appartement que mes parents louaient avant la guerre, celle que nos voisins les Troadec avaient accepté de mettre à leur nom pendant l'Occupation. Nous étions cachés là et les Allemands sont arrivés. On a tout entendu. Les bottes qui martelaient les marches de l'escalier contigu. Les coups frappés sur la porte de l'appartement. On se terrait dans la chambre, terrorisés. »

C'est au cours de cette rafle que sont arrêtés Josef Fuchs et Maria Goldsztajn. Et peut-être ce même soir que René est confié à madame Massacré avant d'être placé à l'Assistance publique et d'être recueilli par la famille d'un instituteur, ignorant tout de son origine.

Sonia Arnaud, Thérèse et ses parents, les Diament, madame Sawicki ont échappé à l'arrestation.

« Le lendemain, poursuit Odette, on a brisé les scellés qui étaient sur la porte de l'appartement. On a pris quelques photos et on s'est tous dispersés. Je ne sais plus où sont partis Jojo et Zizi [Georges et Isidore] mais Suzanne est partie se cacher dans l'escalier B dans une pièce qui appartenait à une juive qui s'était enfuie et où, dans mon souvenir, d'autres juifs se cachaient. C'était à côté de chez madame Tilly qui n'a rien dit. Moi, je ne sais plus comment mais j'ai été dans la boutique de Descloux, le marchand de cycles. Il était gentil avec nous, il nous disait bonjour. Et son associé qui s'appelait Martin m'a dit qu'il me ferait de faux papiers et qu'il me trouverait un endroit mais qu'en attendant, il me prenait chez lui, rue Saint-Martin. J'ai dû rester chez lui jusqu'au mois de mai mais je ne m'en souviens plus très bien. Les repères de temps se sont brouillés. Ensuite j'ai été placée dans une ferme à 100 kilomètres à l'est de Paris, à Esternay. C'était un hameau. La famille ne savait pas que j'étais juive, j'étais censée être orpheline de père et de mère. Quand je suis arrivée, la grand-mère m'a fait tourner la tête de profil et a dit : "C'est curieux, elle a le type sémite." Mais bon, rien ne s'est passé. Je faisais le ménage là-bas, la cuisine, je m'occupais du bébé. Une fois ils ont voulu me faire garder les vaches mais impossible, j'avais trop peur. J'étais tellement inquiète, c'est un euphémisme de le dire. Je n'avais que 14 ans et je n'avais aucune nouvelle de mes frères et sœurs. »

Pendant les quelques mois où Odette se cache à la campagne, les arrestations continuent à Paris. C'est début mars que Sonia Arnaud est arrêtée dans une souricière du XVe arrondissement. Thérèse reste, elle, cloîtrée dans la chambre du 6e étage. Mais il n'y a plus personne pour faire à la famille et aux Dinanceau des signaux d'alerte à coups de balai : madame Massacré est morte d'une crise cardiaque le 6 juin 1944. Miquette n'a pas su m'en dire plus sur la mort extrêmement brutale de sa grand-mère, le jour même du débarquement… Le 6 juin 1944, elle avait déjà été envoyée par ses parents dans le village familial de Charente où elle devait passer la fin de la guerre.

Après la mort de madame Massacré et la nouvelle du débarquement, écrit Thérèse, « les moments d'espoir tant attendus se confirmaient, nous devions redoubler de vigilance, sachant la liberté tout près de revenir. Les soirées, quelques copains de l'immeuble venaient nous rejoindre et ensemble nous étions suspendus aux nouvelles diffusées par la radio anglaise. Nous commencions à rêver aux lendemains qui chantent ».

Je pense que parmi les copains de l'immeuble dont parle Thérèse, il y avait Georges, le frère d'Odette dont je ne suis même pas certaine qu'après la rafle de janvier 1944, il ait continué à vivre au 209... Mais il était dans le coin. Odette croit se souvenir qu'il habitait une chambre dans le petit hôtel de l'Europe en face de l'immeuble – ce même hôtel que j'aperçois sur la carte postale du début du siècle – qui faisait parfois office, ajoute Odette en rougissant, d'hôtel de passe. Si Georges vivait à l'hôtel et que son frère et sa sœur, Isidore et Suzanne, ne retournaient pas, eux non plus, dans l'appartement du 209, c'est parce que celui-ci, depuis la rafle de fin janvier 1944, avait été « récupéré » par la même voisine qui, attestant qu'elle était aryenne et « totalement indépendante de toute influence juive », avait, en mai 1943, racheté à vil prix (16 000 francs payés comptant) l'épicerie de Sura Haïmovici : Gabrielle Cordier. Je n'ai pas pu trouver grand-chose sur elle, sinon qu'elle avait 40 ans en 1944, qu'elle était divorcée, très forte et vivait avec un homme très maigre. Ce dernier détail, c'est Miquette qui s'en souvenait car madame Cordier, qui logeait au 209 au moins depuis 1936 (ce qui veut dire qu'elle avait amplement eu le temps de faire connaissance de Sura Haïmovici et de la famille Diament), était une fréquentation de sa grand-mère et de sa mère.

Pour en revenir au mois de juin 1944, les enfants Diament sont dispersés et leur appartement est désormais occupé par madame Cordier. Je ne sais pas où loge alors Isidore. Ce qui est certain c'est que le 23 juin 1944 à 23 h 45, il est pris dans une rafle, rue de Belleville, envoyé au dépôt de la préfecture de police avant d'être, quelques jours plus tard, transféré à Drancy. Il est déporté par le convoi 76, l'avant-dernier convoi à avoir fait le trajet Drancy-Auschwitz. Pour mémoire, les arrestations à Paris ont continué jusqu'en juillet 1944 avec notamment l'arrestation par la Gestapo de plus de deux cents enfants réfugiés dans des maisons de l'UGIF à Paris, rue Lamarck notamment. Mais, du 209 rue Saint-Maur, Isidore Diament fut le dernier habitant, le cinquante-deuxième, en ce mois de juin 1944, à être arrêté.

J'ai honte de l'avouer mais écrire cette phrase sur la toute dernière arrestation, celle d'Isidore, est un soulagement.

En avoir fini avec la peur, l'enfermement, la destruction.

S'accrocher à l'image rapportée par Thérèse : celle du 25 août 1944, les cloches qui carillonnent partout dans Paris pour annoncer sa libération et, au 209, toutes les portes qui claquent, les voisins qui s'embrassent. Thérèse et ses parents qui descendent les escaliers avec madame Dinanceau. Tout le monde est en larmes. Thérèse et son père trébuchent, ils ne savent plus où mettre les pieds : c'est madame Dinanceau qui leur tient la main, qui les aide à descendre, marche après marche. Ils sont au bas de l'escalier, poussent la porte du bâtiment C, traversent la cour, passent sous la voûte, franchissent la porte cochère. Ils sont dans la rue. Ils sont libres.

Cette scène a été vécue, ou du moins elle a été racontée comme telle par Thérèse et par madame Dinanceau. Elle semble sortir d'un rêve ou d'un film hollywoodien. Elle ressemble aussi à la manière dont je me représentais la fin de la guerre dans mes rêveries d'enfant. Je me souviens parfaitement que je voyais les cloches qui sonnaient à la volée partout en Europe. On libérait les pauvres prisonniers, les pauvres résistants, les pauvres juifs. Et le monde entier s'agenouillait en silence, saisi de terreur et de pitié, réalisant la monstruosité du mal commis, muet d'horreur, chacun méditant sur sa responsabilité, mû par un unanime mouvement de rédemption avant de se relever prêt à construire un monde nouveau, le monde de l'après-guerre, le mien. Ce scénario enchanté avait une fonction cruciale : me permettre de croire à la fiction d'une après-guerre, à l'existence d'une frontière cloisonnant hermétiquement le temps de la guerre et celui d'après car il m'aurait été impossible de grandir, de vivre, en n'imaginant pas le mal relégué dans le « monde d'avant » : je crois que j'en serais morte de peur. Cette fantasmagorie était nécessaire pour envisager une survie possible – la mienne, celle de ma sœur, de ma mère. Elle ne tenait évidemment pas compte, cette fantasmagorie associée à la libération de Paris – la rêverie d'enfance a ses licences poétiques et historiques –, qu'à cette même date, fin août 1944, alors que les cloches sonnaient à Paris ma propre mère venait en réalité d'arriver en Allemagne. Alors que Thérèse et ses parents descendaient, enfin libres, les marches de l'escalier C, la plupart des locataires du 209 déportés avaient déjà disparu de la surface de la terre, à l'exception d'Isidore Diament, de Sonia Ghitis et d'Albert Baum.

Quant à la libération de Paris elle-même, elle faillit mal tourner, même pour les sauveteurs de Thérèse, les Dinanceau. Tout l'immeuble, tout le quartier était au courant que leur fils avait porté l'uniforme allemand et il s'en fallut de peu que des FFI, sortis on ne sait d'où, selon l'expression de Jeanine, n'exécutent Désiré Dinanceau en punition des fautes commises par son fils. C'est, se souvient Jeanine, Georges Diament qui s'interposa, signifiant aux résistants de la 25e heure que les

Dinanceau avaient caché et protégé deux ans durant toute une famille juive. Quand elle me raconte cela, ajoutant « après tout ça, mon père il ne voulait plus en entendre parler de mon frère », Jeanine s'effondre en murmurant d'une voix étranglée : « C'est pas beau parfois les familles. »

Pas d'après-guerre rédemptrice pour Jeanine ni pour Odette, enfuie de la ferme où elle se réfugiait, dès la nouvelle de la libération de Paris connue. Pour la gamine de 14 ans, c'est le retour seule et par ses propres moyens : à pied, en auto-stop, en trains bondés, et l'arrivée rue Saint-Maur : plus d'Isidore, plus d'appartement. Suzanne, Georges et elle, les trois rescapés, s'installent dans une petite pièce de l'escalier C en attendant de pouvoir récupérer, et ce ne sera le cas qu'en 1946, leur appartement occupé par Gabrielle Cordier.

Et c'est alors, me dit-elle, qu'« on a commencé à attendre ».

Marguerite Duras parle dans *La Douleur* de cette attente suffocante au beau milieu de Paris libéré. Il y a ceux qui attendent et les autres. Ceux qui attendent, septembre, octobre, novembre, décembre, janvier. Ils attendent sans savoir encore exactement ce qu'il est possible d'attendre. Attendre : le père, la mère, la sœur, le frère. En janvier 1945, Auschwitz est libéré par les troupes russes. Odette m'a montré une lettre qu'elle avait écrite au mois de février 1945 à son frère Georges qui s'était engagé entre-temps dans l'armée du général Leclerc :

> Il paraît qu'à partir de ce soir, pendant une heure, tous les jours de sept à huit heures, on commencera à donner les noms des déportés et prisonniers libérés par l'Armée rouge. Je ne sais pas si c'est vrai mais cela durera certainement un petit moment. Il faut aussi que les familles des déportés et prisonniers aillent à la mairie afin de déclarer les membres de leurs familles qui sont déportés. J'espère que tout cela nous

mènera à un bon résultat. Enfin je crois que maintenant, cela ne sera pas long. J'ai toujours eu l'espoir que nous reverrions prochainement nos chers déportés.

Mars, avril : les camps en Allemagne où ont échoué certains des survivants d'Auschwitz sont peu à peu libérés. À l'hôtel Lutetia, on pose des affiches avec les noms, on questionne et puis on les voit, progressivement, les quelques-uns qui reviennent, les spectres aux yeux vides. Certains parlent, disent qu'il est inutile d'attendre. Et pourtant, impossible de ne pas attendre encore.

Berthe Rolider attend son père. Pas rue Saint-Maur. Quand elle est retournée dans l'appartement, il était occupé par un réfugié de Nantes. Alors elle est partie avec sa mère chez sa tante, rue de la Présentation. Elle attend. Dès que quelqu'un frappe à la porte, elle pense que c'est son père. Elle me dit dans son français mâtiné de yiddish et d'anglais : « Il m'a pris très longtemps de savoir que mon père ne reviendrait pas. Probablement que ma mère a su très vite mais moi, j'étais tellement sûre, tellement sûre qu'il reviendrait, *you know*... Très longtemps je l'ai attendu. »

Dans l'escalier A, les deux fils Knoplock attendent leur père, leur mère. Et dans l'escalier D, madame Wiener attend son fils, Louis.

Escalier C, Odette et Suzanne attendent toujours leurs parents, ainsi que leur sœur Fernande et leur frère Isidore.

Attendre, comment y renoncer ?

Albert Baum, lui, est sur le chemin du retour. Il a fait la « marche de la mort » du camp de Blechhammer, satellite d'Auschwitz, à celui de Buchenwald. « J'avais la chance d'être bien chaussé. Parce que normalement on avait des claques en bois, ça se fendait, ça ne tenait pas, la neige collait en dessous, on ne pouvait pas marcher avec. Mais moi, le miracle c'est que j'étais bien chaussé. » Les cinq mille déportés franchissent l'Oder à pied. Plusieurs jours dans la neige. Les hommes tombent les uns après les autres. En wagons ouverts, les survivants sont ensuite transportés jusqu'à Weimar puis à Buchenwald. Grâce à la concomitance de l'avancée américaine et de l'insurrection déclenchée par la Résistance clandestine du camp, Buchenwald est libéré le 11 avril 1945.

« On est arrivés le 30 avril à la gare de l'Est. On était parmi les premiers rapatriés. Alors il y avait de Gaulle, la fanfare. Tout le monde voulait nous toucher. On a échoué à la gare d'Orsay. On a touché la carte de rapatrié, on nous a donné des vêtements, c'était ceux des Chantiers de la jeunesse. On était tous en groupe. Un des copains était marié ; il tenait absolument à rentrer chez lui. On l'a tous accompagné, on était peut-être sept ou huit. Et heureusement qu'on était avec lui, il se serait peut-être suicidé parce que sa femme, elle s'était taillée. Le lendemain on a été tous ensemble à l'hôtel Lutetia. Il y avait des scouts pour s'occuper de nous. On a fait d'autres papiers et puis voilà. Je suis parti du Lutetia. C'était le 1er Mai, je me suis retrouvé dans une manif du 1er Mai, je ne sais plus comment et il neigeait. C'est là que j'ai été rue Saint-Maur. Je suis monté au 2e, j'ai frappé à la porte. Une femme m'a ouvert, il y avait des petits enfants. Je suis reparti. Je n'allais pas les mettre dehors. Ce n'était pas concevable. J'étais sauvage, je n'étais plus civilisé mais je n'allais pas les mettre dehors. Ils n'y étaient pour rien. Y avait plus rien chez nous, tout avait été spolié évidemment.

« Quand je suis arrivé au 209, alors que pendant tout le temps de la déportation j'avais tout enfoui, mon passé, la pensée de mes parents, de ma sœur, de Bernard. Là, tout est revenu. Mais, à l'image de ce que j'avais subi et vécu, je savais que je ne les reverrais plus jamais, j'avais fait une croix dessus. Je n'ai jamais espéré. Je ne les ai pas attendus. »

Albert erre dans Paris. Il me raconte qu'il était comme fou. « J'avais peur des gens. Je ne savais plus comment les aborder, comment leur parler. » Il se rend chez des cousins, les Wolmark, non loin de là, rue de la Folie-Méricourt. Ils n'y sont pas car, apprend-il, leur appartement aussi a été occupé et ils se sont installés dans l'appartement vide des Goura, leurs cousins également... au 209 rue Saint-Maur.

Retour donc au 209 pour Albert qui loge quelques mois avec les Wolmark dans l'appartement des Goura. Le père Wolmark attend sa femme, la sœur d'Isaak Goura, qui a été déportée à Auschwitz : leur fils, Charles Wolmark, membre de la Résistance juive communiste, a été livré par la Milice à la Gestapo et fusillé en août 1944 dans la région de Grenoble. Miraculeusement, Fruma Wolmark, la sœur d'Isaak Goura, compte parmi les rares survivants d'Auschwitz. Elle rejoint son mari et Albert dans le petit logement de l'escalier A, 5e étage. Tous trois participent à l'exhumation du corps de Charles d'une fosse commune de Charnècles, en Isère, pendant l'été 1945. Mais Albert, pris d'un malaise, doit être hospitalisé à Grenoble pour des troubles pulmonaires, séquelles de sa déportation, avant d'être accueilli dans un sanatorium suisse. Il y séjourne de longs mois sans jamais réellement venir à bout de la maladie qui le contraint à renoncer à vivre à Paris. Il se retire dans la Nièvre à la fin des années 1940 avec la toute jeune femme qu'il vient de rencontrer, Hélène.

Lors de l'un de ses brefs séjours parisiens, avant son départ pour la Nièvre, il retourne dans la forêt de Chevreuse où il allait autrefois camper avec sa troupe de pionniers.

« Avant l'Occupation, on y allait souvent avec les jeunes de mon groupe. La vallée de Chevreuse, c'était vraiment la cambrousse à l'époque. Comme je n'avais pas d'argent de poche, j'avais demandé à mon père s'il pouvait me prêter son couteau, un genre de couteau suisse. Il était exclu que j'aie un couteau avec moi mais je n'ai pas pu résister : je lui ai barboté son couteau, je l'ai emprunté. »

Je souris intérieurement en entendant Albert parler, « barboté », « emprunté », il sonne comme un truand au grand cœur d'un film d'Audiard avec son inimitable manière d'accentuer le « un » d'« empr*un*té » qui signe son titi parisien, son gars de la rue Saint-Maur. Et je souris aussi parce que comme rarement, je vois qu'ont disparu des yeux d'Albert, le temps de ce récit, la part voilée que j'y vois toujours : ses yeux bleus rayonnent d'une joie intacte d'enfant.

« Je l'ai emprunté mais j'ai été puni pour ça parce que je l'ai perdu… dans la vallée de Chevreuse. On l'a tous cherché, on ne l'a pas retrouvé. Mon père ne m'en a jamais parlé, moi non plus. Et je suis retourné après ma déportation dans la vallée de Chevreuse, à cet endroit pour cette histoire. Et puis bon, je faisais ça… dans les feuilles. »

Il agite les mains devant lui pour mimer les feuilles qu'on écarte. Il y a encore cette lueur de joie dans son regard.

« Et le couteau était par terre, je l'ai toujours. Il était rouillé, il l'est toujours. J'ai toujours le couteau. »

Il se lève et me dit de le suivre. Nous prenons le petit couloir du petit appartement qui mène vers un petit cagibi. Là où est stockée la machine à coudre Singer noire qu'Albert s'est procurée après la guerre pour se souvenir de celle de sa mère. Il farfouille quelques secondes dans le tiroir de l'empiètement en bois qui la supporte et en sort le couteau rouillé qu'il revient déposer sur la table du salon où nous restons à le fixer, Albert, Hélène et moi.

Le couteau revenu des temps anciens, le couteau perdu puis retrouvé.

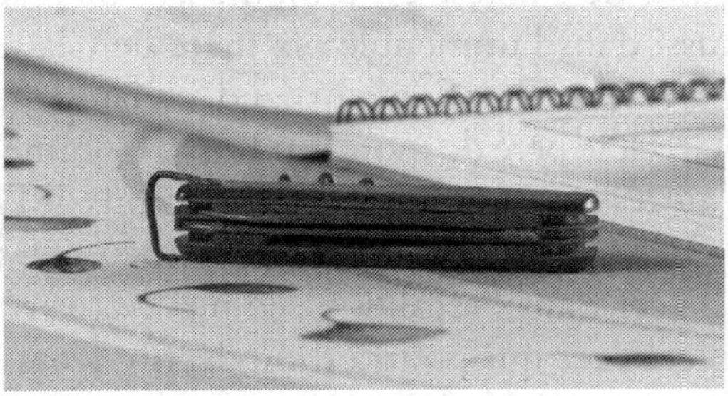

Sonia Arnaud-Ghitis, elle, a été libérée par l'Armée russe à Leipzig où elle avait échoué après Auschwitz, le 15 avril 1945. Elle est rapatriée à Paris le 5 juin de la même année. J'imagine qu'elle aussi a dû passer par l'hôtel Lutétia avant de traverser la Seine et de revenir au 209 rue Saint-Maur. Une jeune chercheuse, Sarah Gensburger[1], a trouvé des dossiers documentant un recensement des locaux à usage d'habitation effectué dans l'immeuble par la préfecture de la Seine à l'automne 1945. En décembre 1945, Sonia Arnaud y signale qu'elle habite toujours dans la même minuscule pièce du 3e étage escalier C avec son fils Jean-Jacques qu'elle a retrouvé après sa déportation mais également avec deux autres personnes, Bella Lichtenbaum et Rose Wiener qu'elle qualifie de « camarades du camp de concentration ».

Au même étage, les Zelwer et leur fils Charles ont également réintégré leur pièce, voisine de celle de madame Coignard et de sa sœur « la muette » dont beaucoup soupçonnent qu'elle a été pendant l'Occupation une dénonciatrice zélée. Mais de cela, même si on n'en pense pas moins, on ne parle pas, comme on ne parle pas de Robert Dinanceau, l'ancien LVF, installé deux étages au-dessus et dont les raclées bruyantes qu'il inflige à sa femme d'origine italienne font jaser les voisins. La grand-mère de Thérèse est toujours là – deux de ses filles habitent aussi dans l'immeuble : la mère de Claudine, dans l'escalier C à côté de chez Sonia Arnaud, et dans l'escalier A, la mère de Marcel, le père de mon ami Boris. Comme Marcel et sa mère, d'autres survivants qui s'étaient enfuis de l'immeuble pendant l'Occupation réintègrent peu à peu l'endroit, c'est le cas des Tyger dans l'escalier C. Je n'ai retrouvé personne de la famille Tyger qui pourrait me décrire leurs années de guerre mais je déduis de leur présence – la mère, deux filles et un fils – dans le recensement de 1936 puis dans celui de 1946 qu'ils ont été épargnés.

Quant aux disparus, cinquante hommes, femmes et enfants, leurs logements ont été vite remplis.

En dehors des familles concernées, leur souvenir se dissipe très vite dans ces années d'après-guerre où il s'agit, comme toujours, de continuer à vivre, travailler, se loger, se nourrir. Alors il y a bien des courriers de l'Administration, en l'occurrence du ministère des Finances qui, après la liquidation du Commissariat général aux questions juives, le 31 août 1944, est chargé, dès le 1er janvier 1945, de la restitution des biens juifs spoliés et aryanisés. Une lettre à en-tête du ministère des Finances, service des restitutions, est adressée en 1945 à Isaak Goura au 209 rue Saint-Maur concernant son restaurant de la rue du Faubourg-du-Temple. L'enveloppe figure toujours dans le dossier d'aryanisation conservé aux Archives nationales. Mais elle n'a pas été ouverte et, comme le suggère le mot « déporté » inscrit en grosses lettres manuscrites sur le nom et l'adresse du destinataire, elle a été renvoyée à l'expéditeur. Les maigres possessions d'Isaak Goura font partie des biens « non revendiqués » selon l'expression en usage à l'époque au ministère des Finances. Et pour cause, chez les Goura, il n'y a plus personne pour ouvrir ni pour revendiquer quoi que ce soit.

Suzanne, Odette et Georges Diament, eux, sont toujours dans la petite pièce de l'escalier C d'où ils peuvent voir, par la fenêtre, leur appartement occupé par Gabrielle Cordier. Cette petite pièce a été mise à leur disposition par une voisine, madame Tilly, celle-là même qui avait caché Suzanne lors de la rafle de janvier 1944. Il faudra une action en justice contre madame Cordier pour qu'ils parviennent à récupérer leur appartement en 1946. Madame Cordier retourne au 4e étage, escalier A, là où elle habitait avant d'avoir pris possession du logement des Diament.

Les trois Diament retrouvent leur logement où ils seront désormais quatre : Suzanne est tombée enceinte en 1945 d'une petite fille née en 1946, Nicole, qu'elle a choisi d'élever seule. Odette, âgée de 16 ans et qui rêvait de devenir institutrice, sait bien qu'il n'est plus question pour elle de reprendre ses études interrompues par la guerre. Elle poursuit donc son travail de sténodactylo tout en commençant à fréquenter le neveu de ses voisins Sawicki qu'elle finira par épouser en 1948, date à laquelle elle quittera définitivement l'appartement du 1er étage et le 209 rue Saint-Maur.

J'ai eu un pincement au cœur quand Odette m'a montré le faire-part de son mariage célébré en tout petit comité à la mairie du Xe arrondissement puis à l'hôtel Moderne, place de la République, un haut lieu du *Yiddishland* d'après-guerre. Il n'y a guère, en termes de famille pour annoncer le mariage du côté de la future mariée, que son frère et ses deux sœurs. Du côté de son mari, il n'y a que son oncle, voisin des Diament au 209 : tout le reste de la famille de Léon Sawicki a disparu dans le ghetto de Varsovie.

Ce faire-part est le symbole des familles minuscules qu'étaient devenues les familles juives ashkénazes après-guerre : ni grands-parents ni parents ni cousins ni cousines, des familles réduites à leur plus simple expression et sur lesquelles a longtemps continué à planer, même au cœur des réjouissances, la réalité des disparitions.

Peut-être est-ce pour tenter de leur donner une matérialité qu'assez rapidement, après la fin de la guerre, un grand nombre de plaques commémoratives ont été apposées. Il n'est pas question à l'époque d'honorer la mémoire des déportés « raciaux », cela viendra bien plus tard au terme d'un long parcours historique et mémoriel... Non, à la fin des années 1940, ce sont les noms de résistants morts au combat que l'on veut inscrire sur les façades parisiennes.

Mon tout premier film s'appelait *Paris Fantômes* : c'était une balade aléatoire (déjà) dans la ville au gré des plaques commémoratives (pas uniquement celles dédiées à la Deuxième Guerre mondiale d'ailleurs) et j'avais rencontré à cette époque – le début des années 2000 – une femme, Mariana Sauber, qui était l'auteure de l'un des rares textes alors accessibles sur le processus d'apposition des plaques. C'était un très bel article et je me souviens parfaitement de son auteure et de notre rencontre dans son appartement vers la place Denfert-Rochereau. Elle n'avait pas écrit ce texte par hasard : son père, qu'elle n'avait quasiment pas connu, était un résistant juif communiste tué en 1942 et honoré par une plaque qui existe toujours rue du Faubourg-Saint-Denis, une plaque très simple sur laquelle figure uniquement la phrase suivante : *Ici demeurait Sauber, mort pour la France* ; je me souviens bien de Mariana Sauber car à l'époque de notre rencontre, elle souffrait d'une maladie neurologique sévère dont l'un des symptômes était l'abolition totale de sa mémoire immédiate. Si je lui posais une question, elle devait immédiatement la noter sur une feuille de papier pour se souvenir que je la lui avais posée. Elle me répondait et oubliait tout aussi immédiatement sa réponse. Et c'était pour moi un spectacle très douloureux de voir cette femme belle, jeune encore, qui avait consacré un travail si profond à ce qu'elle appelait les « traces fragiles des pierres », attaquée au cœur de ce qu'elle avait de plus cher. Toujours est-il que je me suis aperçue en commençant à travailler des années plus tard sur le 209 rue Saint-Maur qu'elle citait cette adresse, ce que j'avais moi-même complètement oublié ou peut-être cru oublier...

Dans son article, Mariana Sauber écrit qu'une demande a été faite par l'UJRE, l'émanation de la Résistance juive communiste, dès 1947 pour qu'une plaque soit apposée au 209 avec le texte suivant :

Dans cette maison ont habité
Tobja Kleszegelski, soldat FTPF
Fusillé par les Allemands le 11 avril 1944
à l'âge de 30 ans
Anka Waksberg dite Droszkarz, active militante de la Résistance
et
Isaac Wolf Goura, héros de la Résistance
Morts tous deux en déportation à l'âge de 38 et 56 ans

Or, en 1993, Mariana Sauber note que la plaque n'existe plus. A-t-elle jamais été apposée ?

A-t-elle été apposée puis enlevée ? Personne ne m'a jamais parlé de l'existence d'une telle plaque au 209. Est-ce à dire que la demande en a été faite mais qu'elle n'a pas été autorisée soit par la préfecture de Paris qui gérait ces dossiers, soit par le propriétaire dont l'accord était nécessaire pour l'apposition ? Je n'ai pas réussi à retrouver le dossier qu'évoque Mariana Sauber et dont elle cite des extraits documentant les biographies d'Isaak Goura et d'Anka Waksberg, une militante dont il est dit qu'elle dirigeait une imprimerie clandestine et qu'elle « constitua des comités clandestins pour l'aide aux déportés et à leurs familles » avant d'être elle-même arrêtée et déportée le 5 juillet 1942 à Auschwitz où, poursuit la biographie, « elle se distingua par son esprit de grande solidarité envers ses camarades de misère »[2]. J'ai pu trouver mention d'Anka Waksberg dans des ouvrages consacrés à la résistance des FTP-MOI[3] mais ce n'est qu'en retournant une fois de plus aux Archives de la préfecture de police que j'ai pu en savoir plus sur celle dont j'aurais tout à fait ignoré qu'elle avait vécu au 209 sans ce projet de plaque.

Anka a été arrêtée le 12 juin 1942 dans le XIIe arrondissement, au 14 rue Moreau, alors qu'elle était avec une amie dans un appartement surveillé par les Renseignements généraux car suspecté d'être une plaque tournante de la « propagande communiste ». Les RG avaient reçu une dénonciation d'un voisin signalant d'étranges allées et venues dans l'appartement. « Les deux femmes ont été surprises alors qu'elles se livraient au tirage à la ronéo de tracts communistes en langue française et en yiddish. » Elles sont immédiatement arrêtées, l'appartement fouillé de fond en comble – on y trouve des ronéos, des milliers de tracts, des stencils, de l'encre. Les tracts dénoncent les mesures antisémites, appellent, en français et en yiddish, à la prudence et à la révolte. Certains autres détaillent les actions de solidarité entreprises pour les familles dont les hommes ont déjà été arrêtés. Mais surtout, il y a quelques brochures éditées par les partis communistes clandestins allemand et autrichien, visiblement à destination des soldats allemands

– c'est ce qu'on appelait dans la clandestinité le « travail allemand » ou TA : la tentative de s'adresser directement aux soldats d'occupation, soit par la distribution de tracts, soit par des rencontres directes souvent effectuées par des jeunes femmes. Extrêmement dangereux pour ceux ou celles qui l'entreprenaient, ce « travail allemand » était, en retour, très redouté par les autorités d'occupation et réprimé particulièrement sévèrement. Je ne sais pas si Anka Waksberg et Isabella Kern se livraient elles-mêmes au « travail allemand » mais le nombre impressionnant de tracts et de brochures saisis lors de leur arrestation donne la mesure de l'importance de cette planque où l'une et l'autre avoueront travailler régulièrement. Alors que les deux femmes sont soumises pendant plusieurs jours à des interrogatoires, une visite domiciliaire est effectuée dans l'appartement d'Anka « au 209 rue Saint-Maur, dans une chambre et cuisine au 6e étage ». Elle ne donne aucun résultat. Finalement, Anka et Isabella sont remises aux autorités allemandes et internées (section allemande) à la prison de la Santé le 15 juin. Anka Waksberg sera déportée le 5 juillet 1942.

Quant à Tobja Kleszegelski, c'est bien simple, je n'arrive tout simplement pas à l'identifier, encore moins à savoir où il habitait dans l'immeuble et dans quelles circonstances il fut arrêté. À un moment j'ai même élaboré l'hypothèse qu'il aurait pu être ce « résistant allemand antifasciste » dont parle Sonia Arnaud pour expliquer sa dénonciation en 1943 mais je n'ai rien retrouvé qui puisse étayer cette piste.

Ce projet de plaque inabouti me ramène à la nature intrinsèquement incomplète de ma quête : visages, silhouettes, actions, parcours qui échappent à ma prétention « biographique ». Je peux reprendre à mon compte le titre de l'article de Mariana Sauber, « traces fragiles », traces fragiles car manquantes, disparues ou introuvables à l'image de cette plaque peut-être jamais apposée. Et pourtant, malgré cette fragilité, la trace de la trace a perduré par la grâce et la foi de Mariana Sauber, narratrice obstinée, avant qu'elle ne devienne amnésique.

20

J'étais une fois de plus dans la cour en plein après-midi à fumer une cigarette et à écouter le son si particulier du 209 réverbéré par les quatre façades : les conversations indistinctes, quelques bruits de couverts, une porte qui claque. Cette *rumeur paisible* à peine troublée par le passage lointain des voitures qui, à elle seule, vous transporte dans un espace insulaire, autonome et en apparence coupé du monde. Quelques habitants passaient. Ils me saluaient gentiment, Frédéric et Julien et leurs jumeaux du 3ᵉ étage escalier A, l'ancien appartement de Miquette ; Marie-Hélène du 6ᵉ étage escalier C et d'autres dont je ne connaissais pas les prénoms ni les appartements mais qui s'étaient eux aussi habitués à ma présence.

Une mélodie à la clarinette s'est élevée. La musicienne reprenait plusieurs fois la même mesure. C'était Carmen, la plus jeune fille de Véronique, la propriétaire du loft de droite dans le coin supérieur de la cour. Carmen, la copine d'enfance de Max, le petit du 5ᵉ droite, escalier A. Celui qui habitait avec ses parents et sa sœur dans le logement qui avait été autrefois celui des Goura. Tous deux nés au 209 après l'arrivée de leurs parents, les nouveaux propriétaires des années 2000. Ils avaient été ensemble à l'école d'en face, 200 rue Saint-Maur, puis au collège, pas loin. Je les avais souvent observés, Carmen et Max, rentrer de l'école, traverser bruyamment la cour, leur sac de collège au dos qu'ils jetaient en riant directement sur les pavés de la petite courette entourée de grilles noires du loft de Carmen et Véronique. Ils chantonnaient, se racontaient probablement des secrets, penchaient leurs têtes vers le même écran de téléphone portable pour y regarder des vidéos qui les faisaient éclater de rire. Carmen et Max, 12-13 ans, qui se tenaient, fragiles, magnifiques, à la frontière de l'enfance, presque tout le corps déjà passé de l'autre côté pourtant.

Véronique, la mère de Carmen, m'avait raconté son arrivée dans l'immeuble. Comment elle avait grandi dans la banlieue parisienne en compagnie de sa sœur jumelle dans des lieux pensés par leur architecte de père pour inscrire leur gémellité dans l'espace, à l'image de cette grande pièce où les deux sœurs avaient grandi et où tout, les fenêtres, les bureaux, les lits, était disposé de façon strictement symétrique.

Puis les jumelles avaient vieilli, quitté leurs parents, chacune avait fait sa vie. Véronique vivait avec Thomas, elle avait accouché de son fils aîné, Abel. Quant à sa sœur jumelle, elle vivait elle aussi avec un homme avec lequel elle voulait acheter un appartement. Le compagnon de la jumelle entend parler d'un immeuble presque entièrement à vendre au 209 rue Saint-Maur… Il est architecte. En visitant, il mesure immédiatement le « potentiel » de l'ancien atelier dans le coin supérieur de la cour à gauche qui pourrait se transformer en un loft spacieux pour lui et sa femme. Il en parle à sa belle-sœur, Véronique donc, qui après avoir visité un appartement au 1er, puis au 4e du même 209, jette son dévolu sur le loft en haut à droite dans la cour.

Et voici comment dans un mouvement digne d'une comédie de Lubitsch ou de Jean-Daniel Pollet, les jumelles investissent le cœur du 209 avec leur famille, l'une en haut à gauche, l'autre en haut à droite, face à face, obéissant à distance à l'injonction paternelle de symétrie parfaite. Tant et si bien que pendant dix ans, les enfants des uns et des autres passaient du loft de gauche à celui de droite comme s'il s'était agi d'un domaine familial indistinct régi par deux mères aux visages identiques. On s'en doute, cela ne pouvait pas durer. Véronique est restée mais sa sœur a finalement déménagé, remplacée dans le loft de gauche par Marc, le dessinateur, sa femme et leurs enfants dont la plus jeune est la petite Natacha, ma première rencontre du 209. Je les vois d'ailleurs arriver alors que je sifflote la mélodie mélancolique de la clarinette que répète Carmen pour son examen du conservatoire. Ils arrivent de l'école où Marc est allé chercher Natacha. Ce jour-là, elle porte fièrement, malgré le beau temps, des petites bottes de pluie imprimées de dessins colorés. Elle vient danser autour de moi tandis que Marc me demande si j'ai déjà rencontré Philippe. Philippe ?

« Oui, avant nous habitions l'immeuble d'à côté. Au 207. C'était notre voisin. Mais il a habité et travaillé très longtemps au 209 avant de déménager au 207. Je crois qu'il est arrivé après la guerre. »

Marc sait naturellement qu'une telle information ne tombe pas dans l'oreille d'une sourde et j'ai tout de suite appelé Philippe après avoir récupéré son numéro. Mais si je n'étais pas sourde, Philippe, lui l'était et ce n'est qu'en hurlant dans le combiné que je suis parvenue à lui fixer rendez-vous.

Le 207 est le voisin minuscule du 209. Une courette relie deux petits bâtiments, des escaliers étroits. Philippe habite dans celui du fond et dès qu'il a ouvert la porte, prononcé deux mots, j'ai compris en reconnaissant l'accent de mes grands-mères que Philippe n'était pas son vrai nom. Faïvel donc m'a fait asseoir dans sa petite cuisine éclairée au néon où, sur une petite table recouverte comme il se doit d'une nappe cirée, étaient posés quelques papiers, quelques livres et un journal en yiddish déplié. Je crois que Philippe/Faïvel, qui devait alors avoir dans les 95 ans, était probablement l'un des derniers lecteurs parisiens d'un journal yiddish. Je ne parle pas des jeunes gens assez nombreux qui aujourd'hui lisent et parlent le yiddish au terme d'études tout à fait académiques et sérieuses. Non ! Je parle de ceux pour qui le yiddish était la langue maternelle, la langue naturelle du cœur et de l'actualité, ceux qui se sont progressivement éteints dans le courant des années 1990. Ceux dont j'ai autrefois entendu l'accent comme une évidence : chez mes grands-mères, au café le Thermomètre, aujourd'hui disparu, place de la République, sur les bancs du jardin public devant la mairie du IIIe, dans les films merveilleux du cinéaste Emmanuel Finkiel. Survivants d'un monde révolu, selon l'expression consacrée, et pourtant figures familières de mon enfance dont la langue, l'accent me permettaient de mesurer – et je n'en étais pas peu fière, petite fille à la mentalité de parvenue – le miracle qu'était ma propre intégration au génie français. Comme si dans la langue, et c'est probablement vrai pour n'importe quelle population immigrée, se réfugiaient tous les indices de trajectoires familiales heurtées, de l'exil à l'assimilation ; comme si dans la langue, avec ou sans accent, se blottissaient aussi toutes les peurs, les hontes et les nostalgies. Cet accent-là, il avait totalement disparu de mon Paris depuis la mort de mes grands-mères, le remplacement du Thermomètre par une Pizza Pino. Bref, le temps comme toujours avait fait son œuvre. Et voilà, qu'inopinément, il ressurgissait en la personne de Faïvel/Philippe à deux pas du 209. Et il ressurgissait dans toute sa splendeur car Faïvel m'est tout de suite apparu comme un personnage du plus jubilatoire et émouvant des conteurs de langue yiddish, Cholem Aleichem. Au même titre que Balzac ou Proust, radiographes de leurs temps, démiurges du père Goriot et de madame Verdurin, Cholem Aleichem a créé un type littéraire en la personne de Tevié, habitant d'un petit *shtetl* de Pologne – un homme rêveur et curieux venant à bout de toutes les vicissitudes de l'existence, même les plus tragiques, avec une forme de simplicité enfantine oscillant entre candeur et courage. Ce mélange de tragédie et d'enfance, je crois que nul écrivain – sauf Babel peut-être – ne l'a mieux caractérisé que Cholem Aleichem avec ce personnage de « Luftmensch », littéralement « homme de l'air », un vagabond funambule, et j'ai eu le sentiment que c'est lui qui se trouvait assis devant moi dans la cuisine éclairée au néon, entamant notre conversation sur le commentaire d'un article en yiddish à propos de Montesquieu et de *L'Esprit des lois*...

Je ne pourrai pas rendre ici la saveur – dont certains se souviendront ou qu'ils reconnaîtront comme la part engloutie de leur propre enfance – de cet accent dont les règles de base sont les suivantes : *u* devient *i* (verdure/verdire) ; *an* devient *on* (mange/monge ou France/Fronce) ; *ai* devient *aiye* (j'ai/j'aiye), etc. Je ne me lancerai donc pas dans la grande geste de Balzac tentant de restituer, avec la légère pointe antisémite de rigueur, l'accent du banquier Nucingen, mais que le lecteur garde à l'esprit ces légères déviances du français de Faïvel/Philippe quand nous sommes descendus dans l'escalier du 207 rue Saint-Maur, lui avec sa canne, moi lui soutenant le bras, vers le 209 où il avait habité de la fin des années 1940 jusque dans les années 1980 et travaillé comme coupeur en cuir (« cvir ») dans une petite chambre de l'escalier C, 3e étage jusqu'en 1996.

Et il était, Philippe/Faïvel, avec ses yeux bleus, son sourire, son bavardage continuel, dans cette rue Saint-Maur des années 2010, comme le corps vulnérable qui portait obstinément la langue, l'éthos, la vie en somme, de tous les disparus.

Immédiatement, il a tenu à mettre les choses au clair : « Ma langue maternelle c'est yiddish mais c'est polonais aussi, et aussi russe et aussi allemand. On avait toujours des tas de langues parce que là d'où je viens, la Pologne, c'était l'Allemagne, c'était la Russie, ça a beaucoup changé. Mais yiddish, c'était une langue internationale. Ceux qui savaient parler yiddish, ils pouvaient aller dans le monde entier, à Buenos Aires, à New York, à Moscou, à Sydney… Moi je parlais pas français quand je suis venu. C'était après la guerre. J'étais dans un camp en Allemagne pour les personnes déplacées. Je pouvais aller au Canada, je pouvais aller en Amérique, Australie mais moi j'ai dit : "Je vais en France." On me dit : "C'est la misère en France, tu peux même pas acheter du pain sans carte." Il fallait avoir des cartes pour acheter le pain, l'huile mais moi je m'en fichais : j'ai tout connu de la France et tout aimé avant que je suis venu. Parce que quand j'avais déjà l'âge de 15, 16 ans, avant la guerre, j'ai aimé l'histoire de France, depuis le temps des Gaulois et la Révolution aussi, avec Robespierre, Danton, Saint-Pierre euh non ! Saint-Just… Et aussi l'histoire avec les Girondins et aussi Commune de Paris. J'avais tellement confiance parce que la France est un pays de droit. J'avais vu sur les cartes de géographie avec la France, et Paris avec la Seine. J'ai pensé même que l'eau de la Seine c'est de l'eau minérale ! J'ai pensé que la France, on dirait le paradis. »

À l'encontre de toutes mes habitudes, je n'ai pas beaucoup interrogé Faïvel sur sa jeunesse en Pologne, sur la guerre en Pologne. Je crois que c'est parce que je savais, me connaissant, que si j'entrais là-dedans c'est tout un film ou tout un livre qu'il aurait fallu écrire sur lui et que j'avais décidé, inhabituellement raisonnable, de m'en tenir aux petites frontières que je m'étais choisies, celles de la rue Saint-Maur. Juste quelques éléments sommaires qui dessinent une trajectoire familière : Faïvel est né à Tarnow, une petite ville à l'est de Cracovie, non loin de la frontière ukrainienne actuelle. Il avait peut-être 18 ans au déclenchement de la guerre et, me dit-il, « dans plusieurs camps j'étais mais j'ai échappé trois fois pour être fusillé ». À Tarnow, la moitié de la population était juive : elle fut exterminée systématiquement soit sur place ou dans les forêts environnantes, soit au camp d'extermination de Belzec. En 1945, avant que la ville soit libérée par l'Armée rouge, elle était en tout cas, selon les autorités allemandes, « Judenfrei ». Parmi ces 25 000 hommes, femmes et enfants, il y avait les parents de Faïvel, ses cinq frères et sœurs ainsi que leurs enfants.

Ce que Faïvel a vécu, vu, traversé avant d'arriver à Paris, je ne le sais pas. Il y est arrivé en tout cas en 1948, d'abord rue Lamarck dans un centre destiné aux réfugiés, puis, après une ou deux adresses, au 209 rue Saint-Maur. « Le premier jour je suis arrivé, le lendemain il fallait aller travailler parce que j'ai pas un sou dans la poche. Il fallait commencer tout à zéro. Et pour connaître Paris, je marche à pied de la Porte de la Chapelle jusqu'à Porte d'Ivry et Neuilly jusqu'à Vincennes. Comme ça, j'ai traversé tout et j'ai tout connu. Quand je suis venu déjà j'ai tout connu de l'histoire de France, sauf parler. J'ai appris avec ma femme, une vraie Parisienne du XXe, et à l'atelier aussi. J'ai appris, je sais bien lire mais écrire c'est difficile. Quand j'ai trois mois ici à Paris, tous mes papiers de préfecture c'est moi qui les ai faits moi-même, j'ai demandé à personne, j'ai eu honte de demander à quelqu'un qui fasse pour moi. Je voudrais pas qu'on me regarde comme un illettré. Alors je suis allé à la préfecture tout seul mais j'ai eu des dictionnaires dans la poche en allemand, en polonais, en russe. Tout ce que je trouvais pas dans un dictionnaire, je cherchais dans un autre. Et je traduisais. Alors j'ai eu papiers pour trois mois, pour six mois puis pour dix ans et finalement j'ai fait des papiers pour être citoyen puisque j'habite ici. Et mon nom ils l'ont franquisé c'est pour ça que je m'appelle Philippe. »

En boitillant, il s'avance au milieu de la cour et pointe sa canne vers les lofts, les plantes. « Il n'y avait pas de verdure ici. Tout ça, ça n'existait pas. Ils ont mis la verdure pour faire plus moderne, plus accueillant. Ici il y avait un bec de gaz du temps de Jésus-Christ. À 10 heures du soir, il n'y avait plus de lumière dans l'escalier, il fallait avoir des lampes de poche. On dirait c'est un autre monde. Là (il désigne le loft de Véronique et de Carmen), on a fabriqué des confiseries, des gourmandises, très délicieux d'ailleurs et derrière c'est un tailleur qui habitait. Beaucoup de tailleurs il y avait ici. Et aussi dans la cour un rempailleur. »

Faïvel habitait dans l'escalier C du fond de la cour, au 3e étage. Il grimpe difficilement, accroché à mon bras, les deux marches qui mènent vers la porte et s'exclame devant l'ascenseur : « Y avait pas ça. Quand je pense je montais à pied avec des valises de 30 kilos. Et les W-C dans le couloir ! Parfois la queue il y avait comme chez McDonald's. Ces logements ils étaient minuscules, zéro par rapport à ce qu'il y a maintenant, on dirait juste pour dépanner mais y a des gens qui ont habité toute leur vie ici. » Au 3e étage, il se dirige vers un mur et pose sa main dessus. « Là c'était ma porte, n° 10. Je m'étonne moi-même que j'ai reconnu. Ici j'habitais. Ici ma fille est née, Rolande elle s'appelle, et mon fils aussi. Je reconnais rien du tout et pourtant j'ai habité ici. À côté vivait Zelwer, le père était taxi et en face madame Cognard avec sa sœur qui a été muette. Pour ouvrir la porte elle avait une lumière parce que quand on sonne elle a pas entendu alors avec la lumière, elle voyait. » Je reconnais « la muette » que Jeanine Dinanceau m'avait décrite comme l'une des dénonciatrices de l'immeuble. « La muette » a donc continué de vivre dans l'immeuble, en bonne intelligence avec ses nouveaux voisins, tout aussi juifs que ceux qu'elle avait dénoncés.

Faïvel se souvient aussi de monsieur Dinanceau, « on se parlait aussi mais seulement de dehors parce qu'ici c'était pas des logements où on peut inviter, s'asseoir. Juste dormir et travailler ».

« D'abord dehors je travaillais dans les ateliers, les fabriques et puis ici j'ai pris une pièce en plus du logement pour atelier. Quarante-six ans j'ai passé dans l'atelier ici. Tout le jour, toute la semaine je travaillais. Toujours travailler. Mais beaucoup je lisais aussi même au détriment du sommeil, des choses d'histoire de France, du monde. En travaillant j'écoutais toujours grande radio marque Schneider près de la machine et j'entendais ce qui se passe en Chine, en Corée dans les années 1950. Et aussi j'écoutais les nouvelles en polonais, en russe. Je me souvenais que quand je faisais l'apprentissage dans l'atelier en Pologne il y avait six ou sept ouvriers toujours ils chantaient des chansons en yiddish pendant le travail. Mais ici j'écoutais la radio.

« À côté atelier habitait un gendarme en retraite avec sa femme et sa mère. Sa femme elle m'a cousu les boutons pour les vestes en cuir que j'ai fabriquées. L'homme, il était très gentil. Il avait une tête de gendarme comme ça avec la casquette.

– Il s'appelait comment, ce gendarme ?

– Je me le rappelais pas.

– C'était pas Migeon, par hasard ?

– Oui ! grâce à vous, je me rappelle les choses. Migeon ! »

Tandis que je lui explique dans le couloir qui était Migeon pendant la guerre, ce qu'il ignorait, naturellement, un voisin entrouvre la porte. C'est Ahmed, celui que j'ai rencontré avec Mohammed, le « successeur » de madame Arnaud. Il nous écoute un instant dans l'entrebâillement et commence à évoquer d'anciens habitants avec Faïvel, qu'il a reconnu. Le dialogue est compliqué par le fait qu'il parle à voix très basse et que Faïvel lui demande en hurlant de répéter chaque mot, chaque nom. J'assiste à la limite du fou rire à cette improbable rencontre dans le long couloir sombre entre le vieux tailleur juif et le vieil OS marocain.

« Jusqu'en 1996 je suis resté. Après ma femme elle m'a dit : "Tu travailles depuis que tu as 14 ans, temps il est d'arrêter." »

Il me regarde, toujours souriant, debout dans le couloir, sa main striée de veines bleues appuyée contre le chambranle de la porte des toilettes communes, toujours en activité. Dans le plâtre, à côté de ses doigts, est gravé un cœur percé d'une flèche.

« Et quand vous êtes arrivés après la guerre, on en parlait encore, de la guerre, dans l'immeuble, entre voisins ?

– Entre nous on a parlé. Chez les juifs, chacun avait son histoire parce que c'était des survivants pour la plupart mais chez moi, dans l'appartement, jamais j'avais parlé de la guerre. Pas seulement moi. Tout le monde, parlait pas de la guerre avec les enfants. On voulait pas, pour pas les effrayer, pour ne pas faire peur. »

Nous redescendons lentement. Dans la cour, Faïvel s'arrête et observe les quatre façades qui nous entourent : « C'est une très vieille maison. Qu'est-ce qui était avant ? Je parle de ça parce que toute ma vie, à l'âge de 14-15 ans déjà, j'ai posé des questions de notre origine. Je posais des questions sur origine des fleuves puis sur origine humaine et de tout ce qui vit, d'où ça vient ? D'où vient notre planète ? D'où vient notre système solaire ? Notre galaxie. Parce que les religions comme on a maintenant, c'est des choses neuves, qu'est-ce que c'est 2 000 ans, 4 000 ans alors que notre Terre existe environ 4,5 milliards d'années. J'ai pas encore trouvé la réponse exacte. J'attends, je comprends tout ce que les savants disent mais il y a toujours un petit doute dans tout ça. »

Nous sommes face à face et le visage de Faïvel, son sourire doux, la lueur d'humour dans ses yeux me rendent sa quête métaphysique des origines d'autant plus proche – au fond, je n'ai fait que me choisir un point d'interrogation démesurément petit mais, à mon échelle, je sens que nos questionnements, celui de Faïvel, le mien proviennent d'un même doute, d'une espérance commune, peut-être, comme l'écrivait Benjamin, celle d'un *accord secret entre les générations*.

Il s'avance sur les pavés, observe les fenêtres sur cour du bâtiment A et murmure pour lui-même : « Maintenant je me demande si tout ça c'était vrai. La verdure et tout ça... Je vois ici, on dirait un autre monde... Vous savez, je n'y crois pas il me semble que je vis ça dans un rêve, un rêve que j'ai eu cinq frères et sœurs, que je suis venu ici. Maintenant j'ai passé 90 ans et je me dis si tout ça c'est vrai ou c'est le rêve. Je me demande où est passé tout ce temps. »

Où est passé le temps des années 1950 ? Celui où Faïvel traversait cette même cour qu'il parcourt aujourd'hui en boitillant avec une lourde valise dans une main et un enfant au creux de l'autre bras. Où est passé ce temps où ses cheveux, toujours drus et coupés en brosse, n'étaient pas blancs ? Le temps où les façades étaient noires, certaines vitres laissées opaques, traces des mesures de la défense passive, les enfants encore interdits de jeux dans la cour par la concierge, madame Mathorez ? Le temps où les femmes allaient encore laver leur linge au lavoir de la rue Parmentier devenue depuis la rue Arthur-Groussier ? Le temps où le téléphone sonnait au café Maurane et où on appelait dans la cour : « Miquette, madame Pelti, madame Laurent, Claudine, Jean-Paul, Annick, Nicole ! » pour qu'ils viennent prendre le combiné au café-bougnat où, par ailleurs, tout l'immeuble se fournissait encore en charbon puis en mazout. Le temps de *L'Humanité Dimanche* vendu par Charles Zelwer, Léon Gardeblé notamment, au coin de l'ancienne rue Corbeau rebaptisée Jacques-Louvel-Tessier du nom d'un résistant du quartier. Le temps des pièces enveloppées dans un bout de papier et balancées par la fenêtre quand des musiciens venaient pousser la chansonnette dans la cour.

Des vies, toujours et encore, menées autour du travail, de la subsistance quotidienne et, pour beaucoup, prolongées par la politique et le militantisme.

Blanche Grinbaum est la petite cousine d'Albert, la petite-fille de Fruma Wolmark qui était la sœur d'Isaak Goura. Ce sont ses grands-parents puis ses parents qui se sont installés dans l'ancien appartement des Goura après la guerre. Cette femme élégante, universitaire spécialiste de l'Union soviétique, vient juste de prendre sa retraite. Ses parents ont vécu au 209 rue Saint-Maur de 1948 à 1956, elle y est née en 1951. Du petit appartement de deux pièces qu'elle a quitté à l'âge de 5 ans, elle se rappelle pourtant parfaitement la disposition, le réduit-cuisine où il n'y avait qu'un évier, son petit lit posé contre un mur, la pièce où se trouvait le lit de ses parents et où son père, tous les dimanches soir, leur lisait rituellement, à elle et à son frère, les récits de Renart et d'Ysengrin, le méchant loup. Ce rituel avait une importance d'autant plus forte que son père, ouvrier tailleur, avait peu de temps : il travaillait énormément et militait encore plus, au parti communiste. Il a même été le secrétaire de la section du Xe arrondissement. « Le faubourg du Temple était un quartier pauvre, ouvrier, très militant. Mes deux parents étaient très engagés. Les réunions de section, la vente de journaux, les manifestations, c'était le pain quotidien. »

Son père a plus tard raconté à Blanche les manifestations entre la rue du Faubourg-du-Temple et République et en particulier celle organisée le 28 mai 1952 contre la venue à Paris du général américain Ridgway accusé par le parti communiste d'avoir utilisé des armes bactériologiques en Corée. Près de 20 000 manifestants, communistes pour la plupart, défilèrent dans les rues autour de la République aux cris de « *Ridgway, go home* ». Le face-à-face entre la police et les manifestants fut particulièrement brutal puisque deux manifestants furent tués et trois cents autres blessés. « C'était très très violent. On avait même construit des barricades dans la rue du Faubourg-du-Temple. Il faut imaginer, ce n'était pas longtemps après la guerre, en pleine guerre froide, et d'un côté il y avait la police qui avait à peine été épurée à la Libération et qui était très violente, de l'autre côté des militants, on dirait des "casseurs" aujourd'hui, parmi lesquels certains, comme mon père, étaient des gens très très abîmés par la guerre, qui voulaient en découdre. Pour eux, la violence n'était pas un mal. »

Gaston Grinbaum, le père de Blanche, avait survécu aux combats du maquis des Glières qu'il avait intégré en tant que combattant des FTP mais il avait vu disparaître autour de lui ses parents déportés ainsi que son frère Bernard, également combattant des FTP, fusillé par les Allemands en 1942. Pour ces jeunes « anciens combattants » (Gaston n'avait pas 30 ans en 1952), le communisme était aussi la promesse d'en finir avec un monde qui avait laissé se produire ces tragédies. L'omniprésence des morts, indissociablement liée à l'engagement militant, s'incarnait dans le petit appartement, se souvient Blanche, par la présence, sur la cheminée, d'un grand cadre en cuir rouge dans lequel étaient insérées les photos de ses deux oncles, Bernard Grinbaum, le frère de son père, et Charles Wolmark, celui de sa mère, tous deux fusillés par les Allemands.

« Ces photos, ces morts héroïques ont dominé mon enfance et celle de mes deux frères. L'engagement était probablement aussi une forme d'exutoire pour toutes ces douleurs. Pour nous, les enfants ça n'a pas été facile à porter mais pour mes parents, c'était terrible. L'un et l'autre sont d'ailleurs morts très jeunes, ma mère à 46 ans, mon père à 56 ans et je crois que finalement ils sont morts d'avoir survécu, c'était trop de peine, trop de culpabilité. » La famille a quitté le 209 rue Saint-Maur en 1956 pour Vigneux, dans l'Essonne. Gaston en est devenu le maire, communiste naturellement, pendant vingt ans. Blanche n'avait que 5 ans en 1956 mais elle garde de sa vie au 209 la sensation d'un grand dénuement. « C'est curieux, me dit-elle, comme un enfant se rend compte de la pauvreté. Mais c'est certain, je le ressentais très vivement » et cette phrase me renvoie comme un écho à ce que m'avait dit Odette : « Un enfant, ça sent, oui ça sent vraiment quand ça manque ».

En somme, le 209 ressemblait encore après la guerre à cette cour des Miracles que décrivait Albert Baum pour parler des années 1930. Un immeuble décrépi, un monde d'ouvriers, d'employés, de tailleurs, de coupeurs, assez identique à celui de l'avant-guerre sauf qu'autour, à Paris, tout bougeait. J'ai été frappée, en interrogeant certains des enfants grandis au 209 rue Saint-Maur dans les années 1950-début des années 1960, par un mot récurrent que je n'avais pas entendu prononcer par les locataires plus anciens, ceux de l'entre-deux-guerres : la « honte ». Honte de vivre dans un immeuble délabré aux couloirs sombres, aux toilettes sur le palier. Honte de ces petits appartements dont certains étaient encore sans eau courante, où l'on n'osait pas inviter les camarades d'école, ceux de l'avenue Parmentier, de l'avenue Claude-Vellefaux.

Certes, pour certains, il y avait le soulagement d'avoir enfin un toit sur la tête. Claudine Martin est arrivée au 1er étage de l'escalier C à l'âge de 9 ans, en 1957, avec sa mère et son beau-père. « Mes parents se sont séparés l'année après ma naissance, en 1949. À Paris, c'était la pleine crise du logement, alors pour ma mère, c'était très difficile. J'avais habité chez ma grand-mère puis sous une tente dans un camping à Noisy-le-Sec avec maman. Finalement, elle a pu récupérer la pièce d'une copine à elle qui partait habiter à Créteil dans une cité. On s'est installés au 209 avec mon beau-père, Léon, un juif d'Afrique du Nord qui était presseur : c'est-à-dire qu'il repassait les vêtements. Il était payé à la pièce et ne gagnait pas bien lourd. »

La pièce dans laquelle emménagent Claudine, sa mère et Léon est l'exacte réplique, au 1er étage, de celle de Sonia Arnaud au 3e : tout au bout du couloir, une seule fenêtre qui donne sur un mur en briques où Claudine se souvient avoir vu grimper des rats. « L'atmosphère était très ouvrière. Pauvre, quoi. C'était pas le bonheur mais les gens n'étaient pas malheureux. Quand même, on avait trouvé un abri. » Et quand la famille s'est agrandie avec la naissance de deux petits frères, me dit Claudine, « on a fait les taupes, on grignotait peu à peu ».

Ce système de « grignotage » est courant au 209 : les familles parviennent à louer, en sus de l'appartement initial, une ou deux autres pièces mais qui ne sont pas nécessairement mitoyennes ; elles sont le plus souvent au même étage, mais pas toujours. Une petite pièce ici, une autre pièce là pour les enfants : c'est comme la construction d'un foyer éclaté où la circulation se fait non pas dans l'intimité derrière des portes closes mais au grand jour des parties communes.

Malgré cette exposition forcée, chacun garde son quant-à-soi et les relations nouées ne le sont qu'avec les voisins les plus immédiats : Nicole, la fille de Suzanne Diament, qui n'a quitté l'immeuble que pour se marier à la fin des années 1960, se souvient d'une enfance passée derrière des rideaux constamment tirés. J'imagine que pour Suzanne, il y avait dans ce geste de tirer les rideaux la réédition d'une méfiance ancrée dans le temps de l'Occupation où se protéger de regards intrusifs et potentiellement dangereux était une nécessité vitale, mais il devait y avoir aussi chez beaucoup de locataires la tentative de préserver coûte que coûte une intimité mise à mal par les conditions de vie et la promiscuité. On fait semblant de ne pas entendre les coups portés par un mari qui revient en titubant du bistrot Maurane ou du café au coin du passage Hébrard ; on n'entend pas non plus ceux que sa mère inflige à la petite Claudine de l'escalier C…

Si des liens amicaux, voire amoureux se nouent, c'est souvent avec les voisins les plus proches. Dans l'escalier A, la famille Pelti vit à côté de chez Gabrielle Cordier, qui est remontée au 4e étage après avoir été contrainte de quitter l'appartement des Diament au 1er étage. Les enfants Pelti, Jean-Paul et Josette, appellent Gabrielle « mémé » et la considèrent comme la grand-mère qu'ils n'ont pas. Les parents Pelti s'étaient installés au 209 avant la guerre : leur nom figure dans le recensement de 1936 – Jean-Paul est né en 1937, sa sœur en 1946. Giuseppe/Joseph Pelti avait fui l'Italie fasciste dans les années 1920 afin d'échapper au service militaire. D'abord groom dans un hôtel de luxe à Nice, il monte ensuite à Paris où il devient polisseur en métaux aux usines Citroën de Saint-Ouen. Au bal du Moulin de la Galette, il rencontre une jeune Parisienne, Yvonne, avec laquelle il ne tarde pas à se marier. Yvonne est d'abord vendeuse au magasin Maggi, rue Saint-Maur, puis trouve du travail rue de la Folie-Méricourt comme souffleuse de verre dans l'atelier qui fabrique les lampes Mazda. Elle y fait la connaissance d'une autre habitante du 209 qui y est employée comme elle : Marcelle Hotz qui vit, elle, dans l'escalier C du fond de la cour, au 6e étage en face de chez les Dinanceau.

Pendant l'Occupation, Yvonne reste seule avec le petit Jean-Paul : son mari, Joseph, est contraint de se cacher un peu partout en France pour échapper aux recherches de la police : il est considéré comme déserteur par les Italiens et craint de se faire arrêter. Quant au mari de son amie Marcelle, Jean Hotz, alsacien d'origine, il est envoyé de force travailler en Allemagne dans le cadre du STO. Les deux femmes restées seules se soutiennent mutuellement pendant l'absence de leurs maris.

Je n'ai pas réussi à retrouver la trace archivistique de son parcours mais d'après ce qu'il a raconté à Jean-Paul Pelti, Jean Hotz s'est enfui plusieurs fois du camp de travail auquel il était attaché. Repris à chaque fois, il est, je ne sais dans quelles circonstances exactes, envoyé au camp d'Auschwitz. Il est finalement libéré à Dachau et plusieurs habitants se souviennent l'avoir vu, corps squelettique de 45 kilos pour 1,80 mètre, traverser la cour du 209 au printemps 1945, probablement d'ailleurs au même moment que sa voisine du 3e étage, Sonia Arnaud.

Les deux femmes, Yvonne Pelti et Marcelle Hotz, continuent après la guerre d'entretenir des relations amicales et Jean Hotz sera, à la fin des années 1950, le parrain du premier enfant de Jean-Paul. Des photos prises à la même époque témoignent de cette amitié et ces clichés sont les tout premiers que j'ai pu retrouver des intérieurs du 209 rue Saint-Maur : on y voit les Hotz et les Pelti dans le petit appartement de ces derniers, à l'occasion des fêtes de Noël célébrées à la fin des années 1950.

Rien que de très anodin dans ces images sinon les amitiés de voisinage dont elles témoignent – on ne fête pas Noël en famille élargie mais entre voisins : les Pelti et les Hotz, Josette Pelti et sa copine, Annick du 5e étage – leurs frères aînés sont également les meilleurs amis du monde. Et puis ces détails que je scrute avidement : la petite alcôve, à peine plus large qu'un corps humain, où se trouve la cuisine, la matière épaisse des rideaux occultant la lumière et qui rappellent, à la fin des années 1950 encore, le temps où ils ont été confectionnés – celui des bombardements et de la défense passive où il fallait qu'aucune lumière ne filtre de la façade de l'immeuble.

Les Hotz, esc . C, chez les Pelti, esc . A

La famille Pelti et Annick,
la petite voisine du 5^e^

Josette, esc. A, 4e étage, et Annick, esc. A, 5e étage

La petite Annick du 5e étage était la meilleure copine de Josette. Comme leurs aînées dans l'immeuble, elles ont été élèves à l'école de filles de l'avenue Parmentier puis, adolescentes, spectatrices du cinéma de la rue du Faubourg-du-Temple et habituées des dancings du quartier. Annick m'a confié des photos de déjeuners de famille prises dans l'appartement de ses parents qu'il serait difficile de dater précisément s'il n'y avait, comme un discret rappel du monde qui va, un poster de Johnny Hallyday affiché au mur. À cette époque, il n'y a pas encore le téléphone dans l'appartement. Comme tout le monde, on se fait appeler chez les Maurane qui viennent dans la cour hurler un nom pour que le destinataire du coup de fil descende les marches quatre à quatre et se précipite vers le combiné téléphonique sur le trottoir. Ce n'est qu'en 1969 qu'Annick poussera ses parents à ouvrir, enfin, une ligne téléphonique. Elle s'en souvient encore : c'était BOLIVAR 49-51.

Annick Kernaonet, les cheveux coupés au carré, face à l'objectif avec sa mère qui sourit. Son père est à l'extrême droite. La famille habitait au 209 depuis 1948, esc. A, 5e étage.

Mais des photos que m'a transmises Annick, les deux que je préfère sont certainement celles où elle figure, toujours avec son inséparable copine Josette, au balcon de son appartement comme deux demoiselles des faubourgs échappées d'un film de Jacques Rozier. La façade décrépie du 209, l'aspect usé du fer forgé, le détail trivial de la grande bassine en métal accrochée contre le mur extérieur dont on peut penser qu'elle sert au bain quotidien, toute cette vétusté encore visible, si typique du Paris du début des années 1960, n'arrive pas à entamer la sensation de jeunesse et de vigueur insolente qui émane de ces jeunes filles au balcon observant je ne sais quoi, le regard fixé vers la rue Saint-Maur et qui paraissent frissonner dans ce que je ne peux qu'imaginer être l'air frais du matin.

Peut-être que Josette, à gauche sur la photo, regarde le fils de ses voisins du dernier étage. Celui avec lequel, bientôt, elle va se marier. Quant à Annick, à droite, elle va d'abord prendre son indépendance en montant dans une chambre du 6e étage comme le font souvent les jeunes du 209 dès lors que les appartements deviennent décidément trop petits.

Peut-être cette chambre était-elle la fameuse pièce qui servait de réserve au restaurant d'Isaak Goura, cette même pièce où Albert et Bernard étaient venus, depuis le Vél'd'Hiv, récupérer un peu de nourriture pour leurs familles internées. Peut-être y croisait-elle, à cet étage, la silhouette de Marcel Chapiseau qui y a vécu longtemps après la guerre. Une chose est certaine en tout cas c'est que si toutes ces filles du baby-boom comme Claudine, Annick, Josette ou Nicole sont finalement parties du 209, le plus souvent en se mariant, leurs parents, eux, ont presque tous fini leurs jours dans ces petits appartements qu'ils avaient habités toute leur vie, bien longtemps après le départ de leurs enfants, dans les années 1970, 1980, 1990. La mère de Claudine Martin s'est éteinte en 2016 au 1er étage de l'escalier C dans l'appartement où elle avait emménagé en 1958.

Pourtant me dit Annick au téléphone, « même si j'en suis partie il y a longtemps, c'est incroyable comme il me revient souvent dans les rêves. Je rêve que je peux y retourner y habiter : tout est transformé, il y a même un ascenseur mais l'essentiel c'est que je peux y retourner y habiter. Et, dans mon rêve, je suis heureuse ».

Un dimanche de janvier, j'ai été invitée à partager une galette des Rois chez Frédéric et Julien, les parents des petits jumeaux que je croise souvent dans la cour. Ils habitent au 3e étage de l'escalier A, dans l'ancien appartement de Miquette, la petite-fille de madame Massacré, exactement deux étages plus bas que là où la photo des deux jeunes filles a été prise. Ils avaient aussi convié, pour que je fasse leur connaissance, leur voisine Bernadette, une ancienne directrice d'école à la retraite qui habite au fond du couloir, et madame L., de la pièce juste en face de l'escalier. Madame L. est la plus ancienne habitante du 209 rue Saint-Maur : elle y a emménagé en 1954. Elle est la seule qui peut me parler de tous ces temps empilés. Elle est plutôt en bonne forme et elle a toute sa tête. Tous ensemble, avec Frédéric et Julien qui m'ont, comme les Leray, montré les traces que formait au sol l'ancien couloir collectif désormais intégré à leur appartement, nous mangeons, nous discutons de l'immeuble.

Comme c'est dimanche, j'ai emmené mon fils Emmanuel, âgé d'une dizaine d'années, avec moi. La conversation est sympathique, la galette excellente. Je commence à poser quelques questions à madame L. Elle confirme qu'elle habite la même petite pièce face aux escaliers depuis soixante ans, que ses toilettes sont toujours sur le palier. Rapidement, j'identifie sa pièce comme celle où vivaient les Knoplock avant et pendant la guerre.

Elle est arrivée bien après la fin de la guerre, m'explique-t-elle, en 1954 donc et de toute façon, elle ne se souvient plus vraiment de ses anciens voisins. Aucun des noms que je lui cite n'éveille de souvenirs en elle. C'est, m'explique-t-elle, qu'elle travaillait beaucoup. Elle partait le matin, elle rentrait le soir. Pas le temps de bavarder avec les voisins. Je lui demande ce qu'elle faisait comme travail dans les années 1950 et elle me répond une phrase dont je ne peux plus citer la formulation exacte mais qui est, en substance, celle-ci : « J'étais vendeuse dans un magasin. Chez une juive, c'est pour ça, elle savait y faire. » Ce n'est pas bien méchant, juste du bon et assez inoffensif préjugé assez communément partagé, « une juive », « le sens du commerce », etc. mais je suis subitement envahie par un tel découragement que j'ai du mal à me reprendre, à feindre l'indifférence, à poursuivre mon questionnement. Je balbutie et je continue à lui parler mais sans m'entendre ni même écouter ses réponses.

À n'en pas douter cette madame L. est une brave femme, ce que m'ont d'ailleurs confirmé Frédéric et Julien ainsi que l'adorable Bernadette. Je l'ai par la suite souvent croisée sous la voûte de l'immeuble. De plus en plus affaiblie, aidée le plus souvent par ses voisins ou le gardien Mohammed, elle suscitait plus la pitié que l'hostilité, mais je n'ai pas réussi à surmonter cette phrase, le fait de l'avoir entendue, mon fils chéri assis à côté de moi, et je n'ai plus jamais essayé de l'interroger, me privant probablement d'un tas de détails intéressants... Mais comme dirait Olga, ma fille chérie, j'ai décidé, une fois n'est pas coutume, de tout simplement « lâcher l'affaire » avec madame L., et de me réfugier dans mon immeuble de papier où voisinaient au tournant des années 1960, Marcel

Chapiseau, Léon Gardeblé, Charles Zelwer et ses parents, Suzanne et Nicole Diament, les copines Annick et Josette, la famille Pelti, Gabrielle Cordier, les parents de Miquette, les Gerveaux et Blanche Frantz la couturière, Sonia Arnaud-Ghitis, Jean Migeon, Marcelle et Jean Hotz, Claudine Martin, Jeanine Dinanceau, Robert Dinanceau, Désiré et Rose Dinanceau, Claudine, la cousine de Thérèse, et son père, les Sawicki, Faïvel Palecnicki, madame Cognard et sa sœur la muette, Germaine Decausse, la cantatrice survivante des années 1920, les captifs, les vaincus et *bien d'autres encore*.

21

Pas une seule fois ce soir-là je n'y ai pensé. Nous étions quelques amis rassemblés dans un appartement à côté de la place de la Bastille. Les alertes de nos téléphones ont toutes sonné en même temps. Tous, nous avons baissé la tête simultanément pour lire, incrédules, que des gens tiraient dans Paris, vers le canal Saint-Martin, boulevard Voltaire, au Bataclan.

13 novembre 2015. Les tueurs étaient dans Paris, il y en avait peut-être d'autres. Je n'ai même pas réagi quand j'ai lu que parmi les premiers tirs, il y avait eu deux cafés situés derrière l'hôpital Saint-Louis, à quelques centaines de mètres à peine de la rue Saint-Maur, à portée d'oreille. Je n'ai pas appelé les quelques personnes que je connaissais déjà au 209 ; c'est simple, je n'y ai pas pensé. Il y a eu un taxi miraculeusement trouvé dans la nuit, stationné dans la rue Amelot pour attendre cinq personnes qui s'y engouffrent, un trajet dans un Paris désert où se détachaient seulement les gyrophares éclatants des voitures de police et de pompiers.

Même la place Pigalle était abandonnée.

Ce n'est que le lendemain matin, en descendant dans les rues vides, en essayant d'interpréter les visages des très rares passants qui, comme moi, se risquaient dehors comme des animaux venant renifler l'air pour mesurer si oui ou non, la vie continuait que je me suis souvenue que le 209 était un immeuble réel et non un pur objet de mon imagination, que la rue Arthur-Groussier tout de suite à droite en sortant, menait directement au Petit Cambodge et au Carillon, les deux cafés qui avaient été attaqués au coin de la rue Alibert et de la rue Bichat.

À vrai dire, ce qui m'a immédiatement frappée c'est qu'en dehors du Bataclan, les deux adresses qui ressortaient immédiatement dans ces attentats en série, étaient la rue Alibert et la rue de la Fontaine-au-Roi : la géographie de la terreur épousait, un siècle et demi plus tard, celle des barricades communardes. Ce mur de l'hôpital Saint-Louis rue Alibert contre lequel autrefois Claude Payet, l'un des communards du 209, s'était appuyé était celui qui faisait face aux deux cafés mitraillés. Quant à la rue de la Fontaine-au-Roi, c'était la dernière barricade à être tombée, signant la victoire totale des Versaillais. Dans ces topographies superposées se jouait la façon dont la violence et la destruction viennent s'imposer au cœur des plus intimes chemins.

« J'étais avec ma petite-fille de 20 ans avec laquelle je vis. Elle devait sortir au cinéma dans le quartier mais elle avait annulé au dernier moment. On regardait un opéra à la télévision, j'ai complètement oublié lequel d'ailleurs. Elle est partie téléphoner dans la cuisine qui donne sur la cour. Elle est revenue en me disant : "Dis donc, grand-mère, il y a des gens qui s'amusent bien, il y a des pétards qui éclatent un peu partout." Et puis, à la télévision il y a eu une interruption des programmes. Ils ont parlé de la fusillade. Au Petit Cambodge ! On y allait très souvent... On était toutes les deux terrorisées. Avec ça le bruit des sirènes, des voitures de police, de pompiers. On était dans l'appartement toutes les deux, terrifiées. Immédiatement, ça m'a rappelé la guerre. J'étais petite pendant la guerre mais j'habitais dans un village qui a brûlé. J'ai vu, enfant, cette destruction, les gens qui pleuraient. C'est à ces images-là que j'ai pensé. »

« J'avais 17 ans. Cela faisait un mois que j'habitais chez grand-mère. Le 209 rue Saint-Maur, j'y avais habité toute petite avec mes parents, c'est là que j'avais appris à marcher dans la cour, à lire des histoires, à jouer à la Barbie. Puis on est partis dans le Limousin, j'avais 6 ans et grand-mère s'était installée dans l'appartement de la rue Saint-Maur. J'étais devenue une petite provinciale et j'étais revenue à Paris après mon bac : j'étais dans l'euphorie de la jeunesse, de la redécouverte de Paris, de mon quartier. Ce soir-là, on regardait *La Flûte enchantée* à la télévision, puis j'ai eu le coup de fil de la mère d'une amie dont on devait fêter l'anniversaire surprise le lendemain. Pendant qu'on parlait, je fumais une cigarette à la fenêtre qui donne sur la cour. J'ai entendu des bruits, beaucoup de bruits, comme des pétards. Puis rien, du silence. Je suis revenue dans le salon avec grand-mère mais tout à coup on entendait des bruits dans la rue Saint-Maur : des sirènes, des gens qui courent, qui hurlent. À ce moment-là ma sœur qui habitait toujours à Limoges m'a appelée pour me dire : "Tu es où ? Tout va bien ? Il y a eu des attentats rue Bichat. Ils ont tiré sur des terrasses." Je ne comprenais rien. Quand j'ai compris, je n'avais plus 17 ans. C'était fini. J'étais complètement perdue. C'était un méli-mélo d'émotions comme je n'en avais jamais connu : la peur, l'incompréhension. Le lendemain, tout le quartier était bloqué, pas de métro, que du silence. Le soir j'ai quand même été à l'anniversaire de cette amie qui fêtait ses 18 ans. Il y avait une atmosphère très morbide, d'enfermement. Le dimanche, nous sommes allées avec grand-mère nous recueillir devant les cafés. Tout le monde pleurait, était désemparé. Je me souviens d'une flic, elle devait me trouver l'air perdu, qui m'a mis la main sur l'épaule en murmurant : "Ça va aller." Une femme à genoux pleurait. On était tous ensemble et en même temps tout seuls. C'était si étrange comme impression. L'après-midi, je me suis retrouvée place de la Rep, une sorte de rassemblement spontané. Une femme voilée avec son enfant m'a prise dans ses bras sans parler. Puis tout à coup, il y a eu un mouvement de panique et ça a été affreux : une débandade. J'ai vu une femme enceinte, un enfant tomber, tout le monde courait sans leur prêter attention. Je voyais les gens devenir comme des animaux. Un grand type que je ne connaissais pas m'a saisi la main et m'a dit : "Cours, cours !" On s'est retrouvés à une trentaine, cachés dans un immeuble au hasard. On ne parlait pas. Une femme pleurait mais quelqu'un lui a dit : "Tais-toi, ils vont nous trouver." C'était terrifiant et en même temps un peu comique tous ces gens perchés comme ils pouvaient dans le hall, sur les marches de l'escalier. Finalement, on a compris que c'était une fausse alerte et je suis remontée par la rue du Faubourg-du-Temple jusqu'à la rue Saint-Maur, je n'arrêtais pas de pleurer. Je ne pouvais plus m'arrêter. J'avais compris combien c'est facile de mourir en un instant. Ma grand-mère m'a dit : "Bienvenue à Paris." C'était la fin de l'enfance. »

« Le vendredi c'est le soir où je vais chercher ma fille au conservatoire du Xe. On rentre toujours à pied par le canal Saint-Martin. On aime bien s'arrêter tous les deux dans un bistrot en face du Carillon mais ce soir-là, ma fille voulait rentrer directement. On est arrivés au 209, notre voisin est venu boire une bière. On discute, il repart et deux minutes après revient en tapant à ma porte : "Il y a une fusillade dans la rue, ne sors pas !" C'est une fois qu'il m'a dit ça que j'ai compris que les bruits que j'avais entendus n'étaient pas des pétards mais des tirs. J'habite au rez-de-chaussée et une partie de mon appartement donne vers l'avenue Parmentier. Immédiatement, je me suis dit qu'il était très facile de se retrouver chez nous pour des gens qui s'enfuiraient. J'ai tout fermé. Ma fille dormait dans la chambre à côté. Ma femme qui rentrait de voyage était bloquée à la gare de Lyon sans pouvoir revenir à la maison car tout le quartier était interdit. Très vite on a su que la fille d'une de nos voisines était confinée dans l'un des restaurants qui avaient été attaqués. Heureusement, elle s'en est sortie. C'était un sentiment irréel. J'ai vécu la guerre civile des années 1990 en Algérie, c'est l'une des raisons pour lesquelles je suis venu en France. Échapper à cette violence, à cette mort. Et là j'avais l'impression d'être rattrapé par cette guerre, qu'elle venait détruire ce que j'avais essayé de construire. »

« Comme chaque jour j'avais travaillé au 209 où est mon bureau et je m'apprêtais à rentrer chez moi vers la rue Jean-Pierre-Timbaud. Un trajet simple : il n'y a qu'à remonter la rue Saint-Maur puis tourner à gauche tout au bout. En sortant de l'immeuble, comme il faisait doux j'ai été prendre un verre à la terrasse du bistrot d'à côté, au coin de la rue Jacques-Louvel-Tessier, juste au-dessus de l'avenue Parmentier, de la rue Alibert et de la rue Bichat. Tout à coup, on a vu quelqu'un remonter la rue en courant : "Taillez-vous, ça canarde, taillez-vous !" Je n'ai pas vraiment compris, je me suis dit qu'il y avait un règlement de comptes violent, ça arrive souvent dans le quartier, mais je me suis quand même levée et j'ai marché le long de la rue Saint-Maur. Normalement. Je n'avais rien compris. Tout en marchant, j'ai reçu le sms d'une amie : "Tu es chez toi ?" Je réponds : "Ben non, je suis en train de marcher rue Saint-Maur." "Rentre vite chez toi ! Il y a des attentats."

« Là j'ai compris : j'ai regardé les notifications qui arrivaient sur mon portable et je me suis rendu compte que j'étais en train de suivre exactement le chemin parallèle à celui des terroristes, sauf que je marchais une rue au-dessus... Je suis arrivée chez moi, j'ai ouvert la télé, toute la nuit, je n'ai pas dormi. Ce quartier où j'habite depuis trente ans, mon quartier que j'avais vu changer, ma rue Saint-Maur, tout ce X^{e}-XIe arrondissement tant aimé était le cœur des attentats. Et la cible c'était qui, c'était nous tous symboliquement, moi. Mais pourquoi ? Pourquoi veulent-ils nous tuer ? Le lendemain matin je n'ai pas pu m'en empêcher, je suis descendue directement pour aller rue Bichat. Jamais je n'avais vu ces rues comme ça. Jamais. Sauf peut-être après la grande tempête de 1999. Un silence... tout était silencieux... pas une voiture. Un silence étouffant. Les quelques personnes que je croisais marchaient silencieusement elles aussi. Je suis passée devant la mosquée juste à côté de chez moi. Il y avait quelques hommes. Nous avons échangé des regards silencieux où se mélangeaient excuses, peur de l'inquisition, incompréhension, douleur partagée : cet échange de regards, c'était d'une tristesse. Je me rendais compte rétrospectivement qu'en marchant dans cette rue parallèle aux terroristes c'est comme si j'avais été enfermée dans ma bulle, une bulle où on vit comme on veut, les uns à côté des autres, où on peut s'opposer, s'engueuler mais vivre malgré tout. C'est comme ça que je le vois, ce quartier. Et eux, ils étaient dans leur bulle de destructivité et de mort. Ce soir-là c'est leur bulle qui triomphait. »

« J'étais avec ma plus jeune fille dans l'appartement. On regardait la télévision. Mes deux autres filles étaient sorties.

L'une chez une amie, l'autre, je savais qu'elle devait aller rue de Charonne pour retrouver son copain et récupérer avec lui un canapé d'occasion. Je venais d'apprendre un ou deux jours plus tôt que j'avais un cancer. Je reçois un SMS d'une amie : "Ça va ?" Je pense qu'elle parle du cancer, je trouve ça bizarre mais je réponds que oui. Et puis je commence à entendre des sirènes, beaucoup de sirènes. Je passe sur BFM et là je comprends. Le Carillon, le Petit Cambodge, ce sont les restaurants qui jouxtent l'école maternelle où mes filles allaient quand elles étaient petites. Je passe tous les jours devant pour aller à mon travail, c'est mon trajet quotidien...

« J'appelle chez la copine de Suzanne, elles y sont, en sécurité. Puis j'appelle ma fille aînée et là pas de réponse. Rien. Je recommence. Rien. Je vois en direct qu'un autre restaurant est attaqué rue de Charonne, la Belle Équipe. Elle est dans ce quartier, je le sais. Mais rien. Elle ne répond pas. Et là je me dis : "Qu'est-ce qu'il faut que je fasse ?" Je vois que les rues sont impraticables. La rue Saint-Maur est barrée. Une voisine m'appelle, ses enfants sont seuls à la maison avec une baby-sitter : eux, les parents, sont bloqués à République, impossible de revenir au 209. Je monte au 5e, ils vont tous bien. Je redescends, je ferme tout : les rideaux, les lumières, je dis à ma fille de ne pas se mettre à côté des fenêtres. La guerre, quoi. Et ma fille aînée qui ne répond toujours pas.

« Ce que j'ai appris plus tard c'est qu'elle était dans le bus, à un arrêt de la station où elle voulait descendre, angle Charonne/Faidherbe, en face de la Belle Équipe. Le bus s'est arrêté une station avant, juste après la place Léon-Blum. Des gens disaient : "Descendez, descendez, il y a des tirs." Elle est descendue sans comprendre ce qu'il se passait... "Ah d'accord, il y a des débiles qui ont foutu des pétards." Elle rejoint son petit ami boulevard Voltaire et ils vont chercher le fameux canapé… C'est là que je l'ai au téléphone pour la première fois ! Je lui dis de tout lâcher et d'aller se réfugier quelque part. Ils ont enfin laissé leur canapé sur un trottoir et sont entrés avec quelques amis dans le premier hôtel venu. Un hôtel miteux, ils étaient plusieurs à regarder la télévision dans le hall. C'était horrible de la savoir là, mais rentrer à la maison était devenu impossible. Au bout d'une vingtaine de minutes, le mec de l'hôtel les a mis dehors ! Ils ont essayé d'entrer dans un autre, mais le vigile ne les a pas laissés entrer malgré leurs supplications. Ils étaient à la rue et c'est là qu'ils ont décidé d'aller jusqu'à Nation, de prendre le RER et de quitter Paris ! Je crois qu'ils sont arrivés à Nation quelques minutes après qu'un des terroristes s'est fait exploser dans un café du boulevard Voltaire.

« Le lendemain, les rues ici, c'était une ville fantôme. Pas un bruit. Je suis descendue, il y avait des gens qui marchaient en silence. Tout le monde avait l'air dans un état second. Une foule prostrée devant le Carillon et le Petit Cambodge. Mais je crois que chacun avait besoin de voir les autres, de partager quelque chose, le deuil, le chagrin. Dans tout ce silence, j'ai ressenti quelque chose qui s'apparentait à de la fraternité. Le lundi, j'ai repris le chemin du travail et, comme toujours, je suis passée devant le Carillon et le Petit Cambodge. Il était hors de question de changer. C'était curieux, cet état de prostration de tout un quartier : ça a duré une dizaine de jours peut-être puis, peu à peu, la vie a commencé à reprendre le dessus. »

Au bout d'une dizaine de jours, tous les témoignages de recueillement, bougies, bouquets ont été évacués par la Mairie de Paris des trottoirs qui jouxtaient les deux restaurants de la rue Alibert. Je comprends cet habitant de la rue qui expliquait alors à la télévision « on ne peut pas vivre dans un mémorial », il faut que « la vie reprenne le dessus ». Je le comprends et pourtant je m'interroge. La vie a si bien repris le dessus que quand quelques mois plus tard je me suis mise à beaucoup tourner dans l'immeuble, à partager du temps avec les habitants, je ne me souviens pas avoir eu une seule conversation sur les attentats de novembre. Rien.

Moi, je n'ai posé aucune question et personne ne m'en a parlé spontanément. C'est rétrospectivement que je mesure combien ce silence sonne étrangement. Naturellement, il y a eu les sympathiques rodomontades, « Tous en terrasse », « Paris est une fête », « Même pas peur » mais, même si elles ne m'indisposent pas comme elles semblent en agacer certains, je crois que ces slogans sont la tentative un peu maladroite de dissimuler l'effroi profond, la peur dans toute sa crudité, celle qui fait vaciller les parents comme leurs enfants, cette peur dont on ne parle pas sous peine de la voir croître encore, triomphante. C'est un tel gouffre qu'il faut vite recouvrir ces images, comme on recouvre de sable un trottoir ensanglanté, par l'anesthésiant merveilleux de l'habitude et du manque d'imagination.

Enfouir, loin, très loin, cet insupportable possible de nos rues et de nous-mêmes : être sans recours, à découvert, vulnérable et impuissant. À la merci.

22

C'était quelques mois après le 13 novembre et je l'espérais sans trop y croire.

Henry l'Américain s'est décidé à faire le voyage jusqu'à Paris. Il a accepté de revenir rue Saint-Maur. Avec Michelle, sa fille. C'est un peu irréel de les voir tous les deux, attablés à la terrasse du bistrot à l'angle de la rue Saint-Maur et de la rue Jacques-Louvel-Tessier. Ils ont l'air décalé de touristes comme on en voit rarement dans le quartier. Qu'y aurait-il à visiter par ici ? Pas grand-chose sinon, pour Henry, le seul lieu où il a vécu avec ses parents et son frère.

Le café est à moins de 100 mètres de l'entrée du 209 mais il nous faut un bon quart d'heure pour les parcourir. Henry s'arrête devant chaque devanture. Il observe le coiffeur à bas prix, le pressing, le magasin de téléphones mobiles, l'épicerie africaine, l'épicerie polonaise, la pharmacie comme si, à chaque fois, il essayait de s'imprégner de l'identité de la rue, d'y trouver – et ce serait bien impossible tant les commerces, à l'exception de la pharmacie, ont changé – des indices de sa petite enfance. Je crois aussi qu'il marche si lentement parce qu'il tente de retarder le moment où il se retrouvera pour de bon devant la porte cochère. Je la lui montre de loin et il s'en approche sans parler, s'arrête sur le trottoir, l'observe, reste silencieux puis fait quelques pas jusqu'à presque venir toucher le bois bleu.

Il désigne la poignée et se tourne vers moi, il m'interroge en anglais : « Cette poignée existait-elle à l'époque ? » Je mets un peu de temps à interpréter sa question comme étant différente d'un commentaire de touriste américain visitant Versailles et se demandant si, vraiment, Louis XIV a pu de son illustre pas fouler tel coin de parquet mais il y a tant d'autres choses dans son regard bleu… Il me scrute comme si j'étais sa guide omnisciente vers le passé.

Je lui réponds que c'est possible.

Il se tourne à nouveau face à la porte, effleure la poignée.

« Est-ce qu'il est possible alors que mes parents aient touché cette poignée ?

– Oui. »

Il recule brusquement comme s'il était envahi par cette soudaine proximité avec le corps de ses parents, leurs mains, leurs mouvements secs d'épaule pour pousser la porte.

Il pousse la porte, il entre.

Ils avancent tous les deux, Michelle et Henry, sous la voûte et leurs deux silhouettes se découpent à l'entrée de la cour : ils observent les façades intérieures blanches de soleil et de lumière.

Je me faufile entre eux.

Henry désigne les pavés.

« Et est-ce qu'il est possible que mes parents aient marché ici ? »

Je sais de façon certaine que les pavés n'ont pas bougé depuis la guerre. Tandis que je lui réponds affirmativement me vient à l'esprit l'image du narrateur du *Temps retrouvé* pénétrant dans la cour de l'hôtel de Guermantes, trébuchant entre deux pavés inégaux et retrouvant, par ce mouvement involontaire, la même sensation que celle ressentie autrefois à Venise sur la place Saint-Marc. C'est un moment décisif de la *Recherche du temps perdu* où le narrateur parvient enfin à se formuler ce dont il n'avait jusqu'alors qu'une intuition, les mécanismes de la mémoire involontaire, cette mémoire qu'il oppose à la mémoire exhumée par la force de la seule intelligence, « ces souvenirs sans vérité » alors même, écrit-il, « qu'un bruit déjà entendu, qu'une odeur respirée jadis, le soient de nouveau, à la fois dans le présent et dans le passé, réels sans être actuels, idéaux sans être abstraits, aussitôt l'essence permanente et habituellement cachée des choses se trouve libérée et notre vrai moi qui, parfois depuis longtemps, semblait mort, mais ne l'était pas autrement, s'éveille, s'anime en recevant la céleste nourriture qui lui est apportée. Une minute affranchie de l'ordre du temps a recréé en nous pour la sentir l'homme affranchi de l'ordre du temps ».

Mais, au milieu de la cour du 209, nous sommes très loin de la matinée de la princesse de Guermantes et il n'y a face à moi que le visage bouleversé d'Henry, l'homme sans mémoire, auquel j'indique sur la façade de l'escalier B, sur notre gauche, l'étage auquel il habitait avec ses parents.

Il regarde les fenêtres qu'ornent des fleurs.

C'est un choc. « Je n'ai jamais connu mes parents. »

Je garde le silence.

« Et mon frère, il vivait ici avec nous ?

– Oui, il allait probablement à l'école en face, le bâtiment devant lequel nous sommes passés en arrivant.

– Mais si mon père était marchand ambulant, il devait avoir un petit chariot. Est-ce qu'il le laissait dans cette cour ?

– Je ne sais pas, Henry. Je ne connais que des fragments.

– Oui, peut-être, mais vous êtes ma seule connexion à cet immeuble. Michelle, tu te rends compte, mon père montait et descendait ces escaliers... »

Nous sommes entrés dans l'escalier B. Celui de Monique, où habitaient autrefois les Osman, les Blumenthal, les Gardeblé, les Tilly… Henry et Michelle n'en reviennent pas de l'étroitesse des marches – ce serait impossible, un immeuble si petit aux États-Unis ! Ils n'en reviennent pas non plus des marches usées, déformées par le poids des corps.

« Je n'ai aucun souvenir. Rien. »

J'observe la main soudain légère d'Henry qui effleure la rampe comme s'il la caressait.

Il s'arrête net devant la porte d'un ancien W-C sur le palier.

« Mais les toilettes étaient communes ?

– Oui, il n'y avait pas d'eau ni de salle de bains dans les appartements.

– Il n'y avait pas d'eau dans mon appartement ? »

Henry paraît légèrement scandalisé par le faible standing de *son* appartement. Je souris un peu. Puis il s'immobilise sur le palier devant la porte ouverte des toilettes, son visage est éclairé par un rayon de soleil qui, venu d'une fenêtre placée en hauteur, a soudain percé l'obscurité de la cage d'escalier.

« Mais comment les gens faisaient-ils pour se laver ?

– Ils allaient dans ce qu'on appelle les bains municipaux, une ou deux fois par semaine. »

Très doucement, il m'interrompt.

« Vous voyez, de ça, je me souviens. Oui, je m'en souviens. Mes parents m'emmenaient aux bains municipaux. C'est la première fois que je fais la connexion. Mais je vous le dis, je m'en souviens : je me souviens des bains municipaux. Mes parents m'y conduisaient. »

Son visage se transforme, il sourit et je me souviens encore du silence qui a tout à coup régné : un silence impressionnant qui paraissait accompagner le parcours de cette réminiscence, qui en prolongeait la force d'énonciation. Elle était née, cette réminiscence, de la rencontre fortuite, involontaire avec les mots « bains municipaux » et j'ai immédiatement senti que derrière ces mots, ce qui surgissait c'était un corps, un corps touché, un corps soigné et aimé, le corps d'un enfant *inconditionnellement* protégé par ses parents.

C'était le corps d'Henri enfant qui, des décennies après avoir disparu dans les brouillards de la mémoire volontaire, réapparaissait ici même, face à moi, dans cet escalier, enfin libéré et *affranchi de l'ordre du temps*. Cette scène, je l'ai filmée, bien entendu, et quand je la regarde à nouveau, elle est pour moi spectaculaire même si elle semble anodine en apparence – comme si ce que la caméra avait saisi, en filmant le visage et le corps d'Henry au moment où il prononce ces mots, était la trajectoire, la physiologie presque, de la réminiscence – le mystère, par le contact avec cet espace encore habité, de la « revenance ».

Il est encore monté d'un étage, a frappé à la porte dont je pouvais penser qu'elle avait été celle de son appartement. Personne n'a répondu et le silence a été à peine rompu par les cris d'une nuée d'étourneaux en pleine migration qui passait en trombe, très haut dans le ciel, derrière les barreaux de la fenêtre grillagée du couloir.

Immédiatement après, Henry et Michelle ont repris leur bavardage sur la taille ridiculement petite des appartements parisiens comparés aux maisons américaines si spacieuses et nous avons croisé un jeune couple qui descendait les marches quatre à quatre en riant. De retour dans la cour, Henry n'arrêtait pas de répéter qu'il n'arrivait pas à se représenter ses parents montant et descendant trois étages : « *I can't picture them, I can't picture them.* » Il n'arrivait pas à leur donner image et pourtant pour la première fois il pouvait se représenter que ces corps avaient été en mouvement.

« Michelle, tu imagines, ces escaliers tous les jours. Maintenant que tu en sais un peu plus sur tes arrière-grands-parents, est-ce que tu te sens un peu plus proche d'eux ? »

Elle lui répond sèchement.

« Ce sont mes grands-parents et de toute façon, tu n'as pas besoin de savoir des choses pour te sentir proche. C'est tellement joli ici ! Peut-être que malgré tout ce chaos, ils ont été heureux ici. »

Henry se retourne alors vers moi et je crois qu'il est sérieux quand il me demande :

« Vous savez, vous, si mes parents ont été heureux ici ? »

Je n'ai heureusement pas eu à lui répondre car nous avons été rejoints, au milieu de la cour, par Joseph, le cousin parisien d'Henry, celui grâce auquel j'avais retrouvé sa trace. Le père de Joseph, Nathan, était le frère de Szlama, le père d'Henry. Nathan a passé la guerre en Pologne puis en Russie avant d'émigrer en France en 1946. Il était très attaché à son frère disparu et, nous raconte Joseph, un soir vers 1947, alors qu'il se rendait au café les Lumières de Belleville, un haut lieu de l'émigration juive polonaise sur le boulevard du même nom, Nathan est passé au 209 rue Saint-Maur pour voir où son frère et sa famille avaient vécu. Lors de cette visite, il est tombé sur une voisine – était-ce Suzanne Diament, était-ce quelqu'un d'autre ? Je l'ignore – qui lui a remis une boîte qu'elle avait gardée jusqu'alors : une boîte dans laquelle étaient conservées toutes les photos de la famille, les seules qui restent encore à ce jour.

Les photos avaient survécu aux disparitions, préservées au sein de l'immeuble comme si elles avaient attendu d'être enfin remises en mains propres à celui qui, après avoir traversé les forêts en guerre de Pologne et de Russie, arriverait jusqu'au 209 pour les récupérer.

Quelques jours plus tard, Odette est à son tour arrivée d'Israël et nous roulons dans le taxi, l'une à côté de l'autre. Nous sommes passées devant le Bataclan, puis nous sommes remontées jusqu'à la place Voltaire. La voiture s'engage sur l'avenue Parmentier. Elle regarde sans parler par la vitre et je l'observe de profil qui absorbe chaque parcelle de pierre, chaque façade d'immeuble. Quand nous arrivons à la croisée de l'avenue et de la rue du Faubourg-du-Temple, Odette s'exclame en riant comme si elle venait de traverser une frontière : « Voilà, là je me sens à la maison, à partir d'ici c'est chez moi. »

En passant le Jane Café, à l'angle de la rue Saint-Maur et de la rue Jacques-Louvel-Tessier, elle me dit que c'était le café de madame Pierre. « Elle voyait tout, elle entendait tout. Elle me disait toujours : "Qu'est-ce que tu veux faire quand tu seras grande ?" Je devais avoir 7 ou 8 ans. Je lui avais répondu en zozotant que je voulais être institutrice et elle m'avait répondu : "Bah, tu seras sténodactylo comme tes sœurs." De ce jour, je l'ai détestée mais malheureusement c'est elle qui a eu raison. »

Nous marchons vers le 209 et naturellement elle trouve tout plus petit, moins large. « Je ne sais pas pourquoi », me dit-elle. Elle a poussé la porte. Elle ne m'a pas dit que tout avait changé, qu'elle ne reconnaissait plus rien, elle s'est précipitée vers les marches de pierre qui longent la voûte. « C'est fou, c'est fou. Ils n'ont rien changé, ils n'ont rien changé. Les pierres sont toujours là. À cet endroit je m'asseyais avec Jojo pour jouer aux osselets. Devant chez madame Massacré. »

Puis elle a marché vers la cour : elle a vu les lofts, les plantes, les vélos. « Mais c'est un autre monde ! Ils ont laissé la carcasse mais c'est un autre monde. » Elle est restée silencieuse à tourner la tête successivement vers les façades qui l'entouraient. On entendait quelqu'un qui jouait au piano, une femme se tenait derrière une fenêtre ; dans un pot de fleurs quelqu'un avait planté un de ces petits jouets d'enfants multicolores dont l'hélice tournait sous le souffle de la brise. Le visage d'Odette est devenu grave, absorbé sans doute par des sons, des voix, des images qu'elle était la seule à voir et à entendre. Nous avons ensuite gravi ensemble les marches de l'escalier A, ces marches usées qui n'avaient jamais été refaites et qui portaient dans le bois la trace inscrite de corps en mouvement. Arrivée devant ce qui était autrefois l'espace du couloir du 1er étage desservant trois appartements mais où s'élevait désormais une porte, Odette a frappé.

Lucie et Grégoire Leray lui ont ouvert. Ils se sont maladroitement serré la main. Je savais que Grégoire se souvenait parfaitement de la visite d'Odette et de sa sœur Suzanne, quinze années auparavant, alors même qu'il était en train, selon son expression, de tout casser dans l'appartement. Les trois ont marché au milieu du salon, j'ai jeté un coup d'œil aux petites matriochkas posées sur une étagère. Du côté gauche de l'appartement, Odette a pénétré dans ce qui était autrefois le « nid » de sa famille, deux pièces devenues la chambre de Suzanne, la deuxième fille de Grégoire et Lucie, et une salle de bains. La première chose qu'a faite Odette en entrant c'est aller poser son front contre la vitre de la fenêtre qui donne sur la cour et ce simple geste était le retour à une position de guet, d'observation, la position archaïque d'un enfant qui regarde le monde excitant et cruel se déployer de l'autre côté de la vitre. *Regarde ! De tous tes yeux regarde !*

Odette et ses sœurs, chez Suzanne
au 209 rue Saint-Maur à la fin des années 1970

Ils sont ensuite entrés tous les trois dans la pièce mitoyenne, celle qui était à côté de l'appartement des Diament – celle que leurs voisins d'alors, les Troadec, avaient accepté de mettre à leur nom pendant la guerre et dans laquelle ils s'étaient cachés lors des rafles : Abel, le père, et Isidore, le 16 juillet 1942 puis, plus tard, en janvier 1944, Suzanne, Odette, Isidore et Georges. Elle est aujourd'hui intégrée dans l'appartement de Grégoire et Lucie : c'est la chambre de leur fille aînée qui est étudiante en architecture et quand nous y pénétrons, je suis frappée d'y voir, sur son bureau, la maquette d'une maison, surprenante mise en abyme.

Derrière l'un des murs dont la fenêtre surplombe exactement le porche, il y a les escaliers du bâtiment. « C'était notre cachette », dit Odette en entrant. « On avait l'oreille collée au mur et on entendait tout, notamment les bottes qui montaient l'escalier. Les coups sur la porte. Les gens qu'on arrêtait. C'était un bruit terrifiant. » Les larmes montent aux yeux de Lucie : « Moi je lisais des histoires d'enfant à mes filles dans cette pièce, le soir avant de les coucher et j'entendais aussi les pas dans l'escalier, mais ce n'était pas des bottes, j'aimais bien les entendre, c'était la vie de la maison. » Muet, Grégoire écoute ce dialogue, lui l'amateur de vieilles pierres, empreint de la certitude d'être, dans cet appartement qu'il a retapé de ses mains, un « habitant de passage », le voilà au cœur de son foyer, rattrapé par les sons qui s'entremêlent, les pas qui se superposent, par le temps révélé. Les regarder, Odette, Lucie, Grégoire, observer leur immédiate sympathie mutuelle, c'est assister à l'émergence d'une étrange lignée mêlée, hétéroclite qui, par la seule force de l'espace, traverse les années.

Quand nous redescendons dans la cour, Faïvel est adossé au mur ensoleillé de l'escalier A comme si son vieux corps soutenait les fondations de l'immeuble. Je suis tendue : en ce jour de juin, j'ai décidé de mettre un terme provisoire à mon enquête entamée il y a quatre ans en tentant de rassembler au 209 tous les anciens locataires du temps de l'Occupation que j'ai pu retrouver.

Albert Baum a refusé : il se sent trop faible pour faire le déplacement mais je devine surtout qu'il ne se sent pas la force de remettre les pieds dans ce lieu d'enfance où il n'est jamais revenu. Berthe Rolider non plus n'a pas pu faire le voyage depuis Melbourne. Mais à l'exception de Berthe et Albert, tous ont accepté cette invitation. L'organisation a été très complexe pour coordonner toutes ces venues et je ne sais pas comment je vais parvenir à capter, y compris à l'image, ces rencontres soudainement matérialisées.

Cette fête des voisins à ma manière ce n'est pas tant un pèlerinage collectif que la possibilité de réactiver « in vivo » tous les liens souterrains, ignorés parfois, qui ont été exhumés par l'enquête. Pour l'instant seuls Odette et Faïvel sont là. Ils ne se connaissent pas, Faïvel a emménagé au 209 quand Odette en était déjà partie. Ils se tiennent à quelques mètres l'un de l'autre sans se parler, des habitants traversent la cour en leur jetant un regard curieux. Puis arrive Charles Zelwer, l'enfant au « fatras » – ils se tombent dans les bras, avec Odette, ils ont gardé le contact, même après le départ d'Odette en Israël. Charles s'approche de Faïvel : « Moi je suis Zelwer. » Faïvel, qui a posé sa main contre son front comme un pare-soleil, le dévisage de la tête aux pieds.

« Vous êtes Zelwer ?

– Oui, Charles.

– Vous êtes Charles Zelwer ? C'est pas vrai. Mais comme vous êtes grand, c'est pas possible ! »

Faïvel se donne une petite tape sur la tête et continue à dévisager Charles, médusé.

« Zelwer ! Votre papa il conduisait les taxis. Comment c'est possible : vous étiez un enfant et je vous retrouve, déjà les cheveux blancs ? Vous avez grandi. Vous étiez en face de moi, 3e étage.

– Vous savez, j'ai quand même 75 ans.

– Je vous regarde, je me demande avec qui je parle. Vous aviez des cheveux noirs, bien noirs. »

Puis tout se précipite, les familles arrivent les unes après les autres : les frères Goldzstajn et leurs enfants ; les petits-enfants de Sonia Arnaud ; le mari et le fils de Thérèse, Robert et Guy ; leur cousine Claudine ; Miquette et sa fille ; Jeanine Dinanceau.

Tout s'enchaîne si vite que j'ai du mal à suivre : Robert et Guy aperçoivent Jeanine Dinanceau qui arrive sous la voûte, Robert s'avance :

« Je suis le mari de Thérèse.

– Oh ! c'est pas vrai. Oh y a tant d'années ! »

Jeanine s'effondre dans les bras de la petite-fille de Robert.

« Ça fait pleurer, c'était pas prévu. »

Elle se tourne vers Guy :

« Vous êtes le fils à Thérèse ?

– Absolument.

– J'ai dormi sur Thérèse. Son ventre il faisait *grrrr*. La peur. C'était là-haut, regardez. »

Elle désigne la fenêtre du 6e étage à Guy. Elle n'est pas la seule, partout dans la cour, depuis tous les petits groupes qui progressivement se forment, des bras se lèvent, désignent telle ou telle fenêtre.

Guy observe les fenêtres et lui souffle :

« On ne serait pas là sans vos parents. »

Jeanine lui effleure les cheveux en silence.

Odette s'est approchée de Jeanine.

« Je suis Odette Diament. »

Jeanine Dinanceau se retourne :

« Oh ! c'est pas vrai ! Une fille Diament !

– Une fille Diament oui, sourit Odette, la dernière.

– Moi aussi, je suis la dernière. Et vous aviez deux frères. Il y en avait un qui était beau.

– Mes deux frères étaient beaux !

– Qu'est-ce qu'il est devenu ?

– Le grand a été déporté, à la fin, en juillet 44.

– Ah merde !

– Je me souviens de vous, de vos parents qui tenaient un Nicolas pas loin.

– Et de mon frère aussi…

– Je m'en souviens très bien, je ne voulais pas vous en parler.

– Mais madame, moi j'en ai pas honte. J'ai rien à me reprocher dans l'histoire. Et franchement s'il avait été si mauvais que ça, vous croyez qu'ils auraient été tous vivants ? Il aurait pu tous les balancer. Tout le monde aurait été pris. »

C'est au tour de Miquette de s'avancer.

« Moi c'est Miquette. »

Odette la reconnaît immédiatement.

« Oui, on jouait ici, vous vous souvenez ? Je suis Odette Diament. On jouait ici et votre grand-mère nous regardait. »

Miquette, elle, ne la remet visiblement pas.

« Odette, oui, ça me dit quelque chose. Je jouais aussi avec Marguerite et Rachel.

– Marguerite Baum ? Elle habitait ici au 2e étage. »

Miquette désigne Jacques Goldsztajn qui est en train de passer. Il porte une casquette sur la tête qui cache son regard :

« C'est lui le bébé ?

– Derrière vous, le bébé. »

Elle se retourne et se trouve face à René, lui aussi une casquette rouge sur la tête, le visage à moitié mangé par la visière.

« C'est lui le bébé ? Le monsieur, là ? C'est vous, le bébé que j'ai eu dans les bras tout petit ? »

René rit, gêné, et s'avance maladroitement. Ils se font une bise.

« Votre maman nous a tendu son bébé. C'était vous… Je voulais vous garder, je voulais un petit frère. Et je vous ai fait une petite chemise à l'école, une brassière. Oh ! Je croyais pas vous revoir. Et votre maman, je la revois, elle avait les yeux clairs, verts un peu. Comme les huîtres vous savez, les huîtres claires avec le noir autour et franchement ses yeux m'avaient impressionnée. Je crois que votre papa avait été arrêté avant.

– Oui. »

Ils se regardent, René ne parle pas. Miquette recule sur les pavés, troublée.

Entre-temps, Jacques s'est approché des petits-enfants de Sonia Arnaud qui se tiennent devant le loft de Véronique. Il tend un papier à Fabrice Arnaud. C'est la copie de la lettre que Sonia a écrite en 1946 pour raconter le sauvetage des trois enfants.

« Je crois que nous devons beaucoup à votre grand-mère. Je vous ai fait une copie de la lettre. »

Les petits-enfants Arnaud l'entourent et regardent la lettre.

« On n'a pas beaucoup de lettres de la grand-mère… L'écriture, ça fait drôle.

– Gardez-la. Cette copie est pour vous.

– C'est un précieux cadeau parce qu'on n'a pas grand-chose de la grand-mère. Et notre père ne nous a pas raconté grand-chose. Et vous avez des souvenirs, vous ? »

Jacques prend la parole :

« J'ai dû partir vers 4-5 ans et je ne me souviens de rien. Sauf la cour peut-être. Mais on aimerait en savoir un peu plus sur votre grand-mère.

– Elle était très secrète. On a le sentiment avec tout ce qu'on découvre aujourd'hui qu'on ne la connaissait pas du tout. Elle avait dit des choses à notre père mais il ne cherchait pas trop à savoir non plus. »

Charles Zelwer, qui s'est approché, intervient :

« Vous êtes les petits-enfants de Sonia Arnaud ? On habitait au même étage. Elle était tout au fond du couloir. Je me souviens vaguement de son fils.

– C'était notre père. Il est mort il y a trois ans.

– Elle était assez sauvage. On n'avait pas beaucoup d'échanges. »

Je vois Claudine, la cousine de Thérèse, celle à qui, enfant, Désiré Dinanceau avait raconté l'épisode du couteau avec son fils, s'approcher de Jeanine Dinanceau avec un paquet à la main, qu'elle lui donne :

« Jeanine, tu te souviens de moi ?

– Claudine ? Oh mais que je suis contente. Je revois ta mère qui me disais : "Jeanine, cours après elle." Oh mon Dieu, merci mon Dieu.

– Bah, puisque tu en es à Dieu, j'ai quelque chose pour toi. Ma grand-mère m'avait raconté que pendant la guerre, tu lui apportais des bougies, des cierges de l'église Saint-Joseph pour faire shabbat. Elle me racontait ça parce que, après la guerre, j'allais tout le temps chez elle, je voulais faire shabbat tous les jours. J'aimais tellement cette lumière. Alors j'ai été à Saint-Sulpice et voilà pour toi. De la lumière encore. »

Jeanine sort une bougie du paquet. Elle pleure.

Claudine reprend :

« Et tu te souviens, plus tard, quand ma mère est morte ? Elle avait 42 ans. C'était en 1959. Tout le monde est parti d'ici, tout le 209 rue Saint-Maur est parti comme un seul homme à l'hôpital puis au cimetière. Il y avait même une couronne : *Les locataires du 209.* »

Dans un coin, les enfants Arnaud sont en train de déchiffrer difficilement la lettre de leur grand-mère tandis que Jacques et René parlent avec Odette et lui racontent leur histoire. Elle s'exclame qu'elle en ignorait tout, « il y avait tellement de locataires ». Partout des bribes échangées, des numéros d'appartement, des noms.

Quelques habitants actuels du 209 rue Saint-Maur passent au milieu de cette petite foule stationnée au milieu de la cour. Je vois monsieur Bir en train de discuter avec Jeanine Dinanceau puis venant serrer la main à Faïvel, qui lui demande : « Elle est où votre dame ? » Certains, comme lui, s'arrêtent pour discuter, d'autres marchent juste en souriant. Les enfants sont à la fête : ils font les fous dans un coin, excités par cette affluence. Je ne sais pas trop où donner de la tête – chacun me hèle, me demande de préciser un détail… j'ai l'impression de me démultiplier au fil des conversations, des rencontres et des retrouvailles. Soudain, je les aperçois qui arrivent avec retard, Henry et Michelle Osman.

Ils avancent sous la voûte, intimidés par la foule. Odette leur fait face.

Elle me dit directement : « C'est Osman ! »

Henry se présente en français puis passe à l'anglais, qu'Odette ne parle ni ne comprend. Je me fais leur interprète et, au fond, ce rôle est tout à fait adapté. Odette explique à Henry qu'elle l'a tout de suite reconnu à cause de cette fossette qu'il porte au menton et que son père avait également. Elle se souvient parfaitement aussi de lui, petit garçon, traversant la cour en manteau et bonnet rouge « brique », précise-t-elle. Henry qui la domine de toute sa taille, l'observe en silence, sonné par ces images : le souvenir de son père, celui de son enfance, conservés et restitués ici même par cette femme inconnue qui vit à des milliers de kilomètres de chez lui – c'est évidemment un choc.

« Je me souviens très bien de vos parents, poursuit Odette. Votre père montait souvent chez nous. »

Elle montre du doigt les fenêtres au-dessus de la voûte sous laquelle ils se tiennent : celles de son logement.

« Votre père avait un accent allemand et quand il parlait à ma sœur, il lui disait : "Madame Zouzanne" au lieu de Suzanne, ça me faisait rire. Mais que s'est-il passé pour vous ? »

Nous lui racontons l'histoire d'Henry, sa prise en charge par le Comité Amelot, sa cachette chez un vieux couple à Livry-Gargan, probablement à partir de 1942, puis, après la guerre, son départ pour les États-Unis. Je dis surtout à Odette que, dans les papiers du Comité Amelot, l'assistante sociale qui rendait visite à Henry dans sa cachette, fait mention d'une « voisine et amie de la famille, madame Diament, qui assure le paiement de la pension ».

« Ce devait être ma sœur Suzanne mais je n'en savais rien. J'étais trop petite. Cela dit, ça pourrait expliquer pourquoi votre père montait souvent chez nous. Peut-être pour organiser les choses avant de vous cacher. Peut-être qu'il avait laissé un peu d'argent à ma sœur pour vous. Mais je n'en sais rien, elle ne m'a jamais rien dit. »

Henry aimerait en savoir tellement plus : il pose des questions, mais Odette lui a transmis ce qu'elle savait.

« Je me souviens aussi de votre maman qui était une femme très menue et toujours très bien habillée. »

Je traduis pour Henry mais quand je prononce le mot « maman », il se met à pleurer et je m'interromps brusquement. Je lui saisis l'épaule comme si par ce pauvre geste je pouvais ne serait-ce que légèrement atténuer sa peine et je poursuis ma traduction, « elle était toujours très bien habillée ».

« Oui, dans la famille, on aime les vêtements… »

Nous rions tout en sachant que ce trait d'humour est la seule ressource dont il dispose pour lutter, pied à pied, contre l'effondrement.

Charles Zelwer s'est approché d'Henry et discute en anglais avec lui : je les regarde de loin, les deux petits enfants du 209 devenus vieux.

Certaines des familles ont décidé de grimper les étages, de frapper aux portes des appartements. Miquette monte chez Julien et Fred, au 3e étage de l'escalier A, Charles au 3e étage de l'escalier C, Robert, Guy et Claudine montent au 6e étage de l'escalier C avec Jeanine Dinanceau. J'accompagne les petits-enfants de Sonia Arnaud et je monte avec eux au 3e étage de l'escalier C, où nous frappons à la porte d'Ahmed. Fabrice Arnaud et ses sœurs découvrent la petite pièce sombre qu'ils n'ont jamais vue. Ahmed est en partance pour la mosquée, c'est le Ramadan.

« C'est là qu'habitait la grand-mère ? Elle est restée ici jusqu'en 1977. Quand êtes-vous arrivé, monsieur ?

– En 1977. »

Sa femme renchérit :

« Oui, ça fait quarante ans que j'habite ici. 70 ans, j'ai. Encore jeune j'étais. »

Au même moment, les Goldsztajn sont dans l'appartement d'Isabelle au 5e étage où rien n'est demeuré de la pièce où ils vivaient sauf la vue au fond de la cuisine.

Isabelle regarde en souriant tous ces enfants, ces petits-enfants, qui viennent voir chacun à leur tour ces mêmes toits de Paris qu'observaient autrefois Simon et Maria Goldsztajn. Isabelle félicite Jacques pour sa « belle famille ». Cette belle famille miraculée.

Seul René n'est pas là. Il ne s'est pas senti la force d'aller dans l'appartement. Je le retrouve avec l'un de ses neveux dans les couloirs de l'escalier. Nous sommes face à face, collés chacun contre un mur dans la pénombre du long couloir. Tout est trop difficile pour René et quand je le vois traversé par la détresse, je suis moi-même envahie par la question que je n'ai cessé de me poser depuis le début mais que l'énergie de l'enquête, la force vitale qui y étaient associées ont relégué à l'arrière-plan : de quel droit ?

Je n'ai pas forcé la main à René, il est venu de son plein gré mais comment pourrais-je l'aider maintenant qu'à plus de 70 ans, ce récit sans images de son enfance est bouleversé par ces noms, ces rencontres, ces lieux ? Dans ses yeux verts sans larmes, je lis une douleur inconsolable et je sais que ce que ces escaliers, ces couloirs, ces portes, ces visages creusent pour lui, c'est moins sa propre souffrance que la représentation de celle de sa mère.

Puis la douleur aiguë passe. Il se remet à discuter avec son neveu qui ne l'a pas quitté du regard, qui le protège de son corps, mieux que je ne saurais le faire. Ils se demandent comment on faisait la cuisine à l'époque. Est-ce qu'il y avait des cheminées ? Je ne peux que leur donner des réponses générales.

« On pourrait demander à la petite-fille de la gardienne comment on faisait à l'époque ? propose le neveu à René.

– Excellente idée. »

Et les voilà tous les deux qui descendent à toute vitesse les escaliers pour aller retrouver Miquette dans la cour. Elle est en train de bavarder avec Odette et René se poste non loin d'elle comme un enfant qui ne veut pas déranger mais qui aurait hâte de poser des questions. Elle se tourne vers lui.

« Est-ce que vous pourriez me dire comment on faisait la cuisine à l'époque ?

– Mais il y avait du gaz.

– Ah bon, vous croyez que chez mes parents il y avait du gaz ?

– Certainement, oui.

– Et il y avait des cheminées ? »

Odette intervient :

« Dans les appartements d'une pièce je ne crois pas qu'il y en avait mais dans les deux pièces, oui. Sinon, il y avait des poêles Godin. On prenait le charbon à la cave.

– Et l'eau, vous alliez la chercher où ?

– Sur le palier, avec un pot. »

René s'éloigne, il revient vers son neveu :

« Alors ?

– Il y avait du gaz à tous les étages mais il n'y avait ni l'eau courante ni l'électricité. Et certaines habitations avaient une cheminée, donc ils pouvaient se chauffer. Donc je vois maintenant vaguement comment elle faisait la cuisine. »

Et il retourne écouter Odette et Miquette pour happer encore d'autres détails.

Il se tient là devant elles en souriant à moitié comme un tout petit enfant avide et silencieux.

Je suis bouleversée au-delà de tout par les allers-retours de René comme s'il y avait là, tout comme la réminiscence d'Henry concernait le soin du corps, le besoin de se représenter un autre soin archaïque, la fonction nourricière de sa mère. Et je me dis que ce qui est essentiel pour René c'est peut-être moins le récit de Miquette sur son sauvetage que la possibilité de grappiller auprès d'elle, auprès d'Odette, les détails infimes qui rendent corps à sa mère et aussi peut-être un peu à lui-même.

Je regarde René s'asseoir à la manière d'un petit garçon sur les trois marches en pierre qui mènent à l'escalier C, le sien. Il observe les groupes qui se sont formés dans la cour auxquels s'ajoutent ceux qui redescendent des appartements qu'ils sont allés visiter. Dans un autre coin, Faïvel s'est assis sur une chaise et il a pris la petite Natacha, la fille de Marc et de Camille, du loft en haut à gauche, sur ses genoux. Il la connaît bien, ils étaient voisins au 207 rue Saint-Maur avant que la famille de Marc ne déménage au 209. Avec son accent yiddish, il lui chante des chansons bien françaises auxquelles elle ne comprend rien et j'ai du mal à m'empêcher de rire quand je le vois qui rythme son chant de petits coups sur la tête de Natacha dont il doit croire qu'ils sont des caresses. La petite rit à gorge déployée.

Plus personne n'a besoin de moi. Je me suis un peu dissimulée pour regarder toutes ces personnes retrouvées une à une et qui se découvrent voisines, cette petite diaspora du 209 réunie.

Henry salue Miquette, Jacques et René. Il enlace Odette : « Je ne peux plus vous quitter maintenant... »

Je suis épuisée. Assaillie aussi par la présence invisible de tous ceux qui ne sont pas dans la cour – ceux que j'ai croisés au fil des archives, des journaux et des livres. Claude Payet, monsieur Agnellet, Edmond Lajoux, Léon Gardeblé, les couturières anonymes, les amants esseulés. Ma mémoire est leur chambre verte, cette chambre intérieure où continuent à vivre aussi les petits Hassman, Abraham Gogolinski, Daniel Szulc. Ils sont là, peut-être suis-je la seule à les voir, à les sentir même, en ce jour de juin au milieu de la cour du 209, parmi les habitants et les revenants.

La cour se vide peu à peu. Derrière une fenêtre quelqu'un travaille une étude de Chopin. Seul Faïvel est resté assis sur une chaise posée devant le loft de Marc et Camille. Il regarde les façades en souriant puis se saisit d'une branche de jasmin qu'il porte à son visage d'un geste brusque : « Ça sent bon. » Je l'aide à se relever et le guide, son bras sous le mien, à travers la cour.

Nos deux visages sont tournés l'un vers l'autre et il me dit : « Je me demande où sont passés mes 90 ans, si c'était vrai… », je réplique : « Où est passé le passé ? » Il me regarde et rien ne sourit plus en lui, ni sa bouche, ni ses yeux, plus rien. « Ah il faut pas parler de ça. Souvent, pendant le rêve, je rêve que je suis entouré par les SS qui vont me fusiller et qu'ils me disent : "Avant c'était le rêve, maintenant c'est plus le rêve", ils me disent comme ça : "C'est avec nous que tu es dans la réalité." Alors je commence à crier et quand elle a vécu encore c'est ma femme qui a mis la main sur ma bouche et qui me dit : "Tu rêves." Comme ça c'était après la guerre. Plusieurs années étaient comme ça, des cris dans la nuit. Il fallait vivre ça. Ceux qui en sont sortis par miracle, ils connaissent mais ceux qui n'ont pas vécu, pour eux c'est l'histoire, comme pour nous l'histoire de Napoléon. »

Dans les yeux de Faïvel, les éclairs de gaieté ont complètement disparu : le personnage de Cholem Aleichem s'est envolé, son regard est froid, épouvanté.

Il n'y a pas de consolation possible.

Celle que j'imagine être une femme reprend au début la première mesure de l'étude de Chopin. On trottine, toujours bras dessus, bras dessous, Faïvel et moi sous la voûte. Sur les marches de pierre qui la longent, Max, Carmen et d'autres enfants sont installés les uns à côté des autres, ils lisent en silence des livres qui y avaient été déposés pour être donnés. Je distingue en passant l'un des titres, *Le Secret derrière la porte*.

Mohammed est devant sa loge, il fume tranquillement une cigarette.

Avec Faïvel, nous franchissons ensemble le seuil de la porte cochère du 209 rue Saint-Maur.

23

La rencontre dans la cour est la séquence finale du film *Les Enfants du 209 rue Saint-Maur, Paris X^e^*. Quand le film a eu fini d'être tourné, monté, il a été montré sur la chaîne Arte. Pour moi, cette diffusion était aussi un appel : il y aurait bien quelque part d'anciens habitants ou leur famille qui se reconnaîtraient, me contacteraient, me permettraient de poursuivre le travail. Plus que tout, j'espérais que quelqu'un me ferait signe à propos de Daniel Szulc et ses parents. Daniel, je ne pouvais pas me résoudre à l'abandonner. J'aurais voulu le sauver : arracher son nom à cette liste du convoi n° 40, lui redonner figure d'enfant.

Très vite, j'ai commencé à recevoir des mails : je reconnaissais les patronymes, je les avais déchiffrés sur les recensements et voilà qu'ils se manifestaient, ces noms qui avaient continué à vivre, à se perpétuer – comme une germination souterraine, à l'abri des regards et du mien, sortant soudain de terre, vivace et impérieuse.

Il y a eu le mail de la nièce de Simone Buraczyk, la petite copine, voisine d'Albert et de Marguerite Baum, qui faisait des claquettes avec Miquette dans la cour. Grâce à elle, j'ai compris que le demi-frère de Simone, Jandel, qui ne vivait plus avec sa famille au 209, avait été également arrêté mais avait survécu à trois années de déportation : elle m'écrivait que son père lui avait raconté qu'il avait longtemps attendu le retour de Simone en allant à la gare puis à l'hôtel Lutétia. « Toute sa vie il a vécu en pensant à elle. »

Il y a eu le mail de la famille d'Adèle et Icek Sztrumfeld qui me révélait qu'Adèle, couturière, avait accueilli ses nièces et neveux, Fanny, Esther, Joseph et Léon sous son toit pendant l'Occupation. Ils avaient tous été arrêtés au 209, à l'exception du plus jeune neveu, Léon, qui, alors qu'il était en train d'entrer dans l'immeuble, avait été prévenu par madame Massacré. Il avait réussi à s'enfuir et à survivre.

Des mails le matin en me levant, des mails le soir en me couchant et l'impression étrange, inquiétante d'avoir mis en branle toute la constellation invisible du 209.

Il y a eu encore le message de Marguerite Blanc dont je revoyais parfaitement le nom sur le recensement. Je l'avais recherchée depuis plusieurs années en vain : elle et ses parents étaient les voisins des Goura au 5e étage de l'escalier A.

Si je me souvenais si bien d'eux c'est aussi parce que Miquette m'avait parlé de la mère de Marguerite Blanc, Cécile, qui était matelassière et qui fabriquait ses matelas dans la cour. L'image de Cécile Blanc en train de carder la laine au milieu de la cour m'avait frappée car elle faisait le lien entre le 209 des années 1930 et celui du XIXe siècle, du temps où la cour tout entière était envahie d'artisans.

Oui, Marguerite se souvenait des Goura, ses voisins et aussi d'Odette, de Miquette et de la petite Berthe Rolider qui un jour de 14 Juillet s'était même déguisée en sans-culotte. Elle m'a parlé de la petite pièce où elle avait vécu au 209 avec ses parents de 1934 à 1944 tout près de chez ses grands-parents qui habitaient au 183 rue Saint-Maur, presque à l'angle de la rue du Faubourg-du-Temple. Dans la famille, on était socialiste de père en fille. Le grand-père était un syndicaliste portant haut le drapeau rouge dans le Tarn. La mère de Marguerite était une militante de la SFIO ; quant à Marguerite elle-même, à l'époque de son enfance rue Saint-Maur, elle rejoignait toutes les semaines ses camarades des Faucons rouges, le mouvement de jeunesse de la SFIO. L'arrestation de ses voisins pendant l'Occupation ? La rafle du Vél'd'Hiv ? Non, elle ne s'en souvenait pas vraiment. C'est que ses parents étaient absorbés par leurs propres problèmes : tous deux s'étaient engagés dans le mouvement de résistance socialiste issu de la SFIO, Libération Nord. Ainsi, les voisins d'Isaak Goura, le résistant communiste, et vraisemblablement, sans que les uns et les autres le sachent, avaient eux aussi distribué des tracts, vécu avec de faux papiers ! Ils avaient, les voisins de palier du 5e étage de l'escalier A, chacun à leur manière, tenté de briser la fatalité de l'Occupation.

Marguerite m'a aussi raconté que ses grands-parents avaient accueilli et caché à Paris puis dans leur maison de banlieue toute une famille de voisins juifs, les Danon, qui habitaient rue du Faubourg-du-Temple. Après la guerre, le fils de la famille Danon, Robert, s'était même marié avec la propre sœur de Marguerite. Mariés, ils l'étaient toujours.

Après l'avoir si longtemps traquée, j'avais l'impression que désormais toute la diaspora éparpillée du 209 rue Saint-Maur venait à moi avec sa langue, son espéranto, « les petites pièces, les toilettes dans le couloir, les rats dans la cour, on était heureux quand même », toute la langue d'un Paris populaire, dur au mal, en train d'être englouti. J'étais devenue, comme Mohammed, une sorte de gardienne du lieu. Là où s'agrégeaient toutes les consciences, toutes les mémoires de l'immeuble.

Un jour, un jeune homme m'a téléphoné. Il s'appelait David, il était né en France, habitait en Australie, à Melbourne et était depuis quelques jours à Paris pour rendre visite à sa famille avec sa toute nouvelle épousée. Par hasard, il était tombé sur le film et un nom lui était tombé dans l'oreille : Diament. Pas le sien mais celui de son grand-père, toujours vivant, Isidore Charles Diament. Quand il m'a dit ce nom-là, j'ai frissonné. J'avais un peu appris à vivre avec les fantômes, mais quand même…

Isidore Diament, c'était le nom du grand frère d'Odette arrêté en juillet 1944 et déporté sans retour à Auschwitz. Isidore, c'était le brun bouclé que Jeanine Dinanceau trouvait très beau. « Non, m'a dit David, son grand-père, cet Isidore-là, n'était pas le frère d'Odette mais son cousin. » Son grand-père lui avait expliqué toute l'histoire : le père d'Odette, Abel, avait un frère jumeau qui avait, comme lui, immigré de Pologne à Paris. Mais les deux frères s'étaient brouillés et, bien qu'habitant à quelques centaines de mètres l'un de l'autre, ne se fréquentaient pas. Chacun, à la même époque, avait eu un fils qu'il avait nommé Isidore.

Isidore Charles, le grand-père de David, avait été déporté en décembre 1943 à Auschwitz. Six mois plus tard, par hasard, il était tombé au camp sur son homonyme et cousin, Isidore le fils d'Abel, le frère d'Odette. De ces « retrouvailles » à Auschwitz, je ne sais que peu de chose, seulement ce que David a pu m'en dire. Les deux cousins étaient restés très proches jusqu'à l'évacuation du camp à la fin de l'année 1944, quand avait débuté la « marche de la mort » qui menait les déportés plus à l'ouest pour échapper à l'avancée des troupes russes. Ils étaient arrivés ensemble à Buchenwald. L'Isidore d'Odette y était mort d'épuisement en février 1945. Isidore Charles était revenu à Paris. Il se souvient être allé très rapidement après son retour en 1945 au 209 rue Saint-Maur pour parler à Suzanne, Georges et Odette de leur frère, de sa mort. Puis il était parti. Ils ne s'étaient jamais revus. Et voilà que soixante-treize ans plus tard, le cousin Isidore-Charles réapparaissait. Et il réapparaissait à un moment où Odette était désormais la seule survivante de sa famille. À 85 ans, il lui tombait un cousin, même deux, puisque Isidore-Charles avait un frère...

Quand j'ai raccroché, je suis restée tremblante quelques minutes.

J'avais la sensation d'avoir, en la poussant de toutes mes forces, entrouvert la porte bleue du temps et que par ce léger entrebâillement se faufilaient des fantômes bien vivants. J'ai repris mes esprits pour appeler Odette sur Skype et son visage pixélisé est apparu. Je voyais derrière elle le petit appartement que je connaissais bien, le cadre avec les photos des disparus : ses parents, sa sœur Fernande et le bel Isidore, son frère.

Elle est restée muette pendant que je lui racontais toute l'histoire. Quand j'ai eu terminé, elle ne pouvait que répéter : « Ce n'est pas possible, ce n'est pas possible. » C'était le mois de juin et, par la fenêtre, le soleil éclatant de Tel-Aviv, embrasait toute la pièce, Odette, son visage, son buste complètement surexposés disparaissaient presque dans la brutale lumière blanche. Je n'entendais que sa voix : « Ce n'est pas possible. » Je l'ai vue se mettre la tête dans les mains. Elle se souvenait d'une silhouette leur parlant d'Isidore en 1945, ce fameux cousin qu'elle n'avait jamais revu et qui ressurgissait, Isidore vivant témoin de la mort d'Isidore.

Et il était là, à portée de téléphone, de Skype.

Évidemment, ils se sont « skypés », tout comme Marguerite Blanc a « skypé » Odette puis Berthe Rolider à Melbourne. David, le petit-fils d'Isidore, qui habite à Melbourne est allé rendre visite à Berthe. Le jeune frère d'Isidore, Albert, est, lui, venu directement rencontrer sa nouvelle cousine Odette à Tel-Aviv. Indépendamment de moi, par la grâce d'Internet, toute une petite communauté de la rue Saint-Maur se recomposait et j'avoue avoir été prise de vertige quand un après-midi, alors que je marchais rue d'Orsel, tout près de chez moi, j'ai reçu un appel vidéo sur WhatsApp : c'était, depuis Melbourne, David venu en visite chez Berthe Rolider, qui m'appelait avec, en liaison vidéo simultanée, Odette à Tel-Aviv. Tous s'agitaient sur le petit écran de mon téléphone portable comme les acteurs d'une fugue futuriste et dématérialisée : des esprits surgis des pierres, bien réelles, elles, du 209 rue Saint-Maur.

Et il n'y avait rien, toujours rien sur Daniel.

Pendant ce temps, Albert Baum est tombé malade. Il a été hospitalisé, très mal en point.

J'avais peur en entrant dans sa chambre d'hôpital quelques jours plus tard. Cette peur, je la connaissais. Elle était évidemment à la mesure de l'affection que je lui portais : Albert était devenu ce grand-père que je n'avais jamais eu.

Mais elle parlait aussi, cette peur, du sentiment que peuvent éprouver, je crois, ceux qui ont intimement côtoyé des rescapés des camps. Ces hommes et ces femmes qui ont survécu au-delà de leur propre mort, qui ont vaincu (par chance, par miracle) leur mort programmée, ont été la personnification du défi le plus radical. À la fois jamais revenus et revenus de tout, ils sont, pour leurs proches, des forteresses inexpugnables et croire en leur immortalité c'est d'une certaine manière, par capillarité, héritage, que sais-je, croire en la nôtre. Ce que je veux dire c'est que leurs défaillances, la perspective de leur disparition sonne au-delà de la peine, comme une possible, quoique inéluctable, défaite face au mal.

Je me suis toujours défiée de la sanctification des rescapés. Les rescapés que j'ai pu rencontrer étaient comme tout un chacun. Certains étaient impossibles, vaniteux, pénibles, d'autres, au contraire, me sont apparus comme des figures lumineuses de la vie regagnée – des saints ? En aucune manière. Mais cette sanctification particulièrement manifeste ces dernières années, alors qu'ils ne se comptent plus que sur les doigts de deux mains, c'est, je crois, de cette peur-là qu'elle témoigne : leur disparition perçue comme l'ultime défaite des vaincus. Notre défaite.

J'avais donc très peur en entrant dans la chambre d'hôpital d'Albert. Mais Albert n'était pas couché, comme je l'imaginais. Il se tenait droit, debout, à peine soutenu par un déambulateur. « Hors de question de rester dans la chambre », m'a-t-il dit. Nous avons marché jusqu'à une pièce ensoleillée dans laquelle les patients pouvaient recevoir leur famille. C'est quand nous nous sommes assis que j'ai remarqué qu'il tenait quelque chose de serré entre ses doigts. Un couteau. Ce n'était pas le couteau retrouvé, non. Juste un simple opinel avec un manche en bois. Quand je lui ai demandé pourquoi il se déplaçait avec son couteau, il m'a répondu que ça pouvait toujours servir, pour couper une pomme ou autre... Puis il a immédiatement changé de sujet. Il était si faible, j'en avais les larmes aux yeux, et pourtant ce jour-là ce qu'il voulait c'était échanger nos places et pouvoir, à son tour, me poser des questions sur ma vie, mes enfants. Et il m'interrogeait avec une douceur que je ne lui avais jamais connue.

C'était donc ça, l'échange ? Le partage possible ?

Au bout de quarante-cinq minutes, il était épuisé. Je l'ai reconduit dans sa chambre. Immédiatement en arrivant, il a plié un kleenex en deux à côté de son oreiller, et sur le mouchoir il a posé le couteau.

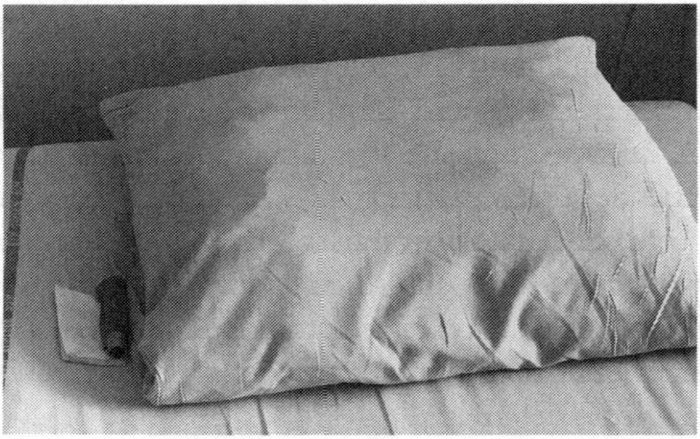

Peut-être la mort, ici et maintenant, n'était-elle pas une défaite après tout.

Il suffisait de l'attendre, digne et bien armé.

Quelques jours plus tard, Albert est sorti de l'hôpital et a réintégré son petit appartement où, toujours, Hélène l'attendait.

Et il n'y avait rien, toujours rien sur Daniel.

Puis Charles Zelwer est mort.

Puis Henry Osman est mort.

Ces disparitions ont été un choc. Parmi tous les locataires retrouvés, Henry et Charles étaient parmi les plus jeunes mais surtout les plus juvéniles, ceux sur le visage desquels se retrouvait sans peine, dans leurs yeux, leur sourire et leur peine, l'empreinte de l'enfance. Et pour cause : dans le jeu des matriochkas, ils étaient ceux dont la plus petite figurine était, sans la protection des figurines de taille intermédiaire, quasiment collée à la plus grande, leur enveloppe d'adulte. Une grande enveloppe en trompe-l'œil, innervée en réalité par tout un réseau de fibres à la forme directement modelée par leurs expériences primitives du monde : le corps lavé, les vêtements qu'on déchire, les coups sur la porte, les escaliers raides grimpés, la main lâchée.

Aucun des deux, il me semble, n'a eu le temps de voir le film : la seule manifestation tangible du contre-don par lequel je répondais à leur don initial – les images qui réapparaissent à la surface de la parole, la présence, les blessures réouvertes – dont je connaissais l'ampleur. Leur mort c'était l'échec d'une possibilité de faire converger nos regards ou d'établir au moins entre eux une circulation vivante. Surtout, tout en tâchant de me rassurer avec les pensées les plus rationnelles, je ne pouvais m'empêcher de savoir que la mise à nu de la plus petite des matriochkas, le fait de lui donner corps et mot, leur avait peut-être ôté une pellicule de protection indispensable, les avait irrémédiablement affaiblis. Sans l'avoir directement provoquée, je me sentais responsable d'avoir donné voie à la faiblesse, à la maladie.

Parler les avait laissés sans défense.

N'ayant aucune propension à l'autoflagellation, je tâchais de m'absoudre, de me raisonner, de me souvenir combien Henry, malgré son ambivalence, avait désiré pouvoir raconter quelque chose de son histoire à sa petite-fille, Lily. Me dire aussi que ces images que j'avais faites, ces lignes que j'écris seraient la trace transmise, le lieu donné. Peut-être valait-il mieux qu'il y ait quelque chose (si peu soit-il : un escalier, une poignée de porte, une réminiscence) plutôt que rien. Mais en réalité, comment savoir ? Nous nous sommes tellement habitués à des injonctions mémorielles, abstraites, incantatoires – devoir parler, transmettre – que nous en négligeons ce que le silence, l'oubli aussi permettent : la possibilité, pour soi, de vivre. Et que les générations suivantes – les petits-enfants et tout le tremblement – se débrouillent ! Voilà ce que je me disais quand j'ai appris la mort de Charles et d'Henry.

Un autre jour, j'ai reçu un nouveau mail.

Il venait de la sœur de Fabrice Arnaud, la petite-fille de Sonia Arnaud-Ghitis. Elle avait fouillé dans ses papiers et retrouvé une lettre et voulait que je la transmette aux frères Goldsztajn, Jacques et René. Cette lettre avait été écrite par leur frère aîné, Paul, en 1946, elle était adressée à Sonia. Je n'en revenais pas : Paul avait entendu parler de Sonia, il lui avait même écrit. Renseignement pris, Jacques m'a confirmé que Paul ne l'avait jamais mentionnée et que lui, Jacques, n'avait jamais entendu son nom avant notre rencontre. Cette lettre était probablement une réponse à celle écrite par Sonia la même année où elle évoquait le sauvetage de René et que Jacques m'avait montrée dans ce café place du Châtelet comme un hiéroglyphe attendant d'être décrypté.

Paul écrivait :

> Chère Madame Arnot,
> Je vous écris cette lettre car j'ai appris que vous êtes revenue de déportation. Je ne me rappelle pas très bien de vous. Est-ce que vous pourriez me dire dans quelle lettre A, B, C ou D, quel étage habitez-vous et quel numéro ? Je suis en bonne santé, je suis avec mon petit frère de 7 ans, il travaille bien en classe ; moi je suis Paul, j'ai 10 ans et demi, je vais avoir mes 11 ans le 31 décembre. Est-ce que vous pourriez me dire si mon appartement est habité [...].

Paul, ce gamin de 11 ans, seul dépositaire de tant de bribes d'images et de mémoires. Seul dépositaire surtout du souvenir qu'il n'a jamais pu partager avec ses frères de la petite pièce de l'escalier C, 4e étage. Savait-il en 1946, alors qu'il n'avait pas encore été réuni avec le petit René, ce que Sonia avait fait pour sa famille ? C'est cette lettre qui m'a poussée à tenter de résoudre une fois pour toutes l'énigme de la femme aux yeux verts. Certes, le film lui donnait une forme de résolution puisque j'avais filmé Miquette racontant à René comment, le soir de l'arrestation de sa mère, celle-ci leur avait donné le bébé à sa grand-mère et à elle. Mais j'avais encore des doutes. La femme aux yeux verts dont se souvenait Miquette était-elle la mère des enfants ou bien Sonia ? Celle-ci mentionnait dans sa lettre écrite après-guerre, celle que m'avait montrée Jacques, qu'elle avait récupéré, on ne savait quand, René à l'hôpital Saint-Louis : « il venait d'arriver de la mer, l'enfant a eu la scrofulose infantile ». Ce séjour à l'hôpital était-il postérieur ou antérieur à l'arrestation de Maria Goldsztajn ? Je me suis décidée à aller consulter les archives de l'Assistance publique / Hôpitaux de Paris pour essayer de déterminer à quelle date exactement René avait fait ce séjour à l'hôpital.

Par une belle journée d'été, dans une salle lumineuse située tout au bout de l'hôpital du Kremlin-Bicêtre, j'ai fait sortir les registres de l'hôpital Saint-Louis où était inscrite chaque entrée d'enfant à l'hôpital pendant l'année 1943-1944. Maria avait été arrêtée le 26 janvier 1944 : René était-il avec elle ou à l'hôpital Saint-Louis le soir de son arrestation ?

Son nom ne figurait nulle part.

Je m'apprêtais à m'en aller quand l'archiviste m'a dit que je devrais peut-être consulter les registres où étaient relevés les noms des enfants partant de l'hôpital Saint-Louis pour des maisons de repos au bord de la mer. Il y en avait une près de Hyères en particulier, à San Salvadour, où René avait peut-être séjourné. Quand le registre est arrivé, j'ai tourné les pages où étaient inscrits, magnifiquement calligraphiés, des centaines de noms d'enfants. Et parmi tous ces noms, soudain, le sien a surgi : René Goldsztajn.

Il était parti pour San Salvadour dans un convoi d'enfants au mois de juillet 1943. Il en était revenu en février 1944. Sa mère avait tenté de le soigner, de le protéger jusqu'au bout : à juste titre, elle devait penser qu'il serait plus en sécurité dans un hôpital français qu'avec elle. Quand elle avait été arrêtée, cela faisait donc six mois qu'elle vivait seule : elle était parvenue à cacher tous ses enfants.

Les yeux verts dont se souvenait Miquette étaient les yeux verts de Sonia et non ceux de Maria.

C'est Sonia qui, quelques jours après l'arrestation de Maria, avait dû aller à l'hôpital Saint-Louis chercher René de retour de San Salvadour en février 1944. Elle avait tenté elle-même de lui trouver une cachette. Puis, ayant échoué, elle l'avait confié à madame Massacré qui avait gardé l'enfant une dizaine de jours dans sa loge avant de le placer à l'Assistance publique. Entre-temps, Sonia elle-même avait été arrêtée et déportée.

Comme Thérèse se souvenant de Robert Dinanceau traversant la cour en uniforme allemand, le souvenir de Miquette était un souvenir où s'amalgamaient des détails vrais et faux, un « souvenir valise » mêlant des images d'arrestation, une femme qui confie un bébé, des yeux verts… Et c'est ce « souvenir valise » auquel j'avais donné image dans le film. À combien d'autres souvenirs tels que celui-là avais-je donné place ?

À l'heure où j'écris ces lignes, je n'ai pas encore fait part de ces recherches à Jacques et à René. J'ai peur. J'ai peur de ce que toutes ces précisions font émerger comme représentations précises – la solitude de Maria pendant les six derniers mois de sa vie au 209 – j'ai peur de la réaction de René. Si ces lignes figurent encore dans le livre publié c'est que je lui aurai parlé.

À quel prix, la vérité ?

Et vous, que feriez-vous ?

Sur Daniel, rien ne venait. Rien, le silence absolu – il n'y avait rien à apprendre, à découvrir, pas de vivants à blesser, pas de détails aussi infimes soient-ils qui viendraient s'agripper, se greffer à une âme, à un organisme animé. Plus rien

Les semaines s'écoulaient. Un jour encore, un ami m'a appelée pour me dire que l'un de ses proches, un peintre plus âgé que lui qu'il connaissait depuis l'adolescence, avait grandi au 209 rue Saint-Maur. Gilles Sacksick. Selon mes bonnes vieilles habitudes, j'ai été vérifier mes notes, les recensements. Oui, dans le recensement de 1946, il y avait une famille Sacksieh et c'est en me fiant à cette orthographe hasardeuse que j'avais, mes notes en attestaient, tenté de retrouver, sans y parvenir, l'ami de mon ami. Aussitôt nous nous sommes écrit, avec Gilles. Il écrivait comme il peignait : follement, précisément.

> Je suis né le 31 août 1942 : peut-être place du Buisson St Louis (l'état civil) peut-être à l'hôpital du même nom, tout proche (selon le souvenir maternel)... Première imprécision...
> Nous habitions dans l'escalier de droite, dans la cour, au 4e étage, 1re porte à droite, la seconde à main droite était occupée par Madame Hervieu, pas si jeune que ça et à la réputation modestement sulfureuse... De ces femmes d'alors, fumant, se maquillant et ne témoignant d'aucune crainte du masculin. Je m'appelle Gilles Sacksick : le prénom, Gilles, reflète l'ascendance maternelle bretonne, le nom, je le dois à mon père, juif de Constantine, arrivé en métropole (comme on le disait alors) environ en 1930... Il avait 15 ans. (En arabe, le mot « sacksick » existe et signifierait « gazouillis ». Ce qui

est dire beaucoup trop, eu égard à la vie que nous eûmes.) Mon « métier » ? Peindre. Ça je ne sais à qui l'attribuer : car le climat était plutôt à une alphabétisation minimale. Et quant à ce mot lui-même, « art », je ne le connus pas avant ma dixième année. Je ne le connus pas : raison de plus pour peindre et dessiner. Avec n'importe quoi et sur n'importe quoi, et pas toujours n'importe comment.

Mon premier portrait fut celui de ma mère : j'avais 4 ans, donc en 1946, et je le fis sur une page de cahier volée à mes sœurs, plus âgées. En regardant, écoutant, votre film, j'ai d'abord retrouvé ce point commun à tous ceux qui furent blessés très tôt dans l'enfance, je veux parler de ces plages d'« oubli », de ces incertitudes et autres imprécisions, d'ailleurs parsemées d'exactitudes fulgurantes. Les souvenirs de l'enfant, surtout lorsque blessé, sont une sorte de terrain vague : on y trouve de tout. Des couteaux suisses par exemple… Dans la première monographie qui parut sur mon travail et qui s'ouvre (presque) en page 4 par une photo prise par Mathieu (déjà), l'occasion me fut offerte de « raconter » de mon mieux cette enfance au 209, dans l'immédiat après-guerre. « Le Joli Temps qui passe » : c'était le titre puisqu'aussi bien, ce temps et ce lieu furent une école d'ironie, autant que de tendresse, autant que de dessin, et dans un milieu où l'on ne citait aucun des trois. Reste que je naquis un mois et demi après la Rafle du Vél'd'Hiv. Comment s'inscrivent dans l'âme des choses que l'on n'a pu connaître, du moins nommément, je l'ignore. Elles s'inscrivent. Et puis ce fut le chemin (salvateur) de l'Exode vers la Zone libre… Mon père et mes trois sœurs, puis ma mère et moi qui avais moins d'un an. Tout cela avec beaucoup de flou, d'imprécision dans les dates, les moyens : ma mère me raconta souvent le refus d'une bistrote de me donner le lait, celui qui, dans le sein maternel, s'était raréfié, etc. Et puis Montauban, et puis réinstallation au 209, la guerre finie.

[...] Je veux vous dire cette impression de secret, de mystère, d'allusions, lesquels coloraient toute la vie quotidienne, les échanges, les conversations... Cette impression ne m'est nullement propre : et on la retrouvait facilement chez beaucoup de « ceux du 209 ». Je les percevais comme des sortes de chauves-souris verbales qui passaient sans cesse au-dessus de moi, m'effleurant presque, mais sans que je puisse ni les attraper, ni les comprendre. Et puis il y avait de ces mots bizarres – chez moi, presque jamais prononcés, jamais même, sinon très indistinctement – parmi lesquels celui-ci, plus étrange que tout autre : « juif ».

On apprend néanmoins à vivre, puis à revivre, dans ce mélange d'hyper conscience et de refus du souvenir, cette indignation, cet émerveillement injustifiable devant une vie que l'on trouve pourtant si belle... Tout cela est-il requis pour peindre ? J'espère bien que non !

Bien à vous,

Gilles Sacksick

Le « terrain vague des souvenirs d'enfant ». En lisant cette lettre, j'ai eu la sensation d'avoir trouvé un frère.

Il m'écrivait aussi, Gilles, que sa mère disait souvent : « nous autres du 209 ».

Nous autres du 209, les pauvres, les morts et les vivants, les disparus et les revenants, nous autres les communards et les artisans, les résistants et les dénonciateurs, nous autres les jeunes filles amoureuses et femmes de mauvaise vie, nous autres les Kabyles et les Polonais, les juifs, les Portugais et les Bretons, les Marocains et les Italiens, nous autres, Odette, Albert, Daniel,

Henry, Charles et les autres. « Nous autres du 209 », c'était la forte et fière affirmation d'une patrie imaginaire dont l'étendard serait ce toit de ciel découpé en carré au-dessus de la cour.

Il s'est encore écoulé plusieurs mois avant que nous nous retrouvions Gilles et moi devant la porte cochère.

Je suis arrivée en avance rue Saint-Maur.

Depuis le jour où j'y ai mis les pieds pour la première fois, il y a cinq ans, tant de choses ont déjà changé. Le café-tabac-PMU est toujours là mais les épiceries polonaise et africaine ont disparu, remplacées par des épiceries fines, une charmante boutique de petites sculptures en fil de fer du plus bel effet. La porte cochère de l'immeuble a été repeinte : un vert d'eau très délicat, digne d'un intérieur anglais. Recouvert, le bleu de la porte du temps.

Le hall sous la voûte, l'escalier A, la cour ont été rénovés même si, affirme Mohammed toujours fidèle au poste, les pavés ont été conservés. Je vois passer Julien et Frédéric dont les jumeaux, Jeanne et Abel, que j'avais vus dormir encore tout bébés dans leur chambre, se courent après en babillant.

Tandis que j'inspecte les changements et que je m'absorbe dans la contemplation des fissures désormais dissimulées, Gilles arrive. Nous ne nous sommes jamais vus et pourtant je reconnais ses yeux noirs, brillants, qui contrastent avec le blanc de sa chevelure, son regard sombre traversé par un tas de nuances changeantes. Il tient un livre à la main et me le tend immédiatement : c'est un album de ses dessins d'enfant publiés sous le titre *Le Fils de ton Rêve* – tous ces dessins, il les a faits, dans le logement du 209 où il vivait avec ses parents et ses sœurs. Son père était marchand des quatre-saisons, rue du Faubourg-du-Temple... quand il travaillait, quand il ne buvait pas.

Nous avançons au milieu de la cour sans parler. Gilles regarde de tous ses yeux. Nous gravissons ensemble les quatre étages de l'escalier D, à droite. Nous passons devant la porte de l'appartement d'Albert au 2e. Je dis à Gilles qu'à l'époque, au 4e, probablement en face de chez lui, habitait la famille Fuchs. Ce nom lui rappelle quelque chose et aussi, vaguement, qu'après l'arrestation de ses locataires l'appartement a été vidé de tous ses objets. Comment s'en souvient-il ? C'est un mystère mais, me dit-il, il croit savoir (savoir immémorial, inconscient qui ne se déplie que dans cet escalier) qu'il y avait chez lui, bien après la guerre, un édredon rouge qui venait de chez les Fuchs.

Rouge l'édredon. Noirs les yeux de Gilles. Nous poursuivons l'ascension.

Je n'ai rien prévu et je ne sais donc pas chez qui nous nous apprêtons à frapper.

4e droite, nous y sommes.

Je frappe.

La porte s'ouvre et dans l'embrasure je reconnais Nedjma, la fille de la famille Bir – celle dont le père est arrivé en 1966 dans l'immeuble. Elle a grandi ici. Ce sont ses enfants que j'ai souvent croisés, accompagnés de leur grand-mère dans la cour – leur grand-mère à qui je n'ai jamais vraiment parlé mais dont la douceur m'a toujours frappée. Pas besoin de mots pour la reconnaître, la douceur, l'humanité.

Je suis aussi surprise que Nedjma. Elle est enceinte, visiblement proche d'accoucher. Elle a l'air fatigué. Gilles est à mes côtés, il reste silencieux. Je m'explique : l'appartement, Gilles, il y a longtemps... Nedjma comprend mais elle est si fatiguée, sa mère est malade et puis il y a des travaux, pour le bébé justement. On pourrait revenir un autre jour, plus tard. Je balbutie oui. Je l'aime bien, Nedjma, je ne veux pas la déranger. Gilles non plus d'ailleurs. Dans l'embrasure je vois ses deux enfants, une petite fille, un petit garçon qui nous regardent, interrompus dans leur jeu. On s'apprête à battre en retraite, un peu déçus, Nedjma referme déjà la porte quand, du fond de la pièce, j'entends une voix, celle de la grand-mère : « Laisse-les entrer. Il était enfant ici. C'est aussi chez lui. » Je l'aperçois, elle est allongée sur le canapé, visiblement fatiguée mais elle se relève et nous invite à entrer. La porte s'ouvre en grand. Elle nous invite à entrer chez elle, chez Gilles, dans le lieu de l'enfance partagée.

Gilles s'avance lentement, ses yeux ont pris une teinte opaque. Derrière la porte, deux appartements ont été réunis. Ce qui était autrefois un petit couloir reliant les deux logements est désormais intégré à l'appartement. Il s'avance : son appartement ce sont les deux pièces de derrière. L'exact réplique de l'appartement d'Albert Baum, deux étages au-dessous. Il s'avance dans la pièce qui était autrefois à la fois la grande pièce, la chambre de ses parents, la sienne. Une fenêtre donne sur la cour. On voit l'autre façade intérieure du 209 et, plus haut, les étendues de toits.

C'est là qu'il se tenait. Qu'il regardait. Qu'il dessinait.

Je tiens toujours à la main l'album de ses dessins. Les deux enfants de Nedjma tournent autour de nous, l'air curieux. Pendant que Gilles se tient devant la fenêtre et que je vois sa silhouette se découper dans l'embrasure, je montre aux enfants ses dessins surgis ici dans cette même pièce.

Les proportions des pièces reviennent à Gilles. Les proportions de son enfance.

Les enfants tournent les pages : les cow-boys, les paysages du Nil, les chevaliers en tournoi, son autoportrait… Et toujours sur les feuilles, celles que sa mère lui rapportait du marché et qu'elle repassait soigneusement pour qu'il puisse les utiliser, il y a inscrit d'une écriture d'écolier une affirmation, le nom du peintre : *Gilles*.

Gilles

Dans le petit appartement qui sentait la peinture fraîche et les travaux en prévision du nouvel enfant à naître, les dessins avaient retrouvé leur terre maternelle.

Le regard avait retrouvé sa source.

Nous avons salué Nedjma, sa mère et ses enfants.

Nous avons redescendu les étages en silence. Un dernier coup d'œil à la cour qui « brillait » comme « brillaient » à Tchernobyl ceux, animaux, arbres et hommes, irradiés par des particules radioactives invisibles. Ces particules qui ne sont pas seulement celles du malheur et de la tragédie mais aussi celles, plus indétectables peut-être encore, de l'amour partagé. L'amour des mères, des pères, de leurs enfants – Maria, sauveteuse de ses fils – la mère de Gilles qui repasse dans la nuit les feuilles récupérées au marché pour qu'il dessine, qu'il dessine sans fin – les cerises que son père prélève sur sa part pour les donner à Odette – les mères ouvrières qui viennent en 1875 déposer leur bébé à la crèche du 209 avant d'aller se détruire au travail. L'amour des amants (nous n'entendons pas résonner en ce jour d'été où toutes les fenêtres de la cour sont pourtant ouvertes les cris de plaisir venus d'un appartement non identifié dont plusieurs habitants m'ont parlé en rougissant ou en riant, secrètement envieux). L'amour espérance de Thérèse dont le visage est celui du garçon (Georges Diament ?) entrevu depuis les fenêtres de sa pièce-prison ; le désir adolescent, informe encore, d'Albert Baum pour les sœurs aînées d'Odette. L'amour jaloux de Léon Gardeblé. L'amour de la liberté, de la révolution, celui de Claude Payet, d'Isaak Goura, des parents de Marguerite Blanc. Toutes les histoires d'amour entamées et rompues, l'amour de la vie, quotidien, minuscule, tout aussi radioactif que le malheur, il brille aussi, je le sais désormais, dans les couloirs, dans chacune des quatre cages d'escalier, sous la voûte, au milieu de cette cour où nous nous tenons, Gilles et moi.

Marie-Hélène et son mari passent et me font un petit salut de la main. Natacha, comme chaque jour, rentre de l'école avec son père. Monique arrive par la porte de l'escalier B, elle passe sans nous voir, un gros sac en plastique à la main.

Pour la dernière fois, je franchis le seuil du 209.

Nous partons nous attabler au café à l'angle de la rue Saint-Maur et de la rue Jacques-Louvel-Tessier. En face, le café où j'avais retrouvé Henry, des mois auparavant, est fermé pour travaux. Nous contemplons les adolescents qui s'agacent sur la place du Buisson-Saint-Louis comme l'ont fait avant eux des générations d'enfants et d'adolescents.

Quand nous nous sommes quittés, avec Gilles, j'ai remonté comme toujours l'avenue Claude-Vellefaux pour prendre la ligne 2, place du Colonel-Fabien, anciennement place du Combat.

Dans le wagon, comme toujours, je me suis assise à côté d'une vitre pour pouvoir regarder le défilé de fenêtres et de façades que paraît survoler le métro aérien. J'ai regardé les silhouettes entraperçues, les rideaux à moitié tirés sur des intérieurs défaits, les objets abandonnés sur les balcons, j'ai déchiffré pour la millième fois l'enseigne du café Tout va mieux après la station Stalingrad, j'ai entrevu le ballet des vendeurs à la sauvette de Barbès-Rochechouart.

Je suis descendue à Anvers, et je suis revenue sur mes terres, dans mon royaume : la butte Montmartre autour de laquelle, à l'est puis au nord, puis à l'ouest, puis au sud, toute ma vie s'est écoulée. J'ai marché comme une aveugle dans ces rues que je connais si bien qu'elles se sont incorporées à moi, qu'elles et moi ne faisons plus qu'un. Rue de Clignancourt, rue André-del-Sarte, rue Paul-Féval, rue Caulaincourt, rue Lamarck, rue Feutrier, rue Ronsard, rue d'Orsel, rue des Martyrs.

Ma ville abri, ma ville utérine.

Ces rues arpentées de si nombreuses fois, le jour, la nuit, que l'habitude peut me les rendre invisibles mais qui, parfois, et c'est une grâce miraculeuse, un pouvoir digne d'un super-héros américain, se déploient sous mes yeux comme je les ai vues, perçues, senties autrefois – enfant, adolescente, jeune fille – et où m'est redonné, ne serait-ce que furtivement, quelques secondes, quelques minutes, l'exact poids de mon regard et de mon corps anciens.

J'ai monté les étages jusqu'à l'appartement où, il y a longtemps, mes grands-parents, mon père, ont trouvé refuge. Dans cet appartement, je venais, enfant, rendre visite à ma grand-mère. Plus tard, moi aussi, j'y ai trouvé refuge.

Cette femme entre deux âges que je suis devenue s'approche, comme la petite fille d'autrefois, de la fenêtre qui donne sur un magnolia aux feuilles grasses. Comme alors, elle colle son visage contre la vitre dont la surface légèrement irrégulière provoque une très subtile déformation de ce qu'elle regarde ; les feuilles de l'arbre, les façades en vis-à-vis, le coin de ciel se colorent, ainsi anamorphosés, d'une pointe de mystère dont elle ressaisit parfaitement, mettant son regard dans les traces de ses anciens regards, la vibration qu'elle provoquait en elle.

Elle était enfant, elle naissait au monde. C'est ainsi, par ce cadre de fenêtre, accompagnée, sans le savoir encore, le pressentant seulement, par toute une succession de spectres silencieux, spectres anciens, spectres prophétiques, qu'elle a regardé pour la première fois.

Depuis quelle fenêtre un regard prend-il sa source ?

Le regard de Gilles – sur la cour, les toits ; celui de Maria Goldsztajn portant René contre elle – sur les toits et, au loin, le Sacré-Cœur ; celui de Daniel Szulc dont elle ne saura jamais rien sauf peut-être ce qu'il voyait, la cour et les façades intérieures du 209 rue Saint-Maur.

Par la fenêtre, elle regarde le monde de tous ses yeux, elle le regarde.

Elle est accompagnée maintenant de tant d'autres regards : ceux du 209 rue Saint-Maur ? Pourquoi pas.

Elle ne sera plus seule.

Notes

Chapitre 1

1. Carte réalisée par Jean-Luc Pinol à partir des données collectées par Serge Klarsfeld.

Chapitre 2

1. L'expression est d'Éric Hazan dans son magnifique livre, *L'Invention de Paris. Il n'y a pas de pas perdus*, Seuil, 2004.

Chapitre 6

1. Louis Lazare, *Les Quartiers de l'est de Paris et les communes suburbaines*, 1870.

2. Jacques Rougerie, « Recherche sur le Paris du XIXe siècle. Espace populaire et espace révolutionnaire : Paris 1870-1871 », *Bulletin de l'Institut d'histoire économique et sociale de l'université de Paris I*, n° 5, janvier 1977.

3. Olivier Ihl, « Dans l'œil du daguerréotype. La rue du Faubourg-du-Temple, juin 1848 », *Études photographiques*, n° 34, printemps 2016.

4. Récit d'un capitaine du 1er bataillon de la Garde républicaine publié par Karl Marx, in *Neue Rheinische Zeitung*, le 28 juin 1848. Cité par Olivier Ihl, *ibid.*

Chapitre 7

1. Papiers David Diamant déposés au Mémorial de la Shoah.

Chapitre 8

1. Tous mes remerciements à Olivier Peynot grâce auquel je suis parvenue à identifier le bataillon de la garde nationale dont dépendait le 209 rue Saint-Maur et, partant, Claude Payet.

2. Prosper-Olivier Lissagaray, *Histoire de la Commune de 1871*, rééd. La Découverte, 1990, p. 322, p. 344, p. 357-358.

3. Maxime Du Camp, *Les Convulsions de Paris. Épisodes de la Commune*, Hachette, 1879.

4. Louise Michel, *La Commune de Paris*, Paris, P.-V. Stock, 1898.

5. SHD, Conseils de guerre et condamnés de la Commune de Paris, GR8J345. AN, Dossiers de recours en grâce, BB24/758.

Chapitre 10

1. Marina Tsvetaeva, *La Maison de Vanves. Poèmes inédits*, trad. par Véronique Lossky, Éditions du Cerf, coll. « Littérature », 2010.

2. Georges Perec, *L'Infra-ordinaire*, Seuil, 1989.

3. Edmond Lajoux, *Mes souvenirs d'espionnage*, Fayard, 1905.

4. Jean Jaurès, *Les Preuves. Affaire Dreyfus*, 1898.

Chapitre 11

1. Eugène Dabit, *Faubourgs de Paris*, Gallimard, 1933.

2. Walter Benjamin, *Le Narrateur. Réflexions à partir de l'œuvre de Nicolas Leskov*, in *Poésie et Révolution*, Denoël, coll. « Les Lettres nouvelles », 1971.

3. *Le Journal*, 5 mai 1929.

4. *Le Petit Parisien*, 7 janvier 1930.

Chapitre 18

1. Walter Benjamin, 18 thèses sur le concept d'histoire, *Sur le concept d'histoire*, Payot, 2013, trad. Olivier Mannoni.

Chapitre 19

1. Tous mes remerciements à Sarah Gensburger qui m'a signalé l'existence de ces archives.

2. Cité par Mariana Sauber in « Traces fragiles. Les plaques commémoratives dans les rues de Paris », *Annales. Économies, sociétés, civilisations*, 48e année, n° 3, mai-juin 1993.

3. Notamment dans les différents livres de David Diamant (sans rapport avec Odette Diament).

Remerciements

Tous ceux du 209 et les leurs.

Olivier Rubinstein.

Céline Nusse, Paul Rozenberg, Séverine Nikel, Isabelle Pailler, Claire Zalc, Judith Lyon-Caen, Claire Snegaroff, Emmanuel Carrère, Joseph Osman, Boris Herszbojn, François Prodromidès, Valérie Loiseleux, Cédric Dupire, Alexandre Doulut, Adèle Dumour, Florence Guinaudeau, Martine Saada, Mark Edwards, Caroline Pichon, Arrigo Lessana, Nadine Nieszawer.

Évelyne, Myriam et Salomon Zylberman.

Remerciements

Crédits des illustrations

p. 55 et 113 : schémas réalisés par l'auteure
p. 64 : plan Aveline, 1690, © Musée Carnavalet/Roger-Viollet
p. 64 : plan Deharme (détail), 1763, © Musée Carnavalet/Roger-Viollet
p. 77 : La barricade de la rue Saint-Maur-Popincourt avant l'attaque par les troupes du général Lamoricière, le dimanche 25 juin 1848, © RMN-Grand Palais/Musée d'Orsay/Hervé Lewandowski
p. 78 : La barricade de la rue Saint-Maur-Popincourt après l'attaque, le 26 juin 1848, © RMN-Grand Palais/Musée d'Orsay/Hervé Lewandowski
p. 87 : schéma de l'auteure, image tirée du film *Les Enfants du 209 rue Saint-Maur, Paris X^e^*
p. 91, 189, 305, 328, 378, 380, 401, 403, 437 : archives personnelles
p. 99 : carte postale transmise par l'auteure/DR
p. 104 : Barricade de 1871, © Alamy/Photo12
p. 116 : Archives nationales, Fonds de Moscou
p. 133 : article du *Figaro*, 20 octobre 1889, © *Le Figaro*
p. 136-138 : calques de l'immeuble, © Archives de Paris/Roger Viollet
p. 148 : article du *Figaro*, 7 septembre 1893, © Le Figaro
p. 158 : image du café Maurane transmise par l'auteure/DR
p. 161 : immeuble bombardé, rue du Borrégo, © Roger Viollet
p. 198-199 : Archives nationales, Fonds de Moscou, Fichier central de la Sûreté nationale : 19940448/0280
p. 233 : Registre du commissariat du 40e quartier, hôpital Saint-Louis, main courante Massacré-Hassman du 28 décembre 1942, Archives de la Préfecture de police de Paris (CB 40-57 (Affaire Hassman)
p. 291 : Meutre d'Émile Le Gast, 31 juillet 1983 (quatre vues intérieures de l'appartement, vue du couloir, vue de l'entrée, vue de la cour de l'immeuble), Archives de la Préfecture de police de Paris
p. 303 : Paul, enfant, Archives nationales
p. 353 : image tirée du film *Les Enfants du 209 rue Saint-Maur, Paris Xe*
p. 417 : image tirée du film *Les Enfants du 209 rue Saint-Maur, Paris Xe*
p. 426 : photographie prise par l'auteure/DR
p. 437 : dessins d'enfant de Gilles Sacksick, archives personnelles

RÉALISATION : NORD COMPO À VILLENEUVE-D'ASCQ
IMPRESSION : NORMANDIE ROTO IMPRESSION S.A.S. À LONRAI
DÉPÔT LÉGAL : JANVIER 2020. N° 142624 (1905394)
Imprimé en France